Lucien Bodard
Der Sohn des Konsuls

D1993844

SERIE PIPER
Band 229

Zu diesem Buch

Im Mittelpunkt der Fortsetzung des Welterfolgs »Der Konsul« steht wieder das unergründliche Reich der Mitte, mit seinen Opiumrauchern und Mandarinen, den weißen Missionaren und Kolonialisten, ein Land, erschüttert von Bandenüberfällen und kriegerischen Machtkämpfen. Doch am Horizont zeigen sich schon die Zeichen einer neuen Zeit: Die Bomben Sun Yat-sens explodieren und französische Linksintellektuelle und Agenten der Komintern bringen Unruhe in die erlauchten Cliquen. Bald wird sich Mao auf den großen Marsch begeben. Inmitten dieser turbulenten Ereignisse spinnt der Konsul noch immer seine kolonialistischen Intrigen, kämpft verbissen um seine Beförderung und um die höhere Ehre Frankreichs und führt sein groteskes Ehedrama zum letzten Akt...

Auf der Grundlage der Aufzeichnungen seines Vaters und seiner eigenen Erinnerungen hat Lucien Bodard diesen farbenprächtigen autobiographischen Roman über die untergehende Kolonialwelt an der Schwelle zum kommunistischen China entworfen.

Lucien Bodard, geboren 1914 in Tschungking (Szetschuan), wo sein Vater französischer Konsul war. Kindheit in Tschengtu und Yünnanfu, später Internat in Frankreich und Studium am Institut des sciences politiques. Ab 1948 als Chefreporter für »France-Soir« in Indochina, Hongkong und Algerien. Veröffentlichte zahlreiche zeitgeschichtliche Bücher, Romane, Reportagen und Essays. Für sein Romandebüt »Der Konsul« wurde er 1973 mit dem Prix Interallié ausgezeichnet. 1981 erhielt er den Prix Goncourt.

LUCIEN BODARD

DER SOHN DES KONSULS

Ein China-Roman

Aus dem Französischen von
Rolf und Hedda Soellner

Piper
München Zürich

Die Originalausgabe erschien 1973 unter dem Titel
»Le fils du consul« bei Éditions Grasset et Fasquelle, Paris.

Von Lucien Bodard liegt in der Serie Piper außerdem vor:
Der Konsul (1307)

ISBN 3-492-10229-8
Neuausgabe 1992
3. Auflage, 18.–23. Tausend März 1992
(1. Auflage, 1.–6. Tausend dieser Ausgabe)
© Éditions Grasset et Fasquelle, Paris 1973
Deutsche Ausgabe:
© R. Piper & Co. Verlag, München 1975
Umschlag: Federico Luci,
unter Verwendung des Gemäldes
»Opiumhöhle« (1933) von Edward Burra
Satz: Salzer-Ueberreuter, Wien
Druck und Bindung: Clausen & Bosse, Leck
Printed in Germany

Für Claude Jean Philippe

PROLOG

Eines recht frühen Morgens weckt mich das Telefon. Und zu meiner großen Überraschung glaube ich die Stimme meiner Stiefmutter zu erkennen. Sie klingt sehr zaghaft. Stottert:

»Entschuldigen Sie die Störung ...« Ich bin tatsächlich erstaunt, denn unsere telefonischen Kontakte sind rar und förmlich; dann fährt sie fort:

»Ich hätte mir nicht erlaubt ... Aber es ist etwas sehr Schlimmes passiert.«

»Was?«

»Lucien, Ihr Vater ist gestern abend in seinem Schlafzimmer gestürzt und hatte heftige Schmerzen im Bein. Ich wollte einen Arzt kommen lassen, aber es war Sonnabend, und ich konnte keinen finden. So rief ich den Rettungsdienst an. Albert wurde ins Hôpital Beaujon gebracht. Er hat sich vermutlich den Schenkelhals gebrochen.«

»Warum haben Sie mich nicht schon gestern abend verständigt?«

»Aber, Lucien, ich hätte niemals gewagt, Sie zu belästigen.«

»Ich komme. Ich bin in einer halben Stunde im Krankenhaus.«

Mein Vater ist sechsundachtzig. Seit Jahren lebt er zurückgezogen in seiner Wohnung. Er ist noch immer bei klarem Verstand, noch immer voll Würde, trägt noch immer die Rosette der Ehrenlegion. Meine Stiefmutter ist zwanzig Jahre jünger als er, und meine drei Halbschwestern sind verheiratet und leben irgendwo weit weg von Frankreich. Arme Stiefmutter! Sie dürfte eine aufregende Nacht hinter sich haben!

Eine halbe Stunde später bin ich wirklich im Beaujon-Krankenhaus: wohin man blickt nichts als Dreck und Schlamperei. Ärgerliche Wurstigkeit des gesamten Personals, der Ärzte wie der Pfleger; mißmutige, lustlos herumschlurfende Krankenschwestern. Dumpfer Gestank nach Schmutz, ungelüfteten Räumen und Unmengen von Desinfektionsmitteln, lang angestauter Geruch von Arzneien, Verwesung von Menschen und Dingen. Die Kranken wie belanglose Zutat. Natürlich sind die Aufzüge außer Betrieb.

Mein Vater liegt in einem riesigen Saal. Eine Müllhalde armseliger Gestalten in Eisenbetten. Da liegen sie, resigniert, verlassen, ohne eine Klage, ohne einen Laut, ohne daß die unnahbaren Schwestern, deren Gedanken in unbekannten Fernen weilen, von ihnen Notiz nähmen. Hier gibt's keine dringenden Fälle. Bloß diese Alten und ihre Wehwehchen. Die Pflegedamen nennen meinen Vater, den Herrn Botschafter, kurzweg »Opa«, genau wie alle übrigen Wracks im Saal. Natürlich wissen sie nicht, daß sie einen in Amt und Würden ergrauten Diplomaten vor sich haben, und wenn sie es wüßten, so scherten diese aufrechten Demokratinnen sich den Teufel darum. Hier macht die Rosette der Ehrenlegion meines Herrn Vaters keinerlei Eindruck.

Er blickt mir mit seiner bedeutendsten Miene entgegen, mit seinen ernstesten Augen. Kein Jammern, keine Leidensgrimasse. Dieser Mann, der sich beschwerte, als er einmal an der Kinokasse anstehen mußte, verliert kein Wort darüber, daß er in ein Bett in diesem jämmerlichen Armensaal gesteckt wurde. Seit Stunden liegt er hier, ohne daß jemand sich um ihn gekümmert hätte. Er ist hier deponiert, und er wartet.

Ich sehe, daß er leidet. Und er, den ich so oft in seinem Leben die Komödie der Größe hatte spielen sehen, hat sich heute in meinen Augen zu wahrer Würde durchgerungen. Denn er konzentriert sich ganz darauf, über den Dingen zu stehen. Natürlich erwartete er mein Erscheinen wie eine Errettung, aber er ließ es mich nicht merken. Er sagte nur: »Ich freue mich, dich zu sehen, Lucien.«

Ich lasse den diensttuenden Arzt rufen. Ein junger Mensch mit verdrossener Miene, sichtlich verärgert über die Störung. Ich frage ihn: »Was fehlt meinem Vater? Soviel ich weiß, ist er nicht untersucht worden.« Mit wachsender Unfreundlichkeit erwidert er: »Was soll ich schon tun? Er hat offenbar einen Schenkelhalsbruch, in seinem Alter ist da nicht viel zu machen. Er wird dann geröntgt.«

Ich frage nicht weiter. Ich sage zu meinem Vater, so laut, daß der Arzt es hören muß: »Hier kannst du nicht bleiben. Ich werde alles Nötige veranlassen.« Der Arzt zuckt die Achseln und geht hinaus.

Ja, obgleich ich Albert Bodard nie besonders liebte, kann ich nicht zulassen, daß er hier bleibt. Ich finde überhaupt das ganze Krankenhaus, den ganzen Saal, diese ganze Gleichgültigkeit absolut unerträglich. Die Entdeckung, auf welch demütigende Art in den großen Pariser Krankenhäusern Menschen behandelt werden, erschüttert mich.

Eine Stunde später habe ich eine Klinik gefunden, in der mein Vater allem Anschein nach erstklassig aufgehoben sein wird.

Ich eile zurück ins Beaujon-Krankenhaus und schaffe Albert Bodard, den Geschäftsträger der Republik Frankreich, Kommandeur der Ehrenlegion, den armen sechsundachtzigjährigen Greis mit gebrochenem Schenkelhals, den man sinnlos hatte leiden lassen, in die Klinik, die mir empfohlen wurde.

Wenig später hat Albert Bodard ganz in der Nähe des Löwen von Belfort Luxusquartier bezogen. Totale Metamorphose. Ein schönes Zimmer, ein schönes, gutgemachtes Bett, wo er das müde Haupt sogleich aufs Kissen sinken läßt, ganz der Diplomat, der verdienten Ruhe pflegend. Ein Schwarm zuvorkommender und erstaunlich hübscher Krankenschwestern macht sich mit Thermometern und allen möglichen Geräten an ihm zu schaffen. Er läßt genießerisch alles mit sich geschehen, so wie er sich einst von seinem Kammerdiener ankleiden ließ. Ein etwa fünfzigjähriger Arzt, ein leicht verknitterter alter Praktiker, untersucht ihn mit ungezwungen wirkender Milde und Güte. Dann nimmt er mich beiseite und sagt: »Monsieur, Ihr Vater kann so nicht bleiben. Wir müssen operieren. Sogar in seinem Alter besteht durchaus eine Chance, daß der Eingriff gelingt. Ich mache mir weit mehr Gedanken wegen der Nachwirkungen. Die Entscheidung liegt bei Ihnen.« Der Form halber wende ich mich an meine Stiefmutter, dieses Häufchen Elend, das den Umständen in keiner Weise gewachsen ist. Ich bitte sie um ihre Meinung. Sie murmelt: »Oh, Lucien, tun Sie, was Sie für gut halten.« Ich sage, daß nur eine Operation in Frage komme. Lieber tot, als monate- oder jahrelang eine bettlägerige Mumie. Und außerdem kann der Eingriff gelingen. Mein Vater willigt ein, ohne mit der Wimper zu zucken. Der alte Stoiker. Und der Eingriff ist gelungen.

Albert Bodard hat sozusagen keinen Augenblick die Besinnung verloren. Ich besuche ihn täglich. Seltsamerweise ist er recht munter, lehnt in den Kissen wie in einem Klubsessel und plaudert in gewählten Wendungen. Sein altes Gesicht, das in den letzten Jahren gedunsen war und dessen Nase übermäßige Formen annahm, hat wieder eine Art Charme zurückgewonnen, fast etwas Verführerisches. Er sieht mich an und sagt: »Lucien, mein Sohn.«

Seit vielen Jahren hat sich zwischen uns keine annähernd so intime Szene abgespielt. Wie schon gesagt, suchte ich meinen Vater selten auf. Drei-, viermal im Jahr. Trotz der Bemühungen, die beide Seiten bei diesen Zusammenkünften aufwandten, konnte unsere Beziehung, ohne ausgesprochen distanziert zu sein, sich zu keiner bestimmten Form, keinem organischen Gefüge entwickeln: ein höfliches Vakuum, das keinem bösen Wort, nicht einmal einer unfreundlichen Miene Raum gab. Stand zwischen uns noch immer der Schatten meiner Mutter, hinderte er uns, einander näherzukommen? Und doch taten wir unser Bestes. Meine Besuche wurden mit Ungeduld erwartet und gebührend gefeiert. Der glanzvolle Rahmen vergangener Zeiten war dahin, aber es war alles noch immer recht respektabel. Die Wohnung war sehr schön, angefüllt mit den chinesischen Nippes, die er so sehr geliebt hatte, mit den Kunstgegenständen, die er von seinen verschiedenen Wirkungsstätten mitgebracht hatte, von chinesischen Buddhas bis zu Azteken-Statuen. Um so erstaunter war ich, als ich nach seinem Tod erfuhr, daß diese elegante Wohnung kein Badezimmer hatte und daß mein Vater sich in einem Ausguß wusch. Seine Mittel hätten ihm wohl erlaubt, wenigstens ein Waschbecken installieren zu lassen. Aber er hatte sich geweigert. Als wollte er sich geflissentlich eine Buße auferlegen oder auf diese Weise einen stummen Protest gegen das Schicksal ausdrücken, das, als er gerade sechzig war, seine Karriere mitten im schönsten Schwung jäh gebremst hatte.

Wenn ich ankam, empfing meine Stiefmutter mich mit einem so schüchternen Kuß auf die Wange, als erlaubte sie sich eine gewagte Vertraulichkeit. Ich wußte, daß ein erlesenes Mahl auf mich wartete. Mein Vater saß in seinem großen Salon tief in einem Sessel vergraben, aus dem er sich bei meinem Nähertreten mühsam, aber entschlossen aufrappelte, um mir entgegenzugehen. Wir umarmten einander nicht, doch unser Händedruck ersetzte eine Umarmung. Er konnte kaum noch gehen, wollte sich jedoch nicht auf mich stützen, um wieder auf seinen Platz zu gelangen. Übrigens bestand er, der früher automatisch den bequemsten und größten Sessel beschlagnahmt hatte, jetzt darauf, ihn mir abzutreten. Da er meine Gewohnheiten kannte, bot er mir schon vor dem Essen eine Zigarre an, eine Zigarre der französischen Tabakregie, er, der sein Leben lang nur Havannas geraucht hatte. Kuriose Sparsamkeit. Wollte er mir beweisen, daß es ihm nicht schwerfalle, sich in seinen glanzlosen Lebensabend zu schicken? Denn alles Übrige war erstklassig, vor allem der Festschmaus – den kleinen Anzeichen konnte ich entnehmen, daß es sich um einen »Festschmaus« handelte, um etwas Außergewöhnliches mir zu Ehren. So gab es zwar Champagner, aber es wurde ausdrücklich darauf hingewiesen, während er früher in Strömen floß. Nach dem Dessert mußte Konversation gemacht werden. Ich beantwortete Fragen nach meinem beruflichen Leben, nach meinem kleinen Sohn. Ich fühlte, daß mein Vater sehr stolz auf mich war. Er hatte mich in meiner Jugend lange Zeit für eine taube Nuß gehalten und freute sich riesig über meine Erfolge. Er empfand sie als Siege, er, der am Ende doch gescheitert war. Aber liebte er mich, so wie er mich als Kind, auf seine Weise, vergöttert hatte? Daß seine väterlichen Gefühle mir gegenüber nicht überschwänglich waren, hatte ich mir größtenteils selbst zuzuschreiben. Ich erriet den unausgesprochenen Vorwurf, der meiner Kälte, meiner Unzugänglichkeit galt. Er hat sich nie darüber beklagt. Nur ein einziges Mal ließ er seine Bitterkeit erkennen, da allerdings auf eine Weise, die mich schockierte: er bat mich inständig, ich möge auf mein Erbteil verzichten. Was ich ohne weiteres verstanden hätte, wenn meine Stiefmutter oder meine Schwestern nach seinem Tod mittellos zurückgeblieben wären, was jedoch keineswegs der Fall war. Er wollte mich also bestrafen, es war eine Art postumer und unausgesprochener Fluch. Selbstverständlich willigte ich ein und hielt auch Wort, aber gekränkt hat es mich doch.

Die Operation gab ihm eine gewisse Jugendlichkeit zurück. Als wäre plötzlich das erdrückende Gewicht, das seit sechsundzwanzig Jahren, seit seiner brutalen Verabschiedung aus dem

Dienst auf ihm lastete, fortgenommen. In den Kissen lag ein ganz und gar nicht verkalkter alter Herr, charmant, launig, vergnügt, der wie einst im Mai mit gekonnten Komplimenten um sich warf. Seine Frau, die ein paar Tage lang nur noch ein kleines graues Etwas gewesen ist, hat wieder Form und Farbe, und meine Stiefschwestern, die zwanzig Jahre jünger sind als ich und mich aus mir unerfindlichen Gründen stets geliebt haben, sind da und hüllen den Vater mit ihrem frohen und herzlichen Lachen ein. Und wie sie mir danken! Meine Stiefmutter auch.

Es steht demnach alles zum besten. Der Arzt hat mir gesagt: »Er ist über den Berg, in zwei Monaten kann er aufstehen.«

Ich reise im Auftrag meiner Zeitung nach Nordirland, nach Belfast, um aus drei dichtbevölkerten Straßen, immer den gleichen, zu berichten, wo Katholiken und Protestanten einander bekämpfen und töten, um ihrer Ideale aus dem 17. Jahrhundert willen. Gemetzel anläßlich der Schlacht am Flusse Boyne 1690 und ähnliche Mittelalterlichkeiten. Dieser unvermindert blutrünstige und unvermindert kindische Aberglaube im Zeitalter von Sputnik und NASA bestürzt mich durch seine Blödheit. Und dies im Herzen des angeblich zivilisierten Europa. Es ist das ewig gleiche alte Lied, wonach die Dummheit immer den Sieg davonträgt.

Eines Abends, nach einem Streifzug durch eine dieser drei Straßen mit den verwahrlosten oder demolierten Backsteinhäusern, erreicht mich in meinem Hotel ein Anruf aus Paris. Kein Grund zur Überraschung. Es wird der *France-Soir* sein. Es ist die tonlose Stimme meiner Stiefmutter, die Stimme eines kleinen Mädchens, das ein Schluchzen unterdrückt.

»Bei Ihrem Vater ist Diabetes aufgetreten. Verzeihen Sie, daß ich Sie bei Ihrer Arbeit störe, Lucien, aber ich habe mir ein Herz gefaßt, weil der Arzt sagte, es wäre vielleicht ratsam, daß Sie kämen.«

Ich weiß es noch wie heute. Zur Mittagszeit betrete ich sein Zimmer in der Klinik. Ich bin bei ihm. Seine Frau ruht sich ein wenig aus. Er ist glücklich. Er erkennt mich nicht, spricht aber von mir. Er sitzt aufrecht im Bett. Er blickt zum Plafond auf, als wäre das der Himmel Chinas, und er erteilt seinen gelben Dienern Befehle, die Befehle des französischen Konsuls in Tschengtu. Er ist sogar im Garten des Konsulats und sagt, nicht mehr mit seiner alten Stimme, aber doch in deutlichem und entschiedenem Tonfall, dem Tonfall eines jungen Mannes: »Dieser Ast muß abgesägt werden, der Sturm könnte ihn knicken, dann kann jemand zu Schaden kommen.« Nach einer Weile fährt er noch energischer fort: »Beeilt euch, beeilt euch, meine Frau und mein Sohn müssen die Dschunke erreichen, ehe die Flut steigt. Sonst kommen sie nicht weg.« Und während er das sagt, ist er wirklich um meine Mutter und mich besorgt.

So deliriert er vor mir, dem fast zwei Meter großen Mann in der Kraft seiner Jahre. Er sieht mich als Kind in Tschengtu, vor mehr als fünfzig Jahren, mit meiner Mutter, die er bis zum Wahnsinn liebte und die ihn nie geliebt hat. Ich finde es ungewöhnlich, daß sein Delirium ihn in diese Zeit versetzt, an diesen Ort, zu diesen Menschen: Lulu ist fünf Jahre alt, und Anne Marie vielleicht fünfundzwanzig.

Obwohl er sich vor mehr als dreißig Jahren von Anne Marie getrennt hat, vollständig und fast herzlos getrennt, war und blieb sie doch die Frau seines Lebens, wie sich jetzt herausstellt.

Er steigt in immer höhere Glücksregionen. Keine Rede mehr von französischen Zigarren. Jetzt hält er eine Havanna in der Hand, eine riesige, natürlich imaginäre Havanna. Aber er raucht sie wie früher, mit gezierter Pedanterie, läßt keine der kleinen, fast rituellen Gesten aus, stippt von Zeit zu Zeit die Asche vom glühenden Ende. Dann begibt er sich über Land, irgendwo in die Umgebung von Tschengtu, in ein Dorf. Eine Pflegerin ist ins Zimmer getreten. Er redet sie an, wie es der Konsul in Ausübung seines Amtes tat: »Guten Tag, ein Pater hat Sie mir empfohlen, als neue Amah, als Amah für meinen Sohn Lucien. Sie sind natürlich zum katholischen Glauben bekehrt, mit ganzer Seele Katholikin, sonst hätte der Pater ... Sehr gut, aber hören Sie, Sie dürfen niemals zum britischen Konsul gehen, dieser Mensch wird Ihnen Übles zufügen. Wenn Sie Schwierigkeiten haben, wenden Sie sich vertrauensvoll an mich.«

Hier ist der Konsul ein wenig vom Text abgekommen, denn

in Wahrheit hätte er damals nie so gesprochen. Die Logik des Deliriums ist ein wenig ins Wanken geraten, aber nur ein wenig. Aus der Pflegerin, die kein Wort begreift, ist ein weiblicher chinesischer Boy geworden. Inzwischen kommt eine zweite Krankenschwester herein. Aus ihr wird eine französische Dame, die im Konsulat Besuch macht, und er schickt sich an, eine imaginäre Bridgepartie mit ihr zu spielen. Er ist gerade dabei, einen Stich einzustreichen, als er jäh zusammensinkt. China ist aus seinem Gesichtskreis entschwunden, auch Anne Marie, auch ich. Gespannt beobachte ich ihn . . .

Er starb in der folgenden Nacht. Und nun sehe ich mich an seiner Stelle, nur ein wenig eingeschrumpft, nur ein wenig kleiner, so sehr gleicht mir sein letztes Bild mit der leicht reservierten und doch zugleich sehr freundlichen Miene.

Jedes Leben umschließt mehrere, voneinander völlig verschiedene Leben. Als Albert Césaire Auguste Bodard den Geist aufgab und ich meine Züge in den seinen erkannte, als er starb, nachdem er nicht Jesus, den Sohn Gottes angerufen hatte, sondern das Reich des Himmels jener Zeit, zu der er mich in die Welt gesetzt hatte, stieg ich hinab in ein sehr weit zurückliegendes Dasein, das ich vergessen zu haben glaubte.

Dabei hat meine Kindheit, diese nach Zeit und Ort so ungewöhnliche Kindheit, mein Ich geformt, mich ohne mein rechtes Wissen in all den verschiedenen Personen, die ich in der Folge wurde, für immer gezeichnet, aus mir den Lucien Bodard gemacht, den Rätselhaften, den Mann aller Eigenschaften.

Niemand hat mich je vollständig erklären können, so viele Gegensätze sind in mir vereint. Ich bin der unempfindlich Empfindsame, ich bin der bescheidene Hochmut, ich bin der Blinde mit dem Zweiten Gesicht, ich bin der fette Waschlappen, verschlafen, verbiestert, versumpft, der plötzlich das einzig Richtige sagt, die erhellenden Worte ausspricht. Ich bin plump, ungeschickt, stoße mich an Menschen und Dingen, stehe unsicher im Leben, aber ich weiß, auf wen oder was es ankommt. Ich gelte als gutmütig und bin es auch, aber meine Gutmütigkeit endet dort, wo mein Egoismus beginnt. Ich mag niemandem Schmerz zufügen, weil ich dazu erstens zu träge, zweitens zu gleichgültig und drittens zu überheblich bin. Ich habe ein Herz, aber vor allem habe ich ein Auge, und es gleicht einer Glaskugel, in der sich alle Bilder der Welt spiegeln, besonders die grausigsten und blutrünstigsten. Und ich bin unfähig, rotes Fleisch zu essen. Ich ekle mich nicht vor Leichen, aber ein blutiges Steak widert mich an. Ich bin »Spezialist« für Gewalttätigkeiten, sie wirken auf mich wie eine Droge, regen meine Phantasie zu makabren Höhenflügen an; ich selbst habe mich nur ein einziges Mal geschlagen: bei einer Bubenkeilerei. Sonst nie. Ich fände es kompromittierend, mich in ein Handgemenge einzulassen. Überdies habe ich keine Hände. Sie sind, trotz ihrer geschmeidigen Länge, Holzscheite, die zu nichts taugen; allenfalls kann ich mit zwei Fingern auf die Tasten einer Schreibmaschine hämmern. Ich verabscheue jede manuelle Tätigkeit, auch dann, wenn sie als aristokratische Handarbeit gilt, wie der Fingerdruck auf einen Abzug, zum Schuß auf ein schwieriges Ziel. Ich, der Augenzeuge so vieler Kriege, habe mich nie einer Waffe bedient, ich habe nie eine Kugel abgefeuert. Ich bin ängstlich, und doch ist die Gefahr meine höchste Wonne. Der Anblick der Welt ist meine Wonne. Der Anblick der Menschen ist meine Wonne. Der Anblick von Leidenschaften, Krisen, aller Triebkräfte des Menschlichen ist meine Wonne. Wie meine Augen ständig reflektieren, so arbeitet auch mein Gehirn ohne Pause. Es läßt mich nie im Stich, auch nicht in den Nächten, in denen mich die Eindrücke des Tages in einer Gestalt heimsuchen, die kaum phantastischer ist als die Wirklichkeit. Ich liebe das Phantastische, aber ich weiß es in seine Bestandteile zu zerlegen. Im Grunde ist es meine Freude, meine größte Freude, zur Wahrheit vorzustoßen, und doch glaube ich nicht, daß es Wahrheit gibt, es sei denn in Gestalt von halben, widersprüchlichen oder auch unbarmherzigen Wahrheiten, die sich nach bestimmten unwandelbaren Gesetzen wie auf einem Schachbrett verschieben und das Muster der menschlichen Unzulänglichkeiten nachvollziehen. Ich habe dreißig Jahre gebraucht, um dieses Spiels müde zu werden, und begreife erst jetzt allmählich, daß die Dinge ewig gleichbleiben. Aber wie sehr habe ich früher dieses Spiel genossen! Listenreich, ausgeklügelt, dabei mit allen Sinnen auf die Sache konzentriert, ohne daß man es merkte, so sehr machte ich stets den Eindruck einer wiederkäuenden Sphinx.

Ja, ich entziehe mich der Befragung, der Einstufung, denn ich bin im Innersten unzugänglich, unerreichbar; da ich jede Herzlichkeit, alles, was mich anderen gegenüber festlegen könnte, vermeide. Ich hasse Intimität und akzeptiere höchstens Kameradschaftlichkeit. Da ich alles andere als kleinlich bin, im Gegenteil, und sei es auch nur aus Menschenverachtung, stehe ich in dem Ruf, ein prima Kumpel zu sein, recht hilfsbereit, jedenfalls nicht intrigant, jemand, der nicht unnötig gemein ist. Indes soll niemand glauben, ich sei ein Fels und völlig gefühllos. Meine Empfindlichkeit ist aufs äußerste geschärft, sie registriert alles und verzeiht nie – es sei denn, sie vergißt, was häufig vorkommt. Aber das alles zeige ich nicht. Nichts zeigt sich an meinem Gesicht, nichts an meiner Haltung, meine Stimme verrät nichts. Ich zeige es nie, wenn ich getroffen bin. Auf keinen Fall und unter keinen Umständen. Ich stecke den Schlag ein, ohne mit der Wimper zu zucken, ich erwidere ihn nicht, ich streite mich nicht herum, das dünkt mich meiner unwürdig, und ich habe eine Auffassung von meiner Würde, die ich über alles stelle. Durch nichts zu erschüttern sein, das ist das große Wunschziel meines Lebens, aber es ist auch eine Irreführung, denn im Gegensatz zum äußeren Anschein, im Gegensatz zu den Legenden, die mich zum Super-Reporter stempeln, zu dem Mann, an dem alles spurlos vorübergeht, durchwachte Nächte, Alkohol, Drogen, Frauen, Abenteuer, bin ich sehr verletzlich. Ich habe, ich hatte vor allem, eine verborgene Lebensschwäche, eine Nervenschwäche, eine Versuchung zum Selbstmord, die mich verzehrte. Das alles ging schließlich vorüber, weil ich mich mit mehr Rüstungen panzerte als ein ganzes Heer von Rittern. Die einzige Spur, die noch von dieser Schwäche geblieben ist, ist die Fassungslosigkeit, die sich bei einem Überraschungsangriff meiner bemächtigt. Sonst kann ich mich erfolgreich hinter einer ungeheuerlichen Passivität verschanzen. Ich bin der König des passiven Widerstands. Aber eine abgefeimte Überrumpelung legt die einzige schwache Stelle in meiner Rüstung bloß: ich weigere mich zu kämpfen, ich weigere mich zu reagieren, ich ziehe mich in mein Schneckenhaus zurück. Auf Balgereien lasse ich mich nicht ein, das fände ich schmutzig. In solchen Fällen sind die Leute – die sich von

mir eine grob vereinfachte Vorstellung machen, irgendeinen Teufelskerl in mir sehen wollen – über meine scheinbare Feigheit verblüfft. In Wahrheit lasse ich mich sozusagen nie erwischen. Die Menschen verkennen mich, weil ich mein Geheimnis wohl hüte, weil ich finde, daß man nie sein wahres Gesicht zeigen soll. Wie sieht es eigentlich aus, mein wahres Gesicht? Ich weiß es selbst nicht genau, so viele Lichter und Schatten sind in mir verwoben, sammeln sich in einer wunderbaren Linse: meinem Auge, das in mir und außerhalb von mir ist, in diesem Auge, das alles sieht und aus mir einen Unmenschen macht. Ich kenne kein Mitleid, ich kenne nur die Lust am Sehen und Berichten.
Darüber hinaus ist mein Leben fast nur füllendes Beiwerk. Man hält mich im allgemeinen für enorm strapazierfähig, und das bin ich auch, aber nur dank einer Art Verkrampfung, der, wenn die Reaktion einsetzt, völlige Leere folgt. Man dichtet mir sämtliche Laster der Sinnlichkeit, der Wollust und der Ausschweifung an, doch in Wirklichkeit war ich immer nur ein bescheidener Genießer, ein bescheidener Lüstling. Ein wenig Opium in Indochina, Whisky in Hongkong im Kreis freundfeindlicher Reporterkollegen, immer der gleichen, die sich in den schönen schmutzigen Erdenwinkeln treffen. Und die Frauen . . . So weit verbreitet der Glaube ist, ein Reporter müsse die Helden und die Männlichkeit verherrlichen, so sehr langweilen mich diese Helden und diese Männlichkeit, seit ich sie als Rohmaterial verarbeite. Im Grunde schätze ich die umhegte Einsamkeit, umhegt von Frauen. Mein ganzes Leben lang brauchte ich, der für so stark gilt, immer einen Schutz, und diesen Schutz hat mir stets eine Frau gewährt. Drei, vier Frauen halfen mit, aus mir das zu machen, was ich bin. Ganz selbstverständlich habe ich, infolge der unausbleiblichen Konflikte oder Abnutzungserscheinungen, schnöde mit ihnen gebrochen, wenn sie mir nicht mehr nützlich waren oder ich ihnen nicht mehr nützlich war. Dahinter steckt eine Haltung, die bei allem Hochmut ein wenig primitiv ist. Denn ich hasse aristokratisches Gehabe, und ich habe, in meiner privaten Sphäre, eine gewisse Vorliebe für gescheite und energische Vulgarität.

Aber ganz ohne Heldenverehrung geht es auch bei mir nicht ab. Ich habe wenige Helden gekannt, und sie sind tot, gebrochen,

Opfer ihrer selbst, ihrer geheimen Schwächen. Denn ich glaube nicht an die Helden aus einem Guß. Sie sind aus dem gleichen Holz geschnitzt wie wir, nur aus einer besseren Sorte. Wenn sie mich blenden, so nehme ich sie besonders scharf unter die Lupe. Ich habe gesehen, daß Heldentum ein dauerndes Schlamassel ist, das ein heiliges Feuer nährt, eine Schutthalde, von einigen Goldadern durchzogen. Meine Helden sind zugrunde gegangen, wie alles um mich her zugrunde geht: mein Frankreich, meine Vorurteile, das Empire, die Überlegenheit der weißen Rasse. Alles, was mir mein Vater im Hochgefühl der kolonialen Glanzzeit nach dem Ersten Weltkrieg eingetrichtert hatte. Es war nicht einmal so schmerzlich, weniger als ich je geglaubt hätte, so völlig war ich in die Freuden der Analyse vertieft. Nicht daß ich heute frei wäre von jedem Vorurteil. Aber ich lehne die Verallgemeinerungen ab, soweit ich sie nicht selbst aus der Vielfalt der Fakten entwickelt habe. Ich hasse Ideologien, denn sie sind nur Vereinfachungen, entarten immer, sobald sie sich durchsetzen, werden nervtötend, wenn sie nicht zum Zug kommen. Ich mache mich anheischig, gerechte oder ungerechte Zustände mit Hilfe meiner Feder, meiner Technik, meines Talents und meines Instinkts besser aufzuzeigen als mittels der kalten Analysen, wie sie jetzt Mode sind. Ich glaube nicht, daß alle Ideen falsch sind, aber ich mißtraue ihnen gründlich, und außerdem langweilen sie mich.

Was langweilt mich eigentlich nicht? Auch die Vergnügungen langweilen mich in zunehmendem Maße. Ich bin über den Snobismus hinaus, oder vielmehr ich pflege einen umgekehrten Snobismus, indem ich immer ungepflegt bin, schlampig gekleidet, und ich esse schlecht. Ich lasse mich absichtlich gehen. Ich erlaube mir mit Wonne, zu Déjeuners bei Ministern im schmuddeligen Pullover zu erscheinen. Ich besuche keine Ausstellungen. Ich suche keine Zeitungsredaktionen auf, und obgleich ich doch Tausende von Artikeln schrieb, habe ich nie eine Seite „eingerichtet". Ich weiß nicht, was ein Setzer ist.

Ich halte mir nichts darauf zugute. Es ist eben so. Ich kann Chefs nicht leiden und empfinde ihnen gegenüber keinerlei pflichtschuldige Dankbarkeit, aber noch weniger kann ich die Nicht-Chefs leiden, denn ihr Strebertum und ihr ewiges Taktieren gehen mir auf die Nerven. Ich kenne das Volk nicht. Ich bringe ihm weder Liebe noch Feindseligkeit entgegen. Ich wünsche ihm ein besseres Leben. Ich begreife, daß es kämpft, aber ich kämpfe nicht mit. Folglich bin ich allein, allein mit ein paar wenigen Menschen, zu denen ich sprechen kann, zumeist über mich. Diese Menschen sind immer Frauen.

Jetzt führe ich ein regelmäßiges Leben: Nichtstun am Vormittag, die Arbeit am Nachmittag, Damen oder Mädchen am Abend. Keine Zufallsbekanntschaften. Abonnements. Im übrigen lese ich kaum noch Zeitungen, interessiere mich nicht mehr dafür, was sich in der Welt tut: Krisen, Kriege, Revolutionen. Trotzdem will ich nicht zu den Veteranen gehören, zum alten Eisen, zu den alten Knackern, nein, so seltsam es klingt, ich bin empfänglich für das neue Lebensgefühl, seine Bestrebungen und seine Strömungen, die sich so sehr von denen meiner Jugend unterscheiden, für diese neue Welt, vor allem für Frankreich in seinem Wandel und seiner Ratlosigkeit. Es schert mich wenig, daß die Kontinente sich selbständig machten, daß Frankreich klein geworden ist. Was versteht man heutzutage unter Größe?... Wohin ich blicke Erschütterungen, Gärung, Experimente, Dinge, die sich in Worten ausdrücken wie Erneuerung der Gesellschaft und Probleme der Umweltverschmutzung, Dinge, die immerhin noch eine gewisse Bereitschaft in mir wecken, sie begreifen zu wollen, nachdem ich alles übrige begriffen habe. Nicht daß ich mir für die Zukunft viel versprechen würde von diesen Ergüssen und Ideen, die vor allem der Ratlosigkeit von Menschen entspringen, denen ihre traditionellen Regeln, Leidenschaften und Klassifikationen abhanden gekommen sind: Armee, Kirche, Hierarchie. Was übrigbleibt, ist nur noch die Konsumgesellschaft, die mir angenehm und unangenehm zugleich ist. Nein, ich bin nicht verknöchert. Ich bin und bleibe, was ich immer war, ein fanatischer Individualist, eine Art Aristokrat, der die Kriterien der Aristokratie ablehnt, aber durchaus fähig ist, ihre guten Seiten zu sehen. Ich sehe übrigens an allen Dingen das Häßliche und das Schöne. Fazit: ich habe mein eigenes Leben in seiner ganzen Fülle gelebt, und es war eine ständige und recht schmerzliche Anstrengung. Und vor allem habe ich das Leben der anderen gelebt, ob es nun einzelne Abenteurer und Kämpfer waren oder die wehrlose Masse der Abermillionen im Sog der Revolutionen und Verfolgungen.

Jetzt ist es so weit, daß ich in Ruhe das alles noch einmal leben kann. Ich möchte Zuschauer sein bei diesem Leben, das ich so gut getarnt führte, Auge in Auge mit dem Chaos der Welt, diesem Chaos, das bald die Form einer Ordnung annimmt – einer schwankenden oder eisernen, zivilisierten oder barbarischen Ordnung –, bald nichts anderes ist als eine einzige Verwesung oder ein einziges Werden. Und darin beschlossen immer die Menschen, die sterben, am Ende immer der Tod. Nicht daß der Gedanke an den Tod mich verfolgte. Weit gegenwärtiger ist mir das Gefühl der fliehenden Zeit, des unerbittlichen Verrinnens der Jahre, wie es die chinesischen Graphiken in wenigen sehr einfachen Strichen wiederzugeben wissen: ein Baum, der sein Laub verliert, fortziehende Vögel, ein paar verlassene Boote auf dem leicht bewegten See. Traurige Wiederkehr des Winters und fast ebenso traurig die ersten Blüten des Frühlings, denn auch sie geraten auf die eine oder andere Art in die Mühle der Zeit.

In China ist der Tod in Gestalt von Foltern und Hinrichtungen allgegenwärtig, aber er ist nicht das zentrale Thema der Dichter, der Gelehrten oder Philosophen; diese alle predigen nur das Leben. Ein Leben, das unsicher geworden ist, seit der Himmelsthron eingestürzt, seit mit der Revolution von 1911 die Tugend dahingegangen ist. Das Leben war wollüstige Melancholie; es wurde zum geilen Grauen. Diese beiden China haben mich geprägt, ich finde sie heute wieder in meinem Leben, das nur Melancholie und Liebe zum Grauenvollen war. Ich habe in vollen Zügen, leidenschaftlich gelebt, und für den Rest bleibt nur noch eins: nacherzählen, was ich allzurasch durcheilte, im Wirbel der Ereignisse und unter dem Druck meiner Arbeit als Journalist.

Erster Teil

Das alles noch einmal leben

Ich verlebte eine zauberhafte Kindheit. Aber es handelte sich um einen Zauber, der von den Regeln des »Gesichts«, der Etikette, der Riten beherrscht wurde. Eine konstitutionelle Barbarei. Das Kennzeichen Chinas. Flammende Gleichgültigkeit. Ich wurde jenseits der Grenzen der bekannten, der kolonisierten Teile Chinas geboren, jenseits der furchtbaren Schlünde des Yangtsekiang, von Schanghai dreißig Reisetage mit der Dschunke entfernt, in der Provinz Szetschuan. Einer alten Provinz mit achtzig Millionen Einwohnern, vom übrigen China durch die höchsten Bergmassive der Welt getrennt, einer sehr alten, sehr feudalen, sehr abergläubischen, sehr schönen, sehr reichen Provinz. Dort war noch das China von einst: die Städte mit ihren Mauern, die Reisfelder, die Hügel, die Gebirge, die gewaltigen Ströme, die gewaltigen Volksmassen, das gewaltige Elend, alle Blumen, Rhododendren und wilde Lilien, und auch die Freude am Leben, die Freude über die tägliche Handvoll Reis. Und dann die Mischung aus Schändlichkeit, Schönheit und Monstrosität. Dort habe ich die Grausamkeit gelernt. Als kleines weißes Kind in dieser für die Fremden verbotenen Provinz, wo die Konsuln mit knapper Not geduldet wurden. Nur die Missionsgeistlichen und die Nonnen hatten Aufenthaltsrecht, das ihnen 1860 nach der Niederbrennung des Sommerpalasts durch die Truppen Napoleons III., die für die Ausbreitung des Glaubens kämpften, vertraglich zugesichert worden war. Verbündete der Franzosen waren die britischen Truppen gewesen, die in Wahrheit für die Ausbreitung des Business fochten.

Ein Kind, allein inmitten dieser Massen. Ein schutzloses Kind, denn im weiten Umkreis gab es keine Kanonenboote, keine Kolonialtruppen. Ein königliches Kind, das mit der Luft den Dunst der Hinrichtungen und der Gleichgültigkeit einatmete. Als Säugling wurde ich in meinem Tragsessel von Dienern hoch über den Köpfen der Menge balanciert. Ein wenig später sprengte ich im Galopp durch diese Menge, mir voran mein Reitknecht, der schrie: »Platz für den fremden Gebieter.« Ich galoppierte über die Pflastersteine der großen, von allen Wunderdingen schillernden Geschäftsstraßen und durch die Gäßchen voller Bettler, Sterbender, Aussätziger und Kinderleichen. Ich sah das Leiden der Menschen, die Lastträger, die Pferde, die immer in die gleiche Wunde gestochen wurden, damit sie schneller liefen, die Seilschaften von Schleppkulis, die unter den Peitschenhieben der Aufseher, von der Anstrengung fast bis zur Erde gebeugt, riesige Dschunken den furchtbaren Strömungen der Flüsse entrissen. Das war der Alltag des Daseins. Die Bilder vermischten sich in mir. Bilder aus meinen ersten Lebensjahren und solche, die meine Mutter mir später schilderte.

Eines gibt es, dessen ich ganz sicher bin, das erste Bild, das mir im Gedächtnis blieb: an einem Flußufer, einer niedrigen, schlammigen, verdreckten, stinkenden Böschung ein weißes Etwas. Wie ein gestrandeter Fisch, ein weicher, schuppenloser Bauch. Es war ein nacktes Kind, die Leiche eines kleinen Mädchens. Dieser gallertartige Kadaver ist meine erste Erinnerung.

Ich weiß auch bestimmt, daß ich abgeschnittene Köpfe sah. Die wimmelnde Stadt war von gewaltigen, zinnenbewehrten Mauern umschlossen. Die vier Tore in den vier Himmelsrichtungen glichen dunklen Tunnels und wurden bei Einbruch der Nacht mit schweren Bohlen verschlossen. Dort waren die Köpfe auf Pfähle gespießt oder in Käfigen ausgestellt. Wenn sie frisch abgeschnitten waren, rann noch ein wenig Blut an ihnen herab, dann trockneten sie im Lauf der Tage und verwesten. Da ich oft dort vorüberkam, sah ich die Gesichtszüge sich auflösen, bis sie verschwunden waren. Schließlich wurden die alten Köpfe fortgeworfen und neue gebracht. Ich entsinne mich sehr gut der Eindrücke, die der wechselnde Ausdruck auf den Gesichtern der Geköpften damals in mir, dem Kind, hervorrief.

Ich entsinne mich auch der Soldaten. In der Stadt lagen verschiedene Armeen. Die Männer trugen lumpige Schuhe und einfaches Baumwollzeug, aber ihre Bajonette blitzten. Sie wirkten völlig abgestumpft, die Gesichter waren ausdruckslos. Man ahnte, daß sie auf ein Zeichen hin zu allem fähig wären, den Nächstbesten niederstechen, töten, massakrieren, alles hinmorden würden. Manchmal kamen die Befehlshaber mit ihrem Stab angeritten, und die Straßen leerten sich, sobald sie gemeldet wurden. Denn sie konnten je nach Lust und Laune alles bedeuten, auch den Tod. Sie waren die Kriegsherren.

In welchem Zustand befand sich China! In welchem Zustand befand sich die Provinz! So unbarmherzig ausgeplündert und gefoltert, daß die Bevölkerung sich in die Wälder flüchtete und nicht selten Menschenfleisch aß.

Kurz vor meiner Geburt war die Höchste Harmonie gestürzt worden. Vom Drachenthron in Peking war der Sohn des Himmels, der Mittler zwischen den Menschen und den Sieben Sternen des Großen Wagens, verschwunden. Einst empfing er im Himmelstempel die segenspendenden Wogen aus dem Firmament, ohne die es keine Ernte, keine Jahreszeiten, kein Wasser und keine Luft mehr gäbe, ohne die alles Leben erlöschen würde, bis zum letzten Röcheln eines Kindes, zum letzten Blatt eines Baums, zum letzten Grashalm. Alles, was lebte, würde nicht mehr sein. Aus der Welt würde ewige mineralische Gleichgültigkeit. Nur dank des Himmlischen Herrschers wurde diese Erde von den rettenden Gesetzen regiert, die dem Geschehen und den Menschen geboten, die das Fortbestehen aller Dinge sicherten. So behauptete sich die geheiligte Ordnung, die allem unter dem Himmel ihren Atem einflößte, die Abfolge der Ernten und der Generationen garantierte. In dieser Abfolge aller Dinge war der Tod nichts, denn die Verstorbenen waren auf den Ahnentäfelchen eingeschrieben, was ihnen immerwährendes Dasein verbürgte. So fügte sich die kosmische Ordnung der Welt zwischen Himmel, Erde und Menschen, die kosmische Ordnung, die den Geist der Unordnung als Sakrileg empfand und unerbittlich durch die Folterjustiz ahndete.

Es waren geheiligte Folterungen, dazu bestimmt, das Böse wiedergutzumachen, die Tugend zu erneuern, und die Weisen richteten sich nach den sehr ins einzelne gehenden Lehren, die im Buch der Foltern niedergeschrieben waren. Wenn die Unordnung sehr groß, das Böse sehr groß war, dann empfahl die Weisheit, zum Massaker zu schreiten. Die Kaiserin Tse-hi ließ zu Beginn ihrer Regierungszeit, in dem damals herrschenden Chaos, als die Hälfte des Volkes revoltierte, fast hundert Millionen Menschen ums Leben bringen. Doch ach, die so festgefügte Ordnung vermochte dem schleichenden Gift der Barbaren nicht zu widerstehen: dem Dollar und der Bibel. Die Begehrlichkeit in allen ihren Formen und die entfesselten Instinkte höhlten das Reich aus, brachten es zu Fall, ohne daß eine neue Weisheit die Stelle der abgesetzten eingenommen hätte. Denn China hatte von den Barbaren alles übernommen, was verderbt und vergiftet war, und nicht begriffen, was die Stärke der Weißen ausmachte: Wissenschaft und Technik. Und so traten mit dem Ende des Himmelsreichs, aus der Verbindung übelster atavistischer Instinkte mit den übelsten modernen Formen der Gewinngier, die Kriegsherren auf den Plan, Raubtiere ohne Treu und Glauben, auch wenn sie sich den Anschein gaben, als wahrten sie das »Gesicht«.

Als die Revolution von 1911 den Himmelssohn stürzte, ging die Welt nicht unter; das Sakrileg hat sie nicht ausgelöscht, aber es hat furchtbare Folgen gezeitigt: dieses gefolterte, folternde China. Dieses zerrissene, zerstückelte China. Dieses China, das den Armeen ausgeliefert war, wo Banditen, die sich selbst zu Generalen oder Marschällen ernannten, das Land bekriegten, sich gegenseitig bekriegten oder sich verständigten, wo im einen wie im anderen Fall eine Unsicherheit herrschte, die das Volk ins gleiche Elend stürzte wie die schwarze Pest unseres Hundertjährigen Kriegs. Es war die rote Pest des wahllosen Blutvergießens, die gelbe Pest der Ausplünderung, die auch noch das nackte Leben nicht verschonte.

In der Stadt Tschengtu gibt es drei Kriegsherren, die einander in einem labilen, tückischen und haßerfüllten Gleichgewicht in Schach halten. Aber ich habe keine Angst vor ihnen. Durch die Servierluke sehe ich zu, wie sie umschichtig im riesigen Speisesaal des französischen Konsulats mit großem Pomp zu gigantischen Festmählern empfangen werden. Am meisten faszinieren mich die Visagen der Kriegsherren, diese Gesichter, die ernst, heiter, lächelnd sein können. Das Lächeln Chinas, dieses nur angedeutete, ein wenig rätselhafte Lächeln, hinter dem sich die Zügellosigkeit aller Begierden verbirgt, der Leidenschaften, Gefühlsausbrüche, die ungeheure chinesische Impulsivität. Ein Lächeln, das alles verhüllt und das ich mir zu eigen machte. Es hat mich gelehrt, daß man nichts sagen darf, denn wie das Ideogramm ist das Wort die Sache selbst. Nur das Wort zählt. Nicht einmal im Spaß darf etwas ausgesprochen werden, denn wenn man einen Menschen lachend einen Schuft nennt, so bezichtigt man ihn damit der Schuftigkeit. Und dann kann man ihm, um das eigene »Gesicht« zu wahren, nur noch die Kehle durchschneiden.

Bei diesen Mahlzeiten herrschte natürlich eitel Fröhlichkeit, unzählige Male wurde »ex« getrunken. Scherze flogen hin und her, aber sie waren absolut stereotyp. Es gab eine Art Knigge, nach dessen Anweisungen man seine gute Laune zeigte, die ihrerseits Zeichen der Liebe und der Freundschaft war. Das alles hatte nichts zu bedeuten. Schon am folgenden Tag konnte der Kriegsherr das Konsulat von seinen Soldaten umstellen lassen, wenn er irgendeine Sache in für ihn vorteilhafterer Weise geregelt wissen wollte.

Auch ich habe seit meinem fünften oder sechsten Lebensjahr das »Gesicht«: ich lache nicht, ich scherze nicht, ich spiele nicht. Ich bin schweigsam. Ich sage nicht die Wahrheit. Ich lüge nicht, aber ich spreche mich nicht aus. Denn ich weiß, daß die Wahrheit eine Ungebührlichkeit ist, fast ein Verbrechen. Auf meinen Kinderfotos sieht man mich immer, wenn auch nicht traurig, so doch verschlossen. Schon damals bin ich unergründlich, wie alle Chinesen. Beleidigungen nehme ich nicht hin, aber die nimmt kein Chinese hin. Ich verzeihe nicht, aber kein Chinese verzeiht. Ich sage nichts, denn kein Chinese spricht anders als in formelhaften Wendungen, in denen er sich selbst als elenden Wurm, als unwürdigen Dummkopf bezeichnet, während er seinen Gesprächspartner mit ausschweifenden Lobeshymnen, mit blumenreichen Schmeicheleien überschüttet. Soweit ging ich zwar nicht, aber ich lebte nach Riten, nach meinen eigenen, wie die Chinesen nach Riten lebten, selbst in diesen Tagen der Kriegsherren.

Habe ich Gefühle? Haben die Chinesen Gefühle, abgesehen von ihrem Sinn für die Kunst, für den vollendeten und vollständigen Sinnengenuß, für eine Wollust, die aus der Summe aller Laster besteht, von den subtilsten bis zu den gröbsten . . .? Ich bin zu jung, um das genau zu wissen, und außerdem teilen die Chinesen ihre wahren Genüsse niemals mit einem Europäer.

Ich weiß nur, daß Tschengtu eine Stadt ist, in der der Mensch den Menschen ausbeutet und die jeweiligen Sieger sich eines ganzen Volks von Sklaven und Sklavinnen bedienen, um jede Regung ihrer Sinne zu befriedigen. Was nicht Elend ist, ist Prostitution. Ist die Liebe denn etwas anderes als eine gelegentliche erotische Entgleisung, das Verlangen eines Mannes nach einer bestimmten Kurtisane oder einem bestimmten Lustknaben? Achtung gebührt einzig der verwitweten Ahnfrau einer reichen Großfamilie.

Also keine Gefühle, sondern Riten, die Pflicht und Respekt einschließen. Die zwischenmenschlichen Beziehungen sind, soweit die Anarchie sie nicht zerrüttet hat, ein für allemal festgelegt. Die Söhne weinen nicht um den toten Vater. Das besorgen bezahlte Fachleute. Die Söhne folgen dem Leichenbegängnis, das übrigens ein Festzug ist, mit unendlicher Würde, der Älteste setzt die unvergängliche Geschlechterfolge fort, nachdem der Verstorbene ordnungsgemäß der Erde übergeben und vor allem auf den Ahnentäfelchen eingeschrieben wurde.

Wie kommt es, daß dies alles sich in mir festsetzte? Ich weiß es nicht ... Aber es ist mir in Fleisch und Blut übergegangen. Mein ganzes Wesen wird beherrscht von einem Gefühl für Würde, das sich in Empfindlichkeit und Stolz ausdrückt und auch im Kodex meiner eigenen Anstandsregeln, die den chinesischen sehr nahe kommen. Zum Beispiel sage ich ungern etwas direkt, rundheraus, ich versuche, meine Gedanken allmählich durchblicken zu lassen. Ebenso scheint mir die Lüge sehr oft eine Höflichkeit zu sein, die zudem ihr Gutes hat, denn sie erlaubt mir, den Umständen Rechnung zu tragen. Schließlich bin ich unfähig, nein zu sagen, was nicht heißt, daß ich ja sagte und was zuweilen Mißverständnisse auslöst, an denen ich meinen Spaß habe. Ich weiß selbst nicht recht, woran ich mit meinen Gefühlen bin, die widersprüchlich sind, sehr wandelbar und dennoch sehr statisch.

Das alles ist zum Teil auch Spiel. Aber ist das Spiel nicht China? Mit der Einschränkung, daß meine Spiele selten wirklich böse sind, daß ich nur dann rigoros vorgehe, wenn es gilt, die eigene Haut zu retten. Denn ich besitze nicht die chinesische Unerbittlichkeit, diesen stahlharten Block unter einer Tarnschicht aus Flexibilität. Diesen Block, auf dem Mao so viele Jahre herumhobeln mußte, bevor er ihn abtragen konnte.

Ich kenne auch noch manches andere China. Zum Beispiel das China Lis, meiner Amah, meiner Gouvernante à la chinoise. Liebte sie mich? Aber was soll mir diese müßige Frage...? Als Dreikäsehoch stellte ich sie mir nicht. Li behandelte mich mit unendlicher Zärtlichkeit, jedenfalls mit allen äußeren Formen der Zärtlichkeit. Sie sprach nur chinesisch mit mir und machte aus mir einen kleinen Chinesen. Sie trug mich noch auf ihren Armen, als ich schon über zwei Jahre alt war, weshalb ich sehr spät laufen lernte. Für sie war ich der Buddha. Ich war ihr Stolz. Ich war ihr »Gesicht«.

Sie zeigte mich bei allen ihren Freunden und Bekannten herum. Sie überfütterte mich. So wie die reichen chinesischen Kinder überfüttert werden, die man dick in Seidenstoffe einmummelt und sogar schminkt, auch die Knaben. Mit diesen Knirpsen kam ich nicht zusammen. Aber im Konsulat war ich unumschränkter Herr der Kinder unserer Dienstleute. Li war die Königinmutter. Sie hätte mich am liebsten nach chinesischer Sitte vor den bösen Geistern geschützt, indem sie mich in Mädchenkleider gesteckt und mir einen Mädchennamen gegeben hätte, denn die Dämonen kümmern sich nicht um die kleinen Gören. Um mich einzuschläfern, liebkoste sie, wie es bei den chinesischen Ammen der Brauch ist, mit ihren Lippen mein Geschlecht, worüber meine Mutter, wenn sie es gewußt hätte, bestimmt außer sich gewesen wäre. Sie freute sich über meine Kraft, und an meinem Ohrenschmalz sah sie, daß mir eine große Zukunft bestimmt war. *Cerumen auris* ist in China ein besonders glückverheißendes Zeichen.

Li führte mich in ein anderes China ein. In das China der Gruselgeschichten. Sie ließ mich im Kreis ihrer Tausenden und Abertausenden von Göttern und Göttinnen leben. Vor allem beteten wir sämtliche Mißformen Buddhas an. Anstatt den Vollkommenen zu preisen, brachten wir unsere Verehrung den obszönen Buddhas dar, deren Nabel über einem enormen Speckwanst strotzt, den geilen Buddhas, die massenweise mit den Geschöpfen der Erde und des Jenseits Unzucht treiben, den dämonischen Buddhas, die über und über nachtschwarz bemalt sind, bis auf die scharlachfarbenen Flammenzungen, und die als Krone ein Geflecht aus Schlangen auf dem Kopf tragen, Buddhas mit Ochsenstirnen, von Schenkelknochen bekränzt.

Das China Lis ist eine einzige Weihrauchwolke. Überall glimmende Räucherstäbchen, wie Sterne, die sich auf der Erde niederlassen. Und ich besuche mit ihr die Unzahl von Pagoden, die Horden von Bonzen mit den kahlen Schädeln voll heiliger Brandnarben, die uns segnen, uns Amulette verkaufen und für uns die Geister befragen. Li lebt eingehüllt in einen Wahn aus Mysterien, Erscheinungen, Phantomen, Beinhäusern, Genien, Drachen, in einen ganzen Zauberspuk aus Blendwerk und Beschwörung. Furchtbare Kraft der Ungeheuer mit der halb menschlichen, halb tierischen Gestalt, Symbole der Urangst des Menschen. Und Lis zahllose Mittelchen, um alles Böse von mir, von uns abzuwehren und alle nur erdenklichen Segnungen zu erflehen. Ja, Li zog mich mit in verschwiegene Winkel, wo ich geheimnisvolle Schatten sah. Sie führte mich zu Männern, die aus dem Feuer lasen, aus Gedärmen, verbrannten Kräutern, die sich durchbohrten und frei über dem Boden zu schweben schienen. Einbildung? Ich weiß es nicht. Aber aus jenen Zeiten ist mir ein Hang zum Phantastischen und zum Wunderbaren geblieben. Mein Leben an Lis Seite war ein Gaukelspiel mit allen Ausstrahlungen des Himmels und der Erde.

Mein Mafu hingegen lehrte mich die chinesische Stadt kennen und das, was ich ihre »Lokalnachrichten« – die Himmlische Version – nennen möchte. Nach dem Mittagessen ritt ich aus, er lief hinter mir her. Sein Kürbiskopf mit dem stumpfen Gesicht reichte fast bis zu meiner Höhe. So konnte er mühelos mit mir sprechen. Er wußte alles, denn er war ein ehemaliger Marodeur.

Wie sehr liebte ich die chinesischen Straßen! Mit ihren Bannern, ihre Ideogrammen, ihren Menschenmengen. Mit diesen uferlosen Strömen, auf denen alles sich schob und stieß, die Lastkulis, die Packtiere, die Vornehmen zu Pferde, die alten Frauen mit geschulterten Tragstangen, an deren Enden randvolle Eimer mit Exkrementen hingen, die Sänftenträger. Alles unter Keuchen und Rempeln, Schreien, dieser unaufhörlichen dröhnenden Kakophonie, jedes Gewerbe hatte seinen bestimmten

Schrei. Die Schreie der ambulanten Speisenhändler, die ihre Kochöfen auf dem Rücken trugen. Die Schreie der alten Vetteln, die einander in die Haare gerieten, das tönende Klappern der Mah-Jongg-Steine, das Blöken der Bettelmönche, das drohende Jammergeschrei der Almosenheischenden, wütende Schmähungen, Hochziehen und Ausspucken von Schleimklecksen mit dem feuchtraspeligen Geräusch eines fallenden Steins. Und die überwältigenden Gerüche: Gerüche von allem, was am meisten stinkt und am meisten duftet. Immer der Brodem von Scheiße und Unrat, aber auch der allgegenwärtige Weihrauch, das jähe Anbranden von Moschus und, in einzelnen Schwaden, die ätzende Süße des Opiums. Menschen, Menschen. Welche Fröhlichkeit, welche Lebensfreude, welche Lebenskraft! Welche Lust an der Nahrung, an den zur Schau gestellten Eßwaren. Welcher Schnapsdurst! Welcher Genuß an der kreischenden Musik, die aus den Theatern tönte! Welch erhabene Pracht der wohlverwahrten Kostbarkeiten, die nur zu Ehren eines Besuchers aus ihrem Versteck geholt wurden! Diese Wogen der Freude, diese Feste, diese Einhorntänze, diese unglaubliche Leidenschaft für die zahllosen Glücksspiele, bei denen selbst die auf dem Boden hockenden Kulis noch das Letzte verloren, während sie für einen kurzen Augenblick das nackte Elend bannten. Und besonders die Leiber im Todeskampf, die man sterben ließ, weil es zuviel Gleichgültigkeit gab, weil es zu viele Menschen, zu viele Massen gab, und weil die Leichen von gefährlichen Geistern umgeben waren, die sich auf einen stürzen konnten, wenn man versuchte, dem Sterbenden zu Hilfe zu kommen. Wer also kam zu Hilfe? Niemand, nur die alten chinesischen Diener der Nonnen, die im Morgengrauen mit ihren Körben auszogen, um die Ernte an nackten ausgesetzten Säuglingen einzubringen. Und die Priester hatten Katecheten, die den Sterbenden auf der Straße heimlich die Taufe spendeten, auf die Gefahr hin, daß sie von der Menge niedergemacht wurden.

Als tägliche Lustbarkeit hatten wir die Hinrichtungen. Sie wurden an verschiedenen Stellen der Stadt vorgenommen, denn jeder Kriegsherr besaß einen Teil von Tschengtu, und jeder hatte seine eigene Richtstätte. Alles spielte sich in der Öffentlichkeit ab. Mein Mafu kannte die Henker, gute, pfiffige, runzelige Chinesen, deren Folterwerkzeuge an Ackergerät erinnerten. Der Mafu erklärte mir, wie diese Folterknechte sich darauf verstanden, das Fleisch zu zwacken, zu verbrennen, zu zerstückeln. Er begutachtete das, wie man in Spanien einen Stierkampf begutachtet. Es gab die unkomplizierten Hinrichtungsarten für die einfachen, gewöhnlichen, uninteressanten Leute, die auf ein Wort, einen Wink des Kriegsherrn hin verurteilt wurden. Diese Delinquenten wurden schlicht zerwirkt, man hackte Stück für Stück von ihnen ab, und jedesmal schoß ein roter Strom hervor. Sie starben schnell. Diejenigen, die der Kriegsherr mit seiner besonderen Aufmerksamkeit ehrte – oftmals ein Unter-Kriegsherr, der sein Kumpan gewesen war, mit dem er zahlreiche Kompromisse, Abkommen, Handelsschaften geschlossen hatte –, die starben langsam und nach dem Ritual.

Das »Gesicht« hinderte nämlich die vornehmen Persönlichkeiten keineswegs, bestimmte Szenen zu spielen, wie die der großen Zufriedenheit, des Treueschwurs, des überwältigenden Kummers, der bedrohlichen Unzufriedenheit. Dafür gab es genaue Vorbilder. Und die Szene der Szenen war die, in der der Kriegsherr sich seinem Kumpan, seinem Opfer, in schwärzester Wut offenbarte, mit brüllender Stimme, mit den ungeheuerlichsten Schmähungen und Anschuldigungen, wobei Feuerröte, Scharlachröte in seine Wangen stieg. Dies war die totale Exkommunikation, der offene Sieg des einen, die offene Niederlage des anderen. Der langsame Tod des Verurteilten, der nach altem Brauch um Gnade flehen und dann seine Fehler eingestehen mußte, auch wenn er sie gar nicht begangen hatte. Sodann nahm der Henker den »Verbrecher« so geschickt auseinander, daß er möglichst lange am Leben blieb, hütete sich, die Adern zu verletzen oder in die wichtigen Organe zu schneiden. Das Fleisch wurde nur nach und nach, in Tagesrationen, vom Körper entfernt. Man konnte mehrere Tage nacheinander hingehen, und der Mafu urteilte als Kenner. Auf diese Weise lernte ich die menschliche Anatomie kennen, durch die Methode der Vivisektion; was mir damals gefiel und mir später solchen Abscheu einflößte.

Und dann gab es noch, meist außerhalb der Stadtmauern auf den Exerzierplätzen, den summarischen Urteilsvollzug an armen

Leuten, an Banditen und revoltierenden Soldaten. Sie mußten niederknien. Die Klinge wirbelte blitzend in der Sonne, und in der nächsten Sekunde rollten gleichzeitig alle Köpfe. Das Blut schoß aus den zusammensinkenden Leibern. Es war anzusehen wie ein phantastischer Springbrunnen.

Der Mafu war kein schlechter Mensch. Weit gefehlt. Er war sogar mein Schutzengel. Er empfand nur ein durchaus gesundes, völlig ungetrübtes Vergnügen beim Anblick des Grausigen.

Zur weiteren Erbauung dienten uns die großen Naturkatastrophen. Zum Beispiel die Überschwemmungen des Minh, eines großen Nebenflusses des Yangtsekiang, der dicht bei Tschengtu floß. In der Trockenzeit, wenn die Wasser sich zurückzogen, verbreiterten sich die Ufer zu einer Art stinkenden Schlammpfuhls, in den zahllose Menschen lange Stangen versenkten, die das Stadtviertel der Strohhütten tragen sollten. Wenn jedoch mit den ersten Regenfällen die Fluten mit unglaublicher Geschwindigkeit wieder heranstürmten, hatten diese Leute keine Zeit mehr, ihre Wohnstätten abzumontieren, die sofort wie Kartenhäuser zusammenstürzten. Dann sah man viele Leichen auf dem reißenden Strom treiben.

Ein weiteres Schauspiel boten die Auswirkungen der Trockenheit. Im allgemeinen war in Tschengtu gut für Hungerzeiten vorgesorgt, und die reichen Händler verkauften den Reis sehr teuer. Um indes die verheerenden Aufstände der Plebs zu verhindern, ließen sie vorsorglich von Zeit zu Zeit Gratisrationen verteilen. Dann mußte man die Schlangen sehen und die Menschen, die diese Schlangen bildeten, ihre Raufereien, ihre ausgestreckten Hände. Wenn sich dagegen die Horden von bereits zu Skeletten abgemagerten Bauern zu Tausenden zusammentaten und von einer letzten Hoffnung getrieben gegen die Stadtmauern anrückten, wurden ihnen die Tore vor der Nase zugeschlagen.

Mein Mafu und ich kletterten auf die Wälle und sahen uns diese Larven an, die kaum noch die Kraft hatten, zu flehen und zu verfluchen. Wenn sie gefährlich wurden, schossen die Soldaten in die Menge, oder ein Regiment wurde hinausgeschickt und tötete so viele, daß sie sich schließlich aus dem Staub machten, dem Staub dieser vollständig nackten und vollständig ausgedörrten Erde. Mein Mafu, als alter Veteran, lachte darüber.

Bei den großen Feuersbrünsten mußten wir uns mehr in acht nehmen und uns immer entgegen der Windrichtung aufhalten, damit die Flammen nicht über uns herfielen. Sie waren häufig, diese Brände, die vor allem in den Armeleutevierteln mit einigen jäh aufbrüllenden Feuergarben Menschen und Dinge vernichteten. Man wußte nie, ob es sich um einen Unglücksfall handelte, ob ein Grundbesitzer sich auf diese Weise sein Terrain aufs neue zurückholen wollte oder ob ein Kriegsherr einem anderen Kriegsherrn eins auswischte, indem er dessen Einflußzone ein wenig ausräucherte.

Ich habe alles gesehen, auch die Epidemien. Ich sah mir in Begleitung des Mafu die Leichen an, die in der Stadt aufgelesen und haufenweise vor den Toren verbrannt wurden. Das war wirklich gefährlich. Wenn meine Eltern das gewußt hätten . . .

Albert, mein Vater, verbot mir oft, in die Stadt zu reiten, vor allem in unsicheren Zeiten, in denen mitten in Tschengtu eine Schlacht oder ein Krieg ausbrechen konnte. Manchmal leerten die Straßen sich wie durch Zauberhand. Die Läden wurden mit Balken verrammelt. Und die Stadt war tot. Nur noch Soldaten, die die Häuser besetzten und dort kunterbunt alles mögliche zu Barrikaden anhäuften, die Fronten. Meistens passierte gar nichts, aber man wußte, daß es eines Tages zu Tod und Gemetzel, zur Brandschatzung der ganzen Stadt kommen konnte. Diese Soldaten hatten Kanonen und Fässer voll Benzin, die ihnen dank gütiger Vermittlung der Herren Konsuln von den Handelshäusern in Schanghai geliefert wurden.

So erlebte ich mit meinem Mafu die tägliche Wirklichkeit. Er begleitete mich oft, wenn ich zu den Missionaren der umliegenden christlichen Gemeinden ritt. Ich erinnere mich an einen Spätwinter, als die Heidendörfer nur noch völlig leblose Erdpusteln waren und die Menschen in den Hütten so wenig wie irgend möglich aßen, denn jeder Bissen war eine Kostbarkeit, die Vorräte an Bohnenkernen und Schoten gingen zu Ende. Natürlich erfuhr ich das alles von meinem Mafu, denn in diesem sonst so wimmelnden China sah man keinen Menschen im Freien. Der Mafu erzählte mir, daß das Familienoberhaupt persönlich die Nahrung verteilte, jedem die Portion gab, die angemessen schien, also den Unnützen, den Arbeitsunfähigen, dem menschlichen Ballast so gut wie nichts. Die Schweine kamen vor den Menschen, besonders vor den Greisen und Greisinnen. Im ländlichen China war die Verehrung der Alten oft nur eine Farce, in Mangelzeiten starben sie schnell. Man entledigte sich ihrer irdischen Hüllen ohne viel Zeremoniell, denn angesichts der Umstände hatten die Bonzen ihre Preise erhöht. Auch bei Entbindungen wurden Leichen in die Welt gesetzt. Oft wurden die Neugeborenen in die kostbaren Fäkaliengruben geworfen, die sie um ihre paar Gramm bereicherten. Wenn es wirklich gar nichts mehr zu essen gab, wurden die großfüßigen Bäuerinnen aus dem Haus gejagt, diese unverwüstlichen Arbeitstiere, die in normalen Zeiten Unglaubliches leisteten. Ihre Ehemänner herrschten sie an: »Fort! Such dir anderswo was zu essen.« Die Leichen wurden in den Schluchten oder den Flüssen gefunden. Dabei war die letzte Ernte nicht schlecht gewesen, aber es gab zu viele Soldaten in Tschengtu. Ein Kriegsherr sandte mit Bajonetten bewaffnete Soldaten aus, die sagten: »Wir brauchen soundso viel Reis, soundso viele Schweine, soundso viel Trockengemüse.« Und hinter ihnen tauchte ein zweiter Kommandotrupp eines anderen Kriegsherrn auf und forderte das gleiche . . .

Aber die christlichen Gemeinden traf ich stets blühend an, ihre Missionare waren Mandarine Gottes, vor denen die Gläubigen niederknieten, wenn sie des Weges kamen. Was hatten sie nicht alles mitgemacht! In gewisser Weise waren sie beinah sadistisch geworden, so sehr hatten sie durch das Zusammenleben mit den Chinesen deren seelische und körperliche Eigenheiten übernommen. Ihre Geduld war ebenso unermüdlich wie ihre Härte, sie wußten zu verhandeln und Ausflüchte zu gebrauchen, ihre Christengehirne waren so verkompliziert, daß sie allen hypothetischen Windungen jeder Himmlischen Situation folgen konnten. Aber ihre Herde verteidigten sie wacker, auch wenn sie sich des Rohrstocks bedienten, um sie auf dem Pfad der Tugend voranzutreiben.

In der heißen Jahreszeit traf ich den Missionar, den absoluten Beherrscher seiner Christen, in der geflickten Soutane, barfuß, in einem schwarzen hölzernen Sessel, seinem Thron, ruhend an, wo er seine Wasserpfeife schmauchte. Sobald ich erschien, wurde ich gehätschelt, geküßt, mit Heiligenbildchen beschenkt, einem frommen Verhör unterzogen und beauftragt, dem »Herrn Papa« den Segen des heiligen Mannes zu übermitteln.

Einer dieser Geistlichen, Pater Joseph, lehrte mich einige Grundelemente des Französischen. Von ihm sagte Albert Bodard: »Er ist verrückt, oder er müßte wirklich ein Heiliger sein. Auf jeden Fall kann man ihm das Kind gefahrlos anvertrauen. Er wird keinen Duckmäuser aus ihm machen.« Pater Joseph war ganz klein, ganz verhutzelt, lebte praktisch in Pension und versorgte nur noch eine ganz kleine Pfarrei in Tschengtu. Er war demütig. Sein Gesicht war wie Erde. Eine Art vertrockneter, gewalkter Schlamm. Die Züge wie abgenutzt vom langen Gebrauch, nicht einmal mehr Runzeln.

Er führte mir die Hand, die Buchstaben und Wörter malte, er ließ mich den Rosenkranz hersagen. Manchmal sah er mich lange an. Einmal hat er mir anvertraut: »Meine Mutter ist seit zwanzig Jahren tot – sie hat mich nie wiedergesehen, seit ich als ganz junger Mann nach China ging. Jedes Jahr zu Weihnachten bekomme ich eine Postkarte von einer Nichte, die ich nicht kenne. Aber ich habe mit meinen schwachen Kräften Gott gedient. Ich bin glücklich.« Und während er mir mit seinen rissigen Fingern über die Stirn strich, murmelte er: »Du bist mein Kind. Schenke mir eine letzte Freude. Versprich mir, Gott die Treue zu halten, der dich als Christenkind in diesem noch von der Finsternis beherrschten Szetschuan zur Welt kommen ließ.«

Ich mußte die Hand zu einer buntbemalten Statue erheben, an der rote Farbstreifen herabrannen: das Blut eines in jener noch nicht allzufernen Zeit gemarterten Missionars, als die Himmelssöhne die ewige Ordnung des Reiches der Mitte durch Hinrichtungen vor der »schimpflichen« Religion Christi verteidigten.

Dann begann die lautere Stimme des Priesters wie asthmatisch zu psalmodieren:

»Ich werde dich Pater Chapdelaine weihen, den du hier vor dir siehst. Er ist aus Liebe zu Gott den glorreichen Märtyrertod gestorben. Die Mandarine in ihren Staatsroben, die in ihren riesigen schmutzigen Gerichtssälen nach den Gesetzen und Büchern der heidnischen Tugend ihre Richtsprüche fällten, verhörten und verurteilten ihn. Er erhielt hundert Sandalenhiebe auf den Kopf und hundert Stockschläge auf den Bauch. Dann wollte man sein

Leben schonen, wenn er abschwöre, er jedoch, der nur noch aus blutigen Fleischfetzen bestand, weigerte sich, Christus zu verleugnen. Angesichts dieser unglaublichen Entschlossenheit glaubten die Richter, er werde von Dämonen bestärkt, und ließen einen Hund auf seinem Nabel schlachten, um die Zaubergeister auszutreiben. Vergeblich. Es folgten weitere Austreibungsversuche: der Pater mußte Unrat schlucken. Ein bekanntes Verfahren, um die Wirkungen von Zaubermitteln und -tränken, die den Anhängern der Geheimgesellschaften Kraft geben, zunichte zu machen. Er hat mit seinem gebrochenen Kiefer alles gegessen, um zu zeigen, daß seine Kraft von Gott komme, nicht von Geschöpfen der Hölle. Also wurde der Pater in einen Käfig gesteckt und der Kettenfolter unterworfen. Die Eisenglieder haben das, was von seinem Fleisch noch übrig war, vollends abgeschunden. Er atmete noch, als die Henker ihn enthaupteten. Die Kinder haben mit seinem Kopf gespielt . . .«

»Und Sie, *mon père*, sind Sie um das Martyrium herumgekommen?«

»Ich habe das Anfangsstadium erlebt, aber Gott wollte mich noch nicht haben. Im Jahr 1900 kamen die Boxer in meine Gebirgspfarre mit den schwarzen Bäumen und den düsteren Grotten. Sie kamen mit ihren Piken, ihren Turbanen und ihren vorquellenden Augen. Der Mandarin war ihr Komplice. Ich hatte mit meiner Christenschar versucht, in die Wälder zu flüchten, aber wir wurden gefunden und gefangen. Die Boxer fesselten mich mit Stricken, die sie mit Wasser begossen, so daß sie immer straffer wurden und mir das Fleisch zersägten: der Wundbrand zerfraß meinen Leib, aber ich lebte noch, als die Soldaten der Kaiserin Tse-hi mich befreiten. Die Herrscherin hatte nämlich, nachdem sie von einem Expeditionscorps aus zehn Nationen besiegt worden war, dem Massaker Einhalt geboten. Gott wollte mich, wie gesagt, noch nicht haben.«

Am meisten überraschte mich, daß Pater Joseph nicht auf Rache gesonnen, daß er nicht die Köpfe seiner Feinde gefordert, sondern sich sogar noch für seine Peiniger eingesetzt hatte. Er war wirklich ein Heiliger, dieser Pater, der mich die ersten Buchstaben malen lehrte, denn die anderen Missionare sprachen in ähnlichen Fällen immer nur von Vergeltungsmaßnahmen und wollten nur von Wiedergutmachung in klingender Münze hören.

War ich auf meinen Streifzügen mit dem Mafu ernsthaft in Gefahr? O ja, denn ich konnte jederzeit mitten in eine Auseinandersetzung geraten, in ein Scharmützel, in einen Hinterhalt und sogar in eine Schlacht zwischen den drei Armeen, die die Stadt besetzt hielten und einander haßten. Es konnte zu einem jener plötzlichen, heftigen und hysterischen Volksaufstände kommen, die aus heiterem Himmel ausbrachen oder häufiger noch von einem Kriegsherrn angezettelt wurden, als Teil irgendeines höchst komplizierten Plans, eines Racheakts oder einer Erpressung. Es war den Soldaten durchaus zuzutrauen, daß sie mich, den kleinen weißen Gebieter, nicht verschonten, und es war nicht auszuschließen, daß ein entfesselter Mob über mich herfiel. Einmal blieb ein Geschoß in meiner Reitkappe stecken, und des öfteren pfiffen mir die Kugeln um die Ohren. Und außerdem trieben sich alle Arten von Gelichter herum, die Plünderer, die Banditen, die entweder auf eigene Rechnung arbeiteten oder sich gegen Geld verdingten, die Mitglieder der Geheimgesellschaften, kurz ein Abschaum, der zu allem bereit war.

Tschengtu war ein Pulverfaß. Doch ich hatte seltsamerweise keine Angst. Für mich war das der Alltag, das normale Leben. Schließlich hatte ich nie ein anderes gekannt. Hier war meine Welt. Und ich hatte Vertrauen zu meinem Mafu, der eine gute Nase hatte, der eine Gefahr schon von weitem witterte, der auf rätselhafte Weise über alles auf dem laufenden war, als sei er selbst Mitglied irgendeiner Terrorbande. Und genau das befürchtete mein Vater: daß sich ins Konsulat Agenten der Geheimgesellschaften eingeschlichen hatten, daß sich unter den anscheinend so treuen Dienstboten einige verbargen, die den verschiedenen Kriegsherren alles meldeten. Das wäre nur normal gewesen. Seine größte Furcht galt den Geheimgesellschaften, und er suchte vergebens herauszufinden, welcher seiner Bediensteten ihnen angehören mochte. Aber an den Mafu dachte er nie, während ich immer überzeugt war, daß er mit ihnen im Bund stand. Eines Tages fragte ich ihn sogar danach, wenn auch natürlich in indirekten Wendungen. Es war ihm gar nicht recht. Seine Züge verhärteten sich. Er antwortete nicht, was für mich die Bestätigung war. Aber ich sah darin keineswegs eine Gefahr für mich, im Gegenteil, ich sah darin einen Schutz, und überdies glaube ich, daß der Mafu mich liebte. Seine ständige Gegenwart bewahrte mich vor der einzigen wirklichen Bedrohung, dem Kidnapping, das damals in der Stadt gang und gäbe war. Gewiß, die Tatsache, daß ich das weiße Kind des Konsuls war, stellte eine Sicherheit dar. Aber wer konnte in diesem chinesischen Puzzlespiel je einer Sache ganz sicher sein? Meine Entführung hätte für jemanden, der einen großen Coup vorhatte, eine wirksame Waffe sein können, ob es sich nun um Erpressung zwecks Erreichung politischer Ziele handelte oder um eine geschäftliche Transaktion.

Es mag seltsam erscheinen, daß ein Junge meines Alters, ein Kind, bereits eine so verworrene und ungewöhnliche Situation zu analysieren vermochte. Aber, wie ich bereits sagte, China, dieses China von Tschengtu war mein Nest, mein Kokon, meine Welt, und alles, was darin vorging, schien mir selbstverständlich. Ich war mein eigener Herr und verfolgte meine eigene Politik. Mein Vater, der hervorragende Chinaexperte, begriff davon nicht die Bohne. Er ließ für mich europäisches Spielzeug kommen, eine Miniatureisenbahn, ein Tretauto. Aber ich verachtete diesen Kram und machte ihn kaputt. China war mein Spiel und mein Spielplatz, mehr noch, es war mein Land. Mein Vater erweiterte die Liste der Verbote: ich durfte nicht in bestimmte Stadtviertel, mich nicht außerhalb der Stadtmauern bewegen, mußte an manchen Tagen im Konsulat bleiben. Aber ich hielt mich nicht daran, und wenn der Herr Konsul sich einmal in sein Amtszimmer begeben hatte, dann war er viel zu sehr in seine Obliegenheiten vertieft, um noch an mich zu denken. Ich tat also, was ich wollte, mit dem seltsamen Einverständnis meiner Mutter. Und das China meiner Li, dieses China der okkulten Mächte, wich, je älter ich wurde, dem China des Mafu, dem wirklichen China, das zwar ebensolchen Schrecken verbreitete, aber einen Schrecken, der meine Freude war und in dem ich mir wichtig vorkam . . .

China war meine Heimat, und doch wußte ich instinktiv, daß mein wahres Vaterland das mir unbekannte Frankreich war. Ich wußte, daß Frankreich die größte Nation der Welt war. Mein Vater schärfte es mir unaufhörlich ein, und ich glaubte es. Mehr noch, ich war überzeugt, daß die Weißen von Natur aus den Gelben überlegen waren, unendlich überlegen. Ja, ich gehörte der Herrenrasse an.

Abends, in der Dämmerung, wenn die untergehende Sonne die glasierten Dächer der Yamen von Tschengtu in Myriaden von Reflexen funkeln ließ, wenn die spitz auslaufenden geschweiften Giebel einer Flotte glichen, die für die Nacht vor Anker ging, wenn das diffuse Licht seine Schatten auf die Papierbespannung in den durchbrochenen Brettern marmorierte, die als Wände dienten, wenn die unverändert belebten Gassen von Fackeln und Lampen wimmelten, die sich noch zur Unzahl der Gesichter und Waren gesellten, ritt ich im Galopp durch das gepflasterte Gäßchen, das in gefährlichem Gefälle zum Konsulat führte. Durch das von zwei riesigen hölzernen Schutzgöttern flankierte Portal gelangte ich in den großen Innenhof, wo mein Vater in feierlich strammer Haltung der Einholung der ruhmreichen französischen Flagge beiwohnte, die tagsüber an ihrem weißen Mast flatterte. Meine Anwesenheit bei dieser Zeremonie war obligatorisch, denn in Sachen Vaterland kannte *monsieur le consul* keinen Spaß.

Das Konsulat will ich hier nicht beschreiben. Es war ein klassischer Yamen mit seinen Pavillons, seinen Pagödchen, seiner Flucht von Gärten mit den vielen gewölbten Brücken. Aber das Allerheiligste war das Amtszimmer des Herrn Konsul. Wenn er arbeitete, herrschte ringsum fromme Scheu, und für mich war das Büro der einzige wirklich verbotene Ort: ich durfte nicht einmal in die Nähe kommen, denn das kleinste Geräusch hätte ihn bei seinem beschwerlichen Werk gestört. Sein Bedürfnis nach Stille war bis zur Manie gesteigert. Beim geringsten Laut geriet er in Harnisch, tobte vor Zorn oder beklagte sich bitter. Furchterfülltes Schweigen umgab ihn, während er sich mit China herumschlug, dem unergründlichen China, dem unergründlichen Tschengtu. Er arbeitete nämlich an seinem unsterblichen Werk: der Weiterführung der französischen Eisenbahnlinie von Yünnanfu bis nach Tschengtu. Und stand daher in einem übertünchten, aber hartnäckigen Kleinkrieg mit den Engländern. Und bemühte sich daher, mit allen Lagern zu jonglieren, die feindlichen Kriegsherren gegeneinander auszuspielen. Und dabei unterstützte er noch die yünnanesischen Truppen, die einen

Teil des Landes besetzt hielten, versuchte, sie mit den szetschuanesischen Truppen auszusöhnen, die sich erhoben hatten, um die Yünnanesen aus der Provinz zu jagen. Zu diesen Problemen kamen noch die Einflußfaktoren aus den verschiedensten Quellen, aus Schanghai, von den großen Kriegsherren des Nordens, von der revolutionären kantonesischen Kuomintang. Ein wucherndes Geflecht, dessen Fäden er in der Hand behalten wollte. Aber wie so oft begriff er keinen Deut und verfing sich heillos. Wie sollte sich ein Mensch auskennen in diesem Land, wo alles im verborgenen vor sich ging? In diesem Wirrwarr versuchte der Konsul, die Kriegsherren zu ködern. Er ließ ihnen Handschreiben zugehen und erhielt rätselhafte Antworten. Wie das Pergament, das ich in seinem Nachlaß fand und worin ein szetschuanesischer »Warlord« von Tschengtu, nach ausschweifenden chinesischen Höflichkeitsfloskeln, auf ein kleines Geschenk hinwies, das er meinem Vater hatte zugehen lassen.

Persönlicher Brief des Generals Liu Tscheng-hium, Oberbefehlshaber der szetschuanesischen Truppen, an Monsieur Bodard, Französischer Konsul in Szetschuan.

Am 29. Tag des 1. Monats im 11. Jahr der chinesischen Republik (29. Januar 1921)

Monsieur le Consul,

gestern erhielt ich Ihr liebenswürdiges Schreiben. Ich habe es zur Kenntnis genommen. Vor einiger Zeit erlaubte ich mir, Ihnen als Ausdruck meiner Wertschätzung eine kleine Aufmerksamkeit zu übersenden. Ihre nochmalige Erwähnung dieser geringen Gabe beschämt mich zutiefst. Ich gebe dem respektvollen Wunsche Ausdruck, daß Sie auch weiterhin Ihre Pflichten in dieser Stadt so vortrefflich erfüllen und daß Ihre neuen Vorhaben erfolgreich und ersprießlich sein mögen. Sie hatten die Liebenswürdigkeit, mir im Namen der Regierung Ihres Landes einen tunesischen – und somit französischen – Orden zu verleihen. Ich werde ihn mit Stolz tragen . . .

. . . Gegenwärtig bin ich, Tscheng-hium, der von der Bevölkerung gewählte Gouverneur der Provinz. Ich fühle mich wie ein Mann, der vor einem tiefen Abgrund steht, und ich fürchte, meiner Aufgabe nicht gewachsen zu sein. Wie dürfte ich wagen, das reiche Lob entgegenzunehmen, das Sie mir spendeten?

Albert Bodard zerbrach sich den Kopf über dieses Geschenk des Szetschuanesen. Es hatte selbstverständlich einen Zweck, aber welchen? In China beginnen die geringfügigsten und die größten Angelegenheiten immer mit einer Kleinigkeit, sei es ein Geschenkchen oder ein bestimmtes Wort, ein bestimmter Ton, den man im Verlauf einer langen, müßigen und mit ebenso blumenreichen wie nichtssagenden Komplimenten gespickten Unterredung auf irgendein Wort legt. Ja, Albert Bodard leistete harte Arbeit. Und dann verfaßte er ausgefeilte Rapporte an das Außenministerium, die in aller Bescheidenheit von seinem Fleiß und seiner Umsicht Zeugnis ablegten. In Wahrheit ging überhaupt nichts voran. Die Engländer gossen Öl ins Feuer, und die Lage der yünnanesischen Schützlinge meines Vaters verschlimmerte sich ständig. Das konnte ein übles Ende nehmen, und das nahm ein übles Ende, glücklicherweise gerade zu dem Zeitpunkt, als er mit meiner Mutter und mir einen Urlaub in Frankreich verbrachte. Denn eines Tages wurde Tschengtu tatsächlich geplündert und gebrandschatzt, die ruhmreichen Yünnanesen waren geschlagen worden.

Außerhalb seines heiligen Amtes war Monsieur Albert Bodard mir ganz der liebe, herzensgute Vater. Er spielte mit mir Bockspringen. Er hob mich auf seine Schultern. Er küßte mich und überschüttete mich schon damals mit Ermahnungen: »Mein kleiner Lulu, du mußt fleißig sein, sehr fleißig. Dann wird dir ohne weiteres die Ecole Polytechnique offen stehen oder das Auswärtige Amt. Ich habe mich mein ganzes Leben lang schrecklich plagen müssen. Dir wird alles in den Schoß fallen, wenn du brav lernst.« Ich verstand kein Wort von diesen Tiraden, und die väterlichen Liebesbezeigungen verwunderten mich sehr. Das war nicht die übliche Art in diesem Land, und es war auch nicht die Art meiner Mutter, Anne Marie.

Mit ihrem ovalen Gesicht und den schwarzen Haarflechten war Anne Marie eine typische Tochter des Anjou. Sie hatte sich in China erstaunlich gut eingelebt. Im wahren China, dem China von Tschengtu. Diese Welt, in der das »Gesicht« alles war, sagte ihr zu, ohne daß sie sich jemals vor dem gefürchtet hätte, was sich dahinter verbarg. Sie hatte keine Angst. Sie lächelte ihr amüsiertes Lächeln. Sehr schnell hatte man sie, sogar bei den

Engländern, als Lady anerkannt, und die Himmlischen, die für die Frauen sonst nur Verachtung hegten, schienen ihr aufrichtigen Respekt entgegenzubringen. Auch sie liebte China, und es entsprach ihrem Charakter, daß sie gern über den Dingen stand, anmutig und in distanzierter Freundlichkeit jede Situation beherrschte.

Für mich war sie eine liebevolle, aber nicht eigentlich warmherzige Mutter, ohne Gefühlsergüsse, ohne Abküsserei, ohne jede Gluckenhaftigkeit. Es war, als hätte sie mich geboren, ohne mich empfangen zu haben. Sie verabscheute alles Sinnliche, wenn es nicht durch Gefühl oder Vornehmheit geadelt wurde. Sie tätschelte mich nicht. Sie begnügte sich damit, flüchtig mit den Lippen meine Stirn zu streifen oder mir zuweilen übers Haar zu streichen. Sie duldete nicht, daß ich Unfug trieb, mit den Füßen stampfte, mich mit lärmenden Spielen vergnügte, daß ich mich gehenließ. Selbstbeherrschung war das Losungswort ... Wenn mein Vater von meiner Aufnahme in die Ecole Polytechnique träumte, so dachte sie an Oxford. Aber sie sagte es mir nicht. Sie ließ mir nie peinliche Ermahnungen zuteil werden. Schon damals behandelte sie mich wie einen Mann, einen Gentleman, der für sein Tun und Lassen selbst verantwortlich ist. Und wenn sie mich so ungebunden in Tschengtu herumschweifen ließ, so deshalb, weil in ihren Augen China ein würdiges Spielzeug für mich war. Sie wollte, daß ich, der achtjährige Junge, genau wie sie über den Dingen und den Ereignissen stünde. Sie teilte ihren Stolz mit mir. Und ich bewunderte sie, ich wußte noch nicht, ob ich sie liebte, aber ich bewunderte sie grenzenlos. Zwischen uns bestand ein geheimes Einverständnis, denn oft amüsierte sie sich, ohne es sich anmerken zu lassen, über die Lächerlichkeit der Menschen. Sie gab es mir durch ein ganz flüchtiges Mienenspiel zu verstehen, und ich verstand. Gewiß brachte sie so auch vor mir die Ironie zum Ausdruck, mit der sie meinen Vater beurteilte, aber das war mir damals noch nicht so recht klar. Vielleicht wußte ich bereits instinktiv, daß er aus minderem Holz geschnitzt war, obgleich er Frankreich war, *Monsieur la France*.

Anne Marie beherrschte also sehr bald die kleine europäische Kolonie von Tschengtu, nicht durch banale Koketterie, sondern mit souveränem Charme. Und ich war, obwohl sie sich den ganzen Tag kaum um mich kümmerte, ihr zweites Ich, ihr Abkömmling, eben ihr Sohn, den folglich jedermann zu schätzen, zu loben, ja fast zu bewundern hatte. Der Sohn des tüchtigen, bedeutenden Konsuls und dieser von allen, sogar von den frommen Patres verehrten Anne Marie, die selbst keineswegs sehr fromm war. Ich war überall Liebkind. Nie hat jemand mir ein unfreundliches Wort gesagt. Ich war nicht nur der junge Herr hoch zu Roß über der Stadt Tschengtu, ich war der kleine Prinz der ganzen europäischen Kolonie.

Außerdem war ich, ohne es zu wissen, Chinese. Seit fünfzig Jahren erzählt man sich in den ausländischen Botschaften eine Anekdote über mich. Ich muß damals fünf, sechs Jahre alt gewesen sein und überquerte mit meinen Eltern auf einem Sampan einen kleinen Fluß. Ein Boot legte sich längsseits. Darinnen befanden sich zwar keine ausgesprochenen Banditen, aber immerhin eine drohende Bettlerschar. Als diese Leute Anstalten machten, herüberzukommen, stellte ich mich ihnen entgegen und ließ auf chinesisch eine Litanei derart obszöner und schauderhafter Schimpfwörter los, daß sie sich vor Lachen bogen und wieder abzogen. Mein chinesischer Wortschatz war in der Tat sehr reichhaltig.

Heute frage ich mich manchmal, ob Tschengtu nicht nur eine Illusion war, der Traum aus einem früheren Leben, das ich nicht selbst gelebt habe. Aber Tschengtu hat wirklich und wahrhaftig existiert, und es war die Gußform für all das, was ich geworden bin. Auch der Journalist ging daraus hervor. Denn die eingebildete Wunderwelt, die Li mich kennen lehrte, und die konkrete Wunderwelt, die der Mafu mir zeigte, haben sich vermischt und in mir die Gabe gezeugt, aus einem Detail das ganze Gemälde zu schaffen, ein Wahnbild, und doch ein Bild, das stimmt, das exakt ist. Deshalb konnte ich später mühelos in allen Kontinenten, in allen Kriegen, in allen Revolutionen die Varianten der Leidenschaft, der Grausamkeit und des Todes wiedererkennen; sie glichen aufs Haar denen, die ich in meiner Kindheit gesehen habe. Der tote Fisch, der weißbäuchige Fisch auf dem schlammigen Flußufer, dieser Leichnam eines kleinen Mädchens, das erste Erinnerungsbild aus meiner Kindheit, ich habe es unter allen Erscheinungsformen von Auswurf und Blut wiedergefunden, während meines ganzen Lebens als »Voyeur«. Denn aus dem kindlichen Betrachter, der ich damals war, wurde schließlich, nach vielen Umwegen, der berufsmäßige Augenzeuge der Weltereignisse.

Viele Jahre später fand ich den verendeten Fisch aus meiner Kindheit wieder: in Indien, während eines der zahlreichen Kriege zwischen Indien und Pakistan.

Wir waren eine Gruppe von Journalisten und fuhren in alten Klapperkästen Richtung Kaschmir. Im Moment befanden wir uns im Pandschab. Sonnengedörrter, nackter, unfruchtbarer Boden. Wie eingetrockneter Dreck. Dörfer wie Schorfpusteln, wo bis auf die Knochen abgemagerte heilige Kühe ständig den Weg blockierten, wo feiste schwarze Krähen über uns kreisten. Es war pechfinstere Nacht, als wir in eine verdunkelte Stadt gelangten. Kein einziges Licht, denn wir waren dicht an der Front, und als Quartier wurde uns ein Tempel angewiesen, wo wir zwischen den Hindu-Göttern herumtasteten, die Auswüchsen des Wahnsinns gleichen: Todesgötter, Leichengötter, Götter mit tausend Armen, die tausend Schädel halten, unförmige Bäuche der Fruchtbarkeit. Und überall reckten sich steinerne Phallen wie die Waffen des Lebens. Dort nächtigten wir.

Anderntags stießen wir nach wenigen Kilometern auf den indischen Generalstab. Genau gesagt eine britische Armee in all ihrem Glanz, aber eine sonnenverbrannte Armee, Haut, deren Färbung von hellbraun bis tiefbraun reichte, ohne eine Spur von Weiß. Offiziersstöckchen, die Frostigkeit von Gentlemen, leichter Oxford-Akzent, Uniformen wie Smokings des Krieges. A propos, wo ist eigentlich der Krieg? Es läßt sich nicht feststellen.

Ein Tag ungeduldigen Wartens in der Stadt Dschamu. Angeblich sollten wir etwas zu sehen bekommen. Aber wann? Nie habe ich so viele glänzende menschliche Exkremente gesehen wie in diesem Kaff; denn während man in China die Scheiße nutzbringend verwendet, läßt man sie in Indien ungenutzt herumliegen. Hier ist der wohlgetrocknete Kuhfladen das große

Göttergeschenk. Götter und Exkremente, die Basis unserer Berichterstattung. Als Bleibe eine widerliche Bruchbude, eine Spelunke, die auf modernen Luxus macht, um unverschämte Preise zu fordern. Kunstleder, Fliegen und Fliegendreck. In der Rolle des Wirts ein kaum noch menschlich zu nennendes Produkt, verschroben und degeneriert, von der Sorte, wie man sie in den entlegenen Winkeln der Erde antrifft, ohne eine Spur von Gewissen. Unechter Whisky, Eis, das unecht wirkt, lauwarm, alles unecht. Und eines Morgens im ersten Frühlicht erscheinen ein Paar Lackstiefel, hochelegante Stiefel aus weichem Leder, in denen eine Figur von erlesenster Eleganz steckt. Die indische Armee hält ihr Versprechen. Sie wird uns in ein Flüchtlingslager führen. Mehrere Millionen Menschen sind vor einem kleinen Fronteinbruch der Pakistanis geflohen, deren Offiziere, wie es scheint, denen der Inder aufs Haar gleichen: einheitlicher Uniform- und Haarschnitt Modell Sandhurst.

Ich erlebe den seltsamsten Sonnenaufgang, den ich je sah. Wir rollen über eine magere, steinige Steppe, nur hier und dort ein dürftiger Busch, und dahinter treffen die ersten Strahlen des Taggestirns einen kauernden nackten Hintern, der sich entleert. Die Landschaft besteht aus Tausenden von Hintern, als sei dies die Stunde der Morgenandacht, die geheiligte Stunde der Darmentleerung. Diese Hintern gehören den Flüchtlingen. Sie künden das Lager an, wo die heimatlos Gewordenen aufgefangen werden. Von diesem Lager sieht man zunächst nur einen Kanal. Man kann eigentlich nicht sagen, ob es ein Kanal ist, denn die darin enthaltene Flüssigkeit ist völlig undefinierbar, ekelhaft grünlich schillernd und beinahe eingedickt. Dieser Graben mit seiner jauchigen Brühe dient sämtlichen Bedürfnissen der an seinem Rand zusammengepferchten Menschen. Zur Tränke ebenso wie für die Waschungen, denn wie allgemein bekannt waschen sich die Inder fleißig. Allerdings hegen sie keine Bedenken, ihre Leiber mit dem Schmutz und dem Urin aus eben diesen Leibern zu waschen.

Der indische Offizier, der uns führt, hat den Rang eines Hauptmanns. Er scheint nicht zu sehen, was er uns zeigt. Er blickt auf dieses Elend mit so hochmütiger Miene herab, mit einem so unendlich blasierten Ausdruck, mit so geballter Verachtung, daß man es kaum fassen kann. Er selbst ist wie aus dem Ei gepellt: eine Kleiderpuppe. Komplett ausstaffiert: Stiefel, *stick*, britischer *battle-dress*, Offizierstressen nach englischer Fasson, flache Mütze und vor allem die Attitüde des Gentleman, der himmelhoch über der eingeborenen Bevölkerung steht, den »natives«.

Ringsum, wie ein Knäuel elender nackter Würmer die Lagerinsassen, in einer Art Hütten in unvorstellbaren Mengen zusammengedrängt. Greise und Greisinnen, Weiber, Knirpse, Säuglinge, ein Flechtwerk aus fleischlosen Gliedmaßen, so mager, daß die Haut kaum die Knochen verbirgt, Hungergespenster.

Ein Bild hat mich besonders betroffen. Es ließ die Erinnerung aus fernen Zeiten wieder auftauchen, das Mädchen, das aussah wie ein toter Fisch. Auch hier lag ein Mädchen vor mir, aber es war älter, etwa zwölf Jahre. Ein ausgesprochen hübsches Kind, nur die Augen sah man nicht, weil die Wimpernreihen zu einem einzigen zarten Strich geschlossen waren. Die Kleine schlief. Das Köpfchen war von gelöster Lieblichkeit, der Körper ein bißchen mager, und sie hatte im Schlaf in aller Unschuld die Beine geöffnet. Aber auf dem winzigen Spalt ihres Geschlechts sah ich einen monströsen Klumpen, eine riesige, phantastische schwarze Traube, eine Traube aus Fliegen, eine kompakte Masse aus Fliegen. Die Fliegen hatten sich hier häuslich niedergelassen, als wäre diese Mulde aus Fleisch und Blut ihr Bienenkorb. Die Sonne ging auf. Die Hitze kam. Die Hintern waren aus den schützenden Gebüschen verschwunden. Der indische Offizier war unverändert hochmütig und imposant. Die Männer und Frauen gingen ihren armseligen Beschäftigungen nach. Und die Kleine schlief friedlich weiter, in holder Ruhe, als ob nichts sie störte. Wunderträchtiges Asien.

Zweiter Teil

Südlich der Wolken

Meine ersten wirklichen Erinnerungen gehen auf die Zeit nach Tschengtu zurück. Wir sind auch jetzt noch in China, aber tiefer im Inneren Szetschuans, in Yünnan, der Provinz, die bei den Chinesen »das Land südlich der Wolken« heißt. Denn die Luft dort ist erfüllt von strahlendem goldenem Licht.

Yünnan ist eine Hochebene, die dem Reich des Himmels den Rücken kehrt. Ein sehr hoch gelegenes Tafelland, das von den Gipfeln des Himalaja stufenweise über rote Gebirgsketten zu den Dschungeln und Deltas Südostasiens absteigt. Riesige Flächen porösen kahlen Kalkgesteins, von Bergmassiven gesäumt, von Schluchten gespalten, von Höhlen zerfressen, von Seen durchlöchert, genarbt von finsteren Spalten, unterirdischen Spundlöchern, engen Schlünden, aus denen Schwitzwasser, Güsse, ja Sturzbäche brechen, gespeist vom unerschöpflichen flüssigen Schoß der Erde. Das Hochland fällt schließlich tausend Meter tief ab, in jähem, von gewaltigen Klüften durchschnittenem Gefälle. Über diesen Klüften, den Betten der großen Ströme, die vom Dach der Welt herkommen, wie der Irawadi, der Saluen, der Mekong und der Songkoi oder der Rote Fluß, ragen Felswände von zweitausend, dreitausend Meter Höhe auf. In den Niederungen nisten Pestilenzen, verderbliche Dämpfe und Dünste, Fieberwolken. Sie sind das Reich des Todes und der Trostlosigkeit. Es ist unmöglich, sich dieser verpesteten und abgründigen Wasserläufe zu bedienen, um in Yünnan einzudringen, das Jahrtausende hindurch von aller Welt geschieden, von allem abgeschnitten war.

Zu Beginn des Jahrhunderts war das Land vorwiegend von primitiven Stämmen bevölkert, die einen verhältnismäßig friedlich, andere aufsässig und kriegslüstern; die wenigen Chinesen siedelten fast ausschließlich in den spärlich vorhandenen Ebenen. Um das Jahr 1860 wurde die Einwohnerzahl grausam reduziert, als Kaiserin Tse-hi, die damals im Zenit ihrer Macht und Schönheit stand, ihre Mordbefehle erließ. Mehr als fünfzehn Millionen Menschen wurden von den kaiserlichen Truppen hingemetzelt. Die Chinesen von Yünnan waren nämlich Moslems – wenngleich reinblütige Chinesen – und wurden Huis genannt. Sie hatten einen Propheten, der nach Mekka gepilgert war und ein unabhängiges Reich unter dem Zeichen des Halbmonds proklamierte, mit der Hauptstadt Talifu, einer wunderschönen Stadt an der sogenannten Birma-Straße, die in Wirklichkeit nur ein Saumpfad ist, der unablässig über Tausende und Abertausende von Stufen auf und ab führt, um die berüchtigten Ströme des Todes zu überwinden. Talifu fiel nach jahrelangem Widerstand. Auf Befehl der Kaiserin wurden die Einwohner hingerichtet und die meisten Orte dem Erdboden gleichgemacht. Als Kind sah ich die Ruinenfelder, auf denen einst diese Städte blühten und die nun von üppiger Vegetation überwuchert wurden, deren Wurzeln die alten Steine sprengten.

Über ein halbes Jahrhundert nach diesen Ereignissen, um die Zeit, als Monsieur Albert Bodard dort zum Konsul von Frankreich ernannt wurde, war die Gegend noch immer nur dünn besiedelt: sechs bis sieben Millionen Chinesen, ein Tropfen im Menschenmeer des Himmelreichs. Und die Hauptstadt der Provinz, mit Namen Yünnanfu, in der Albert Bodard residierte, war nur eine armselige und mindere Ansiedlung, von Mauern umgeben, eine ganz besonders schmutzige Ansiedlung, die sich vor allem durch das häufige Vorkommen von Kröpfen und Trachomen auszeichnete. Weiße Augenhöhlen . . . aber auch die silbernen Dolche der Ureinwohner, die hierher zum Einkaufen kamen.

Nicht mehr als 50 000 Menschen lebten in Yünnanfu. Und in welcher Armut! Kaum ein paar gepflasterte Gäßchen. Fast überall nur Kloakengräben, an ihren Rändern kaum kenntliche Hütten aus getrockneter Erde mit einer Beimischung aus Strohhalmen als Mörtelersatz. Höhlen für Männer, Frauen, Schwärme von Kindern, fast alle mit irgendeinem Gebrechen behaftet. Trotzdem weniger Bettler als in Tschengtu, und sehr würdige Gesichter: die Rasse ist stolz auch noch im Elend. Aber – vielgesichtiges Asien – diese Armut nimmt während der rituellen Feste wunderbare Züge an: Drachenfest, eine Raserei aus Feuerwerkskörpern, Lampions, glücklichem Krakeel, ein berauschender Freudentaumel in den nicht mehr wiederzuerkennenden Pestgruben. Fest des Todes, die ganze Stadt vibriert vor feierlichem Dröhnen, aus dem das langgezogene Muhen aufsteigt, skandiert vom heiligen Ton »Om« aus riesigen Hörnern, die von den Bonzen geblasen werden. Tamtams. Und dazu von den

Pagoden die schweren erzenen Glocken, auf die andere Bonzen mit Keulen schlagen. Vor jede Tür haben die Familien, ob arm oder reich, Geschenke für die Verstorbenen gelegt, papierene Gaben, die am Abend von den Freudenfeuern verzehrt werden. Flammen aller Glückseligkeiten irdischen und jenseitigen Lebens. Während zu anderen, vielleicht nicht mehr fernen Zeiten Brände wüten werden, die töten, Epidemien, die töten, Soldaten, die töten.

Vor dieser so mäßigen Hauptstadt ein riesiger herrlicher See, so groß wie der Genfer See, ein See mit blühenden Uferhängen und smaragdgrünen Wassern, die sich zu hartem Blau verfärben, wenn man sich vom Ufer entfernt. Ringsum ein Kreis von Bergen, manche wie zerklüftete Riegel, andere weich gerundet, alle bis in die Wolken reichend und von der Farbe, die das wechselnde Tageslicht ihnen verleiht. Berge, die weitere Berge ankündigen, viele Berge, unendlich viele.

Yünnan ist das Land der Legenden, das Eldorado Asiens mit Strömen, die voller Gold zu sein scheinen, mit einem Boden, der voller Mineralien zu sein scheint, und auf den nicht allzu hoch aufragenden Gipfeln, den wohlgerundeten kahlen Kuppen, die Traumgefilde. Im Frühling, so weit das Auge reicht, die hauchdünnen Segel der Mohnblüten. Dann fallen die Blütenblätter, und es bleiben nur noch die Kapseln, prall von traumträchtigen Körnern. Stämmige chinesische Bäuerinnen in blauen Baumwollkitteln ritzen sie ruhig und heiter. Hier ist die Heimat des Opiums. Und hier ist die Heimat der Soldaten, der härtesten Chinas, der beutegierigsten, der eroberungssüchtigsten.

Während meine erste Erinnerung an Szetschuan die Leiche eines kleinen Mädchens ist, so steht für Yünnan der Kürbiskopf des Kriegsherrn Tang Kiao, des berühmten Marschalls und Busenfreunds des Herrn Konsul, der ihm für die offizielle Opiumregie von Indochina sein Opium abkauft. Das französische Konsulat ist ein Yamen inmitten der Chinesenstadt. Ganz in der Nähe liegt Tang Kiaos Palast, ein gewaltiger Bau mit dreifachem Giebel, an dem noch die islamischen Ornamente zu sehen sind. Es vergeht kaum ein Tag, an dem die beiden Männer nicht zusammenkommen, und wenn Tang Kiao meinen Vater empfängt, so vertauscht er häufig zum Zeichen der Freundschaft die Uniform mit dem Cutaway. Er kommt oft ganz ohne Umstände ins Konsulat. Nur mit einer hundertköpfigen, bis an die Zähne bewaffneten Leibgarde. Da er an den Umgang mit Europäern gewöhnt ist, versteht er sich trefflich auf den Gebrauch von Löffel und Gabel. Meiner Mutter schickt er oft Geschenke, begleitet von sehr unterwürfigen und sehr poetischen Briefen, in denen er ihr grenzenlose, respektvolle Bewunderung ausdrückt. Und sogar ich existiere für ihn. Er kennt »den kleinen Lucien« gut. Er macht mir kein bißchen Angst. Er wirkt so leutselig. Er tätschelt mir mit seinen dicken Fingern liebevoll die Wangen und erkundigt sich sogar nach meinem kleinen Wohlbefinden. Er hat sich auch die Mühe gemacht, eine neue Amah für mich zu finden. Denn Li blieb in Szetschuan, wo sie Herrn Pu, unseren Küchenchef heiratete. Und sie eröffneten zusammen in Tschengtu ein Restaurant und nannten es »Zu den tausend Wohlgerüchen des Abendlands«.

Aber diese yünnanesische Amah bedeutet mir nichts, sie ist mir sogar widerwärtig. Der Marschall schickte mir anstatt eines ungebildeten und kräftigen Mädchens aus dem Volke, wie es die großfüßige Li war, eine Frauensperson, die beinah eine Dame ist. Sie läßt es weder an Ergebenheit noch an Zärtlichkeit fehlen. Ihre geschickten Finger waschen mich, kleiden mich an, putzen mich heraus. Aber sie ist zu subaltern. Ihre vorzüglichen Manieren erlauben ihr nicht, ungezwungen mit mir zu sprechen. Sie weiht mich nicht in das wahre China ein, wie Li das tat. Und vor allem – diese Dame hat keine Füße. Sie ist ein wankendes, schwankendes Etwas, das sich nur aufrecht halten kann, indem es mit den Armen rudert, sie als unzulängliche Krücken, als schwanke Balancierstangen benutzt. Ein Kreisel. Zudem läßt ihre unterwürfige Würde sie ausgerechnet in einem Punkt im Stich, der mich höchlichst geniert: vor meinen Augen badet sie ihre Füße, diese nicht vorhandenen Füße. Umständlich wickelt sie die strammen Bandagen ab, bis die Krusten freiliegen und schließlich eine leichte Schwellung, die alles enthält, was von den gebrochenen Fußknochen übrig ist. Diese Stümpfe bedeuten das Nonplusultra an Eleganz, und doch handelt es sich dabei um zwei noch immer rot verfärbte Verstümmelungen, die sie lange in zwei Wännchen badet. Es scheint ihr gut zu tun . . . Und dann legt sie die Bandagen wieder an, auch das eine langwierige Prozedur, rollt sie sehr behutsam wie Verbände, umwindet damit diese Wunden, die seit so vielen Jahren zugeheilt, aber noch immer verschwollen und blaurot gefärbt sind. Es sollte mir eigentlich Mitleid einflößen, es widert mich jedoch nur an. Kranke rühren mein Herz nur, wenn sie weit genug von mir weg sind.

Den neuen Mafu, auch ein Geschenk des Marschalls, mag ich ebenfalls nicht. Gewiß, er begleitet mich wie mein Schatten auf allen Wegen. Mehr denn je durchstreife ich die Stadt und das Umland, und dieser Mann läuft wirklich sehr schnell, denn ich reite immer Galopp, gestreckten Galopp, die einzige Gangart, die ich kenne, seit ich neun Jahre alt bin. Aber dieser Mafu ist alles andere als ein Begleiter, ein Gefährte. Auch hier hat es der Marschall allzugut gemeint, denn er hat für mich einen seiner ehemaligen Offiziere ausgesucht, der durch eine Kugel, die irgendwo in seinem Körper steckt, ein bißchen lädiert ist; was ihn indessen nicht hindert, unermüdlich hinter mir herzuwetzen und sich auch nicht einen Schritt weit abhängen zu lassen. Und noch während er zu Fuß hinter meinem edlen Renner hergaloppiert, hält er sich in einer Art ständiger Habt-Acht-Stellung, stocksteif, ehrerbietig und stumm.

Marschall Tang Kiao ist, trotz seines furchterregenden Schädels, den er allmorgendlich sorgfältig rasieren läßt, damit er auch wirklich spiegelblank ist, für mich ein alter Freund. Die Kahlheit dieser Stirn, dieses von leichten Wellenlinien schattierten Schädels fasziniert mich. Mein Vater, der Diplomat, wie er im Buche steht, ließ aus Paris ein altväterisches Rasiermesser kommen, ein prachtvolles Rasiermesser, und machte es ihm zum Geschenk. Der Marschall schickte meiner Mutter umgehend zwei Diamanten.

Ich nehme an allen Empfängen, Militärparaden und Manövern teil, und es sind viele, denn der Marschall hält seine Truppen und sein Volk ständig in Bewegung. Ein Meer von Bajonetten, kilometerlange Ehrenspaliere aus blitzenden Degen für den Herrn Konsul von Frankreich! Und ich bin dabei, unter all diesem Stahl, der übrigens ein Geschenk Mariannes ist. Und ein- bis zweimal pro Monat wird die ganze Bevölkerung als Jubelkulisse aufgeboten, immer zu Ehren des Herrn Konsul von Frankreich und oft auch des Sprößlings an seiner Seite. Wie imposant ist mein Vater mit seiner bestickten Uniform, mit Zweispitz und

Degen! Und dann das Zeremoniell, die Freßgelage, nicht endenwollende Mahlzeiten, nicht enden wollende Ansprachen! Eine ganz dicke Freundschaft. Der Herr Konsul von Frankreich unterstützt mit dem ganzen Gewicht Frankreichs den ruhmreichen Marschall Tang Kiao, der von anderer Seite enttäuscht wurde und der nun plant, aus seiner Provinz ein von China unabhängiges Herrschaftsgebiet zu machen, sich jedoch mit den Franzosen zu verbünden, die ihm sehr wohlgesonnen sind und ihm von Indochina aus vortrefflich Hilfestellung leisten können. Welche Menge von Gewehren, Maschinengewehren und Kanonen mag der Herr Konsul von Frankreich dem Marschall Tang Kiao verschafft haben? Das wissen die Götter. Jedenfalls hat er ein paarmal im Monat das Vergnügen, die bespannte Artillerie im Galopp über ein riesiges Manövergelände in der Nähe von Yünnanfu rumpeln, Stellung beziehen und Geschosse abfeuern zu sehen. Der Marschall bekommt sogar zwei kleine Kampfflugzeuge mit den dazugehörigen französischen Piloten. Einsatzflieger, wie sie der Große Krieg herausbildete, Draufgänger in den Lüften und mehr noch in den Kneipen.

Als Stammkneipe wählen sie sich das Konsulat. Und in ihrer Gesellschaft erinnert sich mein Vater, bei aller ihm durch sein Amt auferlegten Zurückhaltung, daß er auch einmal ein fideles Haus war, die Seele vergnügter Zusammenkünfte. Wenn die Piloten das große Wort führen, leiht Albert Bodard ihrem Schwadronieren ein williges Ohr und stimmt sogar mit ein. Bis er Anne Maries Blick auffängt, der eher ironisch ist als verächtlich. Aber er weiß nur zu genau, daß diese Ironie tiefste Verachtung bedeutet. Trotzdem bleibt er den jungen Männern gewogen, denn schließlich haben sie Frankreich treu gedient, und jeder hat sein Kontingent an *boches* heruntergeholt. Ich finde sie fabelhaft. Um so mehr, als sie mir versprochen haben, mich einmal in ihren fliegenden Kisten mitzunehmen. Meine Mutter ist von ihnen weniger begeistert, denn sie treiben überall Unfug, vor allem am Steuer ihrer Maschinen, mit denen sie über den chinesischen Yamen Bockspringen üben.

Der Champagner fließt. Tang Kiao trinkt. Die Piloten trinken, und ich bekomme jetzt auch schon ein halbes Glas. Meine Mutter ist nicht besonders heiterer Stimmung, der Herr Konsul hingegen zeigt sich in Yünnanfu feurig beschwingt; denn der Teure vermeint, Frankreich ein neues Protektorat zuführen zu können. Er setzt sogar in Paris durch, daß eine komplette Militärmission zu Tang Kiao geschickt wird. Ein halbes Dutzend Offiziere rücken an, die sich unermüdlich der Ausbildung der großartigen Armee des Marschalls widmen. Natürlich tun die Chinesen genau, was ihnen selbst paßt, aber in aller Höflichkeit, so daß der Schein gewahrt bleibt. Tang Kiao überschlägt sich vor Dankbarkeit. Der einzige Dorn im Auge meines Vaters ist die Visage des Leiters der Militärmission, der sieben Kinder hat und zur Messe geht. »Dieser Leimsieder«, sagt *monsieur le consul*, »wird mit seiner ewigen Grämlichkeit noch alles verpatzen.«

Kaum zu glauben, daß Tang Kiao sich noch aufplustern kann, er ist ohnehin ein so pralles Paket aus Knochen, Fett und Orden; aber in regelmäßigen Abständen, immer, wenn er sich noch mehr »Gesicht« geben will, brüllt er jählings mit bärbeißiger Miene, dem chinesischen Ausdruck höchster Zufriedenheit: »Ich, Tang Kiao, bin der wahre Gründer der chinesischen Republik. Ich habe den schändlichen Yüan Sche-kai gestürzt, als er es wagte, sich den Drachenthron zu Peking anzumaßen, als er zu eigenen Gunsten das Kaiserreich wieder errichten wollte. Von meiner Person, von diesem so entlegenen Yünnan ging der Aufstand aus, der ganz China erfaßte und ihn zwang, sich zu töten, nachdem er mit eigenen Händen in einem letzten Exzeß seine Lieblingskonkubine erwürgt hat.«

Die sterbliche Hülle Yüan Sche-kais ist Tang Kiaos schönste Siegestrophäe. Das Fell eines menschlichen Dickhäuters, gegerbt, gefurcht, gepanzert. Der Erzverräter.

Mein Vater führt ständig Tang Kiaos Lob im Munde. Der Konsul ißt bei Tisch äußerst korrekt und sehr achtsam, denn er ist ein Mann einfacher Herkunft und noch nicht sehr lang mit den guten Manieren vertraut, und doch preist er zwischen den einzelnen Bissen seine Ware – den Marschall – allen Franzosen an, die der Ehre teilhaftig sind, am Tisch des Konsuls von Frankreich zu speisen. »Er hängt es ja nicht an die große Glocke, der gute alte Tang Kiao – das jedenfalls nicht. Aber es stimmt, er hat Yüan Sche-kai abserviert. Ich selbst bin Yüan Sche-kai persönlich mehrmals begegnet, in Peking, als man mich, den damals noch kleinen Beamten, für den richtigen Mann hielt, eine höchst delikate Mission zu übernehmen, die möglicherweise sogar von Regierungsseite desavouiert werden mußte. Es war die Zeit des berühmten Konsortiums, als die vier mächtigsten Staaten der Welt gemeinsam Yüan Sche-kai phantastische Darlehen gewährten. Ich hatte nichts mit der finanziellen Seite der Angelegenheit zu tun. Die blieb den Herren Großbankiers überlassen, denen die vereinbarten enormen Zinsen ungemein zusagten. Ich sollte mich lediglich versichern, daß Yüan Sche-kai den französischen Plänen betreffs dreier an Indochina angrenzender chinesischer Provinzen wohlwollend gegenüberstand. Doch leider hatte er sich in den Kopf gesetzt, Kaiser zu werden, und der liebe Tang Kiao, von dessen Existenz ich damals noch nicht einmal wußte, hatte die Divisionen von Yünnan aufgewiegelt. Und obendrein schickte dieser schlaue Hund seine Soldaten aus, um Szetschuan zu befreien und danach auch Kanton, wohin er ihnen folgte. Nur natürlich: um eine solche Beute mußte er sich persönlich kümmern! Er blieb ein Jahr lang als unumschränkter Herrscher, bis ihn ein paar in Yünnan ausgebrochene kleinere Unruhen dorthin zurückriefen. Aber er hatte sein Schäfchen im trocknen. Er zog mit einer ganzen Karawane von Maultieren heim, die mit goldgefüllten Kisten bepackt waren.«

Diese Laudatio hatte mein Vater in vielen Wiederholungen zu einem Kunstwerk ausgearbeitet. Sie wurde das Paradestück seines Repertoires.

Auch ich mag Tang Kiao mit seiner Billardkugel, denn er ist immer nett zu mir, wenn er an der Spitze seiner Soldaten ins Konsulat kommt. Nie versäumt er es, mir mit seiner Pranke durchs Haar zu fahren. Die gewaltigen Brillanten, die wie funkelnde Warzen an den braunen Wurstfingern sitzen, zausen mich wohl ein bißchen. Das runde Gesicht strahlt väterliche Zufriedenheit wider. Ist er nicht der Vater des Volkes?

Trotzdem wird die Miene des Herrn Konsul von einem gewissen Tag an lang und länger, lang wie ein Tag ohne Reis. Auf jede Bagatelle reagiert er mit Verstummen, Aufseufzen, Ausbrüchen.

Ein schlechtes Zeichen. Er befindet sich in einem Zustand, den meine Mutter als »bange Ahnungen« bezeichnet und der ihn ihr noch lästiger macht als sonst . . . In seinem Amtszimmer herrschen Furcht und Schrecken. Die Mahlzeiten nimmt er mit abwesender Miene ein, als jagten ihn quälende Gedanken. Anne Marie, die deutlich fühlt, daß er sich mitteilen möchte, beschließt endlich, ihm entgegenzukommen:

»Sagen Sie doch, *mon ami*, Sie sind ein wenig verändert. Sie haben Sorgen. Was macht Ihnen zu schaffen?«

Albert Bodard, der nur auf diese hilfreiche Frage wartete, explodiert wie ein Ballon. Er macht sich in ernsten Worten Luft, die ich verstehe ohne zu verstehen:

»Ich unterstütze Tang Kiao. Unterstütze ihn nach wie vor mit allen Mitteln. Wie Sie wissen, ist er kein übler Bursche und ein Freund Frankreichs. Aber es könnte mich leicht in Teufels Küche bringen!«

Ich setze meine gleichgültigste Miene auf. Vor allem hüte ich mich, die Aufmerksamkeit auf meine kleine Person zu ziehen, denn mein Vater könnte sich meiner Anwesenheit bewußt werden und seine Bekenntnisse auf später verschieben. Und ich möchte doch unbedingt wissen, was los ist. Anne Marie zeigt sich weiter huldreich.

»Vertrauen Sie sich mir an, *mon ami*.«

Ich spitze an meinem Tischende die Ohren. Seit einigen Monaten hält man mich für groß genug, daß ich mit den Eltern essen darf. Ich habe sogar gelernt, fast tadellos mit Gabel und Löffel anstatt mit meinen geliebten Stäbchen zu hantieren. Dies dank Anne Maries Ermahnungen, für die das Problem des Eßbestecks zu einer ungemein wichtigen Frage geworden ist. Sind einwandfreie Tischmanieren nicht oberstes Gebot für einen Gentleman?

»Lucien, halte dein Messer ordentlich, schneide dein Fleisch ordentlich und führe den Bissen richtig zum Mund. Vor allem die Ellbogen vom Tisch. Und mach keine Flecken.«

Kurz, sie gewöhnte mir die chinesischen Tischsitten ab, verbot mir, die im voraus mit allen Knochen, Sehnen und so weiter kleingehackten Nahrungsmittel auf jede mögliche Art aufzupicken, mir den Reis und die ihn würzenden Zutaten direkt aus der Schüssel gierig in den Mund zu werfen.

Heute nun bin ich ungeheuer gespannt, ich kenne Albert zu gut, um nicht an seinem feierlichen Gehaben zu erraten, daß er unerfreulichen Ereignissen entgegenblickt, die mich bestimmt amüsieren werden. Ich mache mich also unsichtbar, indem ich möglichst tadellos esse.

Albert blickt eine Weile zur Zimmerdecke auf, um seine Gedanken zu sammeln, dann stürzt er sich in einen langen, hochinteressanten, wohlausgewogenen, wohlüberlegten, wohlbegründeten Vortrag:

»Tang Kiao schwebt in Gefahr. Diese fremden Armeen ... Mich beunruhigt weniger die kantonesische, auch wenn sie offen gegen ihn rebelliert, auch wenn sie auf seinen Kopf einen Preis ausgesetzt hat. Sie wird sich nicht dieser unerschöpflichen Profit- und Beutemine berauben. Sie muß sich sogar selbst vor der Konkurrenz in acht nehmen, die in Kanton ständig wächst. Denn Sie können sich wohl denken, daß dieser saftige Brocken von einer Stadt alles mögliche Raubzeug anlockt, andere Armeen, andere Kriegsherren, die Flußpiraten und die Seeräuber, die sich sämtlich ›Beschützer des Vaterlandes‹ nennen, und sogar den guten Sun Yat-sen ... Den lernte ich auch schon vor vielen Jahren kennen, zur Zeit des Kaiserreichs, das er vergebens mit seinen Bomben zu Fall bringen wollte. Wir begegneten einander in Kanton, wo ich beauftragt war, ihm zu sagen, Französisch-Indochina hätte nichts dagegen, falls er sich dort einnistete, um an der französisch-chinesischen Grenze Unruhe zu stiften. Verstehen Sie, Anne Marie, man hoffte nämlich, aus dem Durcheinander, das er gegebenenfalls anrichten würde, Profit ziehen zu können ...«

Anne Marie gähnt. Diese Geschichte kennt sie schon auswendig. Sie gehört zu Alberts Heldentaten, und er hat ihr damit bestimmt schon in den Nächten ihrer Hochzeitsreise in den Ohren gelegen. Denn, wie sie mir viel später erzählte, er hat bereits damals versucht, sich mit allen Mitteln zur Geltung zu bringen.

So lenkt sie ihn denn, während dieser fünfzig Jahre zurückliegenden Familienmahlzeit, behutsam wieder auf seine akuten Probleme:

»Aber, mein lieber Albert, ich glaube, Sie schweifen ein wenig ab ...«

Albert stößt einen kurzen Wehlaut aus.

»Also, ich sagte, daß Sun Yat-sen nun aufs Neue in diesem Wespennest stochert. Dieser Unselige will eine Gegenregierung bilden und Peking entmachten. Inzwischen ist er den wechselnden Launen beider Seiten ausgeliefert. Die in Kanton verbliebenen Yünnanesen waren so schlau, sich als Sun Yat-sens offizielle Beschützer zu erklären, was ihnen erlaubte, einen weit beträchtlicheren Teil der Stadt unter Kontrolle zu halten. Sie werden diesen fetten Brocken nicht loslassen und in ihr armes Yünnan zurückkehren, nur um des Vergnügens willen, aus Tang Kiao Hackfleisch zu machen.«

Anne Marie bedient sich eines wohlberechnet törichten Einwands, um Albert zur Sache zu bringen. Ich kenne Anne Marie, sie scheint Alberts kleine diplomatische Winkelzüge souverän zu verachten und versteht es dennoch, sich darüber auf dem laufenden zu halten.

»Mein Freund, wenn die Yünnanesen von Kanton nicht gefährlich sind, warum sprechen Sie dann so ausführlich über sie? Was kann denn Tang Kiao wirklich gefährlich werden?«

»Ah! Das ist doch die Höhe! Sie, Anne Marie, wissen selbst am besten, was er meinen Yünnanesen in Szetschuan eingebrockt hat, die nicht auf meinen Rat hören wollten. Schließlich wurden sie mit Schimpf und Schande aus Tschengtu verjagt, und nun kehren sie geschlossen in die alte Heimat zurück.«

Anne Marie hält sich an ihre Politik der Einfältigkeit:

»Aber das ist doch nur natürlich, *mon ami.*«

Albert läßt sich nicht aus dem Konzept bringen. Im Gegenteil, seine Rede fließt wie Sirup. Woraus ich entnehme, daß er einen besonders wohlgesetzten Satz von sich geben wird:

»Wenn Sie glauben, diese Kerle tanzen dann wieder brav nach Tang Kiaos Pfeife . . . Sie sind reichlich naiv, meine Teuerste! Dieser Haufen stellt noch immer eine beachtliche Streitmacht dar. Nur logisch, daß sie Tang Kiao umbringen werden, wenn er nicht sie umbringt . . .«

Leicht angewiderte Miene Anne Maries.

»Also eben wieder einmal eine dieser chinesischen Querelen.«

Ich komme voll auf meine Rechnung. Schon damals habe ich großen Spaß am chinesischen wie auch am häuslichen Gekabbel.

Aber Albert nimmt energisch den Faden seiner Rede wieder auf.

»Am meisten beunruhigt mich, was Tang Kiao mir dauernd vorschwafelt. Er wiederholt beharrlich, allzu beharrlich, daß er der Treue der zurückkehrenden Soldaten sicher sei. Angeblich haben sie ihn sogar ausdrücklich ihrer Loyalität versichert. Ich hingegen, ich kenne meine Chinesen, und noch besser kenne ich meinen Tang Kiao, und ich sage Ihnen, Anne Marie, er lügt mich an. Er bereitet wieder einmal eine seiner krummen Touren vor, aber welche? ... Unmöglich, ihn zum Sprechen zu bringen, wenn er nicht will. Allmählich frage ich mich nachgerade, ob es nicht darauf hinausläuft, daß er klammheimlich verduften will. Er hat bereits sagenhafte Bankkonten in Schanghai und Hongkong.«

Anne Marie, die alles andere als naiv ist, fragt scheinheilig naiv:

»Wie, er hat sein Geld nicht in Hanoi angelegt? Das ist nicht nett von einem Herrn, den Frankreich so gut gepolstert hat. Ich nehme an, Sie werden unserem hiesigen Repräsentanten der Bank von Indochina mitteilen, wie Sie über die Sache denken.«

»Spotten Sie nicht, Anne Marie. Es wird hier zu Blutvergießen kommen, und wir riskieren unser Leben.«

»Nur ruhig Blut, Albert. Lassen Sie doch die Chinesen einander ein bißchen abschlachten ... Sie sind ein viel zu geschickter Diplomat, um nicht mit den Siegern handelseins zu werden ...«

Anne Marie lächelt fein. Aber Albert senkt den Kopf und zögert eine Weile, ehe er wieder loslegt. Er spricht jetzt in dem Tonfall, in dem er meiner Mutter einen Fehler einzugestehen pflegt.

»Hm, hm. Die Sache ist die: ich fürchte, die Yünnanesen von Szetschuan, denen ich während meiner Zeit in Tschengtu immerhin große Dienste leistete, könnten es mir nachtragen, daß ich seit meiner Ankunft in Yünnanfu ihrem Feind Tang Kiao so viele Waffen verschaffte. Wenn es ihnen gelänge, diese Stadt einzunehmen, könnten sie sich womöglich an uns rächen.«

Dieses kleinlaut vorgebrachte Geständnis nimmt Anne Marie lachend auf. Und mein Entzücken wächst. Das hübsch blutige Getümmel, das ich in Tschengtu verpaßte, soll ich also hier in

Yünnanfu haben. Ich werde es in vollen Zügen genießen, Augen und Herz daran weiden. Die freudige Erregung verberge ich erfolgreich hinter der Miene des braven Kindes, aber ich habe meine Hände nicht unter Kontrolle und stoße meinen Teller um, der Inhalt ergießt sich auf das Tischtuch. Anne Marie ist sehr ärgerlich.

»Lucien, du bist wirklich ein Schmutzfink. Ein ganz großer Schmutzfink.«

Albert, der ein Ventil für seine Drangsal gefunden hat, bekräftigt entschieden:

»Jawohl, und außerdem, der Junge spricht in seinem Alter noch kaum französisch. Ich frage mich, ob es nicht angezeigt wäre, eine Gouvernante für ihn zu engagieren. In Indochina würde man unschwer eine finden, notfalls ein Mischblut. Er braucht eine feste Hand. Sie verwöhnen ihn zu sehr, Anne Marie. Aber Sie sagen ja nichts. Was halten Sie von diesem Plan?«

»Ja«, murmelt Anne Marie unverbindlich, wie immer, wenn sie ihre Meinung nicht äußern will.

Diese Zurückhaltung stärkt meine Zuversicht. Ich will keine Gouvernante.

Inzwischen sind Alberts Ängste zurückgekehrt. Es ist ihm aufgegangen, daß ich alles gehört habe. Er wirft mir zunächst einen drohenden Blick zu und stößt dann hervor:

»Und vor allem, Bürschchen, daß du mir kein Wort von dem weitersagst, was du soeben gehört hast. Wir hätten nicht in deiner Gegenwart sprechen sollen. Wenn du schwatzst, kannst du was erleben . . . Ich will nicht, daß du *meine* französische Kolonie erschreckst. Die guten Leutchen sollen Ruhe bewahren, sie dürfen nichts ahnen.«

Ich bin betroffen über die rauhe Tonart meines Vaters. So hat er noch nie zu mir gesprochen. Er muß wirklich Angst haben. Und Anne Marie fährt ihn auch sogleich an:

»Daß Sie halbtot sind vor Angst, ist noch lange kein Grund, unseren Sohn grob zu behandeln. Das dulde ich nicht.«

Albert verläßt geräuschvoll das Zimmer, um seine Verärgerung zu demonstrieren. Ich begreife nicht mehr so recht. Was hat mein Vater bloß . . .?

Selbstverständlich schweige ich über alles. Daran ist weniger seine Drohung schuld – sie könnte mich eher veranlassen, alles auszuplaudern – als vielmehr mein schweigsames und verschlossenes Wesen. Und außerdem weiß ich, daß Albert völlig schiefgewickelt ist, denn seine Schutzbefohlenen sind längst im Bilde. Sie lassen sich deshalb keine grauen Haare wachsen, denn seit ein paar Jahren haben die Chinesen die löbliche Gewohnheit angenommen, sich untereinander zu schlagen und die Weißen unangefochten zu lassen.

Die Herren Franzosen von Yünnanfu nutzen vielmehr die Lage, um der Ruhe zu pflegen. Sie schließen sich in ihren Häusern ein und spielen Bridge, sie laden einander zu gemütlichen kleinen Diners. Die Damen plaudern, als wäre nichts geschehen, die Herren geben dann und wann einen Kommentar zu den Vorkommnissen ab, die ihnen bruchstückweise zugetragen werden. Man schickt widerstrebende Diener aus, die Erkundigungen einziehen sollen. Sehr weit wagen sie sich vermutlich nicht vor, aber wenn sie zurückkommen, berichten sie alles, was man von ihnen hören will. Darauf gründen sich dann die Lagebesprechungen, und die jugendlichen Veteranen von 1914/18 ziehen sachverständige Schlüsse aus der Richtung und Intensität der hier und dort aufflackernden Brände, die sich bis in die Salons und Speisezimmer herumsprechen. Natürlich gehen die Meinungen auseinander, und die Herren kriegen sich in die Haare. Zigarrenrauchend betrachten sie die Rauchschwaden über den Brandstätten. Die Kinder dürfen das Haus nicht mehr verlassen. Sie vertreiben sich die Zeit mit ihren Spielsachen, die aus Läden in Hanoi kommen. Das wichtigste ist, daß man genügend Vorräte hat, denn manchmal dauert es mehrere Tage.

Und wenn es vorbei ist, geht man hin und sieht nach, wer der Sieger ist. Danach gilt es, freundschaftliche Beziehungen mit ihm zu knüpfen, die gut sind fürs Business. Einige dieser Franzosen besitzen ungünstig gelegene Warenspeicher und Magazine, die zu Schaden kamen. Dann belagern sie den Konsul von Frankreich, um durch seine Vermittlung von den Chinesen Entschädigung zu bekommen. Was den Konsul von Frankreich in große Verlegenheit bringt. Und in noch größere, wenn gelbe Katechumenen durch des Schicksals Mächte oder durch Gottes Willen ums Leben kommen. Denn dann rücken die Missionare dem Konsul auf den Leib, um aus ihren abgemurksten Schäflein Kriegsschäden zu machen, die übrigens, nach dem Prinzip des Zehnten, entsprechend teurer kommen, denn alles, was Gott den Herrn betrifft, hat einen hohen Preis. Das ist die Routine.

Albert Bodard wird jetzt von Tag zu Tag reizbarer, einsilbiger, sorgenvoller. Seine Laune ist schauerlich. Das kleinste Geräusch, die geringste Unruhe im Umkreis seines Amtszimmers, und ihm platzt der Kragen. Vom Morgen bis zum Abend schließt er sich ein und denkt nach, denkt pausenlos, wie ein Irrer im Käfig. Eines Morgens passiert mir das Mißgeschick, daß meine neuen Schuhe knarzen. Er stürzt aus seiner Höhle, geht auf mich los und verpaßt mir eine Ohrfeige. Die erste Ohrfeige meines Lebens. Ich habe nicht geweint. Ich habe nicht geschrien. Ich habe meiner Mutter nichts gesagt. Aber sie hat es trotzdem erfahren und stürmt, sie, die sonst die Gelassenheit in Person ist, in das Büro des Konsuls. Zum erstenmal in meinem Leben sah ich ihre Züge entstellt, verzerrt, rötliche Lichter flackerten in ihren Augen, die plötzlich den Rubinen in den Stirnen zürnender Götter glichen. Sie beschimpft meinen Vater aus Lippen, die vor Zorn schmal geworden sind.

»Sie sind ein Grobian! Ein Flegel! Eine Bestie! Sie ordinärer Mensch haben es gewagt, sich an meinem Sohn zu vergreifen! Ich verabscheue Sie.«

Vielleicht hat dieser Augenblick bewirkt, daß ich anfing, mich meiner Mutter näherzufühlen und daß die Entfremdung meinem Vater gegenüber präzisere Formen annahm. Denn ich habe diese Ohrfeige nie vergessen, ich habe sie nie verziehen, bis ich ihn, fünfzig Jahre später, auf seinem Totenbett sah.

Aber inzwischen ist meine Mutter wieder gegangen und hat die Tür hinter sich zugeschlagen. Albert und ich stehen einander gegenüber. Er zittert. Sein Gesicht ist grün, und seine Augen schimmern feucht. Plötzlich reißt er mich an seine Brust und drückt die Lippen auf meine Wange. Ich spüre den Schnurrbart. Die ganze Szene widert mich ein bißchen an. Und dann sagt er mit tränenschwerer, bebender Stimme: »Lucien, mein kleiner

Lucien, deine Mutter irrt. Ich habe dich lieb, ich habe dich genauso lieb wie sie dich.«

Und nochmals drückt er mich an sich, und nochmals küßt er mich.

Am nächsten Tag benehmen wir uns alle drei, Albert Bodard, Anne Marie und ich, als wäre nichts passiert. Der Herr Konsul ist wieder ganz von seinen Amtsgeschäften in Anspruch genommen. Und zudem sollte sich bald herausstellen, daß er allen Grund zu seiner Schwarzseherei hatte.

Eines schönen Tages tritt ein ernster, geläuterter Konsul vor uns hin. Die lang erwartete Stunde der Bewährung ist da. Yünnanfu wird ohne Tang Kiao auskommen müssen, ohne Tang Kiaos Armee, ohne Tang Kiaos Verwaltung, sogar ohne den guten fetten Herrn Scheng, seinen Außenminister mit dem Harvard-Diplom.

Tang Kiao hat seine Konkubinen mitgenommen, seine Staatskasse und vor allem seinen Vorrat von vier oder fünf Tonnen Opium. Ein Vermögen. Leer ist sein Palast. Zum erstenmal sehe ich eine chinesische Stadt ohne Soldaten. Sogar die Kanonen, die Tang Kiao dem Herrn Konsul verdankt, sind verschwunden. Es ist überhaupt alles verschwunden, was Tang Kiao an Kriegsgerät erhalten hat. Die Herren von der französischen Militärmission gleichen Karpfen auf dem Trockenen, denn sie haben, obwohl sie sich ständig in Gesellschaft von Tang Kiaos Offizieren befanden, nichts gesehen, nichts gehört, nichts begriffen.

Der Herr Konsul ist von eitler Genugtuung erfüllt, weil er sich als so guter Prophet erwies. Was nicht verhindert, daß er alsbald kalte Füße bekommt. Man munkelt, die Yünnanesen aus Szetschuan seien nur noch drei Tagesmärsche weit entfernt, zwei Tagesmärsche, einen Tagesmarsch, in ein paar Stunden würden sie da sein. Ich reite kreuz und quer durch die Stadt. Sie ist wie ausgestorben. Keine Menschenseele auf Straßen und Gassen. Alle haben sich in ihren Hütten und Häusern verschanzt. Heute gehört die Stadt den Tieren. Es wimmelt von räudigen Hunden, deren Fell nur noch aus entzündeten Schwären, aus würmerzerfressenen Wunden besteht. In dieser Menschenleere wirken die Abfallhaufen gigantisch, und der Gestank wird drückend. Ein Bleideckel. Aber die Hunde machen sich über diesen Unrat her. Ein paar Fetusse sind darunter und sogar die winzigen Körper einiger toter oder sterbender Säuglinge. Dieses zarte Fleisch ist die Delikatesse. Am Himmel kreisen Geier, stoßen jäh auf die kleinen Leichen herab, in die sie ihre Klauen schlagen, während sie mit den Schnäbeln die Hunde verjagen. Ratten, Fliegen. Alleinherrschaft der Tiere, Höllengezücht wie auf alten Gravüren. Über dieser Abwesenheit alles Menschlichen thront einsam die Heiterkeit des Buddha. Die Bonzen üben ihre heiligen Pflichten in einem Frieden, der unberührt bleibt von äußeren Ereignissen. Psalmodierend kauern sie vor den Altären, lassen ihre Rosenkränze mit den groben Perlen durch die Finger gleiten, beten in der Blumenpagode, die von hundertjährigen Kiefern umstanden und von Kamelien in allen Regenbogenfarben bedeckt ist, von weißen, rosigen, feuerroten und orangegelben. Ein uralter, im Dienst des Herrn verschrumpelter Gottesmann hält seine Andacht vor einem riesigen, geheimnisvoll lächelnden Sakiamouni aus rotem Ton. Weiter draußen veranschaulicht die Pagode der fünfhundert Genien, von denen einer immer noch gräßlicher ist als der andere, heute wie immer die Schrecknisse allen Lebens. Und die Kupferpagode, die vom Fundament bis zum First des obersten ihrer einander überlagernden Dächer aus rotem Kupfer ist, flammt in der Sonne. Wie stets ist sie ein Fanal funkelnder, blendender, fast unerträglicher Schönheit, das die Sonne in einem rotgolden lodernden Brennspiegel vielfach zurückwirft. Was bedeutet das Tagesgeschehen diesen Mönchen, die der Vollendung im Nichtsein zustreben? Sie wissen vor allem, daß sie die einzigen in der ganzen Bevölkerung sind, die nichts zu fürchten haben. Sie haben kein Mitleid. Sie sind jenseits des Mitleids. Sie versuchen nur, dem Rad des Lebens auszuweichen. In der toten Stadt, in dieser zauberischen, übermenschlichen, unerbittlichen Stille scheinen die Priester in ihren langen Gewändern und die heiligen Pagoden eher ein Mehr an Nichts als ein Mehr an Dasein. Die Litaneien der Mönche, der Klang ihrer Glocken und Glöckchen preisen die Gleichgültigkeit gegenüber allen Tragödien dieser Welt. Ich kehre ins Konsulat zurück. Auf dem ganzen Weg immerzu diese Geier, diese Hunde, diese Ratten. Ein paar abstoßende Gestalten, Aussätzige oder Menschen mit Beulenpest, die keiner aufnehmen wollte und die nun herumirren.

Anderntags im Morgengrauen Schüsseknallen und Hörnerschall. Der Kriegsdonner rollt ins Konsulat. Die »Szetschuanesen« rücken an, nach sechs Jahren sind sie wieder heimgekehrt. Aber gegen wen sollen sie kämpfen? Die Stadttore sind geöffnet, und nicht einer von Tang Kiaos Soldaten ist mehr da, der ihnen Widerstand leisten könnte. Ganz einfach: sie erobern Yünnanfu, wie sie seit eh und je Städte erobern. Sie plündern, sie töten. Und vor allem wälzt sich ein wilder Strom, von Beutegier gepeitscht, zu Tang Kiaos Palast. Aber da ist keine Beute, da ist gar nichts. Tang Kiaos Auszug wurde mit größter Gründlichkeit und Sorgfalt durchgeführt. Daraufhin schwärmen die grenzenlos enttäuschten »Szetschuanesen« wie Heuschrecken über die ganze Stadt.

Ich möchte gern hinreiten und zusehen, aber im Hof des Konsulats hat sich mein Vater aufgepflanzt, und Anne Marie steht an seiner Seite. Monsieur Albert Bodard schwitzt Blut und Wasser bei dem Gedanken, daß jeden Augenblick die Soldateska auftauchen kann, um uns zu ermorden, um das Konsulat zu zerstören und in Brand zu stecken. Er sagt zu Anne Marie:

»Vielleicht sollte ich das Tor schließen lassen?«

Anne Marie erwidert sehr ruhig:

»Wozu sollte das gut sein? Und außerdem würden Sie das Gesicht verlieren.«

Albert reißt sich zusammen, und zwar zu einer solchen Würde, als hätte er nicht erst vor ein paar Sekunden diese Anfechtung zur Vorsicht erlitten:

»Frankreich hat keine Furcht. Ich habe keine Furcht. Das Tor bleibt geöffnet. Und die Trikolore soll von der Spitze dieses Mastes flattern.«

Dann wirft er mir einen Blick zu:

»Und du, daß du mir nicht hinausgehst. Du bleibst im Konsulat. Und ich werde den Torhütern Befehl geben, daß sie dich nicht entschlüpfen lassen dürfen.«

Nichts zu machen. Ich habe hier keine Komplicen wie in Tschengtu. Mein Mafu schlottert an allen Gliedern, und auf die Domestiken kann ich nicht zählen. Denn in Yünnanfu sind, mit Ausnahme meines Mafu, meiner Amah und einiger chinesischer Gärtner, die Diener lauter französisch sprechende Annamiten, kriecherisch, falsch und verräterisch. Indessen hat sich nach ein paar Tagen der Tumult draußen wieder gelegt. Es war nur ein kleines Plündern und ein kleines Töten. Ich darf wieder in die Stadt reiten.

Zahllos sind die Soldaten. Zahllos die Bajonette. Aber es sind herumlungernde zerlumpte Soldaten mit Sandalen an den Füßen und schlaffen Patronengürteln um die leeren Bäuche. Ihre kleinen Packpferde, ihre Mulis und Esel sind an Pflöcke gebunden. Die Tiere sind über und über mit Wunden bedeckt, ihre Rücken vom Tragen der Lasten aufgescheuert. Die Offiziere sind nicht viel ansehnlicher. Die Hauptsorge aller dieser Krieger gilt einem Platz in der Nähe der Feldkessel, in denen sie den Reis kochen, den sie den armen Stadtbewohnern entrissen haben. Sie scheinen überhaupt nicht mehr satt zu werden, als müßten sie uralten Hunger stillen. Ich sehe keine Kanonen, sie müssen unterwegs verlorengegangen sein. Ja, so sieht eine besiegte Armee aus.

Zu meinem größten Vergnügen erkenne ich ein paar Visagen wieder. Unter den Stabsoffizieren sehe ich einen General und einen Oberst, beide einst häufig im Konsulat von Tschengtu zu Gast. Auch sie völlig abgerissen. Welcher Kontrast zu ihrem einstigen Glanz!

Ohne es zu wissen bin ich ein kleiner Spion, denn ich berichte meinem Vater, was ich gesehen habe, und er ruft nach einigem Nachdenken aus:

»Aber warum hat dann Tang Kiao vor diesem Lumpengesindel Reißaus genommen?«

Ich nehme meine Streifzüge wieder auf, und ich begegne dem Haß. Einem Haß in den Augen aller dieser Kriegsknechte. Sie treten nicht beiseite, um mich durchzulassen. Mir wird Angst vor den Bajonetten. Aber der Haß beschränkt sich auf die Augen, als hätten die Soldaten Befehl, sich zurückzuhalten. Nur ein Offizier, einer von denen, die ich von früher kenne, brüllt mich an:

»Ha, du Hundesohn, deine Hütte wird bald in der Erde begraben sein!«

Eines frühen Morgens dringen ein paar hundert Soldaten in den Hof des Konsulats ein. An ihrer Spitze der oberste Kriegsherr der »Szetschuanesen«, General Tschao, den ich so gut kannte und der so nett zu mir war. Er steigt vom Pferd. Ein Kleiderständer mit Hasenscharte. Er hat die trüben Augen eines Wasservogels. Aber sobald er mich sieht, begrüßt er mich freundlich:

»Guten Morgen, junger Herr Lulu. Gefällt es dir in Yünnanfu?«

»Ja.«

»Genausogut wie in Tschengtu?«

»Ja.«

»Dann reite du nur ruhig in die Stadt. Es wird dir nichts geschehen.«

Inzwischen wurde mein Vater benachrichtigt, er kommt und begrüßt seinen illustren Gast. Wiedererkennen. Gratulationen. Tausendfache Glückwünsche und tausendfache Höflichkeiten. Die beiden Männer verschwinden im Amtszimmer meines Vaters.

Albert hat Anne Marie bei Tisch von der Unterhaltung berichtet, und sie hört ausnahmsweise aufmerksam zu. Auch ich bin ganz Ohr.

»Tschao war zunächst zuckersüß. Er dankte mir zehntausendmal für meine Unterstützung in Tschengtu. Er versicherte mir, daß er sie nie vergessen werde. Er wisse, daß ich Yünnan und alle Yünnanesen liebe. Er finde es auch durchaus korrekt von mir, daß ich mich so nobel gegenüber Marschall Tang Kiao erwiesen hätte, dem erhabenen und verehrten Befehlshaber aller Yünnanesen. Indessen seien er, General Tschao, sowie seine Offiziere und seine Männer höchlichst erstaunt gewesen, daß sie bei ihrer Rückkehr von einem langen, mühseligen und blutigen Kriegszug, den sie auf Befehl und zum Ruhme Tang Kiaos unternommen hätten, nicht von ihm willkommen geheißen und getröstet worden seien. Sie hätten nicht umhin gekonnt sich zu fragen, ob der erhabene Marschall nicht vielleicht geheime Verbrechen auf sein Gewissen geladen habe, die sie nun entdecken könnten. Habe er sie womöglich an ihre Feinde, die Szetschuanesen verkauft? Er müsse wohl vorhergesehen haben, welcher Zorn sich ihrer bemächtigen werde, und sei geflohen, um der Strafe für seine Untaten zu entgehen.«

Anne Marie lächelt.

»Und womit hat er Ihnen nach dieser Präambel gedroht?«

Albert schweigt ein paar Sekunden, als fürchte er, die Wahrheit zu gestehen.

»Ich glaube, es ist am besten, wenn ich Ihnen reinen Wein einschenke. Tschao meint, Tang Kiao sei dabei, seine Truppen in einer sehr unzugänglichen Gegend neu zu formieren, auf dem Weg nach Se-mau nahe der Grenze von Indochina. Und er, Tschao, hoffe sehr, daß die Franzosen Tang Kiao keine Hilfe mehr leisteten, der sich als Verräter erwiesen habe, als reißender Tiger, als schwarzer Panther, als Feind des yünnanesischen Volkes. Wenn die Franzosen nicht einsehen würden, wie todeswürdig Tang Kiaos Verhalten sei, so könne sich dies als sehr nachteilig für den Konsul von Frankreich in Yünnanfu und für dessen Landsleute erweisen.«

Anne Marie lächelt noch immer.

»Kurzum, er hat Ihnen ein hübsches kleines Massaker in Aussicht gestellt.«

»Ja, das fürchte ich.«

»Und was werden Sie tun?«

»Ich werde nachdenken.«

Die Frucht dieser Überlegungen ist ein Telegramm an den Generalgouverneur von Indochina, das ich viele Jahre später fand. Ein Telegramm, dessen Worte einzeln auf die Goldwaage gelegt wurden, um den Sachverhalt in der würdigsten Form auszudrücken:

Jede Intervention in yünnanesische Angelegenheiten könnte Sicherheit der französischen Bewohner von Yünnanfu gefährden.

gezeichnet: Albert Bodard

Antwort bereits am folgenden Tag. Telegramm Nr. 689:
»Keinerlei direkte oder indirekte Intervention vorgesehen.«

Aber Albert gibt sich keinen Illusionen hin, denn er arbeitete in seiner Jugend, vor der ehrenvollen Aufnahme in das konsularische Korps, eine Zeitlang als Agent für das Informationsbüro des Generalgouvernements von Indochina. Der Chef dieser mit so delikaten Aufgaben betrauten Abteilung sah aus wie ein fetter weißer Wurm, eine schwabbelige Qualle, war aber in Wahrheit der hartgesottenste Bursche und verfügte über einen ganzen Stab von Mitarbeitern. Er hatte seine Agenten einzeln ausgesucht, Mestizen aller Art, Eingeborene aller Rassen, und er kannte die Herren Oberseeräuber und die Herren Oberbanditen persönlich und hatte schon des öfteren an ihre Hilfsbereitschaft appelliert.

Er kannte auch sehr ehrenwerte himmlische Handelsleute, die in den Städten Reichtum und Einfluß besaßen und in allen möglichen dunklen Geschäften ihre Finger hatten. Diese ganze Gesellschaft, das weiß Albert genau, ist emsig am Werk, um in aller Heimlichkeit Tang Kiao über die unmöglichen Pfade dieser unmöglichen Gegenden mit allem Nötigen zu versorgen.

Die Atmosphäre in Yünnanfu wird immer gespannter. General Tschao hat zu Ehren meines Vaters ein großes Diner gegeben. Und mein Vater hat zu Ehren General Tschaos ein großes Diner gegeben. Anne Marie war sehr vergnügt.

In der Woche nach diesen zweifelhaften Freundschaftsfesten, an einem ganz gewöhnlichen Tag, überrascht Albert sie bei großer Toilette. Sie macht sich schön für irgendeinen besonderen Anlaß, der unmittelbar bevorstehen muß. Sie legt ihr Spitzenkleid und den Schmuck an, und vor allem hat sie zum erstenmal einen langen grünen Jadepfeil in ihren Haarknoten gesteckt. Und ich stehe neben ihr als Page und Zeremonienmeister bevorstehender Ereignisse. Ganz in schwarzem Samt mit Spitzenkrägelchen. Albert ist baff.

»Was machen Sie denn, Anne Marie?«

»Ich will in Schönheit sterben.«

»Was sagen Sie?«

»Ich will in Schönheit sterben. Sie wissen doch, daß der Tod schon vor der Tür steht. Wir können jeden Augenblick ermordet werden.«

Albert will sie in die Arme schließen. Sie stößt ihn zurück.

»Ich bedarf Ihrer nicht zum Sterben. Mein Sohn genügt mir.«

Albert ist völlig ratlos. Mit offenem Mund, geblähten Nüstern, ganz rot im Gesicht steht er da und begreift nichts. Ich begreife schon ein bißchen mehr. Ich weiß, daß Anne Marie in bedeutenden Augenblicken, wenn sie von der Ironie Abstand nimmt, mit der sie sonst ihr Leben behandelt, zum Grandiosen gern das Phantastische hinzufügt. Ich vermag nicht in klare Gedanken zu fassen, was ich an ihr ahne, oder vielleicht wage ich es nicht. Aber hat ihr Wesen nicht irgendwo eine schwache Stelle, einen Sprung, der dem Wahnsinn Einlaß gewährt?

Alles löst sich in Wohlgefallen auf, denn, völlig überraschend für General Tschaos Armee, setzt Kanonendonner ein, wanken die Mauern und fallen feindliche Truppen ein. Es ist Tang Kiaos Armee, die zurückkehrt. Tang Kiaos Rache. Eine furchtbare Rache, so grauenhaft, daß ich im Konsulat eingesperrt bleibe. Denn überall in der Stadt finden Hinrichtungen statt, werden die Anführer langsam zu Tode gebracht, die unteren Chargen gepfählt, Hunderte kniender Soldaten in der gleichen Sekunde geköpft. Tang Kiao persönlich, so heißt es, prächtiger denn je mit seinem rosigen Schädel und dem riesigen Kugelkopf, leitet brüllend die Folterungen, teilt mit einer Art paradiesischer Genugtuung jedem gewissenhaft sein Maß zu, vergißt keinen. Und während die lebendig Gespießten, die lebendig Gepfählten sich aufs komischste an ihren Pfählen und ihren Spießen winden, ist die gesamte Bevölkerung von Yünnanfu aus ihren Höhlen und ihren Yamens herbeigeströmt und gaudiert sich über die Besiegten, die vom Leben zum Tode befördert werden, wie es sich gehört, unter der unerschöpflichen Vielfalt von Gelächter, Gesten, Hohnrufen, Obszönitäten, Schmähungen, Auswurf. Eine unbändige, böse und boshafte Freude, wie China sie gegenüber all jenen empfindet, die unterlegen sind.

Sechs Tage. Es dauert sechs Tage. Am siebenten Tag darf ich wieder in die Stadt. Die Säuberung ist beendet. Alle Leichen wurden weggeschafft, hauptsächlich aus Furcht vor der Pest, denn, man weiß nicht warum, obwohl Yünnanfu zweitausend Meter hoch in einem gesunden Klima liegt, bricht in der Stadt Jahr für Jahr diese Seuche aus, die um sich greift und allmählich den Yangtsekiang und Szetschuan erreicht. Desinfizierung auf chinesisch, das heißt, daß ich die Reste und Fleischfetzen herumliegen sehe, die noch nicht von den Hunden aufgefressen wurden, diesen unseligen Hunden im China der Katastrophen. Jetzt bringt das Volk die Reste in Bewegung. Und bald haben die Füße der aus allen Winkeln hervorquellenden Menge den letzten Abfall beseitigt.

Siegesfeier. Anstatt der grausigen Fleischfetzen die große Festbeflaggung. Alle Wohnstätten, von den ärmsten bis zu den aufwendigsten, mit Blumen und Grün geschmückt. Auf den Straßen Altäre mit Opfergaben, und Triumphbögen, auf denen riesige Schriftzeichen die unsterblichen Tugenden Marschall Tang Kiaos rühmen. Und darüber schwingen sich Rundbogen und Balken, wie Ehrenpforten aus rot lackiertem Holz, von denen zwischen Spruchbändern die Fotografie des Helden hängt. Und zu brüllenden Spalieren aufgereiht, besehen sich die Massen den Aufmarsch der Truppen, die jetzt ihren offiziellen Einzug in die Stadt halten. Eine schöne Armee, die Offiziere mit gezogenem Säbel, die Soldaten, deren stählerne Härte sich im Blitzen der Bajonette fortsetzt, die wehenden Standarten. Der ganze Zug marschiert annähernd im Gleichschritt, wie es beim französischen Militär Vorschrift ist. »Die Tätigkeit unserer Offiziere war wenigstens nicht komplett unnütz«, sagt *monsieur le consul* auf der Ehrentribüne zur Rechten Tang Kiaos. Eines Tang Kiao in unnahbarer Einsamkeit, ein Monolith, der auch nicht eine Spur von Freude erkennen läßt, mit steinernem Gleichmut den Salut seiner Soldaten entgegennimmt, die ihm ebenso steinerne Gesichter zuwenden. Musikzüge blasen und schlagen ihre Instrumente und bringen eine Art Marseillaise zustande. Plötzlich wendet sich Tang Kiao mit einer abrupten Bewegung an meinen Vater:

»Tausend und nochmals tausend Jahre des Glücks für Sie und die Ihren. Zehntausend Jahre des Wohlergehens für die französische Republik.«

Der Konsul versteht den Grund für Tang Kiaos Dankbarkeit nur zu gut. Mulis tragen Maschinengewehre, Pferde ziehen Kanonen, und das Potential dieser Artillerie, das von den besten französischen Rüstungsfirmen stammt – Le Creusot, Saint-Etienne, Schneider, Hotchkiss – hat sich auf geheimnisvolle Weise vervielfacht. Diese Feststellung gibt Albert später gekränkt und wütend an Anne Marie weiter:

»Tang Kiao hat mich beschissen! Das Generalgouvernement

von Indochina hat mich beschissen. Diese Kanonen hat er nicht vom Heiligen Geist empfangen!«

Er muß Tang Kiao unbedingt eine Glückwunschvisite abstatten, um zu zeigen, daß er nicht zufrieden ist. Er geht dabei streng nach Protokoll vor. Er läßt um eine Audienz bitten. Er läßt sich in seiner Amtssänfte hintragen, deren Bespannung genau wie die Livreen der Kulis das Ideogramm Frankreichs tragen. Er wirft sich in den großen Dienstanzug mit sämtlichem Lametta, steckt die Spange mit seinen sämtlichen Orden und Ehrenzeichen an die reich bestickte Uniform. Vor dem Marschall sagt er mit seiner eisigsten Diplomatenstimme her:

»Ich überbringe Ihnen die Glückwünsche meines Landes. Ganz Frankreich hat mit großer Befriedigung von Ihrem Sieg vernommen.«

Aber die kalkulierte Kälte des Konsuls wird von Tang Kiao einfach beiseite gefegt. Er führt seinen Gast sogleich in einen kleinen, intimen, folglich schmutzigen Raum, zu einem runden Marmortisch, der beladen ist mit Teekannen, Krügen, Schalen, Bechern, einem Teller voll Melonenkernen, verschiedenen Knabbereien, Obst und Zigaretten: chinesische Behaglichkeit. Natürlich sind auch Spucknäpfe aufgestellt. Man setzt sich auf schwarze Ebenholzstühle mit durchbrochenen Lehnen, deren dicke Sprossen so im rechten Winkel aneinanderstoßen, daß sich ein himmliches Ideogramm bildet.

Tang Kiao faßt den Konsul mit Sammetpfötchen an:

»Ich wollte Sie nicht stören, indem ich Ihnen meine kurzzeitige Abwesenheit zu wissen tat. Ich wußte, daß ich bald zurück sein würde. Ich mußte mich entfernen, um sodann alle meine Feinde in Yünnanfu zu schnappen wie Ratten in einer Falle.«

Indessen huscht ein Schatten von Betrübnis über die Dellen in Tang Kiaos Gesicht:

»Meine Freude ist nicht vollständig. Der Mann, den ich am meisten haßte, ist mir entflohen. Er verdankte mir alles. Er war ein einfacher Soldat, der mir durch seine Tapferkeit auffiel, als ich meine Armeen zur Eroberung Szetschuans ausschickte. Er besaß mein Wohlwollen. Ich ernannte ihn zum Oberst. Ich gab ihm ein Regiment. Während der Jahre in Szetschuan lebte er herrlich und in Freuden als Gebieter über eine Stadt, fast so groß wie Tschengtu: Konkubinen, erlesene Nahrung und vor allem Opium. Hat vielleicht der ›schwarze Rauch‹ sein Herz mit Undank gefüllt? Wer hat seinem Hirn schändliche Gedanken eingeflößt? Wie dem auch sei, er hat Tschao und meiner ganzen szetschuanesischen Armee den Haß gegen mich eingeimpft. Ich hatte mir das Vergnügen vorbehalten, ihn eigenhändig bei lebendigem Leib in kleine Stücke zu schneiden. Aber dieser schlechte Mensch konnte sich aus Yünnanfu davonmachen, als ich die Stadt zurückeroberte. Ich wußte, daß er den Weg nach Talifu einschlug, wo er auf die Hilfe des Garnisonskommandanten rechnete. Diesen Kommandanten ließ ich töten, und auf diesen Elenden wartete in Talifu eine gerechte Strafe. Aber er muß Verdacht geschöpft haben und ist nie in Talifu aufgetaucht. Bestimmt hat er sich in die Gegend der fast unbekannten Gebirge und Abgründe geschlagen, die gegen Tibet führt. Ich hoffe, daß die Eingeborenen ihn massakriert haben, denn sie töten jeden Chinesen, der sich auf ihr Gebiet wagt, oder daß er in eine tiefe Schlucht stürzte. Aber ich werde es nie erfahren.«

Kriege wie den damaligen in Yünnanfu gibt es in China zu Dutzenden, zu Hunderten, es sind gewöhnliche Wechselfälle des Geschicks. Ein kleiner Kriegsherr, der Reißaus nimmt, ist ein ganz nebensächliches Ereignis. Aber Tang Kiao wird nie erfahren, daß das Fehlschlagen seiner Rache an jenem Mann über das künftige Geschick Chinas entschied, daß er damit der Zukunft des Riesenreichs ein anderes Gesicht gab. Denn dieser unbotmäßige Kriegsherr hieß Tschu-te. Er wird Kommunist und wird nach unerhörten Abenteuern, nach zehn Jahren der Revolution und Repression, als Verfolgter mit einigen tausend getreuer Soldaten in einem allerletzten Schlupfwinkel in der Provinz Kiangsi zu einem anderen Verfolgten mit einigen tausend getreuer Bauern stoßen. Dieser andere heißt Mao, und aus der Vereinigung dieser Häuflein von Aufständischen in Juling, in einem rings von Feinden umzingelten Gebirge, wird die Rote Armee geboren. Ohne das wunderbare Zusammentreffen mit Tschu-te wäre Mao verloren gewesen. Mit diesem Tschu-te, der zehn Jahre früher Tang Kiao durch die Lappen ging.

Aber dem Herrn Konsul ist Tschu-te ganz egal. Anderntags fällt er, der Richter, sein Urteil vor meiner Mutter und mir als einzigen Zeugen.

»Ich habe Erkundigungen eingezogen. Jetzt bin ich sicher, daß es dieser ›Weiße Wurm‹ war, der mich so gemein aufs Kreuz gelegt hat. Ich kenne seine Schliche. Ich habe schließlich schon für ihn gearbeitet, für diesen Scheißkerl ...«

Anne Marie sagt mit Kleinmädchenstimme:

»Vermutlich, ehe Sie Konsul waren. Denn ich habe Sie noch nie solche Ausdrücke gebrauchen hören, noch dazu vor einem Kind.«

Albert gerät nicht in Zorn. Auf seiner Stirn erscheinen nicht jene Falten, die besagen, daß er moralisch mit der Faust auf den Tisch schlägt. Er bleibt ganz sachlich:

»Sie wissen genau, daß ich nicht der Sohn eines Erzbischofs bin, und ehe ich Konsul wurde und würdig, Sie zu ehelichen, mußte ich meinen Weg machen. Ich schäme mich nicht, es zu wiederholen. Ich war ein Agent von ›Weißem Wurm‹ und habe damit meinem Vaterland ebenso gedient wie in einem anderen Amt.«

Darauf Anne Marie zuckersüß:

»Echauffieren Sie sich nicht, mein Freund. Es ist keine Schande, gewesen zu sein, was Sie waren. Im Grunde bewundern Sie ›Weißen Wurm‹ noch immer, auch wenn sein Vorgehen Sie diesmal um ein Haar das Leben gekostet hätte.«

Albert pfeift kennerisch durch die Zähne.

»Es bestand keine Gefahr. Er hätte den Coup nicht gewagt, wenn ein Fehlschlag möglich gewesen wäre. Alles war genau berechnet. Und lief ab wie ein Uhrwerk.«

Ich weiß nicht, wie ich dazu kam, aber zum erstenmal erlaube ich mir eine unpassende Manifestation. Ich mache »kling, kling« wie eine Weckuhr. Albert schreit.

»Dieses Kind ist unerträglich!«

Anne Marie hebt die Stimme.

»Sie sollten sich lieber beherrschen. Vergessen Sie nicht, was Sie ihm angetan haben.«

Aber Albert läßt sich nicht beeindrucken. Er kommt wieder auf sein Thema zurück.

»Gute Arbeit, und ich weiß, was ich sage. Bestimmt schickt er zuerst einen Unterhändler, irgendeinen Chinesen, heimlich, vor allem hinter meinem Rücken, zu Tang Kiao und läßt ihm das ganze Manöver erklären. Der Marschall ist schnell überzeugt. Er begibt sich an den von ›Weißem Wurm‹ angegebenen Ort. Sämtliche Helfershelfer legen sich ins Zeug. Zuerst wird Tang Kiao aufgerüstet. Karawanen mit Waffen, Munition und so weiter. Aber vor allem werden für ihn die Banden angeworben, die an den großen Fieberströmen hastig vorübereilenden Karawanen auflauern. Diese Transporte fallen nicht dem Fieber zum Opfer, sondern den Banditen. Das hindert ›Weißen Wurm‹ nicht, alte und gute Beziehungen mit ihnen zu unterhalten.«

Anne Marie sagt:

»Das ist Asien, wie Sie es lieben, nicht wahr, mein lieber Albert?«

»Lassen Sie mich weitersprechen. ›Weißer Wurm‹ ist auch gut Freund mit den chinesischen Garnisonen, die eigentlich Auftrag hätten, den französischen ›Grenzkorrekturen‹ einen Riegel vorzuschieben, Unternehmungen, die von ›Weißem Wurm‹ listig inszeniert werden, um die Grenzen ein wenig weiter vorzuschieben. Aber diese Garnisonen haben von chinesischer Seite noch nie auch nur einen Tael bekommen, und, na ja, ›Weißer Wurm‹ in seiner unendlichen Güte findet sich bereit, ihnen regelmäßig ihren Sold zu zahlen. Höchst einfach.«

Anne Marie philosophiert:

»Und mithin ist allen geholfen, mein lieber Albert.«

»Lassen Sie mich weitersprechen, Anne Marie. Kopfzerbrechen machten die zwei Divisionen, die Tschao unserem Tang Kiao auf den Hals hetzte. Aber dieses Problem hat Tang Kiao selbst gelöst, mit unserem Gold, versteht sich, nicht mit seinem eigenen ... Er wußte ganz genau, welche Offiziere käuflich waren. Eines schönen Tages lassen sie die Simpel, die Unbelehrbaren, die hartgesottenen Feinde des Marschalls über die Klinge springen. Danach war es ein Kinderspiel, die Truppen zusammenzuführen. Und auf diese Weise gelang es Tang Kiao, vor Yünnanfu zu erscheinen und seine Opfer zu überrumpeln. Vortrefflich gespielt.«

»Ja, mag sein«, sagt Anne Marie, »aber es hätte genügt,

daß ein einziger der Offiziere, die Tang Kiao kaufen wollte, sich als unbestechlich erwiesen hätte. Er hätte Tschao alles hinterbringen können, und dann wären wir jetzt tot.«

Albert lachte schallend.

»Bei ›Weißem Wurm‹ bestand keinerlei Gefahr, das kann ich Ihnen sagen und das können Sie mir glauben, und auch Tang Kiao kannte seine Pappenheimer. Beide konnten ihrer Sache sicher sein.«

Anne Maries Augen beginnen zu glitzern:

»Und zu diesem Plan gehörte auch, daß man Sie hinters Licht führte. Sonst hätten Sie womöglich unruhig werden und irgendeine Unvorsichtigkeit begehen können.«

Jetzt schlägt Albert wirklich mit der Faust auf den Tisch:

»Ich – eine Unvorsichtigkeit begehen? Wofür halten Sie mich? ›Weißer Wurm‹ hätte mich informieren können, er hätte mich informieren müssen. Ich werde protestieren. Ich werde ihm ein gesalzenes Telegramm schicken.«

Woraufhin Albert sich in sein Amtszimmer zurückzieht und folgende Depesche drechselt: »*Eindruck, daß Instruktionen laut Telegramm Nr. 689 des Generalgouverneurs an mich zuwidergehandelt wurde.*« Umgehend erwidert »Weißer Wurm«: »*Telegramm 689 strikt beachtet.*« Was bei Albert nicht etwa Zorn, sondern Bewunderung auslöst. Bei Tisch sagt er zu Anne Marie:

»Daran erkenne ich meinen ›Weißen Wurm‹. Der Mann hat Nerven!«

Anne Marie sieht ihn an:

»Sie staunen, weil er noch besser lügen kann als Sie.«

Albert seufzt.

»Ja, aber mit mir hätte er das nicht machen dürfen.«

Anne Marie schlägt vor:

»Warum protestieren Sie nicht beim Generalgouverneur?«

In aufwallender Beherztheit verkündet Albert:

»Genau das werde ich noch heute nachmittag tun.«

Und drei Stunden lang feilt er in seinem Büro an einer zugleich gewagten und vorsichtigen Formulierung:

»*Eindruck, daß Ihre in Telegramm 689 enthaltenen Instruktionen von gewissen subalternen französischen Dienststellen mißdeutet wurden.*«

Und drei lange Tage, drei lange schlaflose Nächte hindurch

wartete er beklommen, verschlossen, wie erstarrt auf den Entscheid des Generalgouverneurs. Salomonisches Urteil.

»Die Integrität eines Konsuls von Frankreich ist um jeden Preis zu wahren. Gewisse Hinweise nur aus Respekt vor Ihnen und Ihrem Amt unterblieben.«

Bei Tisch zeigt Albert sich so hochzufrieden, daß Anne Marie nicht der Versuchung widerstehen kann, ihm mit einem zwar ein wenig anstößigen, aber immerhin den Klassikern entnommenen Satz das Maul zu stopfen:

»Beschissen, aber glücklich, wie?«

»Ja, es gereicht mir zur Ehre. Eine Bestätigung meines Verdienstes und des Weges, den ich zurückgelegt habe. Ich bin der Konsul von Frankreich.«

Indessen malt sich nach einigem Überlegen doch eine gewisse Verwirrung auf seinen Zügen:

»Aber warum hat ›Weißer Wurm‹ das alles getan? Er hat es sich von Tang Kiao auf die eine oder andere Art bezahlen lassen. Er muß ihm irgendein ganz bestimmtes Versprechen abgerungen haben, aber welches . . .?«

Tang Kiao kommt am Nachmittag und zitiert meinem Vater ein chinesisches Sprichwort: »Wenn ein Leib verfault ist, muß man seine noch heilen Glieder retten.« Diese fernöstliche Weisheit ist Albert ein Rätsel. Seine Miene ist ein Fragezeichen.

»Ja«, sagt der Marschall, »die chinesische Republik, deren Schöpfer ich bin und für die ich soviel getan habe, ist in völliger Auflösung, liegt in den letzten Zügen. Ich habe daher den Entschluß gefaßt, Yünnan von ihr abzutrennen und daraus einen freien und demokratischen Staat zu machen.«

Meinem Vater fallen die Schuppen von den Augen. Das also hat »Weißer Wurm« herausgeschlagen! Alle Achtung! Ein Yünnan, das praktisch der sechste Staat Indochinas sein wird, und er, sein Konsul, wird zu einer Art Generalstatthalter ohne Titel. Das ist alles ganz großartig. Aber, werden sie ihn, Albert, nicht am Ende für dumm verkaufen wollen, ihn absägen und durch irgendeinen Diplomaten mit klingendem Titel ersetzen, zum Beispiel durch einen Generalkonsul? Er ist wie immer in größter Besorgnis. Im Speisezimmer, seinem üblichen Beichtstuhl, sagt er zu Anne Marie:

»Ich bin nur Konsul Erster Klasse. Sie sind imstande und lösen mich ab.«

Anne Marie beruhigt ihn:

»Sie werden Sie nicht ablösen. Keine Angst.«

Eine Woche später proklamiert Tang Kiao mit Zylinder und umgeben von einer kompletten Zivilregierung im Cutaway auf dem Manövergelände vor der Stadt feierlich die Unabhängigkeit Yünnans. Er wird auf Lebenszeit der Präsident des neuen Yünnan sein. Er wird alle seine Kräfte und seine bescheidenen Gaben für die Schaffung einer glücklichen und friedlichen Nation einsetzen. Die Bevölkerung ist vollzählig erschienen. Die Armee ist vollzählig angetreten. Rauschende Kundgebungen. Alle Honoratioren sind auf der Ehrentribüne versammelt. Mein Vater nimmt den gewohnten Platz an der Rechten des Marschalls ein. Auch ich bin da, ich kauere vor der Tribüne. Nichts erstaunt mich. Mein Vater fürchtet einen blauen Brief. Er erhält ein Glückwunschtelegramm des Generalgouverneurs von Indochina. Es regnet Glückwunschtelegramme. Sie kommen von überall her. Aus Hanoi, aus Saigon und sogar aus Paris, vom Generalsekretär des Auswärtigen Amts, Monsieur Berthelot. Der Segen der Allerhöchsten. Nur Anne Marie beginnt zu Hause herzlich zu lachen, sie lacht und lacht. Sie kann nicht mehr aufhören zu lachen.

»Was haben Sie?« fragt Albert.

»Ich stelle fest, daß Ihre Verdienste immer dann am größten sind, wenn Sie gar nichts tun. Mein Freund, Sie werden bald Generalkonsul sein.«

Warum habe ich das alles so ausführlich erzählt? Weil diese Ereignisse in mir eine unauslöschliche Spur zurückließen. Sie haben mein Weltbild geprägt. Für mich wird alles von einem Mechanismus der Grausamkeit regiert, vom Gesetz des eigenen Nutzens, von ständiger Berechnung. Schon mit neun Jahren glaube ich nicht mehr an den guten Menschen. Mir behagt die Maske der Kraft und Verschlagenheit, die Maske Tang Kiaos. Er ist mein erster Held. Es gefällt mir, daß seine hölzerne Miene unverändert bleibt, daß man nichts sieht, wenn er furchtbare Befehle erteilt, und daß er lächelt, wenn er von schrecklichen Dingen erzählt. Vielleicht stammt von ihm das Grinsen, mit dem ich anschaulich irgendeine grauenhafte Anekdote zum besten gebe, die ich im Laufe meines Reporterlebens aufgelesen habe. Wenn Tang Kiao wütend ist über einen Fehlschlag, dann lacht er. Wie alle Chinesen lachen, wenn sie von ihrem Unglück sprechen: die ganze Familie von Soldaten niedergemetzelt, der Ruin nach einer Plünderung, eine Feuersbrunst oder die Erhebung ganz und gar außerordentlicher Steuern für die ganz und gar außerordentlichen Bedürfnisse irgendeines Kriegsherrn. Ja, in solchen Fällen lachen die Chinesen. Und ich neige ebenfalls dazu, zu lachen – nicht daß mir ähnliche Heimsuchungen zuteil geworden wären –, wenn irgend etwas Unerfreuliches passiert. Vielleicht ist es das, was die Franzosen das gallige, das »gelbe« Lachen nennen? Jedenfalls weine ich nicht. Ich habe nicht gelacht, aber auch nicht geweint, als mein Vater und meine Mutter, die schon seit langem geschieden waren, im Abstand von wenigen Jahren starben, jeder nach einem unglücklichen Leben. Ich empfand sogar eine Art Erleichterung. Nie habe ich ihre Gräber aufgesucht. Nicht weil ich ein Ungeheuer wäre. Die Erinnerung an meine Eltern lebt in mir. Ich habe es heute nicht mehr nötig, irgend etwas wiederzusehen, China wiederzusehen, die Welt wiederzusehen, denn ich trage das alles in mir. Ich bin wie der Opiumraucher – ich habe tatsächlich eine Zeitlang Opium geraucht –, für den alles, was ihm vor Augen kommt, erst in seinem Gehirn Realität gewinnt.

Tang Kiao ist also die erste tragische Figur in meinem Leben. Er weiß sich den Europäern gegenüber zivilisiert zu zeigen, aber manchmal enthüllt sich den erschrockenen Blicken der Gäste, die er gesittet im Cutaway empfängt, unvermittelt seine wahre Natur. Denn trotz seiner Allmacht fühlt er sich ständig bedroht, auch während der üppigsten Liebesmähler. Wie um jeden Kriegsherrn kreist auch um ihn ständig die Verschwörung, schwelt der Aufstand, folgt der Verrat ihm wie sein Schatten. Er ist immer auf der Hut und steigert das Raffinement seiner Mähler, indem er einen verkappten Verräter entlarvt und auf der Stelle, noch während des Banketts, hinrichten läßt. In seiner Güte teilt er das Vergnügen seiner Rache mit den abendländischen Gästen. So verkündet er zum Beispiel eines Abends, inmitten eines offiziellen Diners von fünfzig verschiedenen

Gerichten, mit seiner sanftesten Stimme, im unteren Stockwerk sei eine Hinrichtung vorgesehen, die seines Lieblingsgenerals, der offenbar in ein Mordkomplott gegen ihn verwickelt ist. Die Anwesenden seien herzlich eingeladen, dem Schauspiel beizuwohnen. Diese Ankündigung erregt kein Aufsehen. Man kennt ja China. Die Herren erheben sich, um der Exekution zuzusehen. Die Damen bleiben.

Der Verurteilte, so berichtet danach mein Vater, ein etwa vierzigjähriger, sehr schöner Mann in großer Uniform mit langem, ovalem, beinah femininem Gesicht, trug eine weiße Kappe aus dem Fell des Schneeleoparden. Vielleicht ein Giton unter den Generalen . . . Alles läuft streng nach Zeremoniell ab. Der Henker mit dem spitzen Hut, in beiden Händen eine sehr schwere, dicke und gerade Klinge mit viereckigem Ende, fordert den Delinquenten auf, sich auf einen Seidenteppich zu knien. Er gehorcht und protestiert plötzlich, weil er unter seinem Knie eine Unebenheit gespürt hat. Das verletzt seine Würde. Der Teppich wird hochgehoben und das Steinchen entfernt, das den General störte, der sich nun zufrieden aufs neue hinkniet, den Nacken dem Streich des gewaltigen Stahls darbietet, und schon fliegt sein hübscher Kopf mit lächerlicher Leichtigkeit davon. Sämtliche Zuschauer begeben sich wieder in den Festsaal zurück, wo das Gelage seinen Fortgang nimmt, als wäre nichts geschehen.

Der Herr Konsul ist nicht nur mit seinem Tang Kiao zufrieden, noch zufriedener ist er mit seinem Bahnhof. Denn er hat jetzt einen, einen echten. Die Eisenbahnlinie, von der er in Szetschuan so sehnsüchtig träumte und um deren Verlängerung bis Tschengtu er sich vergeblich mühte, hat er nun wenigstens in Yünnanfu, wirklich und wahrhaftig, mit echten Schienen, echten Zügen, echten Lokomotiven. Achthundert Kilometer von Hanoi bis Yünnanfu. Der Endbahnhof steht draußen vor der ummauerten Stadt. Er ist keineswegs exotisch. Ein Bahnhof wie in Béziers oder Besançon, mit einer Bahnhofsuhr, dem Büro des Bahnhofsvorstehers, den Büros der Herren Ingenieure und einigen Werkmeistern, die ihre gelben Untergebenen befehligen. Alle diese

Herren sind typische Durchschnittsfranzosen: Schnurrbärtchen und Tropenhelm. Man sieht es ihnen nicht an, daß sie die fabelhafteste Strecke der Welt leiten. Ganz erschöpft sind die Lokomotiven bei der Ankunft, außer Atem, am Ende, spucken die letzte Flugasche aus, denn sie haben unzählige Tunnels durchfahren und Brücken überquert in unvorstellbar chaotischen Gegenden!

Aber jeder Konvoi führt ganz China mit sich. Es gibt vier Wagenklassen. Die letzte besteht nur aus offenen Güterwagen mit Leiterwänden. Man muß gesehen haben, wie die Massen herausklettern oder sie erstürmen, diese ganze chinesische Bagage, ordnungsgemäß mit Fahrkarten versehen, die von den Herren Unterbeamten ausgegeben und kontrolliert werden, welche wiederum der strenge Blick der Herren Oberbeamten kontrolliert, denn der Betrug ist überall. Was sich dann zu Hauf drängt, ist ein asiatischer Mirakelhof, Lumpenpack mit Schweinen durchsetzt. Die Waggons der dritten Klasse, die immer noch keine Bänke haben, sind den ganz kleinen Würdenträgern vorbehalten. In der zweiten Klasse sitzen auf Holzbänken die gelben Persönlichkeiten von Rang, ein Gemisch aus modernen Annamiten im Straßenanzug, mit Brille und Goldzähnen, und aus himmlischen Mandarinen. In der ersten Klasse, ausrangierten Luxuswaggons im Stil des alten Orient-Expreß die Herren Weißen, alle im Tropenanzug, ihre Damen und Kinder, und hier und da eine chinesische VIP. Mindestens ein General, was höchst unbequem ist, da er sich mit wenigstens einem Dutzend Soldaten umgibt, die sich, ganz Wachsamkeit, mit aufgepflanztem Bajonett auf den Dächern, den Trittbrettern und sogar im Coupé aufhalten, damit sie jederzeit aus den Fenstern schießen können. Manchmal vervollständigt die Garnitur ein alter Salonwagen mit abgewetztem Mahagoni und vergilbten Stickereien, in dem irgendein besonders hohes weißes Tier reist: der Direktor der Eisenbahngesellschaft oder der Herr Direktor der Bank von Indochina oder der Herr Konsul von Frankreich!

Und rings um den Bahnhof verstreut, aber nicht weit von ihm entfernt, also gleichfalls außerhalb der Stadtmauern, die französische Kolonie. Denn der Herr Konsul von Frankreich gebietet nicht nur über vier Habenichtse und drei arme Schlucker wie in Szetschuan. Hier regiert er fünfhundert Franzosen und Französinnen, und keine kleinen Leute – ganz zu schweigen von den Missionaren und den Nonnen, die nicht zählen. In den schönen modernen Kolonialvillen, den von Gärten umgebenen Bungalows wohnen nicht nur die Eisenbahndirektoren, sondern auch der Herr Direktor der chinesischen Zollbehörde, der Herr Direktor der chinesischen Post, der Herr Direktor des chinesischen Salzmonopols. Es ist bekannt, daß die Weißen sich in China längst diese verschiedenen Posten angeeignet haben, aber in Yünnan erachtete man es überdies als schicklich, daß diese Weißen Franzosen sein müßten. Wir haben hier den Herrn Generalagenten der Bank von Indochina und die Herren Vertreter der verschiedenen in Asien operierenden französischen Banken. Dann die sehr ansehnlichen Herren von den großen Import-Export-Firmen von Indochina, die sich vor allem für das yünnanesische Zinn und Opium interessieren. Die Ärzte des französischen Hospitals, das über zweihundert Betten verfügt und von Doktor Mouillac geleitet wird. Und sogar Papa Malortigue, den Besitzer des Hôtel de Commerce, eines sehr distinguierten Hauses, in dem die feinen Leute verkehren. Dieser Malortigue ist ein hartgesottener kleiner Halunke, dessen Vermögen aus allen nur denkbaren trüben Quellen stammt, aus der Spekulation und später aus Währungsgeschäften, und dessen eurasische Söhne zur Zeit zu den Königen von Saint-Tropez zählen mit ihrem »Papagayo«, dem riesigen Vergnügungsschuppen der Tropezianer.

Dann die Professoren des französischen Gymnasiums. Und viele weitere Franzosen, alle mit ihren Familien, alle wohlhabend, alle glücklich. Mein Vater paßt auf, daß sich keine »kleinen Weißen« einschleichen, die das Image Frankreichs truben könnten. Außerdem herrscht mein Vater über zweitausendfünfhundert gebildeter Annamiten, die indes ihren Platz kennen, die Sekretäre, die Krankenpfleger, die Lehrer und so weiter. Alles grenzenlos unterwürfige Leute und überdies Patrioten, französische Patrioten, wie es auch alle weißen Franzosen sind, die von Patriotismus triefen. In Yünnanfu schwimmt man geradezu in Patriotismus.

Nach dem Tod meines Vaters fand ich in seiner Hinterlassenschaft einen großen Koffer voll sorgsam verwahrter patriotischer Ansprachen.

So ist es ein großes Ereignis, wenn der Herr Konsul von Frankreich am 14. Juli vor dem Marschall Tang Kiao und seinem Generalstab, vor den vollzählig erschienenen Damen und Herren der französischen Kolonie, vor den treuen Annamiten in der hintersten Reihe, das Vaterland feiert:

»In meiner Eigenschaft als offizieller Repräsentant Frankreichs möchte ich in einigen Worten dem bewegten Stolz Ausdruck verleihen, der an diesem Nationalfeiertag unser aller Herzen höher schlagen läßt.

Bekommt dieser Feiertag nicht fern der Heimat, im fremden Land, einen noch geheiligteren Charakter? Wenn wir den Blick zur Fahne erheben, überkommt uns ein Gefühl von Trauer und von Stolz: Trauer überkommt uns, weil dieser Tag Entfernungen und Trennungen noch deutlicher spürbar macht, doch wird sie schnell der Woge patriotischen Stolzes weichen, die uns erfaßt, angesichts dieses strahlenden Symbols des erhabensten Landes unter der Sonne.

Die Fahne! Wie viele ehrenvolle und ruhmreiche Erinnerungen birgt dieses Tuch ...!

Wir sehen sie wieder vor uns, diese prachtvollen Soldaten, die *poilus* des Großen Krieges, und ihre furchtlosen Führer.

Vor den azurblauen Heerscharen ziehen sie, fliegen hoch über den blauweißroten Standarten, und sie sind auch heute, wenngleich unsichtbar, unter uns, die Seelen der Helden aller Zeiten, die diese französische Erde zu wahren und zu mehren wußten, auf der die schönste Blüte der Zivilisation erwuchs, aber auch jener Helden, die, ob Soldaten oder nicht, in weniger ferner Vergangenheit Europa und der Welt die Ideale unserer Rasse offenbarten usw.«

Am 14. Juli 1923 trägt Tang Kiao in der vordersten Reihe einen französischen Orden, den ihm Monsieur Bodard vor drei Tagen im Rahmen einer beinahe ebenso großartigen Veranstaltung überreichte. Man muß zugeben, daß ihm diese Auszeichnung besonders gut ansteht. Es sind die Offiziersinsignien für das Bildungswesen. Mein Vater händigte ihm die Urkunde mit folgenden Worten aus:

»Sie, Herr Marschall, haben diese höchste akademische Würde Frankreichs verdient, nicht nur durch Ihre geschickte und weise Verwaltung von Yünnan, sondern auch für Ihre hohe Bildung, für die Anregung und Förderung, die Sie allen geistigen Bestrebungen in Ihrer Provinz angedeihen ließen.«

Wehe dem, der sich das Mißfallen des Herrn Konsul zuzieht! Wehe dem, der ihm nicht die gebührende Achtung, nicht die gebührende Ehrerbietung zollt! Der sich nicht über das Ausmaß seiner Bedeutung klar ist! In solchen Fällen knirscht er: »Dieser Scheißkerl!« und läßt über ihn eine vernichtende Kritik an die zuständige Stelle los, an den Generalgouverneur, an den Botschafter Frankreichs in Peking oder an die Direktion der Firma, die das betreffende Individuum beschäftigt. Aber wer ihm schmeichelt, besitzt sein Wohlwollen, und man kann ihm nie zuviel schmeicheln, so, wie er selbst pausenlos seine Vorgesetzten in Hanoi und Paris mit Komplimenten überschüttet.

Er lebt jeden seiner Tage im höfischen Stil. Lever gegen neun Uhr. Einnahme seines Arbeitsplatzes im Amtszimmer unter der Büste Mariannes um zehn Uhr. Das geräumige Vorzimmer ist stets voller Menschen. Den Besuchern, die er zu empfangen geruht, wird von einer Ordonnanz ein numeriertes Kärtchen überreicht. Selbstverständlich haben die wichtigen Persönlichkeiten, vom Bischof bis zu den Bankiers, den Vortritt. Drei Stunden lang wechselt Monsieur Albert Bodard die Miene je nach dem Rang des Besuchers, seinem Anliegen und dem Grad seiner Schmeichelkunst. Hier kann er alle Attitüden einnehmen, Zufriedenheit, Launigkeit, Ehrenwort, Versprechen, das zu nichts verpflichtet, das »ich will sehen, ich will sehen«, Mißbilligung, Schwüre, Gebrüll, Zorn und Wutausbruch. Und anschließend, beim Mittagessen, grollt er:

»Diese Leute sind unersättlich. Wenn ich zu allem ja und amen sagte, würden sie mich bei lebendigem Leib auffressen.«

Danach, während der geheiligten Siesta, ist jedes Vogelzwitschern, jeder störende Lichtstrahl ein Staatsverbrechen.

Gegen vier Uhr verläßt *monsieur le consul* das Konsulat in seinem Tragsessel, begleitet von annamitischen Scharfschützen. Marschall Tang Kiao hat ihm eine kleine französische Leibgarde zugestanden. So zieht er durchs Stadttor und begibt sich in den Cercle Français, wo sämtliche Anwesenden, Herren und Damen, sich bei seinem Eintritt erheben. Er spielt seine Partie Poker, wobei es wünschenswert ist, daß er gewinnt. Wenn er nicht im Konsulat einen Empfang gibt oder irgendein festliches Diner bei einem französischen Staatsbürger mit seiner Anwesenheit beehrt, dann müssen sein Vizekonsul, sein Kanzler und das gesamte annamitische Personal antreten. Er arbeitet sodann bis ein Uhr nachts, nicht nur an der Reinschrift seiner Berichte, sondern auch an der Abfassung von zahllosen Briefen und Telegrammen über alles, was ihn ärgert, ihn beschäftigt, Briefe, die kleine Racheakte darstellen oder die bestimmt sind, seinen Diensteifer zu demonstrieren und sein Aufrücken zu beschleunigen. Albert denkt an alle, sogar an die ältlichen Jungfern im Sekretariat des Personalbüros am Quai d'Orsay. Er weiß, wann sie Geburtstag haben, und läßt ihnen Geschenke zukommen. Denn er praktiziert auch die hohe Politik der Geschenke.

Und der Herr Konsul hat auch seinen Spaß. Er ist nicht nur feierlich, thront nicht immer nur strahlend und erhaben hoch über allem Volk, er ist auch wieder der tolle Hecht von einst geworden. Ich weiß nicht, ob es vom Klima kommt, von einer gewissen tropischen Überreiztheit, dem Einfluß dieses fiebrigen erotischen Kontinents, aber in Yünnanfu herrscht unter den Weißen wie in allen asiatischen Kolonialgesellschaften eine ständige Erregung, ein Rausch aus Genuß, Geschwätz und Ehebrüchen. Der Bacchustanz der Kolonien, angeführt von Geilheit und Geld, jeder kennt jeden, jeder schläft mit jedem, Witzfiguren, an denen alles übertrieben ist, ihre Streitigkeiten und Zerwürfnisse, ihre Versöhnungen, ihre Klatschgeschichten, ihre Bettgeschichten, immer das gleiche. Dazu die Gerüchte über die sagenhaften Bereicherungen und die Pleiten am laufenden Band, der Beifall für die Spitzbuben, kurz, völlige Amoralität, die als Zeichen von Weltgewandtheit gilt, in Wahrheit jedoch äußerst primitiv ist, denn mit allen diesen Leutchen hier, den ausgezehrten wie den schmerbäuchigen – gegensätzliche Auswirkungen des Klimas –, ist es im allgemeinen nicht sehr weit her, und sie toben sich in den Kolonien hemmungslos aus.

Albert fühlt sich wohl, befindet er doch, manchmal gebieterisch, manchmal in Form einer Anspielung, manchmal durch ein Lächeln über alle diese delikaten Affären, über alles, was an finsteren Gerüchten über Schiebergeschäfte zwischen Schanghai und Saigon hin- und hergeht. Ich erinnere mich an einen Riesen namens Monsieur Bucher, der wie ein Müllkutscher grölte. Er war der Chorführer. Albert schätzte ihn. Anne Marie verabscheute ihn. Die Damen gaben sich affektiert, und das gefiel Albert, der jetzt wieder den Verführer im Stil der Jahrhundertwende spielte: den schönen Mann mit dem schmalen Schnurrbärtchen, der sich darauf versteht, ein Kompliment zu landen, eine Galanterie anzubringen, der seine Tänzerin wohlig im Walzer sich wiegen läßt und doch den Abstand wahrt. Er konnte dann seiner Stimme einen zärtlichen Klang verleihen, ohne schmalzig zu werden, und die Dinge ihrem natürlichen Abschluß zuführen.

Ich wuchs heran. Albert Bodard wurde immer spritziger, meine Mutter indessen schien mir ein wenig traurig. Nur ein Eindruck. Es geschah häufiger, daß sie mit ihren zarten Händen über meine Stirn strich und mich lange ansah. Sie wollte mich nicht wie die anderen Kinder in die französische Schule gehen lassen, wohl um mich immer um sich zu haben. Aber da es nun wirklich höchste Zeit wurde, daß ich die Anfangsgründe des Französischen erlernte – ich sprach ein mit Englisch und Chinesisch durchsetztes Kauderwelsch –, willigte sie schließlich ein, daß eine eurasische Lehrerin aus Hanoi ins Haus kam. Hatte Anne Marie sie mit Rücksicht auf mich oder auf Albert Bodard ausgesucht? Wie dem auch sei, sie war häßlich genug, um bei meinem Vater keine Anfechtungen aufkommen zu lassen. Im allgemeinen sind die Eurasierinnen kleine Prachtstücke, hart, gierig, lüstern und bildhübsch. Eine Art Puppen aus wohlgeformtem Fleisch, die zu allem fähig sind, um ihr Ziel zu erreichen. Die meine war sehr lieb zu mir, auch wenn sie meine Kerkermeisterin war. Stundenlang war ich mit ihr eingesperrt und mußte Wörter lernen, buchstabieren, Diktate schreiben, zusammenzählen, abziehen, und vorbei war es mit meiner Freiheit, meinen ausgedehnten Ritten in die Umgebung der Stadt. Meine Lehrerin war eine große Person mit unschönem Teint, tief eingeschnittenen Zügen, schlaff und weinerlich. Sie klagte ohne Unterlaß. Sie klagte über dieses Yünnanfu, über diese stinkende und wimmelnde Stadt, die im Vergleich zu ihrem schönen Hanoi so wenig zu bieten habe. Sie klagte über die Höhe, die Kälte, die sie lähme, die Schwindelanfälle, die sie erstickten, und sie klagte auch über ihr trauriges Dasein, ihr Leben als Mischblut, will heißen als Mädchen, das von jeder Gesellschaftsgruppe ausgestoßen sei, von den Franzosen und sogar von den Annamiten. Selbstverständlich hatte sie nur einen Traum, den Traum aller Eurasierinnen, und zwar, einen Franzosen zu heiraten. Aber dazu war sie wirklich nicht hübsch genug. Sie war anscheinend einmal verlobt gewesen, mit einem Beamten der untersten Kategorie, der jedoch mit ihr gebrochen hatte. Woraufhin sie sich entschloß, ins Exil zu gehen, in dieses Yünnanfu, wo sie sich mehr als anderswo verachtet und ausgestoßen fühlte. Nur meine Mutter war gut zu ihr. Und ich wurde seltsamerweise zu ihrem Vertrauten.

Fünfzig Jahre später schrieb sie mir in Paris einen Brief. Ich erinnerte mich noch sehr gut an sie: eine Transuse, die mir unter endlosem Geseufze Unterricht erteilte. Ich sah sie wieder in der Nähe der Bastille in einem nicht eigentlich heruntergekommenen Miethaus, es war sogar recht ordentlich neu verputzt, arm, aber reinlich. Sie erwartete mich auf dem Treppenabsatz, wo sie mit zwei Gevatterinnen schwatzte. Ich hätte sie nie im Leben wiedererkannt. Sie war ganz klein geworden, ausgetrocknet, verschrumpelt. Nicht das gebrechliche alte Mütterchen, vielmehr ein betagtes Fräulein, vom Leben gehärtet und gestählt, fast nur noch Trockenmasse, mit einer gewissen heiteren Melancholie. Sie führte mich in ihre Zweizimmerwohnung, in der alles blitzte vor Sauberkeit, die wenigen Möbel, ein wachstuchbedeckter Tisch, ein paar asiatische Nippes zweifelhafter Herkunft. Sie jammerte nicht mehr. Sie hatte sich in ihr Schicksal ergeben. Das Leben hatte ihr nicht viel geboten. Sie war Lehrerin geblieben, wurde 1950, nach dem ersten Exodus aus Hanoi, nach Frankreich ausgesiedelt, wo sie weiter unterrichtete. In Indochina hatte sie wegen ihrer gesellschaftlichen Stellung nicht geheiratet, und als sie nach Frankreich kam, war sie zu alt, um noch einem Mann zu gefallen. Jetzt war sie pensioniert, hatte nichts zu tun, keine Familie, keine Verwandtschaft, keine Freunde. Ihr Leben bestand aus dieser Einsamkeit, diesem armseligen Zimmer, diesen armseligen Möbeln, dem Endstadium eines Daseins . . . Das alles erzählte sie mir ohne Bedauern, als hätten die Dinge gar nicht anders sein können. Und ich empfand ein gewisses Mitleid, obwohl ich mir sagte, daß sie trotz der Nichtigkeit ihres Lebens hier weniger unglücklich sei als in Yünnanfu, zu einer Zeit, als sie noch etwas zu hoffen hatte. Seltsam, aber die Resignation hatte für sie zugleich einen Trost gebracht.

Als wir von Yünnanfu sprachen, wurde sie lebhafter, als wäre das ihr großes Abenteuer gewesen. Sie hatte vieles beobachtet und erinnerte mich an so manches, das ich schon halb vergessen hatte. Sie öffnete mir die Pforten der Erinnerung, indem sie mir winzige Einzelheiten ins Gedächtnis zurückrief, die mir jetzt einen tiefen Sinn zu haben scheinen. Sie sprach von mir als einem stillen, verschlossenen, schweigsamen Jungen, der nicht viel redete, recht fleißig lernte und der völlig apathisch zu sein schien. Sie sprach von meinem Vater, den sie nicht mochte, der ganz damit beschäftigt war, sein vergnügtes Leben zu führen. Sie sprach von meiner Mutter, die sehr zurückhaltend, ein wenig unnahbar, ein wenig melancholisch gewesen sei, diese ganze lärmende französische Kolonie offensichtlich verachtete, indessen ihre Pflichten als Gattin des Konsuls gewissenhaft erfüllt habe und eine vorbildliche Gastgeberin gewesen sei. Aber ihre annamitischen Domestiken, die zugleich servil und arrogant waren, hatte sie nicht, wie unsere chinesischen Diener in Tschengtu, mit augenzwinkernder Nachsicht behandelt. Zwar war die französische Kolonie von Yünnanfu ihres Lobes voll, fand sie indessen doch ein bißchen zickig und hatte im Grund volles Verständnis für die Seitensprünge des Herrn Konsul. Anne Marie ließ ihn tun und lassen, was er wollte, aber gelegentlich kam es zwischen beiden zu erbitterten Aussprachen. Und diese wackere

Alte hier, die mir so fremd geworden und jetzt doch so nah war, durch das, was sie mir sagte, raunte mir schließlich zu, als vertraute sie mir ein Geheimnis an:

»Ja, Ihr Vater hatte eine Mätresse. Er verbarg diese Liaison so ungeschickt, daß ein Blinder sehen konnte, was los war. Und deshalb hatte Madame Bodard so manchen Wortwechsel mit ihrem Gatten.«

Diese Worte holten längst Vergessenes wieder ans Licht. Ja, jetzt erinnere ich mich: als ich etwa neun Jahre alt war, fühlte ich einen Bruch zwischen meinen Eltern. Meine Mutter entwickelte zunehmenden Widerwillen gegen meinen Vater, der doch ein gutaussehender Mann war. Sie hatte ein eigenes Schlafzimmer bezogen, das von dem seinen durch mein Zimmer getrennt war. Sie bediente sich meiner, um sich vor ihm zu schützen. Um neun Uhr abends sollte ich eigentlich eingeschlafen sein. Aber oft rissen dumpfe Geräusche mich wieder aus dem Schlummer. Ich hörte meinen Vater, in Pantoffeln, die seine Schritte dämpfen sollten, mein Zimmer durchqueren und Anne Maries Tür öffnen. Ich hörte meine Mutter sagen:

»Sprechen Sie leise. Werden Sie nicht zudringlich. Lucien ist nebenan.«

Und jedesmal ging mein Vater nach ein paar Minuten wieder an meinem Bett vorbei. Ich hatte die Augen offen, ich beobachtete seinen Rückzug und war, ich weiß nicht warum, darüber sehr zufrieden.

Danach gab es öfter beim Mittagessen Auseinandersetzungen zwischen meinen Eltern. Anne Marie, kalt, eisig. Ihre Stimme ein wenig scharf. Die Augen hart. Und ihr gegenüber Albert, in ungebrochener Selbstzufriedenheit, der protestierte, sich rechtfertigte, mitleidig die Achseln zuckte. Er ließ sich nicht mehr gängeln. Vorsichtshalber sprachen sie englisch miteinander, wie immer, wenn ich nichts mitbekommen sollte. Aber ich verstand sehr gut, ich zeigte es nur nicht. Anne Marie sprach mit ihrer neutralsten, will sagen, schneidendsten Stimme, als sie zu ihm sagte:

»Ich will die beiden nicht mehr hier empfangen, ich will dieses Paar überhaupt nirgendwo mehr sehen: diesen nachsichtigen Ehemann und diese Frau, die sich Ihnen an den Hals geworfen hat. Sie benimmt sich wirklich zu schamlos, und auch Sie zeigen wenig Takt.«

Albert kontert als ein Mann, der sich im Recht fühlt:

»Aber das ist Ihre eigene Schuld, Anne Marie. Sie wissen es genau. Ich bin schließlich kein Säulenheiliger.«

Anne Marie spricht um eine Nuance lauter:

»Ihre Liaison wäre mir gleichgültig, wenn Sie sich zu benehmen wüßten. Ich wäre sogar erleichtert. Aber Sie sind lächerlich mit Ihren öffentlichen Gunstbezeigungen, und diese Lächerlichkeit fällt auf mich zurück. Das lasse ich mir nicht gefallen.«

Albert hatte ein für allemal Stellung bezogen und fuhr jetzt ein schweres Geschütz auf:

»Wenn Sie diesem Ehepaar unser Haus verbieten, nähren Sie damit nur den Skandal, der Ihnen so sehr mißfällt. Denn ganz Yünnanfu wird über einen solchen Affront klatschen. Er wird Gesprächsthema Nummer eins. Wo immer Sie hinkommen, werden die Leute plötzlich verstummen . . .«

Anne Marie fiel ihm ins Wort:

»Sehen Sie sich vor, Albert . . .«

Albert brummelte noch ein wenig und zog sich, sobald der Nachtisch gegessen war, zu seiner Siesta zurück. Seit einiger Zeit kürzte er sie ab und verschwand in aller Stille aus dem Konsulat. Vermutlich, um sich im Haus der Dame einzustellen, sobald der Ehemann wieder ins Büro gegangen war.

Ich erinnere mich noch sehr gut an diese Frau. Eine handfeste Person, alles andere als eine Spielverderberin, gut gepolstert, üppig, immer zum Lachen aufgelegt, immer vergnügt, sprühend von Leben; sie hatte viel übrig für Scherze und deftige Reden, gab gern ein Liedchen zum besten und konnte vor Entzücken strampeln und in die Hände klatschen. Ihr Schwung war mitreißend, und sie wollte auch mich an ihrer Fröhlichkeit teilhaben lassen:

»Mach doch nicht solch ein Gesicht. Sei lustig, wie dein Vater.«

Ein Vulkan. Und immer und überall, auch in aller Öffentlichkeit, ruhte ihr begehrlicher Blick auf Albert, und Albert verschlang sie mit den Augen. Unaufhörlich lächelten sie einander zu, und der Ehemann zeigte keinerlei Reaktion. Später erfuhr ich, er sei dem Vernehmen nach außerstande, ganz allein dem Temperament seiner Gattin Genüge zu tun. Vielleicht spielte auch Alberts Stellung als Konsul für die Dame eine gewisse Rolle. Aber im großen und ganzen war sie nicht berechnend. Sie liebte ihn. Obwohl ich kein Farbengedächtnis habe, erinnere ich mich, daß sie blond war und einen rosigen Teint und eine Fülle prächtigen Haars hatte. Ich mochte sie gern. Vielleicht, weil sie meinen Vater von meiner Mutter fernhielt?

Meine ehemalige Lehrerin lud mich in ihrem kleinen Heim in der Nähe der Bastille zum Tee ein. Sie lächelte; was sie mir erzählen wollte, ließ die alten Augen aufleuchten. Ihre anfängliche Schüchternheit war verschwunden. Sie gab sich ganz den fünfzig Jahre alten Klatschgeschichten hin.

»Ja, *monsieur le consul* benahm sich sehr schlecht mit dieser Dame. Überall erregten sie Anstoß. Bei den Picknicks auf dem Lande verschwand er sogar mit ihr eine halbe Stunde, manchmal eine Stunde lang in den Gebüschen oder den Wäldchen rings um die Pagoden.«

Wie gut ich mich an diese Ausflüge erinnere! Wie gern ich sie hatte! Wir zogen in langer Prozession hinaus, auf Tragsesseln, zu Pferd, auf Mulis oder Eseln, vorüber an unvorstellbar armem Volk, an Kindern mit aufgetriebenen Bäuchen, gutmütigen Frauen, die oft als Zugochsen dienten, an allen diesen Menschen, denen die gleiche Würde gemeinsam war und die diese Weißen ansahen, die keine andere Sorge kannten, als glücklich zu leben. Wir verbreiteten lärmende und vulgäre Fröhlichkeit auf den Vorplätzen der geheiligten Pagoden, wo die Tische aufgeschlagen wurden.

Aber an diese Pagoden habe ich eine viel schönere, viel ältere Erinnerung. In Szetschuan. Der Ho Mi Tschan, einer der sieben heiligen Berge Chinas, prächtig anzusehen, ein heiliger Ort, an dem ein Zahn Buddhas aufbewahrt wird, ein einzelner Berg im Vorfeld Tibets, der das Becken von Szetschuan beherrscht, der die ganze Welt zu beherrschen scheint. Etwa sechzig Tempel ziehen sich dort himmelan, tragen ihre Götter und ihre Pilger in Höhen, die über dem Nichts zu schweben scheinen. Der Weg, der dort hinaufführt, diese von Millionen Schritten abgetretene Treppe, dieser schwindelnde Steig folgt bald einem Höhenkamm, klebt bald an einer senkrechten Bergflanke. Manchmal waren Lianenbrücken zu überqueren. Manchmal ging es im düsteren Einschnitt zwischen einer Felswand und einem Wasserfall dahin, der sich wie ein Bogen spannte und in der Tiefe verschwand. Während des Aufstiegs veränderte sich die Vegetation. Nach den Azaleenbüschen, den Rhododendrongehölzen, den Lilienfeldern kamen die Baumstämme, einsame Säulen von dreißig, vierzig Metern. Dann nur noch Wolken und die Steppe der Gräser. Und auf dem ganzen Weg, ohne Unterlaß, Menschen jeglicher Beschaffenheit, die hier zu den Göttern flehen, sogar Greise, sogar Kranke, die sich von Kulis auf dem Rücken tragen lassen. Dazwischen viele Tibetaner, die kräftiger und brauner sind als die Chinesen und über einem leer herabhängenden Ärmel einen nackten Arm und eine nackte Schulter zeigen. Jahrmarkt der Götter, Jahrmarkt der Buddhas, Zehntausende von Bonzen im endlosen Nacheinander der Pagoden. Eine unübersehbare Menge von Betenden, eine unübersehbare Menge von Knienden erbittet Segen und Austreibung der bösen Geister von den heiligen Männern, die ihre Holzschalen darbieten. Wir aber, wir stiegen hinauf bis zum höchsten Tempel, und die Mönche vermieteten uns ein Pagödchen, wo manchmal meine Mutter und ich, nur von Li und einigen Dienern begleitet, einen Monat verbrachten. Ich fürchtete mich nicht vor den steinernen Schlangen der Tempel, aber ich fürchtete mich sehr vor dem, was Li mir über die geflügelten Schlangen erzählte, die höchst lebendig waren und fünfzig Meter weit springen konnten, um alles Nahrhafte zu verschlingen. Ja, ich steckte voller chinesischer Zaubergeschichten.

Aber die Europäer in Yünnanfu besudelten diesen Zauber durch ihre Vulgarität. Anstatt allein mit meiner Mutter dem Himmel und den Göttern gegenüberzutreten, waren wir hier in Begleitung französischer Ausflügler, die den Bonzen ein reichliches Almosen gaben, damit sie unter lärmendem Gelächter ihre Freßgelage abhalten durften. Manchmal ging es zur Pagode des Goldenen Palastes, manchmal zu der des Schwarzen Drachens. Aber am liebsten war es mir, wenn wir in einer Dschunke über den See fuhren. Das konnte man allerdings nur bei gutem Wetter riskieren, wenn der Wind zuverlässig bis Mittag auffrischte, um sich danach allmählich zu legen. Wir bestiegen dann ein Schiff aus geflochtenen Binsen und mit viereckigen Segeln. Am Bug waren Augen aufgemalt, die nach Gefahren Ausschau hielten, und am Heck hing ein Mann wie gekreuzigt an seinem riesigen Steuerruder. Die Fährleute riefen während der ganzen Überfahrt Buddha an, und wir fuhren zu Buddha, aber zu einem Buddha der Finsternis, zu einer Grotte, die sich wie ein ungeheuerliches Maul im Kalkgeröll öffnete. In dieser Höhle nistete die Pagode mit der ganzen Schönheit ihrer Insignien und ihren Göttern, die sich in den Schoß der Erde zu schmiegen schienen. An dieser heiligen Stätte regierten alsbald Wein und Camembert, und Albert verschlang seine Dame mit den Augen.

Meine Mutter hatte eine einzige Freundin, die Frau von Doktor Mouillac. Mouillac war von der alten Garde, ein *old china hand*, der schon überall gewesen war und Kriege, Revolutionen und Epidemien mitgemacht hatte. Er sah aus wie gegerbt, und seine hohen Stiefel, gegen die er mit einer Art Offiziersstöckchen schlug, schienen aus seiner eigenen Haut gefertigt. Sein Gesicht war zugleich hart und porös, wie Statuen, die allen Unbilden der Witterung ausgesetzt sind. Er sprach fast nie. Wie viele tausend Chinesen hatte er im Lauf seines Lebens zersäbelt? Wie vielen ekelhaften Krankheiten wie Lepra oder Typhus hatte er getrotzt? In Yünnanfu, einem Herd der Beulenpest, hatte ihm Marschall Tang Kiao nach der Scharlachepidemie von 1922, die ein Viertel der Bevölkerung dahinraffte, feierlich gedankt und an seinem Hospital die rituellen Täfelchen anbringen lassen. Dieser Mann war ein ausgesprochener Sonderling, nicht vulgär, aber barsch und ruppig, sehr tüchtig, würdig. Er war der Hausarzt meines Vaters. Ein schweres Stück Arbeit . . . Seine Gattin war eine lange Hopfenstange, eine Mischung aus Storch und Seepferd, schon ziemlich betagt, aber voll Energie und mit aristokratisch gealterten Zügen. Denn sie entstammte einer gaskognischen Familie mit einem ellenlangen, von zahllosen Adelspartikeln zusammengehaltenen Namen. Und seit ihrer Heirat trug sie an dieser Mesalliance mit diesem Arzt, diesem Plebejer. Jetzt hatte sie alle Heimsuchungen des Ehestandes hinter sich und war zu Weisheit gelangt, zu einer klatschfreudigen Weisheit. Ich entdeckte, daß auch meine Mutter viel für Klatschgeschichten übrig hatte, aber sie mußten Niveau haben, sogar Raffinement. Mit dieser Dame führte sie stundenlange Gespräche. Sie war ihre Beraterin und ihre Vertraute. Aber ach! Die Dame sollte sich alsbald in eines der teuren Schlösser ihrer stolzen Heimat begeben und ihren Eheherrn im Stich lassen, der es vorzog, in den chinesischen Niederungen zu leben. Sie war die erste Intima meiner Mutter, der später weitere folgten. Die nächste sollte die Generalgouverneurin von Indochina sein.

Auch ich bin allein, aber ich bin nicht traurig. Ich habe Anne Marie ganz für mich. Sie sagt mir keine Zärtlichkeiten. Sie hat nichts von sinnlicher Mütterlichkeit an sich, aber ich bin ihr Schatten, ihr ein wenig müdes Lächeln. Mein Vater läßt für mich eine dickbändige Ausgabe von Jules Verne aus Frankreich kommen, und ich beginne mit der Lektüre, aber sie begeistert mich nicht. Anne Marie hingegen läßt für mich Anzüge wie für den kleinen Lord Fauntleroy kommen, in die mich meine chinesische Amah mit den bandagierten Füßen kleidet. Ich kann mich nicht allein anziehen, ich hielte es sogar für entwürdigend. Ich bringe es fertig, diese schönen Kleider sehr bald zu ruinieren, und Anne Marie erteilt mir die einzige Mahnung ihres Lebens: »Lucien, paß ein bißchen besser auf.« Im übrigen haben wir den Garten für uns allein. Eigentlich ist es ein Park mit einer Allee im Schatten von Granatapfelbäumen, die außer ihren rötlichen Früchten noch schneeweiße Flocken tragen: in den Zweigen kauernde Silberreiher, die von Zeit zu Zeit die Hälse recken und herunteräugen. Manchmal werden wir auf unseren Spaziergängen von meinem Vater überrascht, der die Arbeit seiner Gefangenen kontrollieren will. Denn er ist hier auch Richter und urteilt im Namen der französischen Republik bei allen Rechtshändeln zwischen seinen Landsleuten. Er hat sogar ein Gefängnis innerhalb der Mauern des Konsulats und Gefangenenwärter aus den Reihen der Scharfschützen seiner Leibgarde, die sehr imposant geworden ist mit ihren vierzig Soldaten aus Tonking und einem französischen Gendarmen. Nie schickt er einen Europäer in sein Gefängnis, aber er stopft es voll mit Annamiten, kleinen Dieben oder widersetzlichen Subjekten. Diese armen Teufel müssen die Putzarbeiten im Konsulat verrichten, was sie allerdings höchst lässig tun, so daß Albert dreinfahren und brüllen muß: »Arbeitet gefälligst ordentlich, oder ihr sollt mich kennenlernen.«

Und dann habe ich in diesem Paradiesgarten meine Tiere. Diese Tiere, die Chinesen als Mythen- oder Fabelwesen lieben, wenn sie in den Träumen und Alpträumen, die ihre Kunstgegenstände sind, zu Monstren oder zu erlesenster Schönheit wurden oder die sie als nützliche, eßbare Tiere lieben, wie die Schweine, die überall zu finden sind, die man sogar in den Yamen der Reichen antrifft, ehe sie in kleine Stückchen tranchiert werden. Die Chinesen malträtieren alles, zerstückeln alles, sogar ihre Küche ist eine einzige Mißhandlung. Wenn sie die Tiere nicht in Stücke hacken, dann werden sie verunstaltet – wie die Frauen verunstaltet werden, wie die Bäume verunstaltet werden –, bis daraus grotesk-niedliche Zwergformen entstehen, diese Pekinesen, die der Kaiserin Tse-hi so gut gefielen. Seltsame Chinesen, sie sind unerbittlich grausam gegen die Tiere, und doch versammeln sich von Zeit zu Zeit die Schriftgelehrten in einem Tempel, um einen noch lebenden schönen Karpfen wieder ins Wasser zu setzen, der sich sofort unter dem Lotus versteckt, die Kiemen unter den Blüten.

Ich habe einen Panther. Er wurde auf dem Markt der wilden Tiere gekauft, wo alle möglichen Bestien und Reptilien feilgeboten werden, lächerlich hilflos in ihren Käfigen steckend: Tiger, Pythons, Leoparden, Bären aller Größen und so weiter, bestimmt alle durch Drogen beruhigt. Die Chinesen kaufen sie vorwiegend zwecks Verarbeitung zu Dörrfleisch und Liebespulvern. Mein Panther hat nur ein paar Sous gekostet. Er war so groß wie ein junges Kätzchen. Zuerst wiegte ich ihn auf den Armen, dann legte ich ihn an die Leine, und er lief neben mir her. Aber bald hieß es, er sei jetzt zu groß, er könne gefährlich werden, denn noch nie habe man einen Panther gezähmt. Es half nichts, daß ich wütend protestierte und tobte, ich mußte wohl oder übel zugeben, daß seine Zähne und Krallen auffallend gewachsen waren und daß er mich auch schon spielerisch gebissen und gekratzt hatte. Also wurde das Tier im Garten in ein Tempelchen gesperrt, dessen Öffnungen man mit dicken Eisenstäben sicherte, und als zusätzliche Vorsichtsmaßnahme band man den Panther mit einer langen Kette an einem Eisenring fest. Ich besuchte ihn, sprach mit ihm, und er antwortete mir durch drohendes Knurren. Ich war entzückt. Und dann ereignete sich die Tragödie: in einer von Blitzen durchzuckten Gewitternacht gelang es dem Tier in seiner panischen Furcht, die Gitter zu sprengen, aber als es hinausspringt in die Freiheit, hält die Kette es in der Schwebe, und am nächsten Morgen finde ich meinen Panther erhängt, elendiglich erwürgt. Ich sagte, ich hätte während meiner Kindheit niemals geweint, aber damals weinte ich vielleicht doch, und ich veranstaltete ein feierliches Begräbnis, einen richtigen Trauerzug mit den Kindern der Annamiten, mit denen ich sonst niemals spielte wie einst mit den kleinen Chinesen in Tschengtu, weil ich sie verachtete. Für meinen Panther mußte ein Grab errichtet werden, und ich ließ sogar zwei chinesische Bonzen kommen, die Litaneien aufsagen mußten. Das lustigste ist, daß die frommen Patres davon erfuhren und mir Vorhaltungen machten; sie sagten, Tiere hätten keine Seele, und auf jeden Fall hätte ich mich an einen Geistlichen wenden müssen, vielleicht wäre er bereit gewesen, ein Gebet zu sprechen.

Ganz hinten im Garten ist ein Tümpel. Ich habe ihn mit Wasservögeln bevölkert. Auch diese Tiere, die man nur in der Freiheit zu finden glaubte, konnte man auf einem Markt kaufen. Weil man ihnen die Augenlider zunähte. Ich brachte jedesmal welche mit nach Hause, und bald wimmelte der Teich von Stelzen, Schnäbeln und Farben. Diese ganze Fauna ist, wie Stalaktiten, regungslos, hieratisch. Die Vögel konnten sich nicht selbst ernähren. Man mußte ihnen mit der Hand Fische in den Schnabel stopfen. Dann erwachten alle diese langen, pflanzengleichen und wie toten Geschöpfe gerade lang genug zum Leben, um die Nahrung zu schlucken. Aber eines Tages kam mir der kuriose Gedanke, daß es grausam sei, ihre Lider vernäht zu lassen. Ja, die Menschen, die auf der Straße starben, bedauerte ich nie, aber ich bedauerte diese blinden Vögel. Die chinesischen Gärtner hatten mich gewarnt: sobald ich ihnen das Augenlicht zurückgäbe, würden sie allesamt sofort davonfliegen, zu den unendlichen Weiten der Seen. Ich beharrte auf meinem Wunsch. Ich sah sogar zu bei der höchst delikaten Operation, die darin bestand, daß die Fäden herausgezogen wurden, und am nächsten Morgen war der Teich leer. Aber ich war darüber nicht traurig. Ich mochte keine verkrüppelten Wesen, ob es nun Reiher waren, Flamingos, Kraniche, Wildgänse oder wilde Schwäne. Ich hatte sogar das Gefühl, hochherzig gewesen zu sein.

Ich mochte auch mein Pferd, das meine Neigung nicht erwiderte, vielmehr auszukeilen begann, sobald ich mich ihm näherte, um aufzusitzen. Es war ein prächtiges Tier mit lohfarbener Mähne. Ich war glücklich, wenn ich es bestieg, während es wieherte und sich aufbäumte und der Mafu es am Zügel festhielt. Sobald ich im Sattel saß, war es gezähmt und flog dahin wie die Renner auf den chinesischen Gravüren. Welche Lust, so querfeldein zu galoppieren, an den lebhaften Flüssen entlang, über Mäuerchen zu setzen und über die Torfhügel, die das Land wellten. Oft ritt ich auch an den See, am liebsten an Sturmtagen, wenn die Wellen einem wütenden Meer glichen und ich manchmal eine steuerlose Dschunke treiben sah. Das Tier wurde wie rasend, wenn es einen Feuerdrachen erblickte, das heißt ganz einfach eine Lokomotive, die ihre Waggons zog. Ja, wenn ich auf meinem Pferd saß, die Füße aus den Steigbügeln gezogen hatte, fühlte ich mich wie ein König, ich fürchtete mich vor nichts, nicht einmal vor den Soldaten. Außerdem herrschte Friede in Tang Kiaos Republik, die Banditen wagten sich nicht an Yünnanfu heran. Einmal gelang es meinem Reittier, mich ganz in der Nähe des Konsulats abzuwerfen, und ich brach mir einen Zahn ab. Aber den Schmerz fühlte ich nicht. Ich ärgerte mich nur.

So tauchte ich nach und nach immer tiefer in die Einsamkeit. Es gab zwar ein paar kleine Mädchen und kleine Jungen in Yünnanfu, aber ich geruhte nicht, mich mit ihnen abzugeben, vielleicht, weil meiner Mutter ihre Familien nicht genehm waren und sie mich nicht ermutigte, mit ihnen zu spielen. Ich hatte mein eigenes Reich, und es bestand aus Anne Marie, den Tieren und China. Das genügte mir. Ich war bereits ein Eigenbrötler. Ohne es selbst zu wissen, war ich hochmütig und verachtete die kleinen Franzosen beinah ebensosehr wie die kleinen Annamiten. Denn, war ich nicht der Sohn des Konsuls . . .?

Trotz alledem richtete meine Mutter im Konsulat einen Weihnachtsbaum für alle Kinder, und ich nahm wortkarg und mit gespielter Freundlichkeit am Fest teil. Ich mußte von Zeit zu Zeit bei dem Firlefanz erscheinen, den die Mütter zu den Geburtstagen ihrer Sprößlinge veranstalteten. Ich fühlte mich dort fehl am Platz, ich langweilte mich und verdrückte mich, sobald es ging. Unlängst begegnete ich in einem Pariser Vorort, einem Abklatsch von Parly, einer Dame wieder, die heute eine brave Mittelständlerin ist. Sie sprach lange und begeistert von ihrer Kindheit in Yünnanfu. Damals war sie ein kleines Mädchen, und nun gestand sie mir, daß sie von allen Jungen der Kolonie nur mich bewundert hatte, weil ich elegant und unnahbar gewesen sei.

Mein Vater ließ es sich nicht nehmen, meine Mutter bei Tisch über alle Geschehnisse zu unterrichten, denn sie weigerte sich, in sein Amtszimmer zu kommen, wo er ihr zweifellos seine sämtlichen Berichte vorgelesen hätte, ohne ihr ein einziges Komma zu ersparen. Es war im Augenblick nichts Besonderes los, nur Routine. Der klassische Ärger mit der Eisenbahn, die gewaltigen Erdrutsche, bei denen manchmal eine ganze unterhöhlte Bergflanke auf den Schienenstrang stürzte. Aber vor allem die Räuber ... diese ewigen Räubergeschichten. Sie waren Dauerkunden bei der Eisenbahn.

Manchmal erschien mein Vater mit sorgenschwerer Miene bei Tisch und verkündete:

»Schon wieder ein Bahnhofsvorsteher entführt! Schon wieder ein Zug geplündert!«

In Wirklichkeit waren solche Fälle weiter kein Grund zur Aufregung. Die Gesellschaft konnte damit sehr gut selbst fertigwerden. Entlang der Eisenbahnlinie gab es vier Kategorien von Bahnhöfen, die alle den französischen glichen, nur daß sie in der wilden yünnanesischen Landschaft standen: Schluchten, Steilwände, zerklüftetes, trügerisches Kalkgestein. Im allgemeinen lag in der Nähe der Bahnhöfe irgendein gottverlassenes Nest, ein bißchen umgeschaufelte Erde, ein paar elende Bruchbuden, noch baufälliger als die in Yünnanfu, und darin Menschen, mit allen Arten von Hautkrankheiten behaftet und immer am Verhungern, auch in guten Jahren. Und diese braven kleinen Beamten, die französischen Bahnhofsvorsteher mit ihren Familien, die hier völlig isoliert und wehrlos hausten, waren allen Fährnissen Asiens ausgeliefert. Wie oft war jeder von ihnen schon belagert und vor grauenhafte chinesische Ultimaten gestellt worden! Allerdings nahm es meist ein gutes Ende. Es hatten sich gewisse Gepflogenheiten herausgebildet. Die Briganten waren nicht bösartig. Hatten sie irgendeinen Angestellten der Eisenbahngesellschaft entführt und in ihren unzugänglichen Schlupfwinkel verschleppt, so forderten sie ein Lösegeld entsprechend dem Rang ihrer Geisel. Längeres Feilschen durch Unterhändler. Solche Vermittlungen zu übernehmen war ein Beruf, und beide Parteien wandten sich an die gleichen Leute. Immer kam der Fall schließlich zu einem befriedigenden Abschluß, der Entführte, dem niemals Schaden zugefügt wurde, kehrte zurück. Meist war er sehr müde, weil er viel hatte marschieren müssen. Denn die Bande hatte im allgemeinen mehrere Höhlen, die ihr als Verstecke dienten, und sie zog regelmäßig von einer zur anderen und nahm den unglücklichen Franzosen mit, der ihnen zu Fuß über die stets schwindelnden Pfade folgen mußte. Einige Bahnhofsvorsteher waren schon drei- oder viermal gekidnappt worden. Die Sache dauerte gewöhnlich so lange, wie eine schickliche Regelung dies erforderte: etwas mehr als einen Monat. Einer der Entführten hatte sogar noch länger bei den Räubern bleiben wollen, er fand es so romantisch, inmitten dieser Desperados zu kampieren, die ihm freundlich zulächelten und dabei reihenweise ihre Zahnstummel entblößten. Kurzum, das Ganze war Bestandteil einer Art regelmäßig erhobener Wegesteuer und wurde als solche unter den Betriebskosten der Eisenbahngesellschaft verbucht.

Diese Gesellschaft nun wandte sich an den Herrn Konsul, er solle bei Marschall Tang Kiao erwirken, daß er es unterlasse, seine Soldaten zu schicken. Denn manchmal wollte der Marschall in seiner Güte Truppen abordnen. Wodurch zu den gewöhnlichen Wegelagerern auch noch »legale« Wegelagerer gekommen wären, was zu katastrophalen Konsequenzen hätte führen können. Es konnten sich daraus unentwirrbare Komplikationen ergeben, bei denen der Entführte wirklich in Lebensgefahr geraten wäre. Wurden dennoch Soldaten geschickt, so bezahlte die Eisenbahngesellschaft sie dafür, daß sie nichts unternahmen.

Ein ernsteres Problem bedeutete der Geldtransportzug, der am Ende eines jeden Monats die Gehälter der Bahnbediensteten zu allen Stationen brachte und die Einnahmen abholte. Man konnte fast sicher sein, daß die Piraten am Tag der Fälligkeit die Schienen durch einen gewaltigen Felsblock absperrten und, mehr oder weniger liebenswürdig, die Herausgabe des Inhalts der vollen Geldkisten forderten. Es erschwerte die Lage, daß Marschall Tang Kiao es für seine Schuldigkeit hielt, diesem Zug eine Anzahl schwerbewaffneter Soldaten mitzugeben. Zum Glück hüteten sich diese Wackeren, einen Schuß abzufeuern, sie beschränkten sich darauf, später ihrem Marschall von sagenhaften Heldentaten zu berichten. Diese tapferen Maulfechter, oft selbst ehemalige Banditen, wußten, was ihnen ihr Leben wert war oder hatten sogar höchstwahrscheinlich mit den Angreifern einen geheimen Pakt abgeschlossen. Aber, so oder anders, das Geld verschwand. Die Eisenbahngesellschaft mußte sich also etwas anderes ausdenken. Sie hatte es schon mit einer List versucht und den Geldtransport ohne Geld losgeschickt, die Soldaten bewachten nur leere Kisten. Und an irgendeinem Tag des Monats wurde dann ein ganz gewöhnlicher Güterzug zur Schatztruhe umfunktioniert. Das klappte oder klappte nicht. Im allgemeinen klappte es nicht. Die Banditen waren wirklich sehr gut informiert. Sodann ergriff die Gesellschaft die kluge, klassische, vernünftige Maßnahme, die einzig wirklich erfolgreiche, diejenige, zu der man überall im handeltreibenden China greift: man schließt eine Versicherung ab. Man kaufte den »Schutz«, im allgemeinen den Schutz der mächtigsten Bande in der Gegend, die es sich angelegen sein ließ, die Karawanen gegen die anderen Banden zu verteidigen. In diesem Fall verteidigte sie keine Karawanen, sondern Eisenbahnzüge. Solche Abkommen wurden im großen und ganzen eingehalten. Wenn es das Unglück wollte, konnte es allerdings vorkommen, daß die »Beschützer«-Bande von einer anderen besiegt wurde. Dann mußte von neuem verhandelt, die Protektion der neuen Bande erkauft werden, und so fort.

Zur Amtszeit meines Vaters wurde trotz dieser Hasardspiele

kein einziger Franzose an der ganzen Strecke getötet oder verletzt. Und die Gesellschaft, die sich so gut zu helfen wußte, wie übrigens alle großen ausländischen Unternehmen in China, machte beträchtliche Gewinne.

Seine Sorgen waren anderen Ursprungs. Eines Tages kam Albert völlig aufgelöst zu Tisch:

»In einer gottverlassenen Gegend in der Nähe von Tibet, hinter Talifu, ist ein Pater verschwunden. Man weiß nicht, ob er tot ist oder noch lebt, und seine Gemeinde ist abgemurkst worden. Man weiß nur, daß er mit einigen seiner Schäflein durch eine Schlucht entfliehen konnte. Sehr weit hat er nicht kommen können. Die Angreifer müssen ihn erwischt haben. Das Dumme ist nur, daß man nicht weiß, wer diese Angreifer sind. Es soll in der Gegend eine fanatische Sekte geben, eine todeswütige Geheimgesellschaft, deren besonderer Haß den Christen gilt. Wenn sie die Hand im Spiel hat, ist mein Pater im Eimer. Hoffen wir, daß es nur Räuber waren.«

Die Sache zog sich über ein Jahr hin. Was hatte der Herr Konsul von Frankreich nicht alles wegen des entführten Paters auszustehen. Der Bischof lag ihm pausenlos in den Ohren, und er lag Tang Kiao in den Ohren. Zunächst herrschte große Erleichterung, denn es traf ein Ohrläppchen des Paters ein, was bewies, daß er von Räubern gefangengehalten wurde. Aber leider waren es ausgesprochen unmanierliche Räuber, Ureinwohner, zu primitiv, als daß man vernünftig mit ihnen hätte verhandeln können. Es dauerte gut zwei Monate, bis die Unterhändler mit ihnen Kontakt aufnehmen konnten. Dann wurde ein geradezu wahnwitziges Lösegeld gefordert. Die ausländischen Missionsgesellschaften waren offenbar weniger reich, auf jeden Fall aber knauseriger als die Eisenbahnkompanie. Schließlich waren sämtliche Verhandlungsversuche gescheitert. Blieb nur noch die Gewalt. Mein Vater setzte Himmel und Hölle in Bewegung, er tobte wie der Teufel im Weihwasser. Er piesackte Tang Kiao, der sich lange dagegen wehrte, Truppen in diesen entlegenen Winkel zu schicken, in eine schauderhaft wilde Gebirgsgegend, wo die Lolos noch jedesmal die chinesischen Streitkräfte, die sich dorthin wagten, zurückgeschlagen hatten. Schließlich erklärte er sich bereit, eine Division in Marsch zu setzen, verlangte jedoch eine entsprechende Aufwandsentschädigung. Die Missionare wollten nicht zahlen. Mein Vater wurde beim Außenministerium vorstellig, er wurde beim Generalgouvernement von Indochina vorstellig, er wurde rein überall vorstellig. Endlich hat Tang Kiao seine Truppen ausgeschickt. Man hat nie erfahren, ob es zu einer Feindberührung mit den Lolos kam. Tang Kiao brauchte ein Jahr, ehe er diese Niederlage eingestand, durch die er ein wenig das Gesicht verlor. Dafür hatten die ausländischen Missionare einen Märtyrer gewonnen.

Aber nicht alle Missionare waren Heilige. Zuweilen liefen in der französischen Kolonie von Yünnanfu Kirchengeschichten um, die eher Skandalgeschichten waren. In Albert Bodards Archiven fand ich später die Kopie des Briefes, den ein gewisser Monsieur Safrany an den hochwürdigen Herrn Pater Bergougnoux gerichtet hatte. Darin beklagt er sich, daß ihm dieser fromme Mann eine Dienerin geschickt habe, ein katholisches Waisenmädchen, bei dem er sich die Syphilis holte. Als er die junge Chinesin ins Gebet nahm, habe sie ihm versichert, gesund gewesen zu sein, ehe sie den Pater kennenlernte, der sie mißbraucht habe. Am Schluß seines Schreibens fordert Monsieur Safrany folglich den hochwürdigen Herrn Pater auf, die Spitalkosten für die Heilung des armen Mädchens zu übernehmen, da er, Safrany, sich nicht für dessen Zustand verantwortlich fühle und keinen Sou herausrücken werde. Der hochwürdige Herr Pater Bergougnoux richtet daraufhin eine mehrseitige Epistel an den »Lieben Herrn Safrany«, worin er keinerlei sittliche Entrüstung zum Ausdruck bringt, sondern nach höchst umschweifigen Erklärungen einwilligt, »im Namen der christlichen Barmherzigkeit« für die Behandlungskosten aufzukommen. Die ganze Kolonie von Yünnanfu hat darüber gelacht, und mein Vater lieferte folgenden Kommentar:

»Für einen unbeweibten Mann, den es in einen entlegenen Winkel Chinas verschlagen hat, sind die kleinen Christenmädchen die einzige Lösung. Sie sind die einzigen Chinesinnen, die nicht finden, daß der Körper eines Weißen einer Leiche ähnle. Die Nonnen ziehen sie in Reinheit auf, es darf nur kein frommer Pater des Wegs kommen, der die frische Ware verdirbt.«

Aber das alles sind nur Lappalien. Die wirkliche Katastrophe bringt mein Vater eines Tages auf seinem kalkweißen Gesicht mit zu Tisch. Das große Malheur ist nicht in China passiert, sondern in Frankreich. Ein Malheur, das ihn seine Karriere kosten kann. Er keucht:

»Berthelot ist entlassen ...«

»Was sagen Sie, mein Freund?«

»Von seinem Posten als Generalsekretär im Außenministerium geflogen, und zwar mit Schmach und Schande. Als hätte er silberne Löffel geklaut. Ein übler Streich von Poincaré ...«

Anne Marie ist aufrichtig betroffen:

»Das ist nicht möglich. Ich habe ihn nur einmal gesehen, als Sie ihn mir vorstellten. Aber er machte auf mich den Eindruck eines sehr charmanten, höchst souveränen Mannes, der Ihnen aufrichtig gewogen ist.«

Ich spitze die Ohren. Der Name Berthelot taucht sehr häufig in den Gesprächen meiner Eltern auf. Ich weiß über ihn nur, daß er ein sehr wichtiger Mann ist. Mein Vater behauptet, er sei der wahre Urheber des Versailler Vertrags. Außerdem habe ich beim Zuhören erfahren, daß er der Chef der »Linken« am Quai d'Orsay ist, was mir allerdings nichts sagt. Hingegen ist mir eines völlig klar, nämlich daß mein Vater sich immer, brieflich oder per Telegramm, an ihn wendet, wenn er etwas Besonderes erreichen will. Und er erreicht es immer. Wenn meine Mutter mit Albert von ihm spricht, nennt sie ihn »Ihren Gönner« und verzieht dabei spöttisch das Gesicht. Ich fühle, daß dahinter eine sehr alte Geschichte steckt, aber ich weiß nicht, welche.

Albert ißt mit zusammengebissenen Zähnen – er versteht sich auf diese Kunst. Ich selbst mache den Mund eigentlich überhaupt nur auf, um die Gabel hineinzustecken.

»Berthelot war zumindest unvorsichtig. Er hat die Banque française de Chine mit Staatsgeldern wieder flottgemacht. Sie war seinerzeit speziell für die Abwicklung phantastischer Geschäfte mit Yüan Sche-kai gegründet worden, aber seit Yüan zu seinen Ahnen versammelt ist, pfeift die Bank auf dem letzten Loch. Und Berthelot wollte sie retten, um unsere Position am Finanzplatz von Schanghai zu wahren. Das Dumme ist nur, daß der Bankdirektor Berthelots Bruder ist.«

Anne Marie sagt spontan:

»Also, ich zweifle keinen Augenblick an Berthelots Ehrenhaftigkeit.«

»Ich auch nicht«, beeilt Albert sich zu erwidern. »Aber trotzdem, diesmal war er ein bißchen leichtfertig.«

»Diese Sache geht Ihnen ziemlich nahe, nicht wahr, Albert? Sie müssen sich schon seit Stunden damit herumquälen, wie Sie sich aus der Affäre ziehen können. Ich kenne Sie. Ich hoffe, Sie werden sich nicht undankbar zeigen?«

»Ich?« erwidert Albert mit Würde. »Ich habe mich nie einer Verpflichtung entzogen.«

»Also werden Sie noch heute nachmittag an Berthelot schreiben, daß Sie ganz auf seiner Seite stehen und zu ihm halten werden.«

»Ja, natürlich werde ich das«, sagt Albert. »Obwohl es mir verübelt werden könnte. Ich gebe zu, daß ich ihm viel verdanke ...«

Ein tiefer Seufzer.

»Aber was mag er sich dabei gedacht haben? Gewiß bin ich von seiner Ehrenhaftigkeit überzeugt. Etwas anderes würde sein Stolz nicht zulassen. Aber ich frage mich, ob ihm China seit seiner berühmten Reise von anno 1902 nicht etwa in den Kopf gestiegen ist.«

»Das war die Reise, bei der Sie ihm ein paar kleine Gefälligkeiten erweisen konnten ... Und zum Dank für diese Gefälligkeiten hat er Sie doch damals an den Quai d'Orsay gebracht, nicht wahr?«

»Welche Gefälligkeiten?«

Anne Marie sagt es nicht, sie setzt ihre belustigte Miene auf. Das bedeutet, daß sie überhaupt nichts mehr sagen wird und daß ich nichts weiter über den geheimnisvollen Berthelot erfahren werde. Albert hat indessen zur großen Selbstbemitleidung angesetzt.

»Ah, diesmal werden's die vom Quai d'Orsay mir eintränken. Alle diese erblichen Botschafter, diese Herrschaften mit den Adelsprädikaten und Bindestrichen, den feinen Manieren und Ahnenschlössern, diese Hochwohlgeborenen ... Sie können mich nicht ausstehen, mich, den Sohn eines kleinen Möbelhändlers aus La Rochelle, der ich es aus eigener Kraft zu etwas gebracht habe, durch meine Arbeit und meine Tüchtigkeit, und durch die Hintertür zum Quai d'Orsay gekommen bin. Ich bin den Herren ein Dorn im Auge ...«

»Vergessen Sie Berthelot nicht«, sagt meine Mutter.

»Er zählt nicht mehr. Aber seien Sie beruhigt, ich schreibe diesen Brief. Und um ihm eine Freude zu machen, auch in Ihrem Namen.«

Anderntags hat Albert eine vorläufige Lösung gefunden:

»Was mich teuer zu stehen kommen könnte, ist mein Ruf als Freimaurer. Na schön, dann werde ich eben den Missionaren um den Bart gehen. Ich will ihnen ein Fest der Jeanne d'Arc verpassen, das sich gewaschen hat!«

Er hält Wort und »verpaßt« den guten Patres und der ganzen Kolonie eine Feier, prächtiger noch als am 14. Juli, zu Ehren der heiligen Johanna: feierliches Hochamt, zelebriert vom Bischof – sogar der Heide Tang Kiao wohnt ihm bei –, großartiger Empfang im Konsulat und eine jener Ansprachen, die seine Spezialität sind, über »die erhabene und heilige Beschützerin Frankreichs, die Jungfrau von Orléans, die Märtyrerin von Rouen, deren Seele während des Großen Ringens über unseren verwüsteten Fluren schwebte, im Pulverdampf der Schlachtfelder, und die auch diesmal wieder den Ihren den Weg zu Opfer und Sieg gewiesen hat«.

Anne Marie hat jedesmal ihren Spaß daran, wenn sie Albert den Schlachtenruhm besingen hört. Gewiß, die Familie Bodard hat ihren Tribut geleistet, denn Alberts Bruder, der Hauptmann mit dem buschigen Schnurrbart, ist auf dem Felde der Ehre gefallen. Aber sie erinnert sich, daß ihr Herr Gemahl nach Ausbruch der Feindseligkeiten ein Telegramm an den Quai d'Orsay schickte, worin er um die Genehmigung bat, sich melden zu dürfen. Die Erlaubnis traf ein, und umgehend kabelte Albert zurück, sein Gewissen erheische von ihm, auf seinem Posten in China auszuharren.

Wieso ich das alles weiß? Weil meine Mutter, ohne meinen Vater offen vor mir bloßzustellen, doch dafür sorgt, daß er in meinen Augen immer kleiner wird. Ich weiß nicht einmal, ob sie es bewußt tat. Heute glaube ich das nicht. Aber die Wellen der Abneigung gegen ihren Ehemann, die von ihr ausgehen, werden immer stärker. Und sie ergreifen von mir Besitz. Meine sonst so elegante Mutter rührt alle die schmutzigen kleinen Geschichten auf, aber sie macht es so, daß ich *sie* immer nobler und *ihn* immer schäbiger finde.

Nach Ablauf von ein paar Wochen hat mein Vater endlich die ideale Lösung gefunden.

»Ich werde den Generalgouverneur von Indochina hierher bitten. Das wird allen zeigen, daß mein Yünnan beinah eine französische Kolonie ist. Natürlich gilt es, den Generalgouverneur vorteilhaft zu beeindrucken, ins rechte Licht zu rücken, was ich und meine Landsleute hier geschaffen haben. Denn wir haben wirklich viel getan. Seit meiner Ankunft wurden zwischen Yünnan und Indochina mehr als zweihundert Vereinbarungen und Abkommen geschlossen. Für den Empfang werde ich Tang Kiao und meine Franzosen antanzen lassen ... und meine Missionare ... und sogar meine Annamiten. Trotzdem, nicht zu viele Feierlichkeiten, dagegen Spazierfahrten und wenn möglich Zusammenkünfte im vertrauten Kreise ...

Anne Marie kann es nicht lassen:

»Sie wollen sich jetzt schadlos halten, Albert? Nachdem Sie in Indochina so bescheiden dienen mußten, wollen Sie sich jetzt den Gouverneur auf einem silbernen Tablett leisten.«

»Sie verstehen überhaupt nichts, Anne Marie. Hier handelt es sich nicht um Eitelkeit, hier geht es um Größeres. Das Außenministerium wird mich fallenlassen. Ich muß mich um eine Stütze umsehen. Und das kann nur Indochina sein. Tang Kiao ist ja schon ganz nett, aber wenn wir uns Sun Yat-sen angeln könnten, dann wäre das ein wirklich großer Fisch, und das kriege nur ich allein fertig, denn wie ich Ihnen bereits sagte, ich kenne den alten Gauner Sun Yat-sen gut. Das würde Hanoi verdammt interessieren.«

Anne Marie seufzt.

»Albert, machen Sie es nicht wieder wie in Tschengtu, setzen Sie sich nicht in die Nesseln.«

Darauf Albert, energisch:

»Sie haben recht, diese Pläne gehören in eine fernere Zukunft. Was jetzt sofort nottut, ist, daß wir uns den Generalgouverneur und seine Gattin zu Freunden machen.«

Anne Marie:

»Ich soll Ihnen also helfen, Monsieur und Madame Merlin zu bezirzen? Er ist ein alter Bullenbeißer und sie ein Riesenweib, mindestens zweimal so dick wie er. Reizende Aussichten, *mon cher* . . .«

Albert fährt schweres Geschütz auf. Er drahtet, telegraphiert zehnmal des Tags. Aus Hanoi stellt man ihm tausend geringfügige, lächerlich bürokratische Fragen. Er beantwortet sie unermüdlich, bis er schließlich seinen Merlin bekommt.

Der Generalgouverneur wird mit Gattin und Sohn sowie den Herren seines Zivilkabinetts und seines Militärkabinetts eintreffen. Man macht sich heute keine Vorstellung mehr, was damals ein Generalgouverneur von Indochina sein konnte, beinah ein Vizekönig von Indien, vom Nimbus seiner Machtfülle umstrahlt, mit allem Prunk umgeben, umhegt von Respekt und Protokoll.

Die ganze Reisegesellschaft muß im Konsulat untergebracht werden. Anne Marie erwägt und überlegt die kleinsten Kleinigkeiten, und es gibt deren Tausende. Die Zimmerverteilung. Die Tischordnung. Und die Speisenfolgen sind auszuarbeiten, die Lustbarkeiten zu organisieren . . . Lange Besprechungen mit dem Küchenchef, mit dem Chefboy, die beide leider viel weniger rasch begreifen als die chinesischen Diener. Man muß sie alles wiederholen lassen. Man muß an alles denken. Mein Vater überwacht diese ganze aufreibende Arbeit, er bespricht mit Anne Marie vor allem die Frage der Rangfolge. Hier darf kein Fehler unterlaufen. Ein Irrtum wäre unverzeihlich. Von Tagesanbruch bis in die Nacht schuftet Anne Marie, auf ihre Art – unauffällig, unermüdlich, lautlos, damit dieser Aufenthalt unter ihrem Dach ein Meisterstück werde. Um ihre Kleider und Toiletten macht sie sich nicht allzuviel Gedanken, auf diesem Gebiet fühlt sie sich völlig sicher. Aber leider denkt sie an meine Kleidung. Mit ihrer ein wenig barsch gewordenen Stimme kommt sie immer wieder mahnend auf den gleichen Punkt zu sprechen, den ich so gar nicht gern höre: den Schmutz.

»Du mußt genauso sauber sein wie der junge Merlin.«

Was Albert betrifft, der keine Mühe hatte, seinen Tang Kiao und die gesamte französische Kolonie zu mobilisieren, so verbringt er seine Tage im Amtszimmer, wo er die Ansprachen ausfeilt. Er schreibt sie zwanzigmal um. Vier wird er halten. Als erstes ein paar Begrüßungsworte am Bahnhof. Eine große Rede, in der er Tang Kiao dem Gouverneur vorstellt oder den Gouverneur Tang Kiao. Eine weitere, in der er dem illustren Gast seine Landsleute wie ein Geschenk zu Füßen legt. Und schließlich noch eine sehr knapp gehaltene Ansprache, die donnernde Huldigungen seitens der annamitischen Notabeln von Yünnanfu auslösen wird. Kurz, »Tout-Yünnanfu« wird dem Gouverneur auf dem Serviertablett gereicht.

Bei Tisch wird von nichts anderem mehr gesprochen. Mein Vater hört nicht auf, Anne Marie zu informieren:

»Kein Mensch weiß, warum man diesen Merlin nach Indochina schickte. Er hat seine Karriere ausschließlich in Afrika gemacht. Er ist der typische treue Beamte. In Wirklichkeit zählt nur seine Frau. Sie führt ihn am Gängelband. Ihretwegen ließ er sich von seiner ersten Frau scheiden, die ihm mehrere Kinder schenkte. Und diese erste Gattin, die er damals verließ, war die leibliche Schwester der jetzigen Madame Merlin. Auch sie schenkte ihm einen Sohn, der ihr Augapfel ist, ihr kostbarstes Gut, von dem sie so viel hermacht, daß man glauben könnte, ganz Indochina sei nur zum Vergnügen dieses Bürschchens da, das in Wahrheit nur ein Vergnügen kennt: Tennis spielen. Der Tennisplatz des Gouverneurspalasts in Hanoi, wo der Knabe André übt, ist fast wichtiger als das Amtszimmer seines Vaters. Ich muß Sie nicht eigens bitten, dafür zu sorgen, daß unser eigener Tennisplatz in tadellosem Zustand ist, und außerdem spielen Sie, Anne Marie, selbst sehr gut . . .«

Anne Marie fällt Albert ins Wort:

»Verlassen Sie sich darauf, daß ich meine Schuldigkeit tue. Aber verlangen Sie nicht von mir, daß ich um diese Dame und ihren Sprößling herumscharwenzle. Es wäre möglich, daß sie nicht nach meinem Geschmack sind.«

»Ich bin überzeugt, *ma chère*, daß Sie alles vortrefflich machen werden, wie immer.«

Er wendet sich abrupt an mich, um an mir seine Machtgelüste zu stillen:

»Und du, du benimmst dich gefälligst André Merlin gegenüber. Vergiß nicht, daß er der Sohn des Gouverneurs ist.«

So werde ich zum erstenmal in den Dienst der französischen und väterlichen Diplomatie gestellt. Zum erstenmal soll ich einem Jungen begegnen, der im Rang über mir steht. Das paßt mir ganz und gar nicht, aber ich denke mir bereits den – scheinbar unbeabsichtigten – Streich aus, den ich ihm spielen will.

Endlich ist der große Tag angebrochen. Ich erspare mir die Beschreibung der triumphalen Ankunft, des original-chinesischen Festmahls, zu dem Tang Kiao einlud, wobei er rücksichtsvollerweise dafür gesorgt hatte, daß Löffel und Gabeln neben den Eßstäbchen lagen und daß vor dem Gouverneur, dessen Leber von alten afrikanischen Amöben zerfressen ist, eine Flasche Mineralwasser stand. Ich erspare mir die Beschreibung der Truppenparade, bei der versehentlich die von Chinesen bedienten französischen Kanonen zu kurz schossen und die Granaten zweihundert Meter vor den erlauchten Gästen krepierten. Ich spreche hier auch nicht vom frenetischen Jubel der chinesischen Volksmassen, den der Marschall ausdrücklich als absolut spontan bezeichnete. Ich verweile nicht bei der Heiterkeit, dem Stolz, der Freude der französischen Staatsbürger, deren jeder es so einrichtete, daß er den Gouverneur unter vier Augen erwischte, um ihm »ein kleines Ansuchen«, eine winzige Bitte, irgendein »ganz geringfügiges Anliegen« vorzutragen. Ich zitiere nicht die Segenssprüche des Bischofs, der Priester und der Nonnen, die im übrigen taktloserweise durchblicken ließen, daß der Konsul nicht immer die adäquaten Bußgelder und Entschädigungen für erlittene Unbill von den Heiden herausschlage. Ich spreche nicht von dem Picknick, dem seine Exzellenz Tang Kiao persönlich beizuwohnen geruhten, begleitet von einer ansehnlichen Leibgarde, sei es zu seinem eigenen Schutz, sei es zum Schutz des Gouverneurs. Man zog dazu nur bis knapp vor die Stadt, zur Kupferpagode, um nicht den zuweilen gefährlichen Wassern des Sees trotzen zu müssen, da der Marschall bereits im kleinsten Plätschern einen Anschlag auf sein Leben erblickte. Ich spreche nicht von der leidenschaftlichen patriotischen Glut der Annamiten in langen schwarzen Tuniken, die elegant geschlungenen Turbane in die Stirn gerückt und die kleinen Haarknoten im Nacken. Sie liebten Frankreich mit lächerlich erhabenem Überschwang. Ich spreche nicht von den Empfängen im Konsulat, bei denen die Franzosen von Yünnanfu sich vergeblich mühten, ihre Vulgarität in Schranken zu halten. Ich spreche nicht von Albert Bodards Reden, wahren Wunderwerken, noch von den Erwiderungen des Gouverneurs, nicht immer ganz verständlichem Gebrummel, das dennoch mit Begeisterung quittiert wurde. Ich spreche nicht von den offiziellen Gesprächen, denn es war unerläßlich, daß Tang Kiao und der Gouverneur zumindest um des Gesichts willen Verhandlungen pflegten, mit Monsieur Albert Bodard als Dolmetscher. Ein Akt allerhöchster Höflichkeit, denn es gab reinweg gar nichts zu verhandeln. Der Marschall verlangte der Form halber einen Kredit, zusätzliche Waffenlieferungen, eine Erhöhung des Opiumpreises. Aber er rechnete klugerweise nicht mit irgendwelchen Resultaten, denn er hatte nichts im Austausch zu bieten, das meiste verdankte er ohnehin bereits den Franzosen. Ich glaube, das wäre nun alles, worüber ich hier nicht weiter sprechen will.

Aber von der Freundschaft werde ich sprechen, die wie eine Blume zwischen den Familien Merlin und Bodard erblühte, ohne Rücksicht auf die unterschiedlichen Titel und Würden, zumindest scheinbar. Denn der Gouverneur weiß sehr wohl, daß er der Gouverneur ist, und vor allem weiß seine Gattin, daß sie die Frau des Gouverneurs ist. Beide sind nette Leute. Er ein streng wirkender bärtiger Herr. Sie die Königinwitwe, mit Kommandostimme und deftiger Ausdrucksweise, aber appetitlich fett und sogar recht scharfsichtig. Sie sind beide sehr würdig, ohne viel Umstände, ohne Klimbim, ohne übertriebene Launen. Albert hat sich Merlins bemächtigt und zieht vor ihm seine chinesische Nummer ab, denn Monsieur Merlin, der Togo und den Sudan kennt wie seine Westentasche, ist von krasser, naiver, erstaunlicher Unwissenheit, was das Reich des Himmels angeht. Aber er versucht mit aller Kraft, die verwickelten Geschichten zu begreifen, die Albert ihm auftischt, ein verflixt wirres Zeug. Er läßt sich alles mit bewundernswerter Gewissenhaftigkeit sagen, erklären, wiederholen. Ihre Sitzungen dauern Stunden. Ich habe unter den Papieren meines Vaters Niederschriften davon gefunden.

Albert ist im siebenten Himmel:

»Tang Kiao, müssen Sie wissen, sticht meiner Ansicht nach

wieder einmal der Hafer. Es ist Ihnen bekannt, welche wichtige Position er einnahm. Sein Name war in ganz China bekannt. Und jetzt ist er bloß Befehlshaber einer kleinen Provinz. Er ist unbändig stolz und möchte sich aufs neue in gewaltige Unternehmungen stürzen. Er gab mir zu verstehen, daß die Szetschuanesen ihn zu Hilfe gerufen hätten.«

Der Gouverneur markiert kindlich basses Entsetzen, das seine alten Schnurrbartspitzen erzittern läßt.

»Ich las in dem Dossier, das ich mir ausarbeiten ließ, daß Tang Kiaos Yünnanesen von den Szetschuanesen vertrieben worden seien.«

»Mit Verlaub, mit Verlaub, Herr Gouverneur«, sagt Albert mit seinem alleruntertänigst überlegenen Lächeln, »ich brauche Ihnen nicht zu sagen, daß China durch den Yangtsekiang praktisch in zwei Teile zerschnitten wird. Im Norden kämpfen die konfuzianischen, also die konservativen Kriegsherren miteinander um den Besitz Pekings, das ständig den Gebieter wechselt. Anders ausgedrückt: der Kriegsherr, der die Hauptstadt besetzt hält, gilt in der ganzen Welt als Regierungschef Chinas, was gewisse Vorteile mit sich bringt. Er unterzeichnet internationale Verträge. Einer von ihnen hat den Vertrag von Versailles zwischen zwei Plünderungen der Stadt mit unterzeichnet.«

Der Gouverneur sperrt den Rachen auf wie ein Flußpferd in den Wassern des Niger.

»Was! Der Vertrag von Versailles, von einem Banditen unterzeichnet!«

»Ja«, fährt Albert mit immer feinerem Lächeln fort. »China hatte Deutschland den Krieg erklärt, gehörte demnach zu den Siegermächten.«

Der Gouverneur ist jetzt vollends ratlos.

»Von welchem China sprechen Sie?«

»Eben von China. Es muß sich heute offiziell vom nächstbesten Banditen vertreten lassen, dem die Herren Gesandten ihre Beglaubigungsschreiben vorlegen.«

»Aber auf wen kann man sich in diesem Kuddelmuddel dann noch verlassen?«

Albert, immer ausgespitzter:

»Die Engländer kommen sehr gut zurecht. Sie unterstützen

alle diese rechtschaffenen Nordmänner, und das Business war nie besser. Aber am liebsten ist ihnen General Wu.«

»Wer ist denn dieser Wu? In meinen Akten stand nichts über ihn.«

»Und doch hat er sich drei oder vier Jahre lang in Peking halten können. Er wurde erst vor kurzem daraus vertrieben, hat sich aber in Hankau eine neue Hausmacht schaffen können, dort, wo das große englische Lagerhaus am Yangtsekiang liegt, und ich bin überzeugt, daß die Briten ihn anspornen, Szetschuan zu überfallen. Da der Yangtse mitten durch diese Provinz fließt, geraten sich dort Nord- und Südtruppen ständig in die Haare.«

Der Gouverneur kommt sich vor wie in einem tiefen Brunnen. Er sieht auch nicht mehr den kleinsten Lichtstrahl. Albert läßt ihm Erleuchtung zuteil werden:

»Wissen Sie, in China schlägt jede Situation ständig um, wandelt sich, so daß immer das Gegenteil der gestrigen Wahrheit die heutige ist. Nein, es ist nicht einfach, dieses ständig hin und her tanzende Knäuel zu entwirren.«

Aber Alberts Miene zeigt deutlich, daß er sich genau auskennt.

»Dieser Wu also schickte einen Strohmann namens Weng zur Eroberung Szetschuans aus. Wenn Sie Tang Kiao so gut kennen würden wie ich, dann wüßten Sie, was sein regungsloses Gesicht alles an Wut, Enttäuschung, Demütigung verbarg, als die Armee, die er hingeschickt hatte, besiegt wurde und bei ihrer Rückkehr sogar Anstalten traf, sich seiner zu entledigen. Im Moment schmiedet er vielleicht seine Rache, er glaubt es zumindest. Und er ist drauf und dran, seine mit unserer Hilfe neuerstellte Armee aufs neue loszuschicken. Aber, Herr Gouverneur, soll man ihn bei diesen Plänen ermutigen oder nicht?«

Der Gouverneur findet seinen Hausverstand wieder:

»Wenn man ihn gewähren läßt, wird uns Ihr Tang Kiao dann nicht in ein Wespennest führen, aus dem es keinen Ausweg gibt? Und wird er uns überhaupt die Treue halten? Sie haben mir nämlich ein sonderbares Bild von den Chinesen gemalt.«

Aber Albert läßt sich nicht unterkriegen. Seit Tagen hat er diese Sache in seinem Kopf gewälzt und geknetet wie einen Teig, um sie als echt chinesisches Nudelgericht auftischen zu können.

»In diesem Land ist alles Spiel. Alles oder nichts. Wir müssen selbst wissen, ob wir ein Risiko eingehen wollen. Wenn es schlecht ausgeht, haben wir nicht viel zu verlieren. Und wenn es gutgeht, dann können wir unsere Eisenbahn bis Szetschuan verlängern und damit den Engländern ein Schnippchen schlagen.«

»Hm«, macht der Gouverneur. »Legen Sie sich nicht fest. Ich rate Ihnen zu reiflichem Überdenken.«

Aber Albert ist mit seinen Ausführungen noch nicht zu Ende. Er hat für den Gaumen des Gouverneurs noch weitere chinesische Leckerbissen parat. Vergiftete Leckerbissen, wer weiß ...

»*Monsieur le gouverneur*, wir haben auf der einen Seite Nordchina, auf der anderen Seite Südchina.«

»Na und?«

Aber Albert ist unerbittlich.

»In Südchina wimmelt es von Kriegsherren. Und bei ihnen ist es im Moment der letzte Schrei, sich als Revolutionär zu bezeichnen. Wenn wir überhaupt eine Aktion in Südchina ins Auge fassen, dann müssen wir Sun Yat-sen in unser Spiel einbeziehen.«

Der Gouverneur läuft ziegelrot an, während er normalerweise nur braungebeizt ist von dreißig Jahren Afrikasonne.

»Was, diesen Bolschewiken!«

»Ich kenne Sun Yat-sen, Herr Gouverneur. Er ist keineswegs ein Bolschewik. Er ist ein Größenwahnsinniger, der ebenfalls von seiner Rache träumt. Sie wissen, daß Yüan Sche-kai ihn hereingelegt hat.«

»Ah, ah!« sagt der Gouverneur voll Genugtuung. »Yüan Sche-kai, den kenne ich. Er ist tot, nicht wahr?«

Alberts Geduld ist unwandelbar. Wie die liebe Sonne verscheucht er die Wolken der Unwissenheit aus dem Kopf seines Gesprächspartners.

»Ja, Herr Gouverneur. Nach seinem Tod hat Sun Yat-sen sich in Kanton niedergelassen, um eine große südchinesische Koalition zu bilden, Peking zurückzuerobern und China eine Regierung zu geben, die dieses Landes würdig wäre. Aber die Kriegsherren des Südens haben ihn übers Ohr gehauen, und die Engländer setzten ein ganzes Heer von Agenten, Spionen und die mächtige Streitmacht Mammons gegen ihn ein. In seiner Verzweiflung wandte er sich den Sowjets zu. Sie wissen, was vorgeht. Diese

Gewerkschaften, die Borodin gründet, die Rote Tugend, die Militärakademie von Whampoa, wo der junge General Tschiang Kai-schek sich die Kader einer wahrhaften Volksarmee heranzieht. Aber die Kriegsherren sind noch immer da, auch wenn sie Marx auf chinesisch zitieren lernten. Und außerdem ist Sun Yat-sen zwar gewiß ein Abenteurer, aber ein großbürgerlicher Abenteurer, der sich besonders für die Finanzen und die Eisenbahnen interessiert, seine zwei fixen Ideen. Und was den wilden Mann, Tschiang Kai-schek, angeht, der ein halbes Jahr in Moskau verbrachte, so sollten wir nicht vergessen, daß er seine Laufbahn als Goldschieber in Schanghai und Killer bei einem chinesischen Gangster aus der Hochfinanz begonnen hat.«

Der Gouverneur ist aufs neue in dumpfe Unruhe versetzt.

»Aber, worauf wollen Sie hinaus, Herr Konsul? Was geht das alles uns an?«

»Herr Gouverneur, ich möchte eine Prophezeiung wagen. Ich glaube, alle diese Leute in Kanton, diese Ansammlung, die von den standhaftesten Kommunisten bis zu den wankelmütigsten Kriegsherren reicht, wird in einem gewaltigen Feldzug zum unteren und mittleren Yangtsekiang vorstoßen, dorthin, wo Englands Schätze liegen. Sie werden sich, befeuert von Fremdenhaß und Raffgier, darauf stürzen. Die Engländer werden Federn lassen müssen. Ich bin überzeugt, daß die ruhmreiche Armee des Südens, sobald sie sich die Taschen vollgestopft hat, in den eigenen Reihen aufräumt. Die Tugendhaften werden abgeschlachtet, will heißen, die Kommunisten. Ein Blutbad, ein Massenmorden. Ich kann mich irren, aber ich glaube es nicht. Ich kenne die Chinesen zu gut.«

»Und was hätte Frankreich bei alledem zu gewinnen?«

»Sehr viel. Darf ich mir erlauben, den Herrn Gouverneur daran zu erinnern, daß alle Ihre Vorgänger, vor allem der große Doumer, stets bestrebt waren, die südchinesischen ›Revolutionäre‹ zu unterstützen. Ich bin überzeugt, daß Sun Yat-sen im Moment alle möglichen Hintergedanken hegt. Man sollte Verbindung mit ihm aufnehmen und ihn der diskreten Hilfe Indochinas versichern, wie man es bereits vor dreißig Jahren tat. Vielleicht könnten wir als Gegenleistung ein Versprechen erhalten, das Ihnen einen Stein vom Herzen nähme, Herr Gouverneur: er könnte sich verpflichten, den annamitischen Unruhestiftern, hinter denen Ihre Polizei her ist, keine Unterstützung mehr zu gewähren.«

Das begreift der Gouverneur. Sein Gesicht erstrahlt. Das wäre die Erfüllung seiner schönsten Hoffnungen.

»Und Sie halten das für möglich?«

»Man müßte das Terrain vorbereiten.«

Albert ist so ziemlich am Ende seiner Ausführungen. Er hält nur noch eine letzte Note in Reserve, mit der er die chinesische Kakophonie krönen will.

»Tang Kiao freut sich noch aus einem anderen Grund. Der Marschall erfuhr, daß Tschiang Kai-schek mit seinen Kadetten soeben diese andere yünnanesische Armee zerschlagen hat, die sich gegen ihn, Tang Kiao, empört hatte, und die sechs Jahre lang im Namen Sun Yat-sens die Stadt Kanton plünderte und jede Disziplin verweigerte. Tang Kiao ist also endlich von diesem lästigen Druck befreit. Unter diesen Umständen ist es vielleicht möglich, Tang Kiao und Sun Yat-sen einander näher zu bringen, obwohl die beiden sich hassen und einer so machtbesessen ist wie der andere, aber man kann es versuchen.«

Der Gouverneur hat sich plötzlich mit den Dingen abgefunden, wie sie sind, und erklärt bündig, als Vorgesetzter, der endlich begriffen hat:

»Herr Konsul, ich habe wahrhaftig nicht wenige Berichte über China gelesen. Aber Sie allein vermochten mich aufzuklären. Wir wollen das alles in Hanoi besprechen, denn ich hoffe, daß Sie mich dort aufsuchen und mir Ihre Ansichten darlegen werden.«

Inzwischen sitzen Anne Marie und Madame Merlin im Garten beim Tee. Sie sind einander sympathisch. Anne Marie geht nicht aus sich heraus, aber Madame Merlin, die aussieht wie ein Dragoner, hat ein sicheres Urteil über Menschen und Dinge. Anne Marie findet eine Art Zuflucht in der Korpulenz dieser Dame, denn sie ist nicht nur stark im Fleisch, sondern auch an Seele. Stark, beschützend, beinah seherisch begabt. Mit ihrer mächtigen Stimme befiehlt sie voll Güte:

»Ich habe den Eindruck, Sie sind ein wenig einsam. Ja, diese Franzosen hierorts sind Ihnen gewiß kein großer Trost. Ich kenne die Vulgarität in den Kolonien, sei es in Afrika oder in Asien. Ich habe selbst darunter gelitten, aber jetzt . . . Besuchen Sie mich doch von Zeit zu Zeit in Hanoi.«

Während die Damen plaudern, spielt André mit den Adjutanten des Gouverneurs Tennis. Madame Merlin ermuntert Anne Marie, sich an dem Spiel zu beteiligen, bei dem der mir gleichaltrige Junge wie ein geölter Blitz hin- und hersaust. Es gehört offensichtlich zu den vornehmsten Pflichten der Herren des Zivilkabinetts und des Militärkabinetts, mit André zu spielen. Unter den Blicken Madame Merlins entledigt auch Anne Marie sich dieser Aufgabe, wie mir scheinen will, mit Freuden. Ich finde sie sehr schön, den schlanken Körper, der sich bäumt und biegt, die Arme, die sich recken, die eleganten Beine, die zu tanzen scheinen. Und wenn sie den Ball schlägt, erscheint sie mir wunderbar, mir, der ich sie so gut kenne, ihr Gesicht so gut kenne, das plötzlich von flüchtiger Freude erhellt wird. Sie ist schwerelos auch mit der dunklen schwarzen Masse ihres Haarknotens, in dem das Licht flimmert.

André und ich sind bei allen Feierlichkeiten dabei, nicht offiziell, sondern als königlich geduldete Kinder. Wie komisch, daß eine Dame von Madame Merlins Leibesfülle dieses kleine Nervenbündel hervorgebracht haben soll. Einen wunderlichen, fast schwächlichen Jungen. Auch er ist oft verschlossen, aber dabei ruhelos, immer gespannt, kann plötzlich in Lachen, Spott, aggressives Gestichel ausbrechen. Ich kenne das Wort noch nicht, aber er scheint an einer Art hochgradiger Neurasthenie zu leiden. Eines Tages überfällt er mich mit der Frage:

»Welches Kauderwelsch sprichst du eigentlich? Französisch ist das nicht.«

»Doch, aber ich kann auch Chinesisch.«

Er lacht meckernd, und seine Augen funkeln.

»Chinesisch ist Spatzengepieps.«

Ich bin verstimmt. Ich bin es schon die ganze Zeit, weil ich nicht Tennis spielen kann. Aber ich habe meine Rache parat. Ich frage ihn scheinheilig:

»Du hast gesagt, daß du reiten kannst?«

»Ja, selbstverständlich.«

»Schön, dann wollen wir ein Wettrennen machen.«

Soldaten laufen hinter uns drein. Wir traben artig dahin, bis vor die Stadtwälle. Ich habe die Rennstrecke ausgewählt. Die Ebene der Gräber. Denn diese kleinen Buckel, dieses Meer kleiner Stelen unter dem kurzen, wie geschorenen Gras, das sind Gräber. Ein Wurzelgeflecht von Toten unter der gefälligen Form dieser grünenden Hügel, Tote und Hügel, zu Tausenden und Abertausenden. Makabre Spuren, gelegentlich ein Knochen. Der See ganz in der Nähe. Die Wälle hinter uns, die Berge in der Ferne. Schönheit. Ich sage zu André:

»Hier galoppieren wir um die Wette. Ziel ist das Seeufer.«

Ich bin gemein, denn es könnte mörderisch werden. Ich sehe sehr wohl, daß André schlecht zu Pferd sitzt. Aber er sitzt immer auf dem hohen Roß. Er nimmt die Herausforderung an. Auf meinem Renner spiele ich mit den Gräbern, ich umreite sie, ich überspringe sie, ich bin der König der Toten. Hinter mir klammert André sich mit aller Kraft an sein Tier, das über alle diese Beinhügel holpert. Er krallt sich an der Mähne fest, er ist drauf und dran, herunterzufallen. Aber er gibt nicht auf. Er ist kein Junge, der sich geschlagen gibt. Wie ein Irrlicht sieht er aus mit seinen Sommersprossen, die immer röter auf seiner Haut hervortreten. Ich bin ihm fünf Pferdelängen voraus. Sein Sturz ist sicher. In diesem Augenblick entsinne ich mich der väterlichen Ermahnungen. Eine schöne Bescherung, wenn er sich den Hals bräche! Ich sehe bereits Madame Merlins gewaltige Erscheinung wie ein Gebirge des Zorns, denn ich kann mir vorstellen, daß sie heftiger Ausbrüche fähig ist! Und ich hätte ihren Sohn auf dem Gewissen. Ein weiterer, ganz anderer Grund hielt mich zurück. Ich fand es unfein, so haushoch zu siegen. Eine Ansicht, die mich mein Leben lang begleitete. Ich mag keinen Triumph, der einen anderen zermalmt. In diesem Punkt bin ich gar kein Chinese. Ich zügle also mein Pferd soweit, daß André knapp hinter mir bleiben kann. Endlich haben wir die Gräber ohne Unfall hinter uns gebracht. Wir kommen zu einem Streifen nackter Erde, einem der Pfade, die zum See führen. Hier lasse ich mein Pferd wieder in Galopp fallen, denn ich weiß, daß André mir folgen kann. Ich begnüge mich damit, ihn um wenige Meter zu schlagen. Wir sind am Seeufer, und unsere Tiere, die keuchend atmen, saufen in langen Zügen. Soldaten und Mafus haben wir längst abgehängt. Sie holen uns nun ein. Wir reiten nach Hause. Ich spreche nicht von meinem Sieg, und André beklagt sich nicht bei seiner Mutter. Wir sind quitt.

André spielt Tennis wie ein Besessener. Anne Marie ist glücklich. Sie fühlt sich wohl. Nicht nur, weil die beiden Merlin ihr gefallen, sondern weil Madame Merlin, die man für eine Gevatterin halten möchte, die Begleiter ihres Gatten mit Umsicht wählte. Für das Zivilkabinett keine von Dünkel aufgeblasenen, aufgeblähten, durchdrungenen langweiligen und servilen Beamtenseelen. Für das Militärkabinett keine altgedienten Offiziere mit Rauschebart und Opastimme, auch keinen jener klapperdürren Ehrgeizlinge, die in ihre Tressen eingenäht scheinen und beim Sprechen knattern wie Maschinengewehre. Sie hat nur Gentlemen ausgewählt, die sich mit äußerster Einfachheit auszudrücken vermögen, manchmal nicht einmal mehr der Worte bedürfen, es beim entsprechenden Gesichtsausdruck, der sprechenden Bewegung bewenden lassen. Und wenn sie sprechen, so stets mit einem Respekt, der von einer Spur Humor entschärft wird. Sie beherrschen alle Feinheiten. Sie sind alle jung und schön, ohne große Adelsnamen, aber aus der Oberschicht einer keineswegs kolonialen Bourgeoisie, dem neuerstandenen alten Frankreich. Der Erste Adjutant, Madame Merlins Vertrauensmann und vor allem Andrés Tennislehrer, ist Hauptmann und entstammt einer alten Industriellendynastie. Wenn er auch nicht die ganze Vergangenheit für sich in Anspruch nehmen kann, so hat er doch die ganze Zukunft für sich. Oft blickt er Anne Marie ein wenig verstohlen an, und Anne Marie tut, als merkte sie es nicht. Was mich höchlichst erstaunt, denn es ist so gar nicht ihre Art. Das Ergebnis ist, daß ich diesen Mann aufmerksam betrachte. Sein Bild ist mir noch heute gegenwärtig. Ein länglicher Kopf, die klargeschnittenen Züge ein wenig melancholisch, ein wenig hagere Wangen unter leicht vorspringenden Backenknochen, die Nase eine Spur gekrümmt und die Augen von einem Blau, das die Vermutung nahelegt, daß es ungewöhnlich blaß werden kann. Er vereinigt Strenge und Eleganz, besitzt die Fähigkeit zu gespanntester Aufmerksamkeit und hat die Gabe, hinter die Dinge oder darüber hinwegzusehen. Ein Lächeln, das oft in einem Aufblitzen von Zärtlichkeit endet. Er ist ein

Mann, der sich immer beherrschen kann, sich jedoch hier, wie mir scheint, keinen Zwang antut. Manchmal wechselt er unter dem wohlwollenden Blick Madame Merlins, der nichts entgeht, wie zufällig ein paar Worte mit Anne Marie. Alles anscheinend völlig natürlich. Zuweilen spaziert er neben ihr ein paar Schritte die Allee entlang, beide wirken völlig unbefangen und sprechen von ganz alltäglichen Dingen. Ich richte es so ein, daß ich unversehens auftauche, und bekomme immer nur irgendeinen unverbindlichen Satz zu hören. Ich habe es mir unbewußt angewöhnt, Anne Marie zu überwachen, ob sie nun mit Albert oder jemand anderem zusammen ist. Aber dieser Hauptmann da, das fühle ich genau, ist für sie nicht irgend jemand, denn obwohl Anne Marie ihre übliche lässige Eleganz zur Schau trägt, wirkt sie wie aus langem Schlaf erwacht. Zu mehr kommt es nicht.

Aber einen Monat nach der Abreise des Gouverneurs kommt ein Brief Madame Merlins, ein handschriftlicher Brief, worin sie uns alle einlädt, nach Hanoi zu kommen, wo wir in einem eigenen Pavillon außerhalb des Gouverneurspalastes wohnen sollen. Diesem Brief folgt eine offizielle Einladung, vom Gouverneur an den Herrn Konsul gerichtet. Albert kennt sich nicht mehr vor Glück. Anne Marie scheint einfach erfreut. Ich bin höchst angetan und neugierig.

Dritter Teil

Die Reise nach Hanoi

Was für eine Reise! Was für ein Vergnügen! Gewiß, wir waren bereits vor einem Jahr, nach unserem Frankreichurlaub, mit der Eisenbahn von Hanoi nach Yünnanfu gefahren. Von Hanoi wußte ich aber nur noch, daß das Wasser der Dusche im Hotel aus einem primitiven Düsenkopf auf bräunlichen, nackten Zement rann, was ich schauerlich fand. Und ich weiß nicht, warum mir die anschließende Bahnfahrt, hinauf nach Yünnanfu, so völlig entfallen ist. Vielleicht, weil ich ungern dorthin fuhr, dem neuen Ziel voll Argwohn entgegensah und schon jetzt Tschengtu, Li und meinen Mafu vermißte. Mag sein, daß ich mich wiederhole, aber Szetschuan ist eben noch heute, fünfzig Jahre danach, der Kern meines Lebens.

Trotzdem gefiel es mir ganz gut in Yünnanfu. Aber es ging mir nicht unter die Haut, und ich war in eine Art Alltagstrott verfallen, der mich nicht aufregte. Jetzt aber, auf dieser Reise hinunter nach Tongking, fühlte ich, daß mir ein Neubeginn bevorstand. Und außerdem lockte es mich, dieses Indochina kennenzulernen, von dem ich in letzter Zeit so viel gehört hatte. Ich war groß genug, um auf Entdeckungen auszuziehen. Was würde ich dort unten zu sehen bekommen? Was würde sich ereignen? Was würde meine Mutter tun? Ich hatte eine Ahnung, als ob alles sich ändern könnte. Seit der Abfahrt in Yünnanfu war ich in einem Zustand äußerster Erregung. Selbstverständlich reisten wir im Salonwagen für allerhöchste Herrschaften, mit seinen alten Hölzern und vergilbten Stickereien. Der Marschall hatte vierzig Soldaten seiner Leibgarde zu unserem Schutz mitgegeben. In den angrenzenden Waggons, wo sie installiert waren, starrte es von Bajonetten. Mein Vater, der besonders in kleinen Dingen peinlichst korrekt war, führte über die geringfügigsten Ausgaben genau Buch. Bei seinem Tod fand ich Bündel von Zetteln. Eines betraf diese Reise und enthielt auch einen Beleg über vierzig Piaster für die Entlohnung dieser Ehreneskorte, deren Sold der Marschall, dem wir diese Ehre verdankten, gewiß nur versehentlich zu zahlen vergessen hatte. Das alles entsprach durchaus der Landessitte, und mein Vater hätte das Gesicht verloren, wenn er diese Soldaten nicht für die ausgestandenen Gefahren und Mühen entlohnt hätte, welch letztere ausschließlich darin bestanden, daß sie es fertigbringen mußten, in allen

Stellungen und trotz allen Rüttelns zu schlafen. Denn sie unterbrachen ihren Schlummer nur, um zu essen.

Ich erinnere mich, daß ich die Wagentür öffnete und mich auf das Trittbrett stellte, um besser zu sehen. Gierig sog ich das gewaltige Bild dieser Landschaft in mich ein. Vor meinen Augen lag die herbe Schönheit Yünnans. Zwei Lokomotiven waren vorgespannt, die kurzatmig und keuchend wie zwei alte Mähren unseren Wagenzug bis zur ersten Paßhöhe hinaufwuchteten. Der See entschwand meinem Blick. Nun war nichts mehr da als nackte weißliche Erde, düstere Felsmassive und schwarze Schluchten. Es machte mir Spaß, wenn wir in Tunnels einfuhren, die ausgesprengten Löchern glichen, oder Brücken überquerten wie aus geklöppeltem Eisen. Nach der Paßhöhe begann die Talfahrt, die lange Talfahrt hinunter nach Tongking. Aber am ersten Tag blieben wir noch auf der yünnanesischen Hochebene, auf einer unregelmäßigen, sachten Abdachung, die sich durch chaotisch gewundenes und verbeultes Gelände schraubte. Ein Wirrwarr aus Abgründen und Gebirgen.

Wie schön das war! Lange folgten wir einem Fluß mit bald tiefdunklen, bald leuchtenden Wassern, je nachdem, ob er wie in einer Schleusenkammer still dalag oder in Stromschnellen dahinschäumte. Manchmal in der Ferne ein Dorf, Reisfelder, die in Terrassen hügelan stiegen. Manchmal war eine der nackten, runden Kuppen mit Mohn bewachsen: Opiumfelder, die Landschaft ein Schachbrettmuster aus Opium. Die Einsamkeit fast vollkommen. Ein paar Boote auf dem Fluß. Dann und wann auf dem Landweg eine Karawane. Und wir hielten an sämtlichen Bahnhöfen, lächerlichen Bauwerken inmitten dieser unwahrscheinlichen Welt. Jeder Bahnhofsvorstand begrüßte meinen Vater, berichtete ihm unweigerlich von den gleichen bedrohlichen Gerüchten über Räuberbanden oder Soldatenheere, die sich in der Gegend herumtrieben, als wären er, sein Bahnhof, seine Familie und seine Kasse von magnetischer Anziehungskraft auf diese wenig feinen Herrschaften. Sie waren alle sehr adrett, die Herren Bahnhofsvorsteher, sehr proper. Mein Vater sagte danach zu meiner Mutter:

»Diese braven Leute, sie würden sich umbringen lassen für die Eisenbahngesellschaft.«

Die Bahnhofsvorsteher repräsentierten die Zivilisation im Herzen der Barbarei, sie unterschieden sich von ihren Kollegen in der Heimat nur dadurch, daß sie Tropenhelme anstelle der üblichen Mützen trugen. Hinter den wichtigsten Bahnhöfen oft eine kleine ummauerte Stadt mit einem Mandarin darin, der zu allem Überfluß oft mit unserem Bahnhofsvorsteher Händel suchte. Manchmal hielten wir lange an einer Station, denn die Strecke war einspurig, und wir mußten erst einen entgegenkommenden Zug abwarten. Dann rückte irgendein Missionar mit seinen Schäflein an, die »Es lebe Jesus! Es lebe Frankreich!« schrien. Immer schob sich in diesem China das Burleske vor den tragischen Hintergrund.

Der Zug fuhr niemals über Nacht durch. Wir schliefen daher in Amitschu in der Nähe von Möng-tse, der Hauptstadt des Zinnreviers. Zinn, ein Metall, das der Provinz beinah ebensoviel einbringt wie das Opium. Es wird von den großen Import-Export-Firmen Indochinas aufgekauft. Diese Firmen haben Vertreter vor Ort, denen ebenfalls die Furcht im Genick sitzt. Furcht vor den Grubenarbeitern, die manchmal rasend vor Haß in ganzen Banden aus den Eingeweiden der Erde hervorbrechen, nur um zu töten. Mein Vater erzählte uns, daß er diese Zinngruben, die der Eisenbahngesellschaft und dem französischen Indochinahandel so große Gewinne brachten, einmal besucht habe. Er lieferte uns eine ausführliche Schilderung:

»In diesem Industriezweig herrschen echt chinesische Verhältnisse. Sogar mir als altem Chinesen wurde buchstäblich übel. In einer Felswand schwarze Grubenräume, von denen holprige, von Gesteinsspitzen wie von Zähnen starrende Gänge abzweigen. Unterirdische Pfade, die immer enger werden, wie Ackerfurchen, die sich in die furchtbaren Tiefen der Erde zwängen. Nichts ist abgestützt, nichts ist gesichert. Dort drinnen schlüpfen Menschen herum, wie Eidechsen. Wie sollten sie nicht glauben, in die Klauen des Erddrachens geraten zu sein? Ihre Lumpen sind von der Reibung an den rauhen Wänden vollends zerfetzt. Sogar die Haut ist ein einziger roter Schorf. Ich sah sie arbeiten, im Liegen, von allen Seiten eingequetscht, halb erstickt, eine Folter. In der einen Hand einen Bambusstab mit einer rußenden Lampe daran. Die andere reißt die Erzbrocken aus dem Gestein und wirft sie in den Sack, den der Mann um den Hals hängen hat. Tiefer drinnen gibt es keine Luft mehr, keinen Sauerstoff mehr, die Lampe erlischt, die Lungen verdrecken, vor Hitze schmilzt das Fleisch. Bis man schließlich nur noch Kinder verwenden kann, Acht- bis Zehnjährige, die rachitisch genug sind, um sich in dieses Gedärm zu fädeln. Wie viele von diesen Kindern kommen nie mehr zurück! Wie viele Männer auch nicht! Denn niemand eilt einem Verröchelnden zu Hilfe, aus Angst vor den bösen Geistern, die sein Leib aushaucht. Der Minenbesitzer behauptet, das Opfer habe nur der gerechte Zorn des ergrimmten Himmels getroffen, der es für irgendein verborgenes Verbrechen bestrafte, wahrscheinlich für eine Beleidigung des Berggeists.«

Diese Geschichte kenne ich, mein Vater tischt sie allen Besuchern Yünnans auf. Und außerdem ist das in China mehr oder weniger normal, in allen Minen geht es ähnlich zu. Ich sah einmal in Szetschuan ein Kohlenbergwerk. Es war genauso grauenhaft. Über Tage brennendes Kohlengas, darinnen nackte Männer, die ein Rad bewegten, wie Göpelpferde. Und Männer drunten in der Tiefe. Diese Männer sah ich nicht, aber ich wußte, daß viele von ihnen starben. Die Ausbeutung von Kulis, der Tod von Kulis (Arbeiter kann man hier nicht sagen) war gang und gäbe und allgemein bekannt. In Szetschuan kam es nicht selten vor, daß sie rebellierten und in einen wahren Zerstörungsrausch verfielen. Dann rückten Soldaten an und töteten sie. China. Das alte China.

Aber was waren diese Menschen im Vergleich zu der Pracht und den Schrecknissen der Natur, die ich am zweiten Tag der Reise kennenlernen sollte? Es war unvorstellbar großartig: etwa hundert Kilometer weit fuhr der Zug die große Steigung von Yünnan hinab, den berühmten Steilbruch, der die Provinz von der übrigen Welt trennte. Man betrat ein phantastisches Reich der reinen Geometrie, der makellosen Weiße, wo die Berggipfel vollkommen ebene Tafeln waren, durch absolut senkrechte Einschnitte voneinander getrennt. Keine Vegetation. Nur blendende Materie. Nackte Materie, eine rein mineralische Welt. Und der Zug kroch langsam die Felswand eines dieser Einschnitte hinunter, die Strecke schien im Nichts verhakt zu sein, nur aus

Brücken und Tunnels zu bestehen, die jedem Gleichgewicht Hohn sprachen. Es ging einen klaren Strom entlang, der tief unten dahinfloß, die Namty, manchmal in einem Strudel verschwand, um ein großes Stück weiter wieder aufzutauchen. Alles war trügerisch, denn die geschlossen wirkenden Felswände waren morsch, brüchig. Was glatt zu sein schien, war nur ein Haschee aus Spitzen, Graten, Zacken, Beulen, Höhlen. Es war faszinierend, so ins Leere hinabzufahren, denn der Zug kurvte und schlängelte sich unaufhörlich, spielte mit der Leere, hing weit über der Leere. Und sogar die Tunnels waren beinah ins Leere gebohrt, so dünn waren die Wände. Nur Löcher in Unebenheiten, die an der senkrechten Leere klebten. Sie folgten zu Hunderten aufeinander. Das Wunderbarste war, wenn man aus diesen Löchern auftauchte, ins Licht einer Brücke schnellte, die in einem einzigen kühnen Schwung die fünfhundert und mehr Meter tiefe Furche übersprang. Das Meisterstück war die Gerüstbrücke: an einer Stelle verschwindet die Namty plötzlich zweihundert Meter unter die Erdoberfläche, und glücklicherweise findet der Schienenweg, um in die gleiche Tiefe hinabsteigen zu können, ein schwebendes Tal, genannt »falsche Namty«, wo er eine exakt halbmondförmige Schleife zieht. Hier gibt es nicht mehr nur die Weiße des Kalkgesteins, sondern schwarze Sandsteine, rote Felsen, Schieferkerben, Geröllhalden und Granitmassen. Beim Hinunterfahren sieht man die Schienen an der jenseitigen Flanke wieder herauskommen in bösem Gleißen. Aber um von einer Hangseite zur anderen zu gelangen, muß man die »falsche Namty« durchfahren, bis auch sie zu einer Scharte zwischen zwei sehr eng stehenden und unendlich hohen Bergwänden wird. Der Eindruck ist phantastisch: als stürzte man sich jetzt wirklich unter die Erde, in einen gekrümmten Tunnel, der in ein Loch mündet, genau gegenüber einem zweiten Loch, einem beinah identischen Tunnel, der sich in der Gegenrichtung krümmt. Und zwischen beiden nur ein eiserner Steg, eine Art liegender Eiffelturm über einem unglaublich engen und tief eingeschnittenen Nichts, einer Ritze, die ein Abgrund ist. Das Ganze ist ein Gaukelwerk, das mich entzückt. Ich liebe all dies Schwarz und Weiß, diese Finsternisse und Helligkeiten, ich liebe das Nichts, das zwischen diesen Wänden abstürzt, während auch der Zug ein maximales, kaum noch zulässiges Gefälle überwindet, ohne jemals zur Sohle der Schlucht zu gelangen. Ein ganzer Tag, bis wir sie erreichen, und dann empfängt uns der Dschungel.

Schon klammert sich dunkler Bewuchs an die Schluchten, die Beulen, die Ritzen, das Geröll der verrotteten Felsen. Zugleich stürzen von den kreidigen, hier viel weniger hohen Steilwänden Kaskaden und Katarakte, weiße Kometenschweife, inmitten einer Natur, die immer dunkler wird. Dann sieht man nichts mehr. Man steckt blind in diesen Labyrinthen, diesen Rumpelkammern, diesen Höhen und Tiefen, die man nicht mehr unterscheiden kann. Eine gesichtslose Welt, eine grenzenlose Weite, deren Gleichförmigkeit und Flächigkeit absolut ist, aber bösartig, drohend in ihren bleiernen Farben. Es ist der Ur-Wald, zugleich geschlossener Block und ständige Verschiebung, fast faltenlos, auch Gefängnis, das sich über den ganzen Raum erstreckt, undurchdringlich erscheint von außen, von innen, von oben und unten. Vor den Blicken ein Bahrtuch, das alles ringsum bedeckt. Eine Capa, unter der man das Gefühl des Unbekannten empfindet, des Mysteriösen, sich vorkommt wie im feierlichen, feuchten Dämmerlicht einer Kathedrale. Diese grünliche Unbegreiflichkeit, die sich ins Unendliche erstreckt, ist die Summe von Milliarden Baumstämmen, Laubkronen, Hölzern, Lianen, verwebt zu einem glatten, wohl fünfzig Meter hohen Wandteppich. Die Sieger der mörderischen Kämpfe, die sich im Pflanzenreich auf der Erde, unter der Erde und im Wuchern hoch über der Erde abspielen. In diesen Waldtiefen keine Sonne, keine sichtbaren Tiere, nur Orchideen in den Baumwipfeln, Blüten, die in ihrem barbarischen Gepränge eher aufgerissenen Rachen gleichen. Mich, das Kind, fällt der Dschungel an wie ein Schlag, wie ein furchtbarer Schock, wie die Wiederkehr all der Hydren und Monstren, mit denen Li mich einst umgab. Und er greift mir ans Herz wie eine jähe Ahnung. Wie hätte ich erraten können, daß ich ihn viele Jahre später so gründlich durchstreifen würde? Im Indochina-Krieg, in den gleichen düsteren und unwirklichen Gegenden, sollten aus Lis Drachen kleine Männer in grünlichen Uniformen werden, die, zusammengekauert, versteckt, unsichtbar, tausendfachen Tod mit sekundenschnellen Feuerstößen säten.

Die Bahnlinie folgt noch immer der Namty, die jetzt nicht mehr im Erdinneren verschwindet, aber dennoch nicht zu sehen ist, so dicht überdeckt diese Tiefseevegetation ihr Bett. Ein Gewirr aus Bambusstauden mit obszönen Samenschäften, Palmen mit geschachtelten Stämmen, rotblühenden Bananenbäumen, in deren Fruchtbüscheln die Minierschlangen hausen. Über dem Wasser liegt ein Teppich aus hohem Schilf und Binsen, verwoben mit zahllosen seltsamen Gräsern und Pflanzen, manche sehr schön, wie der Lotos, der den Thronen der feisten Buddhas gleicht, die meisten jedoch Kletter- oder Kriechpflanzen, die ihre Ranken zu Netzen verknüpfen. Dieser Geilwuchs ist der Strom selbst, ein uferloser Sumpf, aus dem der Bahndamm sich kaum abhebt.

Nächste Etappe ist Lao-kai am Grenzübergang nach Indochina. Hier mündet die Namty in den Roten Fluß. Lao-kai ist ein langweiliges Nest, Sitz kolonialer Verwaltungsstellen. Wo ist die Erinnerung an Phuoc geblieben, den Anführer der Schwarzen Flaggen, dieser furchtbaren Banditen, die 1880 die Eroberer von Tongking durch ihre Kunstfertigkeit im Töten und Foltern entsetzten? Wo ist hier, in dieser banalen Kleinstadt mit ihren paar Bungalows für weiße Kolonialbeamte, einer Kaserne, chinesischen Läden, Unterkünften für annamitische Dolmetscher oder Schreiber, die es sich nicht nehmen lassen, im korrekten Anzug mit Weste aufzutreten, wo ist hier Phuocs Schloß? Wo sind die tief gestaffelten Wälle seines königlichen Yamen, die stets mit den Schädeln weißer Soldaten wie mit Blumenschalen dekoriert waren? Das alles wurde zerstört, wie man das Böse vernichtet. In Lao-kai herrscht Friede, und die Züge rollen.

Die Erinnerung an Phuoc ist in Albert noch lebendig, denn er war in sehr jungen Jahren als kleiner Konsulatsbeamter in Hokau, dem chinesischen Städtchen, das von seinem Hügel jenseits der hier die Grenze bildenden Namty auf Lao-kai herabblickt. Viele Jahre verbrachte er in dieser ungesunden Gegend, wo sich besonders im Sommer zur Monsunzeit die Regengüsse, die Wolkenbrüche, die Fluten aus dem Himmel mit den irdischen Wassern vereinen, sie zu gewaltigen schleimigen Strömen anschwellen lassen. Alles strömt Ansteckung aus, der verseuchte Wald wird noch giftträchtiger. Dann wütet das Gelbfieber, die tödliche Malaria. Albert war dort, als die Eisenbahn gebaut wurde, als zahllose Kulis – zwanzigtausend, dreißigtausend, kann sein auch mehr, man weiß es nicht – sterben mußten, damit der Schienenweg die große Steige von Yünnan erklimmen konnte. Auch Weiße starben. Zehn Jahre Hölle. Albert schlägt oft diese Seite im Buch des Heldentums und des Grauens auf, er weiß packend zu schildern.

»Zuerst war geplant, den Roten Fluß für die Trassenführung zu nutzen. Aber hinter Lao-kai wurde sein Bett zur unzugänglichen Klamm. Es gab wohl den chinesischen Pfad der zehntausend Stufen. Aber der Anstieg wäre zu steil gewesen. Dann dachte man an den Einschnitt der Namty, oder besser der beiden Namtys, denn man stellte fest, daß es deren zwei gab. Auf der Landkarte war die ganze Gegend ein weißer Fleck, so weiß wie ihre Kalkformation. Nie wagten Menschen sich dorthin, nicht einmal die chinesischen Räuber, denn das klare Wasser der Namty war das sichere Verderben. Fieber, das den Kopf erfaßt, den Rumpf, die Gliedmaßen, und im Bauch seinen Herd hat. Der Mensch fühlt sich brennen wie eine Fackel. Unstillbarer Durst quält ihn. Und dann plötzlich eisige Stalaktiten vor der Froststarre des Todes. Und eine Unzahl weiterer bekannter oder unbekannter Krankheiten, gegen die sich in den Arzneibüchern jener Zeit kein wirksames Mittel fand. Die Krankheitsbilder waren verschieden, aber immer grotesk. Menschliche Körper wurden zu Mumien oder unförmig geblähten Schläuchen, zuweilen mit gelblicher Leichenblässe als einziger Farbe, dann wieder in allen Schattierungen von Blautönen oder Rötungen in Form kleiner Pustel oder großer Flecken. Manchmal glänzte das Auge des Todgeweihten noch tagelang, während der ganze Leib schon Verwesung war. Handelte es sich um einen Europäer, so versuchte man, den Kranken abzutransportieren, das heißt, er wurde in einer Art Hängematte, einem Stück Leinwand zwischen zwei Bambusstangen, von Kulis viele Tagemärsche weit getragen. Was die chinesischen Arbeiter betraf, die umfielen wie Fliegen, so wurden ihre Lager allmorgendlich gereinigt, die Leichen entweder zu Haufen geschichtet oder in Schubkarren verladen, die man dann in einiger Entfernung auskippte.

Und was für eine Arbeit! Zuerst hieß es das Gelände erkunden. Wo sich der Dschungel erstreckte, mußte er gerodet werden, ehe man überhaupt irgend etwas feststellen konnte. Aber vor allem das senkrechte Universum der Namty hat an diese Pioniere übermenschliche Anforderungen gestellt. In Asien scheinen Dschungel oder Gebirge absolut unzugänglich, in Wahrheit jedoch sind sie von einem Netzwerk geheimer Pfade und Pisten durchzogen. Nichts dergleichen im Bereich der Namty. So mußte die erste Kolonne mit ihren Ingenieuren und den Kulis, die alles auf dem Rücken heranschleppten, zunächst an jeder Uferflanke mit Hacke und Schaufel einen Steig hart am Abgrund bahnen. Jeder Schritt konnte den Sturz bringen. Gleichzeitig waren die topographischen Erhebungen durchzuführen, eine Trasse für die künftige Bahnlinie zu entwerfen. Mehr als die Hälfte dieser Weißen sind damals auf der Strecke geblieben. Danach wurde der Pfad zu einem Weg erweitert, auf dem Maultierkarawanen oder ganz einfach nackte Kulis die Schienen, die Eisenträger, alle Arten von Bohlen und Planken und gewaltige Mengen Sprengstoff herbeischafften, denn nun begann der Streckenbau. Welche Willenskraft war dazu nötig! Erdarbeiten von unvorstellbaren Ausmaßen, Dränieren aller Wände, aus denen ständig Wasser rieselte, Einkerbungen, die in diese Steilhänge geschnitten, Tunnels, die mit Dynamit aus dem Fels gesprengt wurden und aus denen man dann von Hand die Brocken entfernen mußte, höchste Jongleurkunststücke, um die Brücken ins Leere vorzutreiben. Baustellen mit Weißen, die herumbrüllen, mit Vorarbeitern, die ihre Kolonnen antrieben, und Tausende zerlumpter Kulis. Die Bahnlinie wurde nicht mit Hilfe von Maschinen gebaut, sondern von gelben Arbeitskräften, die nicht viel kosteten. Fünfzigtausend Kulis, über die Trassenlänge verteilt. Aber wie oft wurden aus diesen Ameisenhaufen von Baustellen Stätten der Öde. Die Kulis tot oder geflüchtet. Obwohl die Eisenbahngesellschaft mit den besten Sklaventreibern arbeitete, den gewiegtesten Menschenhändlern, weißen oder gelben Herren von erstklassigem Renommee. Indessen wurden diese Menschenfleischhändler ihrem Ruf nicht gerecht. Denn die von ihnen gelieferten Männer krepierten dummerweise oder machten sich aus dem Staub. Es mußten neue herbeigeschafft werden, immer wieder neue. Aus ganz China wurden sie zusammengefangen. Szetschuan wurde abgegrast. Nordchina wurde abgegrast. Dort glaubte man, die Lösung gefunden zu haben, denn diese Männer hatten bereits die Bahnlinie von Schanghai nach Peking gebaut. Aber es wurde eine Katastrophe. Die Arbeiter waren zu Fuß, in langen Kolonnen in eine völlig unbekannte Gegend gekommen, in diesen Dschungel, der das genaue Gegenteil zu ihren nackten und kalten Ebenen bildet. Überall sahen sie Geister. Sie weigerten sich, den Fels zu behauen, denn sie fürchteten, den Berggeist zu erzürnen. Sie verweigerten die Arbeit. Verweigerten sie auch noch, als ihnen zur Strafe die Reisration gestrichen wurde. Ihre Baustellen waren Skeletthaufen. Lange, geduldige Palaver mit den Leuten führten zu nichts. Sie waren nicht aufsässig. Sie ließen sich einfach sterben. Schließlich flohen ein paar Hundert von ihnen in den Dschungel. Dort starben sie an Erschöpfung. Wurden eine Beute der Raubtiere oder von den Briganten als Lastträger geschnappt, was bedeutete, daß sie in wenigen Wochen tot waren. Wie durch ein Wunder gelang es etwa einem Dutzend von ihnen, ganz China zu durchqueren und ihre Dörfer zu erreichen. Sie waren die einzigen Überlebenden.«

Albert hatte das alles aus nächster Nähe miterlebt, war selbst jedoch stets in Ho-kau verblieben, wo seine Mission darin bestand, den Taotai, also den chinesischen Unterpräfekten, kräftig zu schmieren, damit er keine Geschichten machte. Und zum guten Schluß, als die Bahnlinie fertig war, fanden französisch-chinesische Liebesmähler statt, die kleinen drahtigen Franzosen, denen die Leitung anvertraut war, und die seidengewandeten Mandarine setzten sich gemeinsam zu Tisch. Man beglückwünschte sich gegenseitig zu dem großen Werk, das Frankreich und China vollbracht hatte, und kein Mensch wäre auf die Idee gekommen, der toten Kulis anders zu gedenken als in Form eines technisch verklausulierten Hinweises auf die Schwierigkeiten der Arbeitskräftebeschaffung und auf die zusätzliche finanzielle Belastung, die sich hieraus für das Projekt ergeben hatte.

Mein Vater empfand, während er diese immerhin recht grausigen Geschichten erzählte, kein wirkliches Entsetzen. Ich auch nicht. Was sind dreißig- oder vierzigtausend Tote, wenn eine Hungersnot, von der die übrige Welt überhaupt nichts erfährt, in einer einzigen Provinz zwei bis drei Millionen Menschen dahinrafft? Darüber standen allenfalls ein paar Worte in den englischen Zeitungen von Schanghai zu lesen. Mein Vater war stolz auf die Eisenbahn, man konnte fast sagen, auf »seine« Eisenbahn. Und auch ich war auf meine Weise stolz darauf, ich genoß sie in vollen Zügen, mit allen Sinnen, mit meinem ganzen Wesen: ich liebte diese Schönheit. »Meine« Schönheit.

Der dritte Tag war die Krönung. Wir fuhren den Roten Fluß entlang, der, mit knapper Not den höllischen Schlünden entronnen, sich gleich einer riesigen Lichtspur erstreckte, wie von einem himmlischen Schwerthieb durch Dschungel und Gebirge gehauen. Etwas unerhört Majestätisches lag über dieser Landschaft, diesen Wassern, die wirklich ins Rötliche gingen durch die mitgeführten Schlickmassen und zwischen Steilufern dahinflossen, die üppig bewachsenen Mauern glichen. In der Ferne sah man seltsame Formen aufragen, die in Wahrheit Berge waren, die einen wie Wellenkämme, die anderen wie kegelförmige Geschwülste. Es war die Zeit der Niedrigwasser, und man konnte Stromstriche unterscheiden, auf denen Dschunken, von Bootsstangen geschoben und von Menschen gezogen, sich flußauf bewegten, genau wie in China.

Die Schienen waren auf einem fast geraden Damm verlegt. Ich hatte den Eindruck, die Welt zu beherrschen. Das dauerte den ganzen Tag. Wir kamen zu der Stelle, wo der Rote Fluß an einem Ufer den Schwarzen und am anderen den Hellen Fluß in seinen Lauf aufnimmt. Die Einmündungen werden von zwei mit dunklen Wäldern umkleideten Bergen bewacht, dem Tam Dao und dem Bavi. Zwei Vorposten der ungebändigten Natur am Saum des Deltas. Ich ahnte nicht, daß ich dreißig Jahre später von diesen Höhen aus, die den Damen und Herren der Kolonie in der heißen Jahreszeit als Sommerfrische dienten, Augenzeuge der Schrecknisse des Dschungelkriegs werden sollte.

Das Delta bot seinen trübseligsten Anblick. Nieselregen. Der Himmel ein Ballen schmutziger Watte, die mit dem Boden verschmolz. Der Nieselregen von Tongking ist ein schwerer grauer Dampf aus Myriaden winzigster Tröpfchen. Wasser, das nicht herunterfällt, aber alles durchdringt. Die Erde ist dann ebenso trüb wie der Himmel. Wie reizlos ist dieses Delta! Eine Art aufgeweichter Müllhalde, durchschnitten von Aufschüttungen, auf denen wie Inseln grünliche Beläge schwimmen, die Dörfer. Dieses Gebräu der Elemente, dieser gesammelte Unflat, diese Reihen von Männern oder Frauen, die man in der Ferne unter ihren Lasten gebeugt sieht, diese schlammverkrusteten Büffel mit den nackten Buben, die auf ihren Rücken zu schweben scheinen, dieses Fehlen von Farbe oder vielmehr diese Farbe, die nur bräunliche Melasse ist, soweit das Auge reicht, wie freudlos ist das alles. Der Rote Fluß ist zwischen gewaltige Deiche gezwängt, die in der Regenzeit seinen tosenden Wassermassen kaum standzuhalten vermögen. Übrigens wird zur Monsunzeit das ganze Land zu Wasser, oben die Fluten des Roten Flusses, der zwischen seinen Hochufern gefangen ist, drunten die der Ebene, die Wasser, die sich zu einer einzigen fruchtbaren, gelblichen Überschwemmung vereinen. Was ist aus dem Delta geworden? Ein Schwamm, ein Aquarium unter einer wolkenschweren Hitzeglocke. Es ist die Zeit der *arroyos*, der gewundenen Wasserläufe, die dann mit all ihrem Schlamm in trüben, scheußlichen und zugleich prächtigen Farben die Bodenfläche bilden, einen Boden, den es nicht gibt und aus dem dennoch die Reisernten emporwachsen und auch eine düstere, eindrucksvolle Vegetation aus Feigen- und Bananenbäumchen, aus ungeheuerlichen Bambusstauden, die den scheinbar in der Luft schwebenden Weilern als Wälle dienen.

Aber in diesem Monat Februar ist alles geordnete Trostlosigkeit. Wir nähern uns Hanoi. Die Bahnlinie verläuft auf dem Deich, so daß wir noch über der nackten Erde dahinrollen, die man nur so weit sehen kann, wie der Sprühregen, der zuweilen schwaches Dämmerlicht durchsickern läßt, sie nicht gänzlich verschluckt.

Meine Eltern machen sich fertig. Anne Marie hat ihren Glokkenhut aufgesetzt und ein langes Kleid angezogen, dessen schwingende Weite ihre geschmeidige Grazie unterstreicht. Albert hingegen wählt einen förmlicheren Anzug. Steifer Kragen und Diplomatenkrawatte. Während er den Krawattenknoten immer wieder aufs neue schlingt, brabbelt er unaufhörlich vor sich hin:

»Wer hätte damals gedacht, hier, in Hanoi, daß ich eines Tages als Gast des Generalgouverneurs ankommen würde?«

Die Eitelkeit meines Vaters kann manchmal wirklich treuherzig sein. Anne Marie scheint zwar keineswegs beeindruckt, widmet sich jedoch mit besonderer Sorgfalt der Vervollkommnung ihrer Schönheit. Mich haben sie in meinen Sonntagsstaat gesteckt, einen Matrosenanzug, mit der Ermahnung, die nachgerade zur alten Leier wird: »Mach uns keine Schande, sei nicht schmutzig. André Merlin ist immer sauber.«

Als wäre die Familie Bodard ausgezogen, Hanoi zu erobern. Nachdem das letzte Keuchen des Zuges endlich verröchelt ist, könnte man sich nicht nur auf einen größeren Provinzbahnhof, sondern an einen wichtigen Knotenpunkt in Frankreich versetzt fühlen. Gravitätisch entsteigen wir unserem Salonwagen. Ein Adjutant des Gouverneurs begrüßt uns respektvoll. Mich erstaunt vor allem, daß hier das Gewimmel fehlt, das lärmende Gedränge Chinas, seine Fröhlichkeit, sein Schmutz. Aus den Wagen quellen Ströme von Annamiten mit ihren sonderbaren Bündeln, ihren Thermosflaschen und Emaillebehältern, allen Arten von Lebensmitteln, Krügen voll stinkendem *nuoc-mâm*. Aber diese Menschenmengen verschwinden, als wären sie nur Schatten. Der Lärm stammt von den weißen Reisenden und ihren Damen, die aus der Ersten Klasse steigen. Sie machen lautstarke Szenen wegen ihres Gepäcks und aus allen möglichen Gründen. Sie wettern gegen diese verfluchten annamitischen Bediensteten, die als »Nichtsnutze«, ja als »Diebe, Lügner und so weiter« apostrophiert werden. Diese Annamiten mühen sich nach Kräften, dem Gezeter zu entgehen, und bewahren dabei ihre unterwürfige Miene. Nein, Chinesen ließen sich nicht so behandeln.

Draußen steigen wir in einen schwarzen Wagen mit Stander. Hanoi. Ich erinnere mich an diese Stadt als an eine totale Leere. Sie ist schön, aber ohne Seele, als hätte man ihre Seele vernichtet. Dennoch bietet sich uns im Herzen der Stadt ein entzückendes Bild, ein kleiner See, der an die melancholischen chinesischen Holzschnitte erinnert. Eine sanft plätschernde Welle, über die sich die Uferbäume neigen, zierlich die einen, andere gigantisch wie die Feigenbäume mit ihren Hunderten furchterregender Wurzeln-Schlangenknäuel, Alptraumgewirr, das sich in der Erde verliert. Einer dieser Stämme ist so gewaltig, daß auf ihm eine kleine Pagode errichtet wurde. Eine zweite Pagode steht zart und anmutig in ihrem roten Lack auf einer winzigen Insel in Form einer auftauchenden Schildkröte.

In der Umgebung des Sees sehe ich hinreißende Geschöpfe, die Damen der guten annamitischen Gesellschaft, in langen Tuniken, die sich nach unten wie Schmetterlingsflügel breiten. Alles an diesen Damen ist Seide: ihre Haut und ihre Kleidung, so leicht, so luftig. Aber außer ihnen ist alles Bedrückung.

Ich kann dieser Bedrückung keinen Namen geben. Vermutlich würde er Ordnung heißen, die französische Ordnung. Am Ende des Sees beginnt wieder die gepflasterte Straße, und während zur Stunde des Aperitifs ein paar annamitische Honoratioren in schwarzen Talaren und mit ihren Abstinenzlermienen hastig vorübereilen, drängen sich auf den Caféterrassen die Tropenhelme in ihrer ganzen Pracht und darunter die strahlenden Gesichter der Kolonialherren. Pastis und Cognac-Soda. Welche Selbstzufriedenheit! Gutturale Rufe: »Boy, boy«, denn man will mit einer neuen Runde neue Banalitäten begießen. Das sind die *oldtimers*. Danach sehen wir die Rue Paul-Bert und die Geschäfte, die mich enttäuschen, denn die Gegenstände, die in Yünnanfu wie Kostbarkeiten aus ihren Schreinen genommen werden, sind hier ordinär feilgeboten, ohne Genuß, ohne Geheimnis. Und noch ein Stück weiter biegen wir in lange, schöne, baumbestandene Straßen ein, an denen die europäischen Bungalows inmitten ihrer Gärten stehen. Aber wie endlos und verlassen sind diese Alleen! Wo ist das Volk? Keine Fußgänger, keine Bettler, keine Landstreicher, nur feine Leute in Autos. Die weniger feinen, vor allem die annamitischen Schreiber, die mit viel zu aufdringlicher Sorgfalt gekleidet sind – Anzug mit Weste nach europäischem Schnitt – per Fahrrad. Und die große Masse der Bevölkerung, die kleinen Weißen, die Mischlinge, alten Eingeborenen, Mütterchen, junge Schöne, die nicht ihr Glück gemacht haben, in Rikschas. Der Mann, der zwischen den beiden Deichseln trabend das Gefährt zieht, erinnert mich als einziges an China, wo alles auf Menschenrücken, mit dem Menschen als Lasttier transportiert wird. Ja, eine erschütternde Leere.

Und am Ende dieser Leere steht hinter seinem Gitter, in seinem Park der Palast des Generalgouverneurs, liegt da wie eine große gelbliche Absonderung, ein feierliches, deplaciertes Muscheltier. Auf der Freitreppe erwartet uns Madame Merlin. Umarmungen. Ihre fleischige Wange an der meinen. Andrés glitzernde Augen in den meinen. Der schöne Hauptmann ist da. Er meldet dem Generalgouverneur unsere Ankunft, der kurz aus seinen Amtsräumen auftaucht und uns willkommen heißt. Wir beziehen den Pavillon, der uns zugedacht ist. Ein schöner klassischer Bungalow mit Veranda, mit großen, prachtvoll kahlen Räumen, wie sie in den Kolonien Mode sind, stillstehenden Ventilatoren, die aufgehängten Spinnen gleichen, und in den Schlafzimmern die unerläßlichen Moskitonetze. Denn sogar während des Nieselregens gibt es hier Moskitos. Ihr leises Sirren begleitet im Sommer das Scheppern der Ventilatoren, die eine von heißer Feuchtigkeit zersetzte Luft umwälzen. Aber jetzt ist es kalt. Fünfzehn Grad sind in tropischen Breiten geradezu eisig. Der Nieselregen scheint auch die Seele durchnäßt zu haben. In welche fremdartige Welt bin ich geraten? Diese annamitischen Dienstboten, die uns so geschäftig umschwirren, kann ich nicht sympathisch finden. Tongking erscheint mir deprimierend, aber zugleich bin ich sehr aufgeregt.

Meine Eltern sind vollauf damit beschäftigt, das Auspacken ihrer Koffer zu überwachen, denn in den Kolonien benötigt man eine unglaublich umfangreiche Garderobe für alle offiziellen und privaten Anlässe. Auftritt ein Adjutant mit einer Karte vom Herrn Generalgouverneur, der Monsieur und Madame Bodard nebst deren Sohn noch für diesen Abend zu einem Diner im kleinen Kreise lädt. Auf in den Kampf! Es gilt, die angemessene Toilette zu wählen. Nicht große Gala, aber doch eine Kleidung, die dem Rang der Gastgeber entspricht. Anne Marie hat sich in rosa Taft gehüllt, der zugleich steif und schillernd ist und aus ihr ein Blumengeschöpf macht.

Schlangen aus Gold, aus dem roten Gold der Chinesen, umwinden ihre Arme. Und eine große viereckige Jadebrosche an ihrer Brust ist das Zeichen der Mandarinswürde. Sie trägt einen Hut, der ein Nest aus weißen Reiherfedern ist, sehr raffiniert. Albert hat sich nach einigem Zögern in einen fast schwarzen Anzug mit Nadelstreifen geworfen, nicht direkt einen Gehrock, aber doch eine Andeutung davon. Und er kämpft mit seinen Manschettenknöpfen, die Staatssiegeln gleichen. Ich wurde wieder in Samt und Spitzen gesteckt. Ich komme mir ein bißchen lächerlich vor.

Endlich, auf den Schlag genau, ersteigen wir die riesige Freitreppe des Gouverneurspalastes und gelangen in die Empfangsräume mit ihren allegorischen Statuen und nachgeahmten dorischen Säulen. Kein orientalischer Gegenstand außer den Boys, beweglichen Gegenständen, so perfekt, daß sie nichts Menschliches mehr an sich haben. Wir betreten den Salon. Marmor, modische Fauteuils von banaler Extravaganz. Gewichtig und häßlich. Aber am gewichtigsten ist das Schweigen. Ungefähr zwanzig Herren und Damen, alle Damen mit Hüten, alle Herren in weißer Uniform, schweigen zumeist respektvoll. Sie warten, bis *monsieur le gouverneur* oder *madame la gouverneur* als erste ein paar Worte gesprochen haben, denen sie sodann beipflichten werden. Obwohl Monsieur Merlin nicht besonders einschüchternd wirkt. Heute abend sieht er aus wie ein dicker friedlicher Uhu. Oder, um von den Tiervergleichen Abstand zu nehmen, er ähnelt einem braven Landgendarmen. Er steckt in einer halbmilitärischen Jacke aus khakifarbenem Leinen, die ihm den Hals einzwängt und schlicht, mit einer Reihe Messingknöpfen besetzt, bis zum Bauchansatz reicht. Freundlich brummelt er jedem einen Willkommensgruß zu. Die geheime Furcht- und Schreckenszone erstreckt sich vielmehr rings um Madame Merlin, deren Augen bereits alles erspäht und alles geprüft haben. Sie trägt ein geräumiges Kostüm, majestätisches Tabernakel eines Busens, der den ganzen Salon zu bedecken scheint. Dieses Fett, das unförmig sein könnte, ist ein Gefäß der Würde. Als Zugeständnis an ihre Weiblichkeit hat sie ein Kollier um den Hals geschlungen, das in zwei Schnüren über die blühende Üppigkeit ihres Embonpoints hängt. Aber sie hat nichts von einem Drachen, nichts von einer Megäre an sich. Sie ist gefürchtet wegen ihrer Art, mit hinterhältiger Gutmütigkeit zu urteilen, wegen ihrer zugleich scharfen und köstlichen Formulierungen, denn im Gegensatz zu ihrem Herrn Gemahl hat sie Sinn für die Sprache.

Als sie Anne Marie umarmt, sagt sie zu ihr:

»Herzchen, Sie spielen mit der Gefahr, wenn Sie sich so schön machen, Sie werden allen Männern die Köpfe verdrehen.«

In dieser fast stummen Gästeschar erkenne ich einige Herren

des Zivil- und des Militärkabinetts wieder, die sich als Vertraute des Hauses gebärden, diskret und feinsinnig-herablassend. Und noch einen alten Bekannten sehe ich, den Herrn Generalstaatsanwalt, den ich schon in Yünnanfu öfter sah und den ich immer sehr lustig fand. Die ganze übrige Gesellschaft sind Unbekannte. Verhuschte Damen im Sonntagsstaat, zumeist häßlich, die ihren ganzen Mut zusammenraffen und sich Madame Merlin nähern, um ihr irgendein Kompliment zuzuflüstern, das die Gouverneurin gar nicht zu hören geruht. Die Herren sammeln sich, nachdem sie dem Gouverneur ihre Reverenz erwiesen haben, in kleinen Grüppchen und machen gedämpft Konversation. Mein Vater hat Anne Marie zu sich herangezogen und ihr zugeraunt:

»Die *crème de la crème* von Indochina ist vollzählig erschienen. Unseren Freund, den Generalstaatsanwalt, kennen Sie ja bereits. Aber auch ein Generalresident ist da, ferner der Chef der Zivildienste und der Chef des Sicherheitsdienstes. Ich werde Sie mit den Herren und ihren Damen bekannt machen.«

Albert geleitet Anne Marie zu den reizlosen Damen und den seriösen Herren. Austausch von Gemeinplätzen mit den Damen, hölzerne Artigkeiten seitens der Herren, die ihr die Hand küssen. Ein Donnerruf Madame Merlins:

»Ah, teuerste Madame Bodard, es wäre meine Pflicht gewesen, Sie mit unseren Gästen bekannt zu machen. Weil ich sie alle so gut kenne, vergesse ich, daß nicht jeder sie kennt. Sie, Madame, kommen aus einem so wilden Land zu uns herunter! Aber ich hoffe, daß wir Sie künftig recht oft bei uns sehen werden.«

Nach dieser so entschiedenen Kundgebung bleibt allen die Spucke weg. Die ganze Gesellschaft, die in ihrer Abgestumpftheit von Anne Maries Vorhandensein und von ihrer Schönheit nicht einmal Notiz nahm, weiß jetzt, daß meine Mutter Madame Merlins Schützling ist. Die feierlichen Esel drängen sich um sie. Ein hohles Lachen stößt auf sie nieder, ein Paar glänzende Augen, ein weißer Bart voller Speichelkrusten – der Generalstaatsanwalt zieht sie an sein Herz. Aus einigem Abstand betrachtet der schöne Hauptmann ironisch die Szene.

Und auch ich werde der ehrenwerten Runde vorgestellt. Der Gouverneur hat die guten Glotzaugen auf mich gerichtet, und *madame la gouverneur*, die unter ihren Ausladungen herkulische

Kräfte verbirgt, hat mich in die Arme geschlossen und bis zu ihren Wangen hochgestemmt, den fleischigen Wangen, die sie jetzt aufs neue an den meinen reibt, wobei sie mich »mein kleiner Lulu« nennt. Eine öffentliche Auszeichnung. Innerlich schnurre ich vor Eitelkeit. Auch in Hanoi bin ich jemand. Ich bin wieder der kleine König.

Aber ein spöttisches Lachen holt mich in die Wirklichkeit zurück. Vor mir steht André Merlin, in einem Blazer mit blauen und weißen Streifen, ganz sportliche Eleganz. Mit spielerischer Anmaßung verweist er mich auf meinen Platz. Auf den zweiten Platz.

»Na sag mal! Du bist angezogen wie ein kleines Mädchen. Wenn du willst, reserviere ich dir morgen eine Partie. Wetten, daß ich dich sechs zu null schlage?«

Ich koche. Natürlich wußte ich, daß mein Anzug viel zu niedlich war. André, dieses zappelige Äffchen, kann sich kleiden, als ginge er im Racing-Club de France spazieren. Er ist genauso modern und aggressiv, wie seine Eltern altmodisch sind, was Madame Merlin allerdings durch ihre unverwüstliche Energie wettmacht. Auf jeden Fall ist es gemein von André, mich zum Tennis herauszufordern, denn er weiß genau, daß ich nicht spiele.

Es ist Zeit, zu Tisch zu gehen. Die Versammlung ordnet sich zu einem langen Zug, zu einer Prozession von Paaren. Nach genau ausgeklügelter Etikette reicht jeder Herr einer Dame den Arm. Anne Marie hat die Ehre, von Monsieur Merlin höchstselbst in den Speisesaal geführt zu werden. Albert geleitet Madame Merlin, und er weiß sie so gewandt zu führen, als wäre sie eine ätherische Schönheit. Das amüsiert Madame Merlin, die sich keine Illusionen macht. André und ich, die Kinder des Hauses, bilden die Schlußlichter. Ich bin ernst. André schneidet Grimassen und flüstert:

»Zum Auswachsen!«

Ich finde das gar nicht, ich bin ganz Auge, ganz Ohr. Seit meiner Ankunft in Hanoi spüre ich undeutlich etwas wie einen Widerspruch: die Traurigkeit, in der diese Stadt befangen ist, und der Stolz, mit dem die Franzosen von ihrer Leistung sprechen, von dem, was sie aus den Annamiten gemacht haben.

Die Tafel ist mit einem reichbestickten Tischtuch bedeckt, es ist französische Stickerei, vermutlich die Arbeit der geschickten Finger annamitischer Waisenmädchen, die von den Nonnen großgezogen werden. Und welcher Aufwand an Silbergerät! Jeder Gast nähert sich, wie von einem Magnet gezogen, dem Kärtchen, das ihm seinen Platz zuweist, den Platz, der ihm gebührt. Wiederum sitzt Anne Marie zur Rechten von Monsieur Merlin. Und Albert zur Rechten von Madame Merlin. Ein Triumph. Ich sitze am Tischende neben André, der sein äffisches Gehabe nicht ablegt. Man hört nur sein Gemecker, denn aufs Neue hat sich Schweigen über die Versammlung gelegt. Die Speisenkarte vor jedem Gedeck weist nach französischer Sitte eine Abfolge komplizierter Gerichte auf. Nicht nur, daß niemand zu sprechen wagt, es wagt auch niemand, zu essen. Alle warten, daß *madame la gouverneur* mit einem ersten Wort und einem ersten Bissen das Mahl eröffnet.

Der Gouverneur beginnt zu sprechen, und er spricht (meinem Vater zuliebe, der ihm China gezeigt hat?) von seinem Indochina. Und zwar so rührend, so naiv, daß es sogar mir auffällt:

»In ein paar Monaten werde ich pensioniert. Aber zuvor erlebe ich noch die Freude, meine Annamiten glücklich zu sehen. Wieviel Liebe bringen sie Frankreich entgegen! Es ist rührend für einen alten Mann wie mich. Die Mandarine, die mich aufsuchen, nennen die französische Kolonisation die Pforte der großen Glückseligkeit. Und wenn ich durch die Provinz reise, stehen das Volk und die Honoratioren am Straßenrand und winken mit französischen Fahnen. Sie schleppen sogar die Ahnenaltäre herbei, wo immer ich des Weges komme. Und dann weiß ich, daß Frankreich ein nützliches Werk vollbracht hat, ein großes Werk.«

Madame Merlin betrachtet ihren Eheherrn mit zärtlichem Mitleid. Als gute Gattin hütet sie sich weislich, seine Illusionen zu zerstören, doch sie selbst macht sich keine.

Schweigen. Die kleine Ansprache des Gouverneurs verweist auf ernste Tischgespräche. Die Damen hüllen sich in wohlerzogene Stummheit. Reden ist Männersache. Und wirklich hört man alsbald eine spröde, leicht hüstelnde Stimme sagen:

»*Monsieur le gouverneur*, auch wir Beamte der Zivildienste

mußten viel Mühe und viel Liebe aufwenden. Seit vierzig Jahren sind wir nun an der Arbeit.«

Mehr sagt der Herr nicht. Er hat das armselige, miese Gesicht eines Klugscheißers. Ein Gesicht wie eine Messerschneide, schmale Lippen, fanatische Augen. Später erfahre ich seinen Spitznamen: »Der Spaßvogel Indochinas«, denn er hat im ganzen Leben noch nie einen Spaß gemacht. Ich werde mich immer an seine ätzende Stimme erinnern, an die Redeweise des dünnen Mundes, genau wie ich mich an den weißen Anzug erinnern werde, der allzu steif geplättet, mit allzu scharfen Bügelfalten seine dürftigen Schultern und die eingefallene Brust bedeckte. Seine Haut ist völlig glanzlos. Er ist nicht eigentlich häßlich, er ist etwas Schlimmeres, er ist inexistent in seiner ganzen Erscheinung wie der letzte kleine Schreiber, bis auf seinen Stolz, einen manischen Stolz. Männer seines Schlages werde ich später, während des Indochinakrieges, viele kennenlernen. Schreckliche Menschen. Die eigentlichen Herren der Kolonie seit eh und je. Der Kolonie, an der sie unaufhörlich bauten, bosselten, die sie verbesserten in zugleich unerbittlich logischem und sinnlosem Übermaß. Eine ganz besondere, ganz eigene Rasse. Asketen auf ihre Art. Asketen der französischen Ordnung, die ihr Glaubensbekenntnis ist, dieser französischen Ordnung, die mir in Hanoi plötzlich so bedrückend erscheint.

Der Hauptmann und Adjutant, den das Protokoll fast ans Ende der Tafel verbannte, nimmt sich entgegen allen Gepflogenheiten die Freiheit, das Wort an diesen Herrn, den allerhöchsten Chef der Zivildienste in Indochina, zu richten. Er darf sich alles erlauben, denn er ist Madame Merlins Verzugskind und stammt aus vermögendem Hause.

»*Monsieur le chef des services civils*, Sie und Ihre Vorgänger haben Ihr System in der Tat ständig vervollkommnet. Ich muß sagen, es ist perfekt. Den Eingeborenen, denen Sie Glück und Frieden schenkten, gestehen Sie dennoch jenes notwendige Maß an Lastern zu, ohne welches Asien nicht mehr Asien wäre.«

Der Chef der Zivildienste ist keineswegs peinlich berührt. Dieser Moralist ist im Gegenteil stolz darauf, auch die orientalische Unmoral ins Kalkül gezogen zu haben.

»Sie verlangen doch nicht etwa, daß ich Opium und Unterschlagung ausmerze? Das ist unmöglich. Also nutzen wir die kleinen Schwächen der Annamiten, um sie besser bei der Stange zu halten.«

Der Hauptmann meint anzüglich:

»Und was, wenn nun Asien eines Tages tugendhaft werden sollte?«

Ein sehr leiser Pfiff, nur ein »Pfft« dringt aus dem Mund des Chefs der Zivildienste. Für ihn ist eine solche Möglichkeit absolut unvorstellbar, für alle anderen Tischgenossen übrigens auch. Anne Marie läßt den Blick eine Sekunde lang auf dem Hauptmann ruhen, wie um ihm zu seiner Persiflage zu gratulieren. Denn es ist klar, daß er den Zivilchef auf den Arm genommen hat. Der Gouverneur indessen erteilt ihm einen milden Tadel:

»Immer langsam mit den jungen Pferden, *capitaine*.«

Ich sperre an meinem Tischende neben dem gähnenden André die Ohren auf, begreife nichts Genaues und begreife dennoch.

Der Polizeichef drückt kräftig auf die Tube:

»*Monsieur le gouverneur*, ich bin ganz Ihrer Meinung. Noch nie war die Sympathie der Eingeborenen für die Franzosen so groß wie heute. An Aufwieglern gibt es höchstens noch eine Handvoll. Und wenn ich sie zu fassen kriege, übergebe ich sie dem Herrn Oberstaatsanwalt.«

Genannter Oberstaatsanwalt weilt im Geiste weit weg, in Tschengtu. Er weilt dort mit Anne Marie, seiner Nachbarin, seiner langjährigen Freundin. Er breitet sein Tibet vor ihr aus, seine Erlebnisse in den Lamaklöstern, Geschichten, die meine Mutter längst auswendig kennt.

Der Generalstaatsanwalt ist eine der großen Gestalten meiner Kindheit. Erlauben Sie mir, ein wenig bei ihm zu verweilen. Er ist ein Greis mit einem Kopf wie ein großer länglicher Knorpel, irren Augen, einem ungeheuren weißen Bart, einer wahren Mähne, die stets von Gewitterstürmen aufgewühlt wird, dem Sturzbach seiner Worte. Er gibt, mit beträchtlich feuchter Aussprache, nicht endenwollende Tiraden von sich. Er ist erhaben über den Schmutz. Er ist schön in seiner Redewut, seinem Redewahn, obgleich er sagenhaft schmuddelig ist. Und was er erzählt, sind immer richtige Schauergeschichten: von den Beinhäusern Tibets, wo die Skelette zuhauf liegen und sich in bestimmten Nächten erheben, um schreiend und tanzend umherzuziehen. Auch liefert er die ausführlichsten Schilderungen der großen Lamaklöster, der übernatürlichen Fähigkeiten ihrer Bonzen, die meterhoch über dem Boden zu schweben vermögen, Tausende von Kilometern weit sehen, die Jahrhunderte überblicken können. Er hat ihre heiligen Bücher studiert, die in Sanskrit geschrieben sind oder in Pali, einer Sprache, die noch älter ist als das Sanskrit, er hat alles über die Götter gelesen, über die Weisheit des Buddha des Großen Fahrzeugs, der alles vermag, der über Verzauberungen und Bannungen verfügt: die Tantra-Schule. Der Generalstaatsanwalt stürzt sich kopfüber in diese phantastischen Erzählungen, seine Augen blicken wie in Trance, und sein Prophetenhaarwuchs sträubt sich. Er lebt nur für seine Tibetreisen. Monatelang ist dieser alte Mann auf unwegsamen Pfaden unterwegs. Hat er dann das Dach der Welt erreicht, das allen Fremden verboten ist, so wird er in den ehrwürdigsten Klöstern von den gelehrtesten Mönchen Asiens empfangen, als wäre er selbst ein Bonze. Einmal war er sogar in Grönland, um eine seiner Theorien nachzuprüfen, wonach die Tibetaner von den Eskimos abstammen sollten. Diesen alten Narren konnte nichts beirren, weder Strapazen noch große Höhen weder Entfernungen noch Krankheiten. Für ihn war die Scheiße Chinas geruchlos. Wonnig genoß er den Tee mit ranziger Butter, wie ihn die Tibetaner lieben, die selbst ranzig sind unter ihren zahlreichen Kleiderschichten, die sie niemals ablegen. Er nahm an gar nichts Anstoß. Und er hatte noch eine weitere, ganz andere Manie: gelbe Frauen. Und damals konnte man eine solche Entgleisung nur einem Mann verzeihen, der ohnehin als exzentrisch bekannt war. Er wechselte alljährlich die Frau, nahm jedesmal eine von einer anderen Rasse, bis er eines Tages an eine Japanerin im Kimono geriet, das denkbar süßeste Geschöpf, das er indessen keinesfalls hätte heiraten dürfen, denn sobald die Ehe geschlossen war, verfiel er der Sklaverei. Er wurde gekämmt, schöngemacht, in einen distinguierten alten Herrn verwandelt, feuchte Aussprache war verpönt. Aber zur Zeit dieses Diners in Hanoi war er noch nicht verheiratet, und ich kann ihn mir kaum vorstellen, wie er später, in hermelinbesetzter Robe, vom Gericht die Köpfe der franzosenfeindlichen Aufrührer forderte oder sie nach Poulo Condor schickte. Jedermann wußte, daß es diesen grauenhaften Ort gab. Sogar mir war, wie jedem Franzosen in Indochina, bekannt, worum es sich handelte: um eine tropische Palmen- und Koralleninsel vor der Küste Cochinchinas, die Strafkolonie für Annamiten, von der kaum einer lebend zurückkam.

Die Horsd'œuvres sind abserviert. Folgt ein Fisch, mit Mayonnaise überzogen. Französische Weine in den Gläsern, die in Reih und Glied vor jedem Gast stehen, nur nicht vor dem Generalgouverneur, der ausschließlich Mineralwasser trinkt. Ich bekomme ein Schlückchen Bordeaux. André auch. Ein Summen steigt von den Tafelenden auf. Jetzt wagen sie zu krakeelen, trotz der Anwesenheit des Gouverneurs. Die Wärme aus den arbeitenden Mägen rötet selbst die fahlsten Gesichter und löst die Zungen. Man ist bei der neuesten Anekdote der Kolonie, denn es gibt immer eine neueste Anekdote. Aber diesmal bricht nicht die übliche Lachsalve aus – eine Lachsalve, die beim Gouverneur im Rahmen des Schicklichen geblieben wäre –, nein, die Gesichter werden hart, böse, die Stimmen bitter. Ich spüre Haß ringsum, echten, spontanen, kollektiven, mörderischen Haß. Nein, das ist nicht irgendein banales Geplänkel unter Bewohnern der Kolonie. Das ist eine Explosion.

Vom Tisch steigt ein Stimmengewirr auf, an dem sich selbst die Damen mit schrillem Geschnatter beteiligen. Sie sind sogar noch hemmungsloser in ihrer leidenschaftlichen Entrüstung als die Männer. Aus dem mißtönenden Chor fange ich nur ein paar Brocken auf, kann Worte unterscheiden wie »Verräter«, »junger Schurke«, »verdorbenes Individuum«. Ich begreife schließlich, daß es sich um einen Weißen handelt, der sich gegen die eigene Rasse und gegen sein Vaterland wandte. Noch nie hat man dergleichen erlebt, einen Franzosen, der mit umstürzlerischen Ideen hier ankam, ja, sagen wir es offen, mit kommunistischen Ideen, der im Verein mit gelben Agitatoren an der Revolution in Indochina arbeitet. Ich bekomme einen Namen mit. Er hört sich an wie André Malraux.

Gouverneur Merlin indessen schwebt ungerührt als Serenissimus hoch über allem Volk, thront haushoch über den Dingen. Mit einer biblischen Geste gebietet seine ausgestreckte Hand dem Aufruhr der Elemente. Und er spricht gemessen:

»Die nötigen Maßnahmen sind bereits eingeleitet, soviel ich weiß.«

»Jawohl, Herr Generalgouverneur.«

Der Chef des Sicherheitsdienstes gibt diese Aussage ab. Er hat ein Gesicht, das aus lauter kleinen Knollen besteht, ein hartes Gesicht, das Gesicht eines Wasserspeiers, dem die Jahrhunderte und alle Unbilden der Witterung sein Aussehen verliehen. Die gegerbte, gebräunte Haut ist zu einer zerfressenen Kruste verhärtet. Eine Fratze, wie sie nur der Polizeidienst in den Kolonien produziert! Oh, keineswegs bedrohlich. Eher eine Art genießerischer Lustigkeit, eine Lustigkeit, die in den verschlagenen Äuglein mit den leicht geröteten Lidern glitzert und lauert. Er war einfacher Inspektor und hat sich durch seine Tüchtigkeit bis zu seinem jetzigen Posten hochgearbeitet.

Alle Weißen in Indochina stimmen darin überein, daß er gute Arbeit leistet.

Männer wie ihn werde ich später zu Dutzenden kennenlernen. Allen wird die gleiche makabre Fröhlichkeit zu eigen sein, die durch den Vorsitz bei den Verhören erworben ist. »Verhör« sagt schon alles. Diese Männer sind eisenhart. Sie wagen sich auf eigene Faust, überraschend, in die Schlupfwinkel verdächtiger Personen: irgendeine x-beliebige Strohhütte in einem Elendsviertel, eine Opiumhöhle in einer verrufenen Gegend. Sie finden, was sie suchen, inmitten der uferlosen asiatischen Menschenmasse, in den Schilfhütten am Stadtrand, wo die kleinen Gauner hausen, und sogar unter dem zahllosen Volk der zerlumpten *nhaqués*, die ein Leben lang über die Schlammfelder gebeugt sind, um die mühseligen Arbeiten des Reisanbaus zu verrichten. Diese *nhaqués* sind, besonders zur Zeit des Umpflanzens der Stecklinge, wie Millionen von Pünktchen, ein namenloses Heer in der Uniform der Armut: Baumwollzeug, entweder schwarz oder rostbraun, eine Farbe, die aus dem Cunaokorn gewonnen wird und die Menschen, die sie tragen, eins werden läßt mit dem rostbraunen Wasserboden. Diese Baumwollstoffe werden in großen Mengen in der Spinnerei von Nam Dinh hergestellt, der größten und einträglichsten Fabrik Indochinas, die zu Niedrigstlöhnen Tausende und Abertausende von Frauen beschäftigt.

Mumm haben sie, diese Polypen. Sie setzen ihr Leben aufs Spiel. Aber ihnen geht es um die Freuden der Jagd, der Menschenjagd. Als Gehilfen, als Schnüffler, als Henker haben sie sich aus den Reihen ihrer treuesten annamitischen Untertanen eine Killergarde geschaffen, Männer mit steinernen Gesichtern, die weder Tod noch Teufel fürchten, jeden Auftrag ohne jegliche Gefühlsregung ausführen, ohne eine Spur von Genugtuung oder Mitleid. Außerdem steht eine Vielzahl von Kreaturen aller Art zur Verfügung, von angesehenen Männern bis zu armen Teufeln, die stolz darauf sind, an die Tür ihrer Strohhütte ein Plakat kleben zu dürfen mit der Aufschrift »Vereidigter Informant«. Aber die höchste Kunst besteht darin, einen Revolutionär so »umzudrehen«, daß er die Polizei regelmäßig über die Machenschaften der Verschwörer auf dem laufenden hält. So etwas ist auf der ganzen Welt üblich, aber in Annam muß man sein Handwerk schon meisterhaft beherrschen, um der asiatischen Schläue gewachsen zu sein. Was macht es schon aus, wenn der Verräter eines Tages mit einem Messer im Herzen aufgefunden wird! Im großen und ganzen funktioniert der französische Polizeiapparat recht gut, denn diese Polizisten sind durch den Umgang mit den Gelben schon selbst halbe Asiaten. Sie bedienen sich auch gern der Mischlinge, dieser Menschen, die keiner Welt und jeder Welt angehören. Aus unerfindlichen Gründen sind die Männer dick und aufgedunsen, während die Eurasierinnen so ausnehmend schön sind. Diese Mischlinge werden für besonders knifflige Hilfsdienste verwendet. Einer von ihnen hat zum Beispiel alle Gesichter der polizeilich gesuchten Rebellen im Gedächtnis. Ein anderer kennt die labyrinthische Genealogie der großen Mandarinsfamilien, die den Franzosen so viel zu schaffen machten, bis es endlich gelang, ein paar gute Exemplare zu finden, will heißen hinlänglich bestechliche, auf die man indessen stets ein Auge haben muß, damit sie nicht zu reißenden Tigern werden und das Volk bei lebendigem Leib auffressen.

Das alles zeigt, welche wichtige Stellung der Chef der Sicherheitsdienste innehat. An der Tafel des Gouverneurs ist er, trotz seiner ziemlich wüsten Visage, ein hoher Gast. Er ist sich seiner

Bedeutung bewußt. Die ganze Gesellschaft wartet ungeduldig darauf, daß er sich genauer über den Fall dieses roten Franzosen ausläßt. Er läßt sich nicht lang bitten:

»Dieser Malraux ist ein Einfaltspinsel. Seit seiner Ankunft in Indochina beschatten wir ihn auf Schritt und Tritt. Wir kennen seinen Umgang genau. Viele junge Annamiten, darunter ein paar höchst verdächtige Subjekte, die sich versteckt halten. Eine Menge dieser kleinen Angeber, die sich ständig beklagen mit der Begründung, sie hätten an unseren Universitäten ihre Examina abgelegt. Sie sind sauer, weil sie keine hohen Posten kriegen. Sie möchten ans Ruder. Das fehlte noch, Indochina, von diesen Burschen regiert! Dieser Malraux trifft sich dauernd mit ihnen, und er trifft sich auch, was weit gefährlicher ist, mit Chinesen der Kuomintang, Agenten Sun Yat-sens. Was halten Sie davon, *monsieur le consul?*«

»Hm, hm«, meint *monsieur le consul* vorsichtig: »Wissen Sie, China ist eine komplizierte Sache.«

Worauf er einen Verschwörerblick zum Generalgouverneur hinüberschickt, der nicht mit der Wimper zuckt, sondern lediglich brummt:

»Ja, China ist eine sehr komplizierte Sache.«

Der Polizeichef fährt in seinen Ausführungen fort:

»Natürlich hat dieser Malraux auch die paar alten französischen Rauschebärte aufgesucht, diese braven Originale, die ständig Jaurès und den Sozialismus im Munde führen, eben Dichter. Leider steht zu befürchten, daß sich unter den jungen französischen Professoren, die unlängst aus dem Mutterland hier eingetroffen sind, subversive Elemente befinden. Sie sind wirklich zu fürchten. Malraux hat sich ganz sicherlich mit einigen von ihnen getroffen . . .«

Der Polizeichef unterbricht sich, um die Tafelrunde in ungeduldige Spannung zu versetzen. Dann verkündet er mit geblähten Nüstern die große Neuigkeit:

»Aber diesen Malraux, den kriegen wir, verlassen Sie sich darauf. Er war so unvorsichtig, Briefe zu schreiben. Ich weiß, zu welchem Zweck er sich wirklich hier aufhält. Er will die wertvollsten Basreliefs aus den Tempeln von Angkor klauen, aus Bantai-Srhreh, das noch immer vom Dschungel überwuchert ist. Er rüstet eine ganze Expedition aus. Wir lassen ihn gewähren, und im entscheidenden Moment – bums. Wir fassen ihn auf frischer Tat.«

Der Chef der Zivildienste verkneift die ohnehin schon schmalen Nasenflügel noch fester und läßt ein verächtliches Schniefen hören.

»Dieser reine Revolutionär ist kurzum nur ein Dieb, ein ganz ordinärer Opferstockräuber!«

Daß dieser Malraux in flagranti beim Stehlen ertappt werden soll wie ein gewöhnlicher Langfinger, löst allgemeine Freude aus. Albert verfehlt nicht, seiner Genugtuung Ausdruck zu verleihen, obwohl er selbst seinerzeit in Angkor einen sehr schönen Buddhakopf mitgehen ließ, dessen steinerner Schädel mit Gold umkleidet war. Man war damals in der Tat nicht kleinlich, was die »Souvernirs« betraf, die hochgestellte französische Besucher aus Angkor mitnahmen. Die wenigsten konnten der Versuchung widerstehen, ein paar Reliquien abzuschleppen. Jeder weiß also genau, daß für diesen verabscheuenswerten Malraux eine Falle vorbereitet wird, in die er hineintappen soll. Denn man will dem Revolutionär an den Kragen, die Kunstwerke sind nur Vorwand, sie bieten die Gelegenheit, auch wenn Malraux in dieser Hinsicht ein bißchen übertreibt.

Ich forsche im Nebel meiner Erinnerungen. Es scheint mir sicher, daß ich dieses Gespräch im Haus des Gouverneurs Merlin gehört habe. Und ich sollte während meines Aufenthalts in Hanoi die gleiche, fast wörtlich gleiche Geschichte bei sämtlichen Déjeuners unter französischen Honoratioren zu hören bekommen, zu denen meine Eltern mich mitschleppten. Die ganze Kolonie ist im Bilde, die ganze Kolonie wartet, kennt sogar bis ins kleinste alle von Malraux getroffenen Anstalten. Alle folgen den Etappen seiner Expedition. Fieberhaft hofft man auf den Tag, an dem ihn die Gerechtigkeit ereilen wird. Vielleicht wird unser Generalstaatsanwalt die Anklage gegen ihn erheben. Ehrlich gesagt, weiß ich nicht, was wirklich passierte. Im Augenblick ist der Generalstaatsanwalt an der Geschichte nur mäßig interessiert, denn Kambodscha ist nicht Tibet.

Warum haben sich mir diese Gespräche so unauslöschlich eingeprägt? Weil sie das gute Gewissen der Weißen erkennen lassen, ein vollständig und fleckenlos gutes Gewissen, das durch nichts zu erschüttern ist. Sie sprechen von all den Wohltaten, die sie den Einheimischen gebracht haben: Frieden, Wohlergehen, Gesundheit. Es gibt keine großen Katastrophen mehr. Es gibt inzwischen in diesem übervölkerten Tongking keine armen ausgehungerten Annamiten mehr, weil man aus dem reichen Cochinchina genügend Reis kommen läßt, um die leeren Bäuche zu füllen. Die Deiche des Roten Flusses werden ständig überwacht, damit sie nicht mehr brechen, was einst häufig geschah und Hunderttausende von Menschenleben forderte. Und dann gibt es Krankenhäuser, Schulen, Eisenbahnen, Straßen, Kanäle, und im Süden die schönen Kautschukplantagen. Da die Einwohner von Cochinchina zu faul waren, um die wilden Wälder um Saigon urbar zu machen, wurden viele Tausende von Kulis mit ihren Familien aus Tongking geholt. Gewiß, ein großer Teil von ihnen starb bereits auf der Überfahrt in den Laderäumen der Schiffe, in denen sie zusammengepfercht waren, gewiß, ein noch größerer Teil starb an der Mühsal, den wilden Wald in eine friedliche und wohlgeordnete Armee schöner, silbrig glänzender Kautschukbäume zu verwandeln. War es die Schuld der Franzosen, wenn die Annamiten den Ausdünstungen des Dschungels, den Fiebern und Gluten nicht standhielten? Wie viele Menschenleben haben diese Plantagen gekostet? Niemand weiß es.

Alle Franzosen sind in dem Mythos von der segensreichen Überlegenheit der weißen Rasse befangen, und sie sind überzeugt, voll und ganz überzeugt, daß die Eingeborenen unter der französischen Fuchtel glücklich leben und dafür dankbar sind. Natürlich muß man ihnen auf die Finger schauen, denn sie mogeln gern, aber sie sind keine gefährlichen Leute. Sie sind furchtsam, haben nie Kriege geführt außer gegen die »makoui«, die verderbenbringenden herumirrenden Geister, die sie durch tausend Rezepte und viel Hokuspokus zu bannen suchen. Das alles ändert nichts daran, daß ich Tongking trist finde.

Eine andere Geschichte interessiert mich leidenschaftlich, denn es geht darin um einen Jungen meines Alters. In der Kolonie wird viel darüber gesprochen. Es handelt sich um den Sohn

Khai Dinhs, des Kaisers von Annam, der ebenso degeneriert wie anpassungsfähig ist und seinem Erbprinzen eine französische Erziehung in Frankreich zukommen lassen will. Vermutlich wurde ihm dieser jeder Tradition widersprechende Schritt dringend nahegelegt. Alles wurde bis ins kleinste ausgetüftelt. Der Prinz wird in Paris der Obhut des ehemaligen Generalresidenten Charles und seiner Frau anvertraut, die ihn lieben wie einen eigenen Sohn. Das Experiment scheint zu gelingen. Für den Kleinen wird ein umfassendes Studienprogramm erstellt, das indessen auch Raum läßt für angemessene Vergnügungen. Ausgewogene Dosierung. In Paris umgibt ihn eine Atmosphäre der Freundlichkeit, und doch zollt man ihm die Achtung, die seinem Rang gebührt. Nein, er wird nicht als »nhac« behandelt, sondern als künftiger Herrscher. Er soll ein maßgeschneiderter Kaiser werden. Die französische Kolonie ist entzückt, sie ergeht sich in rührenden Berichten über seine Intelligenz, seine Anmut, seinen Charme, seine kindliche Unbeschwertheit, seine Stärke, seine Schönheit. Ein Musterkind, das sich nach der Schule in den Racing-Club de France begibt und in die eleganteste Gesellschaft von Paris, wo es von den hübschen Damen abgeküßt wird und mit deren Sprößlingen spielt.

Das alles regt meine Phantasie an. Das alles regt mich ein wenig auf. Ich finde die Sache grandios, vor allem, weil die Geschichte vor dem Hintergrund der »Verbotenen Stadt von Hué« spielt. Hué, die alte Hauptstadt des Kaiserreichs Annam. Ich sollte die Stadt und ihre Umgebung später kennenlernen; diese Gebirgszüge der annamitischen Kordilleren, die inmitten einer fast bedrückend feierlichen Natur zur zerklüfteten Küste abfallen, den Dschungel, der abrupt haltmacht vor einem Netzwerk aus Lagunen, Landzungen, Halbinseln, Dünen. Jenseits dieses düsteren Mosaiks aus Wasser und Erde das tropische Meer in seiner ganzen Pracht, durchsichtig klar bis hinab zu den grünen Tiefen, und überall, fast überall, die Korallenriffe. Dort fließt der Strom der Wohlgerüche, der, als ich ihn zum erstenmal sah, nur noch ein schmutziger träger Wassergraben war, früher jedoch angeblich belebt wurde von geschnitzten Sampans, die sich gemächlich von der Strömung treiben ließen. Elegante Behänge verbargen Ruhekabinen, aus denen Flötenklänge drangen. Hinreißende Geschöpfe spendeten im Zauber der Nacht die Illusionen des Glücks. Später fand ich von alledem nichts mehr vor, und der Palast des Himmelssohnes war leer. In Hué gab es nämlich, genau wie in Peking, eine Verbotene Stadt. Rote Wälle umschlossen die im kaiserlichen Gold bemalten, der Tugend geweihten Pavillons, die sich Giebel an Giebel reihten, bis zum Thronsaal. Dort war der Kaiser, wie in Peking, Mittler zwischen Himmel, Erde und Menschen. Dort, im Herzen der purpurfarbenen Verbotenen Stadt, sprach der Kaiser, genau wie in Peking, mit dem Kosmos in der Gestalt der sieben Sterne des Großen Wagens, und hielt so die Macht in Händen, die Ernten wachsen und die Generationen der Menschen in der allerhöchsten Harmonie aufeinander folgen zu lassen.

Auch hier jahrtausendealte, geheiligte Riten. Die Verbotene Stadt durften nur die spitzbärtigen Träger hoher hieratischer Würden betreten, und sie mußten sich beim Anblick des Kaisers zu Boden wefen. Und wenn der Kaiser mit seinem Gefolge die Verbotene Stadt verließ, was selten vorkam, so hielt das kniende Volk die Augen starr zu Boden gerichtet, denn es war jedem Untertan bei Todesstrafe verboten, den Kaiser zu dessen Lebzeiten zu sehen.

Das war die natürliche Umgebung dieses Knaben gewesen, die Welt, aus der er herausgerissen und in ein grundverschiedenes Universum versetzt wurde.

Als ich in Indochina war, starb Kaiser Khai Dinh. Sein Leichnam wurde mit dem ganzen geheiligten Pomp zum Tal der kaiserlichen Gräber verbracht, wo sein Mausoleum bereitstand, und man ließ das Kind aus Paris zurückkommen, um es zum neuen Kaiser zu krönen. Der Knabe bekam nun den Namen Bao-Dai. Er wurde eingeführt in diese Welt, die seine Welt war und die er nicht kannte. Vom Racing-Club ging es geradewegs in den rotgoldenen Thronsaal mit den riesigen, in Fleischtönen lackierten Säulen. Der Junge verschwand fast in seinem Krönungsgewand, dem großen Ornat Gialongs, des berühmtesten Ahnherrn der Dynastie. An der Hüfte trug er einen heiligen Dolch, dessen Griff aus einem Rhinozeroshorn bestand, und in der Hand hielt er eine Klinge aus feinstem Stahl. Sobald die Zeremonie vorüber war, wurde er wieder nach Frankreich zurückverfrachtet. Noch heute klingt mir wie Indianergeschrei der Jubelruf des Chefs der Zivildienste oder eines seiner Amtsbrüder im Ohr: »Ich glaube, jetzt haben wir's geschafft. Keine Scherereien mehr mit dem Hof von Hué. Was half's, daß wir die Kaiser aussuchten, sie sind uns reihenweise abgesprungen. Ein ewiges Absetzen und Einsetzen, ohne daß es davon besser wurde.«

Ich entsinne mich eines Herrn, der Oberresident in Annam war oder gewesen war. Ein komischer Kauz mit einem polierten, fast durchsichtigen Schädel, ein Träumer. Vermutlich Opiumraucher. Jedenfalls war er dem Zauber Asiens verfallen. Ich erinnere mich, daß auch er häufig von den unbequemen Kaisern sprach, aber in einem ganz anderen Ton wie im Bann dieser kaiserlichen Magie. Mir war, als hörte ich eine märchenhafte Legende:

»Die französische Politik zielte von Anfang an darauf ab, das Kaiserreich zu erhalten. Ein unterworfenes Reich, wohlgemerkt, aber da unterschätzte man den fast metaphysischen Stolz dieser Herrscher. Ihre Revolten nahmen alle denkbaren Formen an. Schon gleich nach der Eroberung setzte mit Kaiser Ham-Nghi der Widerstand ein. Er floh eines Tages aus seiner Zitadelle durch einen unterirdischen Geheimgang, der in den Dschungel mündete. Als die französischen Truppen, die ihn verfolgten, schon gefährlich nahe waren, verschmähte er es, sich als Bauer zu verkleiden und sich zu verstecken. Vielmehr erklärte er seinen Häschern: ›Ich bin der Kaiser.‹ Sie erwiesen ihm militärische Ehren und baten ihn, nach Hué zurückzukehren.« Noch heute spinnt sich eine Legende um diesen Ham-Nghi; nie wieder, so weiß sie zu berichten, sei auf dem Dschungelpfad, den er auf der Flucht einschlug, Gras gewachsen. Außerdem spielte sich eine sehr schöne konfuzianische Szene bei dieser Gelegenheit ab: als die Franzosen ihn nach Hué zurückgeleiteten, sagte er zu dem Kommandanten der Abteilung, die ihn gefangennahm:

»Machen wir in diesem Dorf einen kurzen Halt.«

»Zu Befehl«, erwiderte der Offizier.

Der Kaiser betrat eine Strohhütte, in der sein einstiger Lehrer wohnte. Das Kaiser warf sich vor dem alten Schulmeister, seinem geistigen Vater, zu Boden. Und der alte Lehrer warf sich vor dem Kaiser zu Boden, dessen Untertan er war. Auf den Knien saßen sich die beiden Männer gegenüber.

Von diesem Kaiser hörte ich später in Algier häufig sprechen, denn er lebte dort im Exil. Er war in der besten Gesellschaft der Stadt eine sehr bekannte Erscheinung geworden, man nannte ihn »Fürst von Annam«. Er war eine Persönlichkeit. Klein und häßlich, aber imponierend, sobald er sprach. Er bewohnte auf den Anhöhen von El Biar ein großes Haus, aus dem er eine Art Yamen machte, eine geheimnisvolle Residenz in den Augen der Bevölkerung. Ein Mann von außerordentlicher Würde. Verkörperung der Rätsel Asiens im Algerien der weißen Siedler, die ihm großen Respekt zollten. In Wahrheit hatte er sich mit seinem Schicksal abgefunden. Er besaß ein großes altes Automobil mit einem arabischen Chauffeur, und man konnte ihn darin in seiner schwarzen Tunika sitzen sehen. Schließlich heiratete er die Tochter eines französischen Adeligen und hatte mit ihr mehrere Kinder.

Warum ich so viel von diesem Ham-Nghi spreche? Weil die Zufälligkeiten der Historie mich amüsieren. Vielleicht bin ich selbst ein Produkt solcher Zufälligkeiten. Ich glaube fest an sie, ob sie nun rein anekdotisch und kurios sind, wie diese schwarze annamitische Tunika auf dem Boulevard Gallieni in Algier, oder ob sie, wie es auch geschieht, die Weltgeschichte steuern, das wirre Muster der Fakten und Ereignisse bestimmen, aus denen die Geschichte und ihre Tragödien sich zusammensetzen. Wie vielen solchen Persönlichkeiten sollte ich in meinem späteren Leben wiederbegegnen! So sah ich zum Beispiel die kleinen Kriegsherren meiner Kindheit in ganz außerordentlichem Maß das Schicksal Chinas und sogar Indochinas entscheiden.

Doch als ich noch der kleine Junge in Hanoi war, erzählte dieser Resident ausführlich von weiteren Kaisern, die von den Franzosen eingesetzt wurden und einer nach dem anderen revoltierten. Der eine starb ganz jung an Neurasthenie. Ein anderer ging noch weiter, er simulierte Wahnsinn und wurde prompt wirklich wahnsinnig. Er wurde auf die Insel Réunion verbracht. Dann suchte man einen achtjährigen Jungen aus, der schwachsinnig zu sein schien, und gab ihm einen französischen Hauslehrer, behielt ihn aber in Hué. Nach seiner Volljährigkeit erwies er sich als sehr intelligent, sehr nationalistisch und wurde das Oberhaupt von Rebellen, die einen großen Aufstand gegen die Franzosen vorbereiteten. Während des Krieges von 1914 floh auch er, er zog sich in eine Pagode zurück, wo die Franzosen ihn aufstöberten. Er wurde nach Réunion verbracht, wo er seinen Vater wiederfand, denn der verrückte Kaiser war sein Vater. Die beiden wurden nicht sehr großzügig behandelt. Eine Pension von hundert Piastern für jeden. Der Sohn, der sehr zierlich war, wurde Jockey. Am Ende dieser Reihe stehen Khai-Dinh und Bao-Dai.

Bao-Dai kannte ich damals noch nicht, aber er wurde eine der großen Persönlichkeiten meines Lebens. Den Franzosen sollte es lediglich gelingen, aus ihm einen gelben Hamlet zu machen, der die Spitzen der Gesellschaft in der ganzen Welt kannte und mir eines Tages sagte, was ich schon wußte: »Wissen Sie, daß das Volk den Kaiser nicht anblicken durfte? In der letzten Zeit wurde dann den knienden Leuten erlaubt, kleine Spiegel zu halten, in denen sie das Abbild der kaiserlichen Erscheinung sehen konnten.«

Diese Äußerung frappierte mich, weil sie einen völlig unerwarteten Zug dieses Mannes enthüllte, den man als Playboy bezeichnete. Sie zeigte nämlich, daß dieser einstige Sohn des Himmels seinen Horror vor den Massen bewahrt hatte, und desgleichen sein Weltbild, das in gewissem Sinn kosmisch geblieben war: auf der einen Seite er, allein, und auf der anderen das Volk, das den Gesetzen der Weisheit blind gehorchte. Aber das alles existierte nicht mehr, keine Spur davon. Und nun litt er an der Krankheit der Könige, einem abgrundtiefen Nihilismus, einem umfassenden Mißtrauen, was dazu führte, daß er sich als Gefährten und als Werkzeuge die entartetsten, die käuflichsten Subjekte aussuchte. Ich besaß die Gabe, sein wahres Wesen zu begreifen und zu erahnen. Zwischen uns herrschte eine Art Einvernehmen. Er zürnte mir nicht wegen der Dinge, die ich manchmal über ihn schrieb: daß er der Untergang Indochinas sei. Im Gegenteil, später gestand er mir, daß er mir das Leben gerettet habe. Er hatte sein entscheidendes Veto gegen einen Plan zweier Abwehrorganisationen eingelegt, einmal der vietnamesischen Armee und zum anderen vermutlich des französischen Expeditionskorps: man wollte diesen Bodard loswerden, diesen Stänkerer mit seinen defätistischen Kabelberichten. Nichts einfacher als das: ein Mord, der aber nie aufgeklärt werden darf. Was ist leichter, als einen Hinterhalt zu organisieren, den man dann den Viets in die Schuhe schiebt, wenn Bodard im Jeep auf einer Straße des Deltas dahinkutschiert?

Als Kind in Hanoi konnte ich, der kleine Weiße in Asien, gar nicht genug hören über diesen Bao-Dai, den kleinen Gelben in Europa. Ich berauschte mich an seinem Kaisertitel, an der Märchenhaftigkeit seines Reichs, und zugleich stellte ich ihn mir wie André Merlin vor, im Blazer, einen Tennisschläger in der Hand. André Merlin, dessen Vater die Macht in Händen hielt, die legitimerweise an Bao-Dai zurückfallen müßte, diesen Bao-Dai, der geformt, gemeißelt, bearbeitet wurde, wie die Asiaten Menschen und Dinge zu meißeln und zu verformen verstehen. Das Resultat war eine widersprüchliche, konfuse Mischung. Eine Mixtur aus dem Europa und Asien aller Breitengrade. Nährboden für Blendlinge, kaputte Typen, wie ich es in meinem bescheidenen Stande wurde, wie es Seine Majestät Bao-Dai werden sollte.

Zunächst jedoch vergällte mir André Merlin das Leben, denn er war der Mittelpunkt des Ganzen. Anne Marie verbrachte ihre Zeit an der Seite Madame Merlins, etwa wie eine artige Schülerin an der Seite einer Dame, die sie ins Leben einführt. Saß sie nicht mit der Mutter beim Tee, so spielte sie Tennis mit dem Sohn. Der Hauptmann war immer dabei. Ich nahm keine Notiz von ihm. Das tägliche Leben spielte sich in einer Art *cercle intime* ab, von dem ich mich ein wenig ausgeschlossen fühlte, als schenkte Anne Marie mir weniger Beachtung, als lebte sie ein anderes Leben. Gewiß, sie zog mich an sich, sie rief nach mir, sie ließ die Finger durch mein Haar gleiten, aber immer nur zwischen zwei Partien Tennis. Sie fragte mich:

»Warum bist du so mißmutig?«

Madame Merlin tat das Ihre, um mich aufzuheitern. Auch sie zog mich an sich. Auch sie streichelte mich. Sie rieb ihre Wangen an den meinen und schloß mich dabei energisch in die Arme. Ah, dieses ewige Wangenreiben... unvergeßlich! Nicht daß sie mich angewidert hätte. Aber wozu hatte sie sich einzumischen? Manchmal verwies sie mich entschieden:

»Sei doch nicht so bockig.«

Ja, ich schmollte. Ich entdeckte, ich entwickelte ein außerordentliches Talent als Schmoller. Fast ein Genie. Ich konnte (und kann es noch) stundenlang wie ein Klotz in einer Ecke hokken. Ein kleiner Junge, der keine Miene verzieht, kein Lebenszeichen von sich gibt, so starr dasitzt wie ein kauernder Buddha. Ich zeigte keine schlechte Laune, ich war einfach nicht mehr vorhanden. Ich zog mich in ein Nichtsein zurück, dem ich großen Nachdruck zu verleihen wußte. Die paar Dutzend Kilo, die ich wog, wurden zu einem außerordentlichen Gewicht, das auf die ganze Atmosphäre drückte.

Anne Marie entzieht sich mir. Also greife ich zu einer Taktik, die mir später zur Gewohnheit wird. Ich interessiere mich nicht mehr für sie. Ich kümmere mich nicht darum, was zwischen ihr und dem Hauptmann vorgehen mag, nicht um ihre gezielten Bemerkungen, ihre immer lebhafteren Gespräche, immer eindringlicheren Blicke, den Dialog ihres Lächelns – alles übrigens ganz im Rahmen des Schicklichen, scheinbar völlig harmlos, unter den Luchsaugen Madame Merlins, die keine Taktlosigkeit dulden würde. Das alles ist mir wirklich ganz egal. Es ist meine persönliche Art, wütend zu sein. Am meisten verwünsche ich diese Tennisspielerei. Das dauert so lange, bis Madame Merlin eines Tages sagt:

»Dieses Kind langweilt sich. Mein Mann macht nächstens eine Rundreise durch die Provinz. Wenn Lucien ihn begleiten würde...«

Ich bin natürlich mit Freuden einverstanden. Nur weg von dieser ewigen Terrasse, diesem ewigen Rasen des Gouverneurspalastes, wo ich sowenig zu melden habe. Meine gekränkte Eitelkeit findet Entschädigung. Ich werde der kleine Reisegefährte eines Generalgouverneurs sein und am Gepränge seines hohen Amts teilhaben. Und ich denke mir auch schon aus, was ich alles zu sehen bekommen werde, ein ganz außergewöhnliches Schauspiel.

Monsieur Merlin hat die schlichte Jacke mit seiner Gouverneursuniform vertauscht. Zuoberst erblickt man an ihm einen riesigen Zweispitz, so reich gefiedert, so dicht mit weißen Federn besteckt, daß man glauben könnte, ein Reiher hätte auf seinem Kopf sein Nest gebaut. Der Oberkörper ist eine einzige Medaillensammlung, in der alle bedeutenden europäischen und asiatischen Orden vertreten sind; letztere gleichen Kunstgegenständen und stellen Elefanten, Tempel und alle möglichen Symbole aus Elfenbein oder Gold dar. Aber das Gesicht des Gouverneurs ist noch das gleiche, in Sanftmut gealtert, mit der männlichen Zier des ergrauten Schnurrbarts. Unter der blauweißroten Schärpe um seinen Bauch hängt der Paradedegen. Der Zug besteht aus vier oder fünf Wagen mit geöffnetem Verdeck, damit der Gouverneur und seine Suite für die Bevölkerung gut sichtbar sind. Uralte Klapperkästen auf dickspeichigen Rädern. Vorne, neben einer wahren Klistierspritze von Ballonhupe, ist die französische Fahne aufgepflanzt. Unnachahmlich die steife Würde des annamitischen Chauffeurs, der so stramm in seine Uniform geschnürt ist und auf dem Kopf einen so gewaltigen Tropenhelm trägt, daß von ihm, außer einem kleinen Stück des gelben Gesichts, nur die kräftigen kleinen Hände sichtbar sind, die das Steuerrad umklammern. In den alten Bezinkutschen sitzen der Herr Generalresident von Tongking, der Herr Direktor des Straßen- und Wasserbauamts, der Herr Landwirtschaftsdirektor. Kurz, sämtliche Direktoren. In würdiger Haltung und in korrekter direktoraler Kleidung. Zugleich ehrerbietig gegen den Herrn Generalgouverneur und erfüllt von der Wichtigkeit ihrer eigenen Ämter. Irgendwo dazwischen auch ein annamitischer Mandarin in seiner Tunika, mit den Mandarinsabzeichen der höchsten Klasse. Sein Titel ist der eines Vizekönigs von Tongking, vielleicht auch ein geringerer Titel, so genau weiß ich es nicht mehr, auf jeden Fall ist er der Stellvertreter des Kaisers. Eigentlich müßte er die höchste Persönlichkeit der ganzen Expedition sein, denn Tongking ist offiziell nur französisches Protektorat. Aber in Wirklichkeit gehört er unter »ferner liefen« zum Gefolge des Gouverneurs. Ich hingegen sitze im vordersten Wagen, bei Monsieur Merlin, zusammen mit dem Oberkommandierenden der indochinesischen Streitkräfte, dem General Sicre, einem Tattergreis, den ich gut kenne, denn er hat schon mehrmals die Militärmission in Yünnanfu aufgesucht. Soviel ich mich erinnere, throne ich an der Seite dieser Exzellenzen, aber ich weiß es nicht mehr mit Sicherheit. Vielleicht saßen General Sicre und ich auch in einer anderen Blechkiste . . .

Wir folgen dem Deich des Roten Flusses, dort, wo er sich zu einem Becken erweitert, zu einem Kanalisationssystem mit zahlreichen verschlammten Gabelungen. Wir halten auf die Mitte des Deltas zu, wo es mehr Wasser, mehr Menschen, dichtere Bevölkerung gibt. Ein Gebiet, in das selten Europäer kommen, wo es keine großen Städte gibt, wo das alte Asien erhalten blieb, mit seinem Gewirr von Wassergräben, von ständig überfluteten Parzellen, den Reisfeldern, von gewundenen Flußarmen, von Schwemmland. Dort ist selbst während der Trockenperioden überall Wasser, plätschernde, rötliche Brühe, durchzogen von einer Vielzahl, einem Labyrinth kleiner Deiche und Dörfer, wo sich auf dem Quadratkilometer zweitausend Menschen drängen. Allerhand Mägen, die es da zu füllen gilt! Das Herz des Deltas ist ständig von Hungersnot bedroht. Später wird es zur uneinnehmbaren Hochburg der Viets, und die französische Armee kann noch so viele ausgeklügelte militärische Operationen gegen sie unternehmen, es nützt alles nichts, denn die Soldaten der Expeditionskorps bleiben im Schlamm stecken, denn die Dornenhecken rings um die Dörfer erweisen sich als uneinnehmbare Wälle, denn in dieser ganzen Region, die so übervölkert ist, wie es nur in Asien vorkommt, zeigt sich keine Spur von Leben – die *nhaqués* haben sich unterm Wasser oder in der Erde versteckt, ihre Dörfer im Schutz dieser Elemente neu errichtet. Wie viele französische Soldaten finden dort den Tod? Denn diese Leere wimmelt von Viets.

Hätte man sich während der Inspektionsreise des Generalgouverneurs eine derartige Katastrophe vorstellen können? Auf unserer ganzen Fahrt begegnen wir nur den Riten der Unterwürfigkeit. Das ganze Volk ist da, hunderttausend, zweihunderttausend Menschen säumen unseren Weg, werfen sich vor uns zu Boden. Triumphbögen sind errichtet, Spruchbänder ausgespannt: »Es lebe der Herr Generalgouverneur! Es lebe Frankreich!«, die Leute tanzen den Tanz des Einhorns und des Drachens, dumpf hallen die Gongs. Jedes Dorf hat seinen Ahnenaltar mit den Täfelchen und den hölzernen Hellebarden an den Straßenrand gebracht. Hier und dort steht ein Häuflein spitzbärtiger, schwarzgekleideter und geölter Honoratioren mit den unvermeidlichen Haarknoten, und sie verneigen sich siebenmal zum Zeichen ihrer Ergebenheit. Wenn wir einen Augenblick haltmachen, so läßt der Älteste eine Rede in französischer Sprache vom Stapel, mit seltsam näselndem Akzent und kunstvoll, ja geradezu genial gespickt mit Superlativen, besonders umschweifigen Formulierungen, vielsilbigen und längst nicht mehr gebräuchlichen Adjektiven. Es hört sich an, als hätten sie unsere Sprache an Hand des Amtsblatts und der Gendarmerie-Rapporte erlernt. Sie weisen auf ihre unverbrüchliche Treue hin, auf das unaussprechliche Glück, das sie den Wohltaten des »hochherzigen Frankreich« verdanken. Manchmal auch eine Gruppe von Bonzen, die sich in die Tracht der Demut gehüllt haben und in Räuchergefäßen Weihrauch verbrennen. Manchmal tongkinesische Infanteristen in ihrer noch fast antiken Montur, ganz in glänzendem Schwarz, die hochgesteckten Zöpfe unter den kegelförmigen Hüten versteckt, die eine blau-weiß-rote Kokarde tragen. Ein paar weiße Offiziere oder Unteroffiziere bellen: »Präsentiert das Gewehr!« Nicht zu vergessen die kleinen französischen Fähnchen, die allerorten von den Schulkindern unter lautstarkem »Vive la France!« geschwungen werden. Seltsam. Diese traurige Landschaft, diese freudlosen Gesichter, und dazu dieses Pandämonium von Tönen, Rufen, Menschenmassen, Lobhudeleien. Wie ist das möglich? Kann das aufrichtig sein? In Wahrheit handelt es sich nur um das uralte Protokoll, das für die Kaiser galt, mit dem einzigen Unterschied, daß das Volk nicht knien muß und daß es Monsieur Merlin ansehen darf. Ja, man legt den Leuten sogar dringend nahe, die Befreiung vom Kniefall durch ein kompliziertes Ritual wettzumachen und so die von den Ahnen ererbte Liebe zur Himmlischen Macht zu demonstrieren, die jetzt im republikanischen Frankreich wiedererstanden ist.

Ich Dreikäsehoch nehme diese Vergötterung stolz entgegen. Ich gehöre zu denen, die ein ganzes Volk verehrt. Monsieur Merlin hingegen scheint nicht übermäßig davon berührt zu sein. Er stellt den Honoratioren immer die gleichen Fragen:

»Haben die Leute genug zu essen? Ist der Deich in gutem Zustand? Ist die Gesinnung der Bevölkerung zufriedenstellend?«

Und es ist immer die gleiche Komödie. Die Honoratioren erwidern, alles stehe zum besten, nur, wenn man ein bißchen mehr Reis bekommen könnte ... Monsieur Merlin erkundigt sich beim französischen Ortsverwalter, der ihm sagt, daß die Vorräte nahezu erschöpft seien. Daraufhin wendet er sich an die Herren Direktoren. Der Herr Finanzdirektor macht Schwierigkeiten wegen der sakrosankten Ausgeglichenheit des Budgets. Monsieur Merlin murmelt: »Wir werden sehen«, und schon geht die Reise weiter.

Die Hauptstadt ist, glaube ich, Thai Binh, genau erinnere ich mich nicht mehr. Auf dem Marktplatz: Menschenmengen, Beflaggung, Pflanzenschmuck, Hörnerschall, Tamtams. Zwei annamitische Jungfrauen überreichen dem Herrn Gouverneur Blumen. Die ortsansässigen Franzosen sind da, eine Klasse, die ich nicht kenne, Garköche, Kneipenwirte, die ihre annamitischen Kellnerinnen geheiratet haben, grobschlächtige Vorarbeiter, völlig annamitisierte »Kleine Weiße«. Einige von ihnen leben wie Annamiten, in annamitischen Strohhütten, mit einer Annamitin zur Frau, im Kreis der ganzen annamitischen Familie. Die Frau hält ihren weißen Mann aus, eine hündisch ergebene Tigerin, die durchaus imstande ist, ihm in einem Anfall von Eifersucht eine Prise *datura* – das landesübliche Gift – in sein *nuoc-mâm* zu mischen. Aber im allgemeinen begnügt sie sich damit, ihn das Opiumrauchen zu lehren, obgleich es teuer ist, um ihn völlig in der Hand zu haben. Kurioserweise sagen ausgerechnet diese »Annamitisierten«, diese verkommenen Subjekte, mit besonderem Nachdruck: »Diese Annamiten, die kenn' ich. Die verstehen nur eine Sprache: das spanische Rohr.« Ja, auch die Missionare sagen: »Es ist ein Segen, daß Gott das spanische Rohr gleich neben den Annamiten wachsen läßt.« Diese Missionare sind, das sei noch hinzugefügt, selbst Spanier, denn Tongking gehörte vor der französischen Eroberung kraft römischer Verordnung zum Erzbistum Philippinen. Eine stattliche Zahl soutanetragender Don Quichottes und Sancho Pansas ist im Land geblieben. Es heißt, sie seien moralisch völlig verkommen, praktizierten jedoch den Glaubenseifer der Inquisitionszeit, und Monsieur Merlin debattiert mit einem Hidalgo-Bischof in spanisch-annamitischem Kauderwelsch. Der Bischof, der seine französischen Brocken herausbrüllt, hat ein schönes, abgezehrtes, fast asketisches Gesicht, wie die Mönche auf den alten Bildern, die das gottgefällige Massaker an den Indianern predigen, sofern die sich nicht bekehren lassen wollen. Ja, dieser Bischof würde die widerborstigen gelben Heiden mit Freuden niedermetzeln lassen. Seine Augen sind Flammen. Er ist das Schwert Gottes. Was nicht verhindert, daß seine Kathedrale eine Pagode ist, das Musterexemplar einer Pagode, mit einer solchen Fülle von Heiligen, die das Martyrium erleiden, von sterbenden Christusfiguren, erbaulich blutrünstigen Klecksereien, daß man sich in einem Tempel zu befinden glaubt, wo die Bonzen die ewigen Höllenqualen darstellen. Aber gerade diese Bonzen möchte der Bischof in die Hölle schicken, sie und sämtliche Buddhisten. Er beklagt sich, daß die französische Republik ihn bei diesem Vorhaben nicht genügend unterstütze. Diese Szene hilft mir später den maßlosen Fanatismus der katholischen Bewohner Tongkings besser verstehen, für die der Krieg gegen Vietnam zum Kreuzzug wurde und deren Milizsoldaten sich trefflich darauf verstanden, einen Kommunisten, den sie verhören oder bestrafen wollten, mit frommem Eifer in kleine Stücke zu hacken.

Ende des schönen Tages. Rückkehr in den Palast des Generalgouverneurs, wo alles beim alten ist: Madame Merlin, das Tennis, André Merlin, der Hauptmann, Anne Marie.

»Hat es dir Spaß gemacht?«

Ich werde mich hüten, ja zu sagen. Ich will ein lebender Vorwurf sein.

In dieser Zeit fange ich an, regelmäßig meine Tante zu besuchen, die Schwester meines Vaters, die ihn damals veranlaßte, nach Indochina zu kommen. Für den Weg zu ihr nehme ich demokratischerweise eine Rikscha. Die mageren Beine des Mannes, der zwischen den Deichseln läuft, arbeiten unermüdlich wie Kolben, man könnte meinen, sie könnten bis ans Ende der Welt so laufen. Ich lenke ihn durch kleine Zeichen, denn andernfalls würde er, sobald er einmal losgelegt hat, immer schnurstracks geradeaus rennen, ohne sich Gedanken über das Ziel zu machen. Die Straßennamen sagen ihm überhaupt nichts. Sie zerfallen in zwei Kategorien. Einmal die Siege von 1914/18, zum anderen die großen Männer, die Indochina französisch machten. Am häufigsten kommt der Name des Siegers an der Marne vor, des Marschalls Joffre, weil ihn die französische Regierung aus einem Grund, den niemand kennt, eine feierliche Rundreise durch Indochina unternehmen ließ. Sein alter Dickwanst wurde zum Siegesdenkmal der Kolonie.

Wenn der Rikschakuli vor dem Haus meiner Tante angelangt ist, bleibt er stocksteif stehen. Man sieht ihm deutlich die Ungewißheit und die Sorge an, was er nun wohl bekommen wird. Es gibt keinen Tarif. Er steht gespannt da, die mageren Rippen springen deutlich vor, er hechelt demonstrativ. Ich fische dann immer eine Handvoll Piaster aus der Tasche und stecke sie ihm zu. Er ist außer sich vor Glück. Nichts hasse ich so sehr wie die Szenen, die ich häufig beobachten kann: eine kleine weiße Dame oder eine Mischlingsfrau zankt sich mit einem armen Teufel, er wehrt sich, winselt, droht sogar, ohne die knickerige Kundin zu rühren, die für ihre Fahrt ein paar lumpige Centimes bezahlt hat und hochnäsig weggeht, während der Kuli noch lange vergeblich protestiert. Ein paar Sous, das wäre das Übliche von einer Annamitin, aber von einer weißen oder halbwegs weißen Dame ist dieser dürftige Lohn in seinen Augen völlig unstatthaft.

Meine Tante bewohnt einen billigen kleinen Bungalow. Ich mache eine Entdeckung, die einen mir bis dato völlig unbekannten Begriff in mein Leben bringt. Nie hatte ich gewußt, was Geld ist, mich nie darum gekümmert, nie auch nur geahnt, daß man Geldsorgen haben könnte, und jetzt mache ich Bekanntschaft mit der Armut, und das in meiner eigenen Familie. Nicht mit dem Elend, sondern mit der verschämten Armut.

Meine Tante ist eine weibliche Ausgabe von Albert, was zu einem kuriosen Ergebnis führt. Grobknochig, mit einem guten Stutenschädel und guten Pferdeaugen. Sie hat ein Herz von Gold, das einzige Gold, das sie besitzt. Sie ist viel gütiger als Albert. Und für sie bin ich Lulu, der Sohn ihres Abgotts Albert. Sobald sie weiß, daß ich sie besuchen komme, bäckt sie Kekse, die ich ein wenig trocken finde. Unvorstellbar für mich, aber sie muß mit jedem Piaster rechnen. Sie ist Lehrerin. Sie unterrichtet kleine Annamiten und kleine Franzosen. Sie kam mit einem Lehrer nach Indochina, einem Herumtreiber, der sie offenbar prügelte. Er starb und hinterließ ihr vier Kinder. Meine beiden Vettern sind viel größer als ich, der eine hat keine besonderen Kennzeichen, der andere ist eine Art ovaler Mikrobe mit Brille und noch dazu ein ganz eingebildeter Gimpel. Und die beiden Cousinen sind nette Mädchen, aber von der Natur recht stiefmütterlich bedacht. Die eine zeichnet sich durch eine Nase aus, die einem Elefantenrüssel gleicht, die andere ist beinahe eine Zwergin. Mit Ausnahme des eingebildeten Mikroberichs, den ich gar nicht leiden konnte, verhätscheln alle mich um die Wette, besonders die Mädchen. Meine Tante hatte alle Mühe, ihre Nachkommenschaft großzuziehen, und bei meinen Besuchen sah ich sie immer Sofakissen sticken, die sie dann verkaufte. Es waren diese typisch pseudo-orientalischen Kissen von niederschmetternder Häßlichkeit in Farben und Mustern, ein lächerlicher Verkaufsartikel in diesem Land der herrlichsten Stickereien. Wenn ich sie an diesen Kissen arbeiten sah, war ich zutiefst ergriffen von soviel Trostlosigkeit. Manchmal war ich auch dabei, wenn sie sie verkaufte. Immer an eine Dame, die zu Besuch gekommen war und mit der man Konversation machen mußte. Ich hörte Ausdrücke wie »kleine Gehaltserhöhung«, »kleine Beförderung«, »Gratifikation«, die sich auf den Ehemann der Kundin bezogen. Das Wort »Gratifikation« schockierte mich, obwohl es vor dreißig Jahren durchaus geläufig war. Es bezeichnete die geringe Summe, die der Herr Direktor alljährlich seinen treuen Angestellten zukommen ließ. Bei meiner Tante war ich in der Welt der Kleinlichkeit, der selbstzufriedenen Mittelmäßigkeit: Ehefrauen kleiner Beamter, Ehefrauen von Aktenfuchsern, von Buchhaltern, von alten Leutnants, die kurz vor der Pensionierung in den Offiziersstand erhoben wurden, ein paar Geschäftsfrauen, kurz, das koloniale Kleinbürgertum.

Auch dies eine Welt, die sich vor mir öffnet wie eine muffig riechende Schublade. Vollends unbegreiflich ist mir, daß alle diese Menschen vollauf mit ihrem Los zufrieden sind. Die Damen haben einen ganzen Stall voll Boys und Mägden in ihrem Hinterhof. Die Hälfte ihres Tages bringen sie damit zu, dieser Dienerschaft Befehle zu erteilen, die andere Hälfte mit dem Nachprüfen der Abrechnungen, denn, so sagen sie, »die Annamiten sind ja lauter Diebe!« Das sind sie übrigens wirklich, aber es fehlt ihnen das Genie der Chinesen. Und so fühlen sich alle diese kleinen Leute ihnen haushoch übergeordnet. Bestimmt haben viele dieser Damen, auch wenn sie es um keinen Preis der Welt zugeben würden, zur Hälfte oder zu einem Viertel farbiges Blut in den Adern. Sie stammen von weißen Vätern oder Großvätern ab, die als Matrosen, Unteroffiziere, Mechaniker oder Küchenbullen ins Land kamen, zu einer Zeit, als weiße Frauen noch rar waren. Sie machen große Toilette, wodurch sie leicht komisch wirken. Sie drücken sich in gewählten Wendungen aus, was sie vollends komisch macht. Sie sind bigott und ein bißchen verklemmt. Denn ihre Welt und die Welt ihrer Ehemänner ist stark moralinhaltig. Wie keine andere in Indochina! Kleine Förmlichkeiten, endloses Geplapper, und welche Gemeinplätze! Meine Tante muß stundenlang mit den Damen plaudern, um ein Kissen zu verkaufen. Sie führt sie alle vor, diese fatalen Kissen, zeigt eins um das andere. Die Kundin redet hin und her, macht allerlei Umstände, trifft ihre Wahl und entfernt sich in der Überzeugung, ein wohltätiges Werk vollbracht zu haben.

Diese Kissen beschämen mich. Ich schäme mich für meinen Vater. Zum erstenmal in meinem Leben schäme ich mich wirklich für ihn. Nicht daß seine Schwester über ihn oder über seinen Geiz klagte. Im Gegenteil, ihre Stimme wird geradezu andächtig, wenn sie von ihrem Bruder spricht, den sie verehrt, als wäre er der Wohltäter der Familie. In Wahrheit tut er nicht das geringste, weder für seine Schwester noch für die Neffen und Nichten. Dabei wäre es ihm ein Leichtes, ihnen von Zeit zu Zeit ein paar hundert Piaster zu spendieren. Einmal entschloß ich mich, über dieses peinliche Thema mit meinem Vater zu sprechen. Er setzte sogleich seine mürrische, ein wenig leidende Miene auf, er stellte sich an, als sollte ihm die Haut abgezogen werden. Es war seine Art abzulehnen, wenn er nicht direkt »nein« sagen wollte. Soviel ich weiß, war er meiner Tante später behilflich, die beiden Söhne unterzubringen, als sie alt genug waren, um ins Berufsleben einzutreten. Der eine wurde zur indochinesischen Eisenbahn gesteckt, der andere in die Bank von Indochina: Lösungen, die sich anboten und die den Herrn Konsul keinen Piaster kosteten. Von dieser Zeit an hatten sie es leichter.

Ich aber war nur in Hanoi mit ihnen zusammengekommen, zur Zeit der Sofakissen, und ich dachte, mein Vater sollte, wenn schon nicht aus Familiensinn, so doch wenigstens aus schierer Dankbarkeit helfen. Denn meine Tante hatte ihn damals nach Indochina geholt. Ich weiß, daß mein Vater sich vordem in England, genau gesagt, in Wales, im Kohlengeschäft versucht hatte. Es war ein voller Mißerfolg. Eines muß ich zu seinen Gunsten sagen: so krankhaft korrekt er war, wenn er über geringfügige Ausgaben Buch führte, so völlig fehlte ihm jeder Sinn für wirkliches Geld (obwohl er der Sohn eines Ladenbesitzers war). Er saß also in Europa auf dem trockenen, als seine Schwester ihm schrieb: »Komm doch und versuche Dein Glück in Indochina. Ich helfe Dir, ich kenne hier viele Leute. Es ist ein Land voll Verheißungen, und Du wirst gewiß einen Beruf finden, der Dir zusagt.«

Und so war er nach Indochina gedampft, bestimmt in der dritten oder vierten Klasse, und hatte den Lärm der Bordfeste gehört, den Lärm, der gedämpft aus den Räumen der ersten Klasse zu ihm drang, von so weit her, von so weit oben, vom Oberdeck, von der Oberschicht, der guten Gesellschaft der Kolonie, die ihm wie eine uneinnehmbare Festung erschienen sein muß. Und dennoch war er eisern entschlossen, eines Tages Monsieur Bodard zu werden, die Zier eben dieser Elite! Vor mir liegt ein altes vergilbtes Blatt mit dem Briefkopf des Außenministeriums, Ressort Politik und Handel, das seine Anfänge wiedergibt. Hier ist mein Vater, wie er leibte und lebte, sein langer Marsch nach oben, sein unaufhaltsamer Aufstieg aus eigener Kraft.

BODARD (Albert, Césaire, Auguste), geboren am 10. Januar 1883; Zivildienste von Indochina 1902–1906; Dolmetscher 3. Klasse; Dolmetscher und Siegelbewahrer in Tschengtu, 1. Juli 1906; Medaille für Seuchenbekämpfung in Silber, 16. März

1908; Geschäftsführer des Vizekonsulats von Tschungking, 1. Juni 1908 bis 5. Juli 1910; Offizier der Konsularakademie, 20. März 1910; Planstelle als Vizekonsul 3. Klasse am 1. Juli 1906 und Dienstantritt als Vizekonsul in Ho-kau am 1. Oktober 1910; Vizekonsul 2. Klasse, 27. März 1911; in Tschungking 12. April 1911; Landwirtschaftliche Verdienstmedaille 6. April 1912; Geschäftsführer des Generalkonsulats in Tschengtu, 30. Mai 1914 bis 6. Februar 1916; Medaille für Seuchenbekämpfung in Gold 14. September 1914; Chef-Dolmetscher 28. Februar 1916; dem politischen Ressort zugeteilt am 8. November 1916; mit der Leitung des Konsulats in Tschengtu beauftragt am 27. November 1916; Konsul 2. Klasse, 21. Februar 1917; Ritter der Ehrenlegion 20. Januar 1919; Beauftragter des Kultusministeriums 12. Januar 1921; Konsul 1. Klasse 28. Juli 1921; in Yünnanfu 21. September 1921; Goldmedaille der Geographischen Gesellschaft.

Dieser Lebenslauf beeindruckt mich. Bei seiner Lektüre kann ich besser verstehen, daß mein Vater über seine Amöben jammert, über sein Gedärm, über seine Leber. Denn sein Leben, seine Karriere ist die Geographie der gottverlassenen Winkel, der elenden Winkel am Ende der Welt, die Geographie der Fieber, der Tropenkrankheiten, der untergeordneten Posten, der Orte, an die kein Mensch hin will, der abenteuerlichen Reisen auf den Dschunken des Roten Flusses, des Blauen Flusses oder auch per Tragsessel oder zu Pferd quer durch unbekannte Gegenden, mit allen nur denkbaren Mühseligkeiten und Unbequemlichkeiten. Fast ein Heldenepos. Ja, er hat seinen Erfolg verdient, den regelmäßigen Aufstieg, Stufe für Stufe, Orden für Orden, auch die recht lächerlichen Auszeichnungen, über die er ebensolche Genugtuung empfindet, wie z. B. die Landwirtschaftsmedaille. Daß er den Seuchenorden erhielt, begreift man schon eher, denn an Epidemien hat er einiges mitgemacht. Ganz zu schweigen von den chinesischen Spezialitäten, allen diesen Aufständen, diesen Revolutionen, diesen Fehden der Kriegsherren. Er hat sich immer aus der Affäre zu ziehen gewußt. Berthelot soll von ihm gesagt haben: »Unterschätzt mir diesen Bodard nicht. Auch aus Situationen, in denen jeder andere sich den Schädel einrennen würde, findet er immer einen Ausweg.«

Aber zunächst stelle ich mir vor, wie er in Hanoi von Bord geht, sein Stoffköfferchen in der Hand, das seine gesamte Habe barg, seine ganze Zukunft. Vielleicht erfinde ich das alles nur ... Aber ich bin bestimmt nicht weit von der Wahrheit entfernt. Ich sehe ihn, wie er bei meiner Tante unterschlüpft und sich nach einem Job die Hacken abläuft. Vergebens. Und manchmal liegt er entmutigt und nackt unterm Moskitonetz auf dem Sofa, das ihm als Bett dient. Ich stelle mir den Monsunregen vor, der sich über die Stadt ergießt, die klebrige Luft, die Langeweile, das Eingesperrtsein in seinem Verschlag, die Ungewißheit, die an ihm nagt. Wie hat er es angestellt, in die Zivildienste zu kommen? Was genau hat er getan? Ich weiß es nicht. Wie wurde er Dolmetscher, also Angestellter des Außenministeriums auf der untersten Stufe? Ich weiß es nicht, aber ich kann erraten, daß es das Ziel seines Wollens war, seines fanatischen Wollens. Denn meine Tante erzählte mir Folgendes:

»Nach den Bürostunden machte er sich an das Studium des Chinesischen. Er hatte beschlossen, diese Sprache zu erlernen, warum, das begriff ich damals nicht so recht. Von seinem mageren Gehalt bezahlte er einen Gelehrten aus Cholon, der zu uns ins Haus kam und ihm in dem Winkel, wo er einen Tisch hatte aufstellen lassen, Unterricht erteilte. Er lernte, wie die Chinesen lernen: er wiederholte unermüdlich die Wörter und Sätze, betete sie her wie eine Litanei. Er schlug sich mit den berüchtigten Lautungen herum, den vier verschiedenen Lautungen, der Hauptschwierigkeit des Himmlischen Idioms. Außerdem übte er die Schriftzeichen. Er hatte einen Pinsel und eine Art kleines schwarzes Stäbchen, das man in Wasser tauchte, so daß man Tinte erhielt. Schließlich beherrschte er drei- bis viertausend Ideogramme. Er wagte sich sogar an Konfuzius, die Bücher der Weisheit und die ganze alte Philosophie. Dein Vater wußte, was er wollte, er wußte es sehr genau. Er meldete sich zur Dolmetscherprüfung für Fernost, und er bestand sie. Aber wieviel durchwachte Nächte und wieviel Mühe hat es ihn gekostet!«

Das war die Apologie meiner Tante für ihren Bruder Albert. Sogar das mit Konfuzius stimmte. Meine Mutter machte sich oft über meinen Vater lustig, sie sagte, er habe Philippe Berthelot während dessen Chinareise damals nur mit Konfuzius bezirzt.

Denn Berthelot war erfüllt von den Gedanken des Weisen aus Asien zurückgekehrt und zitierte sie fortan ständig.

Trotz alledem schäme ich mich in Hanoi für Albert, der seine Schwester darben läßt . . . Wenn ich es recht bedenke, saß diese Scham tiefer, sie hatte zwar auch mit der Familie zu tun, aber nicht mit der in Hanoi.

Hier geht es um ein Phänomen, das ich mir nicht erklären kann. Als Kind hatte ich zweimal den Frankreichurlaub mit meinen Eltern verbracht, und nichts aus diesen Wochen ist mir in Erinnerung geblieben. Rein gar nichts. Als hätte ich Frankreich auslöschen, aus meinem Gedächtnis tilgen wollen. Völliges Dunkel. Ein schwarzes Loch. Mit einer einzigen seltsamen Ausnahme von frappanter Deutlichkeit. Noch heute steht alles wie gestochen vor mir, Eindrücke und Szenen: La Rochelle, die Heimatstadt meines Vaters. Ich weiß nicht, ob wir damals in Yünnanfu oder in Tongking waren, aber eines Tages nahm mich mein Vater beiseite. Er hatte gerötete Augen. Er weinte fast. Mit tränenerstickter Stimme teilte er mir mit:

»Meine Mutter ist tot. Deine Großmutter. Du erinnerst dich doch an sie?«

Ja, ich erinnerte mich an sie. La Rochelle war für mich ein bleibender Alptraum. Im Herzen der Altstadt befand sich die Rue Saint-Yon und in dieser Straße der Familiensitz der Bodards. Schon seit mehreren Generationen. Ein riesiges Haus mit mindestens drei oder vier Stockwerken. Die Straße, die umliegenden Häuser, die Ahnenburg, das alles war für mich wie ein zugleich feuchter und trockener Steinhaufen, der nach dem Moder der Jahrhunderte roch. Überall Halbschatten, mächtige Mauern aus Bruchstein, kahle, saalartige Räume mit einem Labyrinth von Winkeln, Gängen, Höfen, alles kalt und unfreundlich und von einer beinahe mystischen Unbequemlichkeit. Und dann eine Treppe mit hohen abgetretenen Steinstufen, die sich endlos nach oben wendelte, bis zum Schlafzimmer meiner Großmutter. Sie war damals schon so alt, daß sie ihr Zimmer nicht mehr verließ. Ich war baff, als man mir sagte, dieses verhutzelte Wesen sei meine Großmutter. Man hätte sie für eine sehr alte Chinesin halten können. Man sah nur vergilbte Haut, die an einem Schädel klebte. Tausende von Runzeln. Wieviel mochte sie wiegen?

Kaum mehr als dreißig Kilo, so geschrumpft war sie. Sie hatte noch die schwarzen Augen aller Bodards, wenn auch leicht erblindet. Und ich erschrak vor ihr, als sie die Mumienarme nach mir ausstreckte. Ich mußte sie küssen. Sie sagte mit gebrochener, meckernder, verrosteter Stimme zu mir:

»Dein Vater ist immer ein guter Junge gewesen. Du solltest ihm nacheifern.«

Und dann zog sie aus einer Tasche, tief in den schwarzen Röcken verborgen – denn sie war gekleidet, als trauerte sie bereits um sich selbst – zwei Napoléons und gab sie mir mit den Worten:

»Und du sollst auch an deine Großmutter denken, wenn sie einmal tot ist.«

Ehrlich gesagt, habe ich die zwei Napoléons irgendwo verlegt oder verloren. Nein, dieses alte Gespenst verfolgte mich weiter nicht. Das tat der Rest des Klans von La Rochelle. Mein Großvater, der, wie man munkelte, seine Dienstmagd geheiratet hatte, war schon lange tot. Was für ein Mann er war? Ich hatte keine Ahnung. Ich wußte nur, daß er Möbelhändler war und ein Sägewerk besaß. Der Laden existierte noch, ein bescheidenes Geschäftslokal im Erdgeschoß an der Straßenseite, vollgestopft mit dem Banalsten, was man sich an Möbeln vorstellen kann. Diesen Laden hatte die älteste Schwester meines Vaters geerbt, ein wahrer Saurier von einem Weib, mit den charakteristischen Zügen der Bodard, aber in ordinärer, stockdummer Ausführung. Ihre Stimme, ihre Worte, ihre Reden fielen mir auf die Nerven. Sie roch sogar nach dem Laden, allerdings immer noch weniger als ihr Mann, Monsieur Boisfumé. Ein Hampelmann mit kurzen Gliedmaßen an einem kugelrunden Körper und mit unwiderruflichen Urteilen über alles und jeden. Dauernd zog er über die Leute her, maß sie nach seiner Elle, warf sich zungenfertig, eifernd, zum Richter über sie auf. Als wir sie besuchten – mein Vater und ich, ohne Anne Marie, die dieses Haus und diese Menschen haßte, seit dem Tag, als mein Vater sie nach der Heirat den Seinen vorstellte –, stürzten sich die Boisfumés natürlich in Unkosten. Welche Herzlichkeit! Welches Geknutsche! Welche Freßgelage! Sie wußten, daß mein Vater besonders gern Fisch aß. Also wurden für ihn die herrlichsten Barsche gekauft, alles, was gut und teuer war. Und die Weine ...!

Wofür ich mich noch heute schäme, das sind die Gespräche, deren Zeuge ich damals wurde. Immer das gleiche Thema. Immer wurde Boisfumé blaurot vor Schreien: es ging um die Witwe des gefallenen Hauptmanns, Alberts Bruder. Seit Jahren sah man die beiden Frauen, die Witwe und ihre Tochter, nie anders als unter schwarzen Schleiern. Verschleierte Schemen. Ich glaube, die Mutter war an Kummer und Entbehrungen dahingewelkt. Sie wohnten in Rochefort. Und Gegenstand der endlosen Erörterungen während der üppigen Mahlzeiten waren diese beiden Frauen und ihre schüchternen Bitten um Unterstützung. Soviel Unverschämtheit machte Boisfumé rasend. Und Albert pflichtete ihm stillschweigend bei. Dieses Beipflichten, Alberts bestätigendes Nicken zu Boisfumés Ausführungen, seine Entrüstung, die ihn den anderen ähnlich machte, ja, das alles war der einzige bittere Erinnerungsblitz, der mir von Frankreich verblieb. Genau das hätte ich vergessen sollen, und genau das vergaß ich nicht. Was übrigens zum Teil die Schuld Alberts war, denn während der ganzen letzten Jahre in Yünnanfu hielt er mir ständig das abschreckende Beispiel meines Vetters Léon vor Augen. Die Kriegerwitwe hatte nämlich auch noch einen Sohn. Und in meinem Königreich Yünnanfu und in meinem Teilreich Hanoi trichterte mein Vater mir immer wieder ein: »Werde bloß nicht wie Léon. Ein Taugenichts. Ein übles Subjekt. Ich habe mir nicht alle die Mühe gemacht, damit du vor die Hunde gehst.«

Soviel ich weiß, wurde besagter Léon nach Afrika verfrachtet, wo es Geschichten gab, weil er zu arg auf die Schwarzen einprügelte. Dieser Léon, den ich kaum je gesehen hatte, war die Verkörperung all dessen, was ich nicht werden durfte. Mein Vater machte ein Scheusal aus ihm, und daß er mich dauernd in einem Atemzug mit diesem Kerl erwähnte, der noch dazu aus dem mir verhaßten La Rochelle stammte, das ertrug ich nicht. Auch Anne Marie ertrug es nicht. Sie fuhr Albert an:

»Erinnern Sie uns doch nicht ständig an Ihre Herkunft.«

Fünfzig Jahre später sah ich die ganze Sippschaft auf dem Friedhof Père Lachaise wieder. Sie waren zum Begräbnis Alberts gekommen, der seinerseits beim Tod seiner Mutter zum letztenmal mit ihnen zusammen gewesen war. Der Klan stand, in zwei

Gruppen geteilt, rechts und links des Friedhofstors. Allesamt wohlhabend, blühend, beleibt, respektabel. Die Frauen trugen Pelze. Das schwarzverschleierte Töchterchen der Kriegerwitwe hatte einen Veterinär geehelicht, einen betuchten Mann, eine angesehene Persönlichkeit. Und das verkommene Subjekt heiratete eine reiche Erbin aus dem Languedoc und wurde ein sehr geachteter und ehrenwerter Bürger, der mit Wein oder Zement handelte, ich weiß es nicht genau. Zwischen allen diesen Leuten fuhr der Wagen mit dem Sarg meines Vaters in den Friedhof ein. Meine Stiefmutter, meine Halbschwestern und ich folgten ihm. Wir hatten wegen dieser Unbekannten nicht haltgemacht. Sie hatten uns eingeholt, als der Sarg in eine Gruft geschoben wurde, die der Familie meiner Stiefmutter gehörte. In ein paar Minuten war alles vorbei. Ein paar Kränze. Aber kein kirchliches Begräbnis. Keine Ansprachen. Nicht einmal ein Vertreter des Außenministeriums. Auch keine Freunde. Nur diese Unbekannten, die ihre Taschentücher vor die Augen hielten und auf uns zugegangen waren. Ich sah sie nicht. Meine Stiefmutter sah sie nicht. Wir gingen wieder, ohne ihnen die Hand gedrückt zu haben. Nicht eigentlich aus Geringschätzung. Einfach, weil wir nicht daran dachten.

Es ist seltsam, daß die Familie meines Vaters mich so erschüttert hat, obwohl sie in meinem Leben so wenig zählte. Eine ganze Welt war vor mir erstanden, als Albert mir den Tod seiner Mutter mitteilte. Während mich nur ein Schatten streifte, als Anne Marie wenige Wochen später vom Hinscheiden der ihren erfuhr. Sie hatte sich völlig anders verhalten als Albert. Vor allem an den Augen sah man den Unterschied zwischen meinen Eltern. Alberts Augen blieben tagelang gerötet, weil er sie dauernd mit fast unbewußten, marionettenhaften Bewegungen mit beiden Fäusten rieb. Ich haßte dieses Geheul. Ich haßte Alberts tränenreiche Stimme, die mich in seine Rührseligkeit einbeziehen wollte.

»Du erinnerst dich doch an sie, an meine alte Mama, nicht wahr, Lucien?«

Diesen Ausdruck »alte Mama« aus dem Munde des Konsuls fand ich demütigend, für sie und für ihn. Wie konnte man diese Worte verwenden? Mir selbst fiel es schwer, »Papa« und »Mama«

zu sagen. Albert zwang mich dazu. Und sich selbst nannte er »dein Pappilein«, wenn er zu mir sprach, was bei Anne Marie, sooft sie es hörte, jenes leichte Beben der Oberlippe auslöste, worin sich ihre Verachtung zeigte. Meine ganze Aufmerksamkeit galt nur diesem fast unmerklichen Zucken. Natürlich schämte ich mich dann für Albert.

Als das Telegramm mit der Nachricht vom Tod meiner Großmutter Greffiert eintraf, war es ganz so, als hätte Albert seine eigene Mutter ein zweites Mal verloren. Denn Anne Maries Augen blieben völlig trocken. Nichts von der harten, glänzenden Trockenheit, hinter der sich die Tränen verbergen. Sie empfand nichts, als wäre sie unfähig zu trauern. Später fragte ich mich, ob nicht ihr Stolz ihr alle Gefühle verbot. An den folgenden Tagen trug sie ein dunkles Kleid. Und damit hatte sich's. Sie hatte mir die Nachricht mit ihrer leicht modulierenden Stimme mitgeteilt, ohne das Andenken der Toten zu beschwören. Es blieb Albert vorbehalten, wie ein Schloßhund zu heulen und den Nachruf auf seine Schwiegermutter zu halten.

»So jung! Kaum vierundfünfzig. Und schien immer kerngesund! Eine so tapfere Frau! Wie vorbildlich hat sie ihr Leben gemeistert. Ganz allein hat sie ihre beiden Kinder großgezogen, Ihren Bruder und Sie.«

Anne Marie erwiderte nichts. Vielleicht grollte sie ihrer Mutter noch immer, weil sie sie gezwungen hatte, Albert zu heiraten. Es war in Ancenis gewesen, dem Heimatstädtchen meiner Mutter, das für mich später ein sehr wichtiger Ort werden sollte. Während des letzten Frankreichurlaubs meiner Eltern hatte ich dort weit mehr Zeit verbracht als in La Rochelle. Aber es blieb mir kein Bild in Erinnerung. Nicht einmal das der Loire, die ich später so sehr liebte. Nur der Schatten dieser Frau, der Toten, die ich wie durch einen Nebel sah: eine Bäuerin, eine Arbeitsbiene, eine Dörflerin, die echte Landfrau, die keine Ruhe kennt, deren Körper und Gesicht die Spuren harter Arbeit tragen. Aber hier, wie überall, hilft meine Phantasie der Erinnerung nach. Ich sehe eine plumpe, unermüdlich tätige Frau, das Gesicht gerötet, derbgutmütig und zugleich voller List. Als hätte sie sich in ihrem Leben mit zu vielem herumschlagen müssen, als hätte sie die Kunst, mit ihren Kindern zu überleben, in einer allzu harten

Schule gelernt. Und sie kannte keine Eitelkeit, der schwarze Hut starrte von Nadeln mit schwarzen Glasköpfen, sie hatte ein gutes Mundwerk und war bei allen Witwen der Gegend beliebt. Sie selbst war zweimal verwitwet. Ja, bei längerem Nachdenken nimmt sie Gestalt an. Nachdem ihre Kinder untergebracht waren, der Sohn als Arzt, die Tochter als Konsulin, hatte sie keinen Grund mehr, sich abzusorgen, sich abzurackern. Und so stürzte sie sich mit hemmungsloser Zärtlichkeit auf mich. Sie war glücklich, sie tat mit Freuden alles für den Sohn ihrer Tochter, dieser Anne Marie, die ihr so wenig glich und die sie stets wie eine kostbare Perle betrachtet hatte. Eine Perle, die sie dem Konsul an seinen Zweispitz heftete. Während dieser paar Wochen in Ancenis verwandelte sie sich in eine aufopfernde Amah, und Anne Marie ließ sie gewähren, als wäre es nur normal, daß ihre Mutter sie und mich bediente. Nur natürlich, daß ich in ihr nur noch die Dienerin gesehen hatte. Heute frage ich mich manchmal, aus welcher Welt wir stammten, Anne Marie und ich. Den Stempel, den wir trugen, konnte uns nur ihr Vater aufgeprägt haben, ein Mann von wahnsinniger, eleganter, selbstzerstörerischer Lebensgier. Der sich lustvoll ruinierte und tötete, wobei ich nicht genau weiß, ob er Selbstmord beging oder am Alkohol und an der Niedertracht zugrunde ging. Dieser Mann, der fünfzig Höfe besaß, hatte seiner Witwe nichts hinterlassen. Nichts als Anne Marie, die schön war, wie der Vater, die souverän war, wie er.

Im Gouverneurspalast von Hanoi ist Anne Marie glücklich wie noch nie, das spüre ich. Sie plaudert immer angeregter mit Madame Merlin, macht aus ihr eine Vertraute, der sie so gut wie nichts anvertraut, die aber das Unausgesprochene errät und ihr dies auch zu verstehen gibt. Liebt sie? Ich frage mich nicht ernsthaft, denn ich kann mir unter Liebe nichts vorstellen. Und doch fühle ich, daß etwas sie beflügelt. Nicht das Tennis. Das Drum und Dran, der ganze Ritus, dessen Mittelpunkt sie ist. Sie spricht wenig. Noch weniger als sonst. Aber ihr Gesicht ist zu engelhaft, zu vollkommen ohne die flüchtigen Bewegungen, die im gewöhnlichen Leben Verachtung oder Genugtuung anzeigen. Es ist glatt, frei vom Ausdruck der Verachtung wie der Genugtuung. Sie ist wie eine kalte Flamme, ohne Funken, ohne Flackern, ohne Rauch. Ich kannte dieses Verhalten schon an ihr, es zeigte sich, allerdings in gemäßigterer Form, wenn man ihr Bewunderung entgegenbrachte. Das war ihr bisher nur widerfahren in ihrer Eigenschaft als Frau des Hauses, als perfekt einfühlsamer und graziöser Gastgeberin. Aber nie war sie eine Flamme, wie hier in Hanoi. Hier brennt sie, ohne sichtbar zu verbrennen, läßt sich bewundern, läßt sich anbeten und ist glücklich darüber, ist nicht Madame Bodard, sondern nur sie selbst, eine Frau von Format, die sich der Wertschätzung eines Mannes von Format, eines ihr ebenbürtigen Mannes erfreut. Dieser Mann ist der *capitaine*. Ihre Beziehungen sind Tage hindurch nur Spiegelungen, Wort- und Blickreflexe. Ab und zu tun sie, wie unter einem schicksalhaften Zwang, ein paar Schritte gemeinsam im Park.

Allmählich macht es mir keinen rechten Spaß mehr, mich in der Rikscha zu meiner Tante fahren und dort einen Schwall von Komplimenten und Liebkosungen, von Mädchengegirre und trockenen Keksen über mich ergehen zu lassen. Da taucht gerade zur rechten Zeit eine andere Art von Gebäck auf, eine Sahne-Meringe. Der wackere General Sicre. Ein Held des Ersten Weltkrieges, wie es heißt. Er hat in ein paar schneidigen Angriffen den Deutschen einige Meter Terrain abgeknabbert, was als grandioser Sieg angesehen wird. Das sagt jeder. Niemand erwähnt die Tausende, vielleicht sogar Zehntausende von Toten, die diese Angriffe gekostet haben. Wenn schon! Steht ihr Name nicht glorreich auf allen Kriegerdenkmälern, die im Zentrum sämtlicher französischer Marktflecken ersprießen? Dieser Mann, der mich mit seinen gütigen Kugelaugen an einen Christbaum erinnert, sagt zu meinen Eltern, daß er mich in den schrecklichen Dschungel an der Grenze Chinas mitnehmen möchte. Nicht an die Grenze zu Yünnan, sondern an die Grenze zu Kwangsi, dem Tor zum ganzen Reich der Mitte. Ich bin Feuer und Flamme. Meine Eltern stimmen zu. Und nach der Inspektionsreise des Generalgouverneurs durch das Delta breche ich mit dem General und Oberbefehlshaber in den furchteinflößenden Urwald auf, in dem zwar Friede herrscht, aber ein Friede, der dauernd durch chinesische Banden und Armeen bedroht wird, durch die ganze feindliche Welt des Drachens, den hier niemand gezähmt hat wie in Yünnan.

Dieser Dschungel ist kein ausgebreitetes Tuch, keine Kathedrale, keine grünblaue Tiefe. Man dringt in ihn ein und ist schon von ihm verschluckt. Die schmale ungepflasterte Straße, auf der wir in unseren Wagen dahinfahren, ist nur ein Tunnel. Ich komme mir vor wie im Darm eines Ungetüms. Ich stecke im Leib des Waldes, und dieser Leib ist ein finsteres Wirrsal aus Zinken, Felsen, Schründen, allen Arten von Starrheiten und Rauheiten. Das Chaos. Kein aufragender Berg, aber erschreckend zerklüftete Erde, ein versteinerter Orkan, auf dem der grünliche, schillernde, dichte, dunkle Schleier des Dschungels liegt. Die Felsbrocken ballen sich krampfhaft, schwärzlich und zerrissen oder weißlich aus Trümmerkalk. Über dieses ganze Gerümpel hat man keinen Überblick, man prallt darauf, entdeckt Durchstiege im letzten Augenblick. Zuerst kommt man in ein weites Tal, das zunehmend verengt wird von Erdhaufen, Geröll, ungeheuren Felstrümmern, die einen aus Granit, die anderen aus weicherem, halb zerbröckeltem Gestein. Weiter in der Ferne ein blendender Blitz: eine senkrechte Kalksteinwand. Dunkle Blöcke drängen sich um uns zusammen. Wir müssen durch eine spiralförmig aufsteigende Rinne. Die Wagen ächzen, keuchen, knarren. Der Dschungel läßt uns nicht mehr los, er hängt über uns, seine Lianen streifen unsere Köpfe. Oben sieht man eine riesige Höhle, die nach Aussage der Eingeborenen Unheil birgt; sie nennen sie das heulende Loch, denn sie gibt Töne von sich wie eine Windharfe. Dann Hunderte, Millionen von weißlichen Pusteln. Ausbrüche. Es sind braunbedeckte Gipfel, die wie Annamitenhüte aussehen. Nirgends Wasser. Die Erde hat es verschluckt. Eine vegetabile Durstwüste. An einer Stelle jedoch speit merkwürdigerweise ein kleiner, in Form eines Kobrakopfs geschnitzter Brunnen sein Wasser wie Gift aus. Dann geht es wieder bergab, eine wie ausgehobelte Schlucht entlang, einen sehr langen, sehr geraden, mehrere hundert Meter breiten natürlichen Graben. Noch eineinhalb Stunden bis zu einem Paß, einer Kerbe in einem langen Grat. Auf der anderen Seite ist das Chaos noch größer, starren Schlünde, keine Cañons, sondern gewaltige Ausschachtungen. Sturzbäche und Wasserfälle. Später soll dies einer der Schauplätze des Indochinakrieges werden, aber im Augenblick herrscht hier Frieden. Manchmal sieht man die Trikolore über einem hoch oben liegenden unzugänglichen Fort flattern, das nur aus einer dornigen Bambusumzäunung mit einem Wachturm und ein paar Baracken besteht. Wir machen keine Rast. Ich bin fiebrig erregt wie immer vor einem grandiosen Anblick. Sicre ist in seinem Element. Der brave Soldat, der sich auf vertrautem Boden befindet, obwohl hier seit langer Zeit keine Schlacht mehr stattgefunden hat. Die ganze Gegend ist fast ebenso befriedet wie das Delta, seit damals die Kolonnen der Eroberer wochenlang, monatelang, in voller Montur und tadelloser reglementmäßiger Marschordnung hier durchgezogen sind. Unbeirrbar, obwohl Gott allein weiß, wie furchtbar sie gelitten haben, wie viele von ihnen in den Fiebersümpfen umkamen, den Chinesen in die Hände fielen, die von überall her auftauchten, sie aus dem Hinterhalt töteten, sie massakrierten, folterten und ihre Köpfe vor den Augen ihrer Kameraden auf Lanzen spießten. Es war die kaiserliche Armee von Kwangsi, die der französischen Armee als erste das Fürchten beibrachte, uns die erste unserer vielen Niederlagen in Indochina bereitete. Das hatte sich in Langson ereignet, wohin wir bald kommen würden, in Langson, unserem asiatischen Sedan, Langson, der großen Pforte Chinas, dem Bollwerk der ganzen Grenze.

Warum ich alle diese Eindrücke schildere? Zum einen, weil ich hingerissen war, und zum anderen, weil ich an diesen Orten des Friedens später Stunden voller Abenteuer, Angst und Katastrophen erleben sollte, die so viel zu meinem Glück beigetragen haben.

Es war die Zeit, zu der der Glutofen des Sommers aufgeheizt wird und eine weitere Schicht sich über alle die anderen legt. Der Nieselregen hat aufgehört, und der Himmel überzieht sich nach und nach, hoch oben beginnend, mit einer Art Bleihaube, die langsam und gleichmäßig immer dunkler wird. Ein Deckel, unter dem die Hitze steigt, unerträglich wird, der auf eine erschöpfte Natur, auf erschöpfte, in Schweiß aufgelöste Menschen drückt. Nichts ereignet sich, außer daß der Himmel immer schwärzer wird und das Thermometer noch höher steigt. Es ist die

Zeit der Erschöpfung. Schließlich erscheinen Blitze wie Feuerzacken, Sturm kommt auf, Wetterleuchten, bis endlich die schwarzen Wolken platzen. Gebirge und Wolkenmassen bilden zusammen eine gespenstische Landschaft, Berg- und Himmelsgrate vermischen sich. Die Menschen verkriechen sich in ihre Höhlen, das unaufhörliche Trommeln des Regens auf den Blech- oder Laubdächern macht sie verrückt. Der Dschungel selbst ist nur noch ein einziges Wassergewölbe.

Die Inspektionsreise General Sicres fällt nicht in die Periode des Nieselregens, sondern in die der Backofenhitze, in diese unerbittlich gleichförmige Zeit, die in eine Kapsel aus glühendem Metall eingeschlossen scheint. Die Erde wartet. Der Dschungel wartet, die ausgezehrten und dem Ersticken nahen Menschen warten auf den Monsun wie auf eine Befreiung. Eine Befreiung, die jedoch gleichfalls nur Einkerkerung und Leiden bedeutet. Dem Verschmachten des Körpers folgen nun alle möglichen Krankheiten und die zehrende Einsamkeit der in ihren Gehegen zusammengepferchten Menschen.

Ich leide nicht. Stolz wie ein Spanier sitze ich an der Seite des Vielsterne-Generals Sicre, der eine ganz neue Miene zur Schau trägt, eine Gutmütigkeit, die nicht mehr saft- und kraftlos ist, sondern einen fast grausamen Charakter angenommen hat. Der Stander seines Wagens, der schlaff herabhängt inmitten der erschlafften Elemente, ist dennoch ein Fanal der Macht. Armee, Krieg, Grenze sind Zauberwörter, über die der gute Sicre gebietet. Ich trage meinen Tropenhelm, denn es ist zu jener Zeit ausgemachte Sache, daß jeder, der sich barhaupt der Sonne aussetzt, sofort vom Hitzschlag gefällt wird. Ich bin gespannt auf die geheimnisvollen und unerhörten Dinge, die ich zu sehen bekommen werde. Dem Kind werden sie sich in all ihrem Glanz zeigen, dem Mann später in einer Aura von Blut und Tod. Als Erwachsener sollte ich hierher zurückkehren, an diese von allen Formen des Schreckens gezeichneten Orte, und den Dschungel wiedererkennen, ja selbst die Menschen wiedererkennen, die ich im Frieden gesehen habe. Dann werden allerdings ihre Köpfe und ihre Oberkörper unbedeckt sein, und sie werden sich mit der fiebrigen Rastlosigkeit gejagter und jagender Tiere bewegen.

Aber im Augenblick erstrahlt Langson in unerschütterlicher

Erhabenheit und Ruhe. Rund um die von Gallieni und Lyautey am Ende einer riesigen Mulde errichtete Stadt zieht sich ein Kranz aus blanken, ungewöhnlich sanft abfallenden Kalkgebirgen. Eine prächtige Fassung für das monotone Areal der Festung mit ihren Vorwerken. An den gefährlichen Orient gemahnen jedoch die rote Schlange des Flusses Song Ky Kong und zwei Felsen, die über der Stadt aufragen wie zwei hohle Zähne und deren durchlöcherte, schwammige Wände bis zu den Häusern abstürzen. Dreißig Kilometer weiter, in Dong-Dang, treffen wir eine Frauengestalt aus Zink, die als Meilenstein dient und die Entfernungsangaben trägt: Hanoi, 200 Kilometer; Peking, 3000 Kilometer; Paris, 12000 Kilometer . . .

Die Fremdenlegion. Das ganze Protokoll der Legion für den alten Sicre. Unbewegliche, sture Gesichter der Mannschaften und Offiziere, ohne eine Spur von Phantasie, alle wie in Bronze gegossen oder aus Stein gehauen, von unerschütterlichem Gleichmut. Auch in äußerster Gefahr verschmähen sie die Flucht in Raserei, Zorn, Nervosität oder in eine List, die ihnen eine Überlebenschance geben könnte. Ihre Romantik heißt Gefolgschaft bis zum unvermeidlichen Ende, unterscheidet nicht zwischen Kadavergehorsam und Heldentum. Wehe dem, der irgendein Gefühl zeigt, wehe dem, der schwach ist. Diese so gutaussehenden Männer sind in Wahrheit gebrochen, entpersönlicht, zu Kriegern gemacht worden, zu Sklaven, die stolz sind auf ihr Sklaventum. Ihr Reichtum ist die Haut, die eigene Haut, die sie auf Befehl, ohne mit der Wimper zu zucken, massiv zu Markte tragen. In diesem Langson des Friedens, in das ich komme, sind sie jedoch glücklich dank der Haut der anderen. Sie brauchen Kneipen, Tanzlokale, Bordelle, Läden, in denen die gelbe Haut für sie arbeitet, sich ihnen feilbietet. Die gelbe Haut, die sie mit ihrem Geld zu ihren Vergnügungen kaufen, diesen schmutzigen Vergnügungen, die alles sind, was ihnen im Leben geblieben ist. Ja, im Frieden wie im Krieg sind die Legionäre sich selbst treu, sie scheinen glücklich.

Am nächsten Tag verlassen wir Langson auf einer Straße, die an der Grenze entlang zum Meer führt. Der Dschungel ist nicht mehr so bedrückend. Der alte Sicre inspiziert die Verteidigungsposten. Genau die gleichen, die ich später wieder vorfinden werde, mit Palisaden befestigt und Geschützständen aus Knüppelholz an den Ecken. In den größeren Grenzforts läßt ein Offizier seine Schützen antreten. Alle diese Offiziere haben Speckbäuche, aber aus kernigem Speck. Alle sind blühende, fröhliche, kahlköpfige und kahlbrüstige vergnügte Opas mit der Elefantengrazie alter Haudegen. Diese Herren gingen ganz offensichtlich nicht aus dem Adelsstand hervor. Sie sind Offiziere der Kolonialinfanterie, die sich hochgedient haben, nicht ganz so dumm, wie ihre bösartig-stupiden Visagen es vermuten lassen. Alte Hasen, die verdammt gut zu leben wissen, das Land und die »Schlitzaugen« wie ihre Westentasche kennen. Sie verstehen es, auch die Gelben auf Vordermann zu bringen, trotz ihrer schlitzäugigen Piratenstreiche. Aber es gibt in der Gegend auch echte Piraten, und die Herren sind gezwungen, sich dann und wann auf den Kriegspfad zu begeben, ihnen nachzujagen, manchmal wochenlang, ohne schließlich auch nur einen Schatten ihres Wilds vor die Büchse zu bekommen. Wirklich interessiert sind diese Lamettaträger nur an Prämien und Beförderung. Sie stecken voller Geschichten über ungerechte Behandlung und Zurücksetzung von seiten Hanois, aber diese Geschichten erzählen sie nicht dem General Sicre. Wenn er kommt, ist alles eitel Sonnenschein. General Sicre erklärt meine Anwesenheit mit einem lapidaren Satz:

»Der Sohn des französischen Konsuls in Yünnan, eines unserer besten Beamten.«

Ich nehme an den Freß- und Saufgelagen teil. Nur das Beste ist gut genug für die Herren von der Kolonialinfanterie. Ich erinnere mich an ein kleines Fort, das von einem Gefreiten befehligt wurde. Eine tolle Type! Rötlicher Bart, pickelübersäte Haut, das Gesicht wie ein flambiertes Omelette. Der Visage nach ein bauernschlauer Rohling. Fleischgebirge. Säuferaugen. Aber auch hier, welche Bewirtung und was für ein Keller! Spitzenweine, Markenchampagner, alle Aperitifs. Übrigens sind er und seinesgleichen trotz ihrer Verachtung für die Schlitzaugen selbst Schlitzaugen geworden, »annamitisiert«, mit ihren Bastarden, ihren Boyessen, die sich natürlich bei unserer Ankunft verstecken. Richtige Herren, diese Herren Gefreiten. »Denen darf man nicht auf die Hühneraugen treten, verdammt noch mal.«

Auch die Schützen haben ihre eigenen Frauen, ihren eigenen Nachwuchs. Es stinkt nach *nuoc-mâm*. Es ist der reinste Mirakelhof, aber es klappt prima. Später sollte ich die Kolonialinfanterie sowie die Fremdenlegion unverändert wiederfinden, getreu der weisen Maxime folgend, wonach man sein »Laufwerk pflegen« müsse, denn mit den Viets ist es durchaus möglich, daß es einmal schleunigst abhauen heißt.

Der alte Sicre ist mit seinen Leuten hochzufrieden. Natürlich hat er ein paar Orden dabei. Die Verleihungen geben Anlaß zum Feiern. Ich stopfe mich voll. Dann geht es weiter. In der Ferne, an einem Berghang, sehe ich seltsame Wesen, halb Menschen, halb Tiere: Ungeheure nackte Schädel, mit Silberringen gepanzerte Hälse, Beine wie Muskelballen. Auf dem Rücken tragen sie riesige Kiepen. Es sind Gebirgsbewohner, Mans oder Nungs, sie gleichen den Leuten, die manchmal in Yünnanfu Steinsalz kaufen kommen.

Wie schön ist der Ferne Osten. Endlich scheint das Meer nahe zu sein. Man sieht es nicht, riecht es aber. Es stinkt nach Schlamm. Ein Marktflecken taucht auf, die Banalität in Reinkultur, wie man sie oft in den tropischen Breiten antrifft, niederschmetternd, zum Verzweifeln. Reihen von Hütten, Menschenbäuche, die sich wie Ballons in schläfrigem Rhythmus wiegen. Wir sind zu früh gekommen, noch ist die Stunde der Siesta. In diesem Landstrich wohnen keine Annamiten mehr, sondern Chinesen, Abkömmlinge von Piraten. Ein kleiner schmutziger Bach, über den ein Steg führt. Auf der anderen Seite wieder ein Marktflecken, wieder eine Schemenlandschaft; wir sind in China.

Zwei Befestigungen einander gegenüber. Zwei alte, recht baufällige Forts. Das eine chinesisch, das andere französisch. Der französische Kommandant erinnert an ein Korallenriff, er hat ein von Äderchen durchzogenes Gesicht, wie angenagt, füchsisch, spöttisch, skeptisch, zynisch. Der erste Abenteurer in Uniform, den ich zu sehen bekomme.

Am Horizont, in China, erstrecken sich die Hunderttausend Berge, dieser unzugängliche Schlupfwinkel der Banden. Der Mann erklärt uns, wie er sie gängelt, wie er sie kauft, wie er sie aufeinander hetzt. Er hat seine Spitzel, von nackten Kindern bis zu fetten Bonzen. Er hat seine Totschläger. Er hat seine Verbündeten. Einer davon ist ein junger, elegant gekleideter Herr, der sich im Städtchen eine Villa im europäischen Stil erbauen ließ. Sein Betriebskapital besteht aus fünfhundert Gewehren, an deren Kolben sich fünfhundert Männer befinden, eine einträgliche Sache. Der andere Verbündete ist ein Stammeshäuptling, der auf allen Reisen von seinen Würdenträgern begleitet wird, vom Bannerträger, vom Krugträger, vom Pfeifenträger und von einigen Vasallen. Die Hauptwaffe des Kommandanten ist jedoch das Geld. Er hat alle möglichen kuriosen Verträge abgeschlossen, wonach er den Schmuggel duldet, die Spielhöllen kontrolliert, den ungestörten Verkauf der Opiumernten sichert. Die Drahtzieher sind reiche Chinesen, seine Freunde, die ihm auch Spitzeldienste leisten. Dafür – und gegen eine kleine Beteiligung – läßt er sie gewähren. Im Augenblick ist er damit beschäftigt, einige annamitische Revolutionäre umlegen zu lassen, die sich in die Hunderttausend Berge geflüchtet haben. Alles hat also seine Richtigkeit. General Sicre verzieht das Gesicht:

»Ein bißchen außerhalb der Verwaltungs- und Militärvorschriften scheint er sich schon zu bewegen. Na ja . . .«

Die Nacht ist hereingebrochen. Alle Häßlichkeit ist verschwunden. Auf den Straßen sieht man nur noch Feuerschmetterlinge, Irrlichter, Flammen, Funken. Die Stadt ist eine einzige riesige Garküche. Eine fröhliche Menschenmenge flaniert inmitten dieser Zimt-, Ingwer-, Safran-, Melissenaromen, dieser Gerüche nach Soßen und Säften. In die kulinarischen Ausdünstungen mischt sich der Duft der Eitelkeit, der Duft von Salben, Schminke und Moschus, der von den jungen Frauen ausgeht. Von diesen hübschen Chinesinnen, diesen Gebirgsmädchen mit ihren Turbanen und farbenfrohen Trachten. Fröhlichkeit. Sogar die Zahnstummel der Greisinnen machen einen fröhlichen Eindruck.

Dann die Bucht von Along. Wir sind auf einem Patrouillenboot. Düstere, blaugrüne Zauberlandschaft. Das Meer sieht nicht aus wie ein Meer, sondern wie zerfetzte Erde, die im Gefolge einer Katastrophe überflutet wurde. Alle diese weißlichen Blasen, die im Wasser tanzen, scheinen Eiter absondern zu wollen. Es ist nur Kalk. Ein Wald submariner Bergspitzen. Dann wieder wie Fabeltiere geformte Felsen, die an ihrer Basis so zerfressen sind, daß sie jeden Augenblick zu kippen scheinen. Sie schließen sich über unserem Schiff wie Kiefer. Steilwandige Hafeneinfahrten, reißende Strömungen, nachtfarbene, manchmal azurblaue Wogen um die Felsenriffe. Das Labyrinth. Der alte Seemannsfriedhof von Port-Wallut, in dem nur Affen und Tote hausen. Schließlich gelangen wir ans Ende dieses märchenhaften Alptraums. Die schwarze Küste kommt in Sicht. Sie besteht aus schwarzen Kuchenbrocken. Vor uns liegen die berühmten Zechen von Tongking, wo Tausende von Kulis im Tagebau Berge von Kohle gefördert haben, um daraus diese verbrannten Fladen zu bereiten.

Das war mein Ausflug mit General Sicre. Ein Schatz aus gehorteten Bildern und Eindrücken, die mir heute mit einer mir selbst unbegreiflichen Präzision wieder ins Gedächtnis kommen. China und Indochina haben sich in mir abgelagert wie tiefreichende Sedimente, zu einer Zeit, da Frankreich für mich noch immer ein unbekanntes Land war. Und doch glaubte ich bereits an seine Größe. Das ist der Ansatzpunkt meines Lebens: diese Größe, die vor meinen Augen stetig schwindet, fast verschwunden ist. Frankreich sollte sich mir darstellen wie diese Berge, die so hinreißend schön sind in ihrem Dschungelkleid, darunter jedoch zerbröckelt, verfallen, verrottet, verfault sind. Mein ganzes Leben werde ich damit zubringen, mich an diesen Verfall Frankreichs zu gewöhnen, ihn zu verfolgen, zu beschreiben. Ich werde mich daran gewöhnen, ich werde mich damit abfinden. Ohne Freude oder Traurigkeit. Bei mir beherrscht das Auge alles.

Vierter Teil

Farce und Tragödie

Anne Marie spielt immer noch Tennis, und Albert hat bereits unwahrscheinliche Mengen von Visitenkarten verbraucht. Das weiße Asien jener Zeit, das ist der Tropenhelm, die Visitenkarte und der Empfehlungsbrief. Letzterer ist das feinste und wichtigste Instrument. Sollte ein Unbekannter ohne ein solches Schreiben auf der Bildfläche erscheinen, er würde nirgendwo vorgelassen. Es ist eine Kunst. Alles kommt auf die Nuance an. Ob Albert einen solchen Brief liest oder selbst abfaßt, er legt jedes Wort auf die Goldwaage, grübelt über jedem Satz. Es handelt sich um einen regelrechten Kode, ohne daß der Empfohlene dies auch nur ahnt. Denn die verwendeten Formeln geben dem Adressaten eindeutig zu verstehen, ob es sich beim Überbringer um eine Null handelt, um einen Nassauer, ob man ihn abwimmeln, ihm nur eine kurze Unterredung gewähren sollte, ob es genügt, ihn einmal zum Essen einzuladen oder ob ihm ein großer Bahnhof zusteht – eine Möglichkeit, die hinwiederum mehrere Varianten umfaßt. Niemand versteht es besser als Albert, ein Empfehlungsschreiben für einen Mann zu drechseln, der ihm dafür ein Leben lang dankbar ist, obgleich der Text nichts anderes besagt als: »Gewähren Sie diesem Menschen unter keinen Umständen, was ich mit diesen Zeilen scheinbar für ihn erbitte.«

Aber in Hanoi bedarf Albert keiner Empfehlungsbriefe. Die Visitenkarten genügen. Er wird überall mit offenen Armen empfangen, und er klappert systematisch den Kreis all jener Leute ab, die sich ihm möglicherweise einmal nützlich oder gefällig erweisen könnten. Dafür ist ihm keine Mühe zuviel. Zunächst kleidet er sich mit aller Sorgfalt, aber jedesmal genau abgestimmt auf den Herrn, bei dem er vorsprechen wird. Während des Gesprächs wartet Albert mit wohlvorbereiteten Floskeln auf: Ernstes und Heiteres, ein kleines Schäkern bei Gelegenheit, ein paar Bemerkungen über die Lage in China, Komplimente für die Dame des Hauses, manchmal pikanten Klatsch und als Schlußwort, daß man sich häufiger sehen müsse, zum Privatvergnügen, zu Nutz und Frommen der Geschäfte und zur weiteren Festigung der französischen Interessen in Yünnan. Wenn sein Gesprächspartner ihm besonders vielversprechend erscheint, setzt er allem mit einer spontanen Einladung die Krone auf:

»Kommen Sie doch einmal mit der Frau Gemahlin und den Kindern nach Yünnanfu. Zur Monsunzeit ist die Luft dort gut, während in Hanoi Backofenhitze herrscht. Die Stadt ist sehenswert, sie wird Sie interessieren. Meiner Frau und mir wird es ein Vergnügen sein, Sie im Konsulat als unsere Gäste begrüßen zu dürfen.«

Diese Betriebsamkeit hindert Albert indes nicht, mit scharfem Auge alles zu beobachten, was sich auf der Terrasse, dem Rasen und dem Tennisplatz des Gouverneurspalasts tut. Er brütet darüber nach. Endlich, eines Abends, als wir uns gerade zum Diner bei den Merlin ankleiden, höre ich ihn im Zimmer nebenan zu Anne Marie sagen:

»Mir scheint, dieser *capitaine* schneidet Ihnen die Cour?«

Anne Marie erwidert mit ihrem verächtlich-amüsierten Lachen:

»Wo haben Sie diesen Ausdruck her? Ich habe vielmehr den Eindruck, als machten Sie sich bei den Damen der Kolonie Liebkind.«

Aber Albert läßt sich nicht in die Defensive drängen. Er bleibt düster, mißtrauisch, kritisch. Wie konnte er nur glauben, daß Anne Marie? . . .

»Ich kenne Sie nicht wieder. Sie geben sich kokett. Nie hätte ich für möglich gehalten, daß Sie, Anne Marie, die Sie so stolz...«

Anne Marie fällt ihm ins Wort:

»Sie haben nichts zu befürchten, mein armer Albert. Zwischen dem *capitaine* und mir ist nichts. Noch ist es nicht soweit, daß ich Sie verlasse . . .«

Hiermit brach das Gespräch ab, aber während des Diners ist Albert nicht ganz der alte. Der Gouverneur merkt natürlich nichts. Madame Merlin fragt:

»Sind Sie nicht ein wenig müde?«

»Ja, ein kleiner Malariaanfall. Nichts Ernstes.«

Madame Merlin behält ihre wahren Gedanken für sich und meint nur unverbindlich:

»Mein armer Freund, Sie sind zuviel in diesen ungesunden Gegenden herumgereist. Sie haben Ihre Gesundheit geopfert.«

Sie hat ins Schwarze getroffen. Albert erwidert:

»Nun ja, kleine Nachwehen. Aber im übrigen: was uns nicht umbringt, macht uns stärker.«

Am Tisch des Hauses Merlin kann er davor sicher sein, daß Anne Marie ihn an sein ewiges Gejammer über seine Wehwehchen, seine Eingeweide und alles übrige erinnert. Sie schweigt, und Albert schmollt weiter. Er schmollt noch tagelang, und sein Gesicht ist gelb und verkniffen, denn Anne Marie spielt auch weiterhin mit Madame Merlins allerhöchstem Segen fleißig Tennis, und ihre Promenaden mit dem Hauptmann werden länger.

Auch Alberts Miene wird immer länger. Er hüllt sich in Schweigen, tiefe Falten durchziehen seine Stirn. Er lauert. Er verläßt den Gouverneurspalast nicht mehr so häufig, und er fängt ebenfalls an, den Schläger zu schwingen, aber er ist nervös, er jagt alle seine Bälle ins Netz. Am ersten Tag hat er wie in Yünnanfu in Hemdsärmeln gespielt, dann verkleidete er sich als Sportsmann, mit offenem Kragen und einem Blazer für die Spielpausen. Er macht sich nicht klar, daß er lächerlich wirkt mit seinem beginnenden Fettansatz neben seinen jungen, feingliedrigen Partnern. Während der übrigen Zeit ist er wie geistesabwesend, er erschrickt, wenn die treffliche Madame Merlin ihm nach ihrer Gewohnheit eine abrupte Frage stellt, und er reißt sich mit Mühe gerade noch zusammen, wenn der Herr Gouverneur das Wort an ihn richtet.

Jahre später – ich war damals schon ein junger Mann – sollte Anne Marie mir in Paris mit ironischem Schürzen der Lippen anvertrauen:

»Der arme Albert, er bildete sich ein, ich könnte ihm untreu sein. Er war seiner Sache nicht sicher. Er versuchte, etwas herauszubekommen, und mir machte es Spaß, ihn in seiner Ungewißheit schmoren zu sehen. Ich fand, er verdiene diese Qualen, zur Strafe für seine schäbigen Verdächtigungen.«

Jetzt, da ich Albert kenne, kann ich mir auch vorstellen, was er gelitten haben muß. Zunächst im Herzen, denn damals hing er trotz seiner Seitensprünge leidenschaftlich an Anne Marie. Und dann auch seine Eitelkeit, die so kraß, so leicht verwundbar war. Er empfand es zwar als höchst erfreulich, daß die verheirateten Damen der Kolonie sich ihm so zugänglich erwiesen, was hingegen seine eigene Frau betraf, so nahm er es mit deren ehelichem Wohlverhalten sehr genau. Nein, auf diesem Gebiet machte er keine Kompromisse. Tage schwärzester Eifersucht. Tage, an denen das Hirn sich aufreibt zwischen Zweifel und Beschwichtigung. Albert Othello. Gewiß lag er auf der Lauer, wenn Anne Marie ausging, um sicherzugehen, daß nicht auch der Hauptmann das Gehege des Palasts verließ, aber er konnte nichts Konkretes feststellen. Er wurde immer bleicher und mußte dennoch im Hause des Generalgouverneurs Haltung bewahren. Zweifellos war er versucht, Anne Marie mit der Frage, die ihn quälte, zu überfallen:

»Betrügen Sie mich?«

Aber er besaß die Willenskraft, nichts dergleichen zu tun, sei es, daß er eine Antwort fürchtete, die nur in spöttischem Lächeln bestehen würde, oder ein bündiges »Ja«, gesprochen mit jener schlichten Offenheit, deren Anne Marie fähig war.

Bei jener späteren Gelegenheit indessen, als Anne Marie sich mir gegenüber aussprach, berichtete sie folgendes Detail:

»Eines Tages erklärte dein Vater mir mit grauem Gesicht und ausdrucksloser Stimme – als handelte es sich um etwas Belangloses –, daß er schon seit Jahren ständig einen geladenen Revolver griffbereit habe.«

Und mit einem knappen Recken des Kinns, als stünde sie noch immer einer Herausforderung gegenüber, fügte Anne Marie damals hinzu:

»Ich hatte keine Angst, ich fand ihn einfach grotesk. Diese makabre Komödie paßte so gut zu ihm.«

Ich zweifle heute nicht daran, daß Albert, im Falle seines erwiesenen Mißgeschicks, die berühmte Pistole aus seiner Schublade gezogen – nicht in Hanoi, sondern erst, wenn wir wieder in Yünnanfu gewesen wären – und melodramatisch damit herumgefuchtelt hätte. Nein, vor anderen hätte er nicht über sein Unglück gejammert. In gewissen Fällen konnte er sich durchaus zurückhalten. Seine Stimmung wäre mörderisch gewesen, aber zu gräßlichen Szenen wäre es erst abends in den Schlafzimmern unseres Yamen gekommen. Er, halb flehend, halb wütend. Anne Marie felsenhart, und schließlich erklärt Albert, den Colt in der Hand, er werde sich eine Kugel in den Kopf jagen. Was Anne Marie eiskalt läßt, denn sie findet die Szene maßlos abgeschmackt. Vielleicht hätte er ein anderes Mal so getan, als zielte er auf sie, und sie hätte nicht mit der Wimper gezuckt. Aber er hätte niemals geschossen. Es wäre vielmehr zu einer Scheidung gekommen, denn Albert hätte die erlittene Schmach nicht verzeihen können. Eine Scheidung, bei der er sich hart, bösartig, schmutzig gezeigt hätte. Und dann wäre er eine neue Ehe eingegangen, denn dieser Don Juan brauchte seine Rolle als Ehemann und Vater. Er hätte umsichtig eine hübsche, junge, fügsame Frau gewählt, die ihm alles verdankte (aber verdankte Anne Marie ihm etwa nicht alles?) und von ihr viele legitime Kinder bekommen. Denn zu den illegitimen kommen wir später...

Vielleicht hätte Anne Marie weniger tugendhaft sein sollen, vielleicht wäre diese Lösung die bessere gewesen. Gewiß hätte auch sie sich wieder verheiratet und wäre später nicht in Wahnsinn verfallen. Man hätte sich im Kolonialstil arrangiert: so, wie man in der Chemie die Stoffe verwandelt, indem man einige Moleküle ändert, so bilden und lösen sich hier die Paare durch Partnertausch.

Ich sagte es häufig: seltsam, wie sich in diesem fernöstlichen Ballett alles wiederholt und wiederfindet. Auch Anne Maries Hauptmann sollte ich später wieder begegnen... Über ihn sagte sie mir damals die Wahrheit:

»Er liebte mich. Er betete mich an, er wollte mich überreden, mit ihm zu fliehen. Ich weigerte mich, deinetwegen.«

Heute scheint es mir klar, daß es nicht anders enden konnte. Ehebruch, eine Liaison kam für Anne Marie nicht in Frage. Sie mußte die romantische Lösung wählen, die den größten Skandal auslöst, aber zugleich die nobelste Lösung ist.

Ich lasse mich von der Literatur hinreißen. Vorhin schon sprach ich von Albert-Othello, jetzt spreche ich von Anne Marie-Anna Karenina, der Heldin eines Romans, den sie vielleicht nie gelesen hat. Sie trieb die Logik auf die Spitze, ging den Weg bis ans Ende. Wenn sie eine Schuld traf, so wäre diese Schuld die Liebe gewesen, sie hätte sie sühnen müssen, es wäre schöner gewesen. Eine Sühne nach dem Sittengesetz der Zeit: Flucht bedeutete, alles aufgeben, was bisher gewesen war, nicht nur den Mann, auch das Kind.

Aber ich glaube, Anne Maries romantische Lösung war noch härter, sie wählte das Opfer. Bei einem verachteten Mann auszuharren, eines Kindes wegen, eines kleinen Jungen, ihres Sohnes wegen. So konnte sie sich selbst noch mehr bewundern, sich wahrhaft groß fühlen. Ich wagte nicht, sie zu fragen, ob sie den Hauptmann geliebt habe. Eine solche Frage stellte man Anne Marie nicht. Sie hätte sie als unverschämt empfinden können. In der Folge wurde mir klar, daß sie nur einer ganz besonderen Form der Liebe fähig war. Sie mußte bewundern und bewundert werden. Ich fragte nur:

»Aber hat der *capitaine* nicht versucht, dich doch noch umzustimmen?«

Rosiger Freudenschimmer breitete sich über ihre Züge.

»Ja, er hat mich wochenlang angefleht. Wie oft versicherte er mir, er liebe mich, er könne nicht mehr ohne mich leben, es sei unmöglich, daß ich diese Existenz an der Seite eines Mannes wie Albert weiterführte! Er hätte alles für mich getan! Er wäre aus der Armee ausgetreten. Er hatte Aussichten und Möglichkeiten, es sehr weit zu bringen und mir ein Leben zu bereiten, das meiner würdig gewesen wäre. Und er sagte auch, was dich betreffe, so würden sich Mittel und Wege finden, daß ich dich wieder zu mir nehmen könne. Hier konnte ich ihm nicht mehr folgen. Die Wendung ›Mittel und Wege‹ stieß mich ab. Ich kannte Albert und wußte, welche Winkelzüge, welche Schäbigkeiten zu gewärtigen wären. Nein, das ertrug ich nicht. Doch dieser Mann verstand mich nicht. Er verfocht seine Sache, er wiederholte seine Argumente. Er predigte von nun an tauben Ohren. Ich fand, er hätte mehr Rücksicht auf meine Auffassung von Ehre nehmen müssen. Er argumentierte zu lang und zu viel, und schließlich war ich der Sache überdrüssig.«

Heute frage ich mich, ob ich damals, als Kind, nicht nur träumte. Ja, mir scheint, daß auch ich, genau wie Albert, hinter Anne Marie herspionierte. Ich erinnere mich nicht, tiefe, herzzerreißende Eifersucht empfunden zu haben. Vielleicht wäre es mir sogar schon damals lieber gewesen, sie bei einem anderen Mann zu sehen als bei Albert. Ich weiß es nicht. Doch glaube ich, daß ich ihnen auf ihren Spaziergängen von weitem folgte. Ich glaube, daß er sie hinter einem Boskett an sich zog und einen Kuß auf ihre Lippen hauchte und daß sie den Kopf abwandte. Außerdem glaube ich – aber das ist gewiß pure Erfindung –, daß er vor ihr das Knie beugte und daß sie ihn ihre Hand küssen ließ. Schließlich glaube ich ... aber in Wahrheit ist nichts Entscheidendes geschehen. Die Promenaden wurden länger, dann wurden sie wieder kürzer. Alles blieb, wie es war, das Tennis, André Merlin, Madame Merlin, der Hauptmann. Ganz, als wäre nichts geschehen, als wäre alles nur ein Schattenspiel gewesen. Schließlich fand Albert sein gesundes Aussehen wieder. Er kräuselte sich den Schnurrbart und trällerte. Anne Marie war nicht traurig. Sie widmete ihrer Schönheit mehr Zeit und Sorgfalt denn je, und wie ein glückliches Paar zeigten sich beide in der guten Gesellschaft von Hanoi. Manchmal nahmen sie mich mit.

In dieser scheinbar so nüchternen Stadt herrschte unter den Weißen ein sagenhafter Snobismus, ein unglaublicher gesellschaftlicher Aufwand mit ebenso vielen bizarren und pedantischen Riten, wie sie die Chinesen praktizieren und wie wir sie an ihnen so komisch finden. Zwingende Regeln für die Klubs, die Cocktail-Partys, die »Dinner-Partys«, die Bälle, die Empfänge, die Toiletten und Uniformen, die Schmuckstücke und Orden, die Rangfolgen, Grußformeln und so weiter ... Ein scheinheilig starres Protokoll verdeckte frenetische Zügellosigkeit: Vermögen, am laufenden Band errafft und verloren, Bluff, Skandale aller Art, auch Sexskandale, lieferten den Rohstoff für Klatsch und Kommentare. Eine unerschöpfliche Quelle. Gespielte Entrüstung, während sich in Wahrheit kein Mensch über irgend etwas aufregte. Ich sagte schon, wie sich in Yünnanfu das Klima auswirkte. Es war, als machte die herrschende Atmosphäre alle Europäer scharf auf jede Beute, auf materielle und sexuelle Eroberungen. Zaster und Laster lautete die Parole.

Dabei bewegen sich meine Eltern in ausgesprochen vornehmen Kreisen, wo die Dinge zwar im Grunde die gleichen sind, eine tadellose Erziehung jedoch alles beherrscht. Die Leute hier, auch die sehr reichen, wurden nicht von der Kolonie und ihrer Vulgarität geformt und geprägt. Hier begegnet man nur den Besten, Männern und Frauen, die in Frankreich verwurzelt und aus allererstem Stall sind. Die Frauen sind schön, und die Männer haben die *Grandes Ecoles*, die Elitehochschulen, absolviert. Auch ein paar Oberresidenten sind darunter, einige sehr hohe

Beamte, aber ihr Rang allein genügt nicht, um sie gesellschaftsfähig zu machen. Auch für sie ist wahre Vornehmheit unabdingbare Voraussetzung. Und vor allem begegnet man den höchsten Bankkreisen. Die Bank ist die eigentliche Beherrscherin Indochinas. Ferner findet man die Bosse von Industrieunternehmen, die im allgemeinen eng mit der Bank verknüpft sind, zum Beispiel den Direktor der Kohlengruben von Tongking oder der Zementfabriken von Haiphong. Alle haben die *Ecole Polytechnique* besucht. Die *Messageries Maritimes* haben kraft uralten Privilegs Bürgerrecht in dieser Superelite. Admirale und Marineoffiziere sind höher im Kurs als die Generale, die man ein wenig unkultiviert findet. Die Baumwollspinnereien von Nam Dinh sind praktisch geächtet, obgleich sie das bedeutendste Unternehmen darstellen, denn dort herrscht ein Geist, der ein bißchen nach Pfadfinder schmeckt, nach Kleinbürger, nach »Wohlfahrt«. Eine Wohlfahrtseinrichtung, die zehn- bis zwanzigtausend Frauen und Mädchen aus Tongking beschäftigt, arme schwarze Gestalten vor ihren Maschinen. Die hochmoralische Direktion stellt an Franzosen nur Ehepaare ein, kleine Leute, die ein beispielhaftes Familienleben vorexerzieren sollen. Noch rigoroser geächtet sind die Import-Export-Firmen, obwohl sie die Aristokratie Indochinas bilden, aber eben eine Aristokratie, die gerade gut genug für Indochina ist. Namen, die dortzulande bekannt und berühmt sind. Die Bedeutung der einzelnen Firmen offenbart die Zahl der Messingschilder, die das Tor einrahmen und die Namen der französischen oder ausländischen Handelsgesellschaften nennen, in deren Auftrag sie arbeiten. Aber immer geht dieser Name auf irgendeinen Großvater zurück, der vor einem halben Jahrhundert, zur Zeit der Eroberung des Gebietes, als Marineinfanterist hier ankam. Ein ganzes Epos des Handels. Freilich hat sich der Import-Export seit damals eine gewisse Würde zugelegt, einen eigenen Stil ausgeprägt: die absichtliche Verwahrlosung von Büro- und Lagerräumen, die sakrosankten Regeln der handschriftlichen Buchführung, die grandiose Knickerigkeit im Umgang mit dem Religionsersatz Geld, eine Moral, die auf der Bibel des Gewinns basiert, die vergilbte, feierlich gerahmte Photographie des Gründergroßvaters im Havelock.

Doch das alles ist und bleibt, wenngleich es sich um gewaltige Summen handelt, schäbig, kleinkariert. Man riecht den Zaster.

In der Oberschicht jedoch, mit der meine Eltern verkehren, lebt man über den materiellen Zufälligkeiten. Die Residenten kennen nichts als ihre Dossiers, sie beherrschen die Welt allein durch ihre Unterschrift. Und die Bankiers haben nichts mit dem ordinären Pinkepinke zu schaffen, mit den schmuddeligen Banknoten. Sie machen sich nicht an Geld die Hände dreckig. Sie sind Gehirne, die sich ausschließlich mit Mathematik beschäftigen, mit Algebra, mit der Chemie und Alchimie der großen Ideen, der großen Kombinationen. Die Finanzen sind für sie ein immerwährendes Schachspiel, sie planen im geistigen Bereich, errichten Weltreiche kraft ihrer Sehergabe, denn Spekulation ist vor allem Intelligenz. Aber in dieser unsichtbaren Welt kann ein einziges Fehlurteil ihr Königreich, ihr sagenhaftes Machtgebäude umwerfen wie ein Kartenhaus. Ja, es genügt, daß man die Kurstendenz einer Ware oder einer Währung falsch einschätzt, daß man die Konjunktursignale mißdeutet, daß ein unvorhergesehenes Ereignis eintritt, und schon kann alles einstürzen, und der große Mann ist am Boden zerstört. Aber das passiert selten. Manchmal passiert es auch, weil die Bank von Indochina, dieses zähe Krokodil, das rein alles frißt, einen Herrn für zu ehrgeizig erachtet. Wenige wagen es, sich mit der Bank anzulegen, schon gar nicht die Herren Industriellen, denen die Gewinne in den Schoß fallen. Wievielmal haben sich ihre Produktionsmittel wohl inzwischen bereits amortisiert? Dieses in stürmischer Entwicklung begriffene Indochina benötigt immer mehr Zement, immer mehr Textilien, immer mehr Stahl und Eisen; die Kohle geht nach Japan. Ich vergaß das Bier, Labsal für die immerzu ausgetrockneten Kehlen nicht nur der Europäer, sondern auch der Annamiten, die auf den Geschmack gekommen sind und die man häufig beobachten kann, wie sie, auf den Fersen hockend, direkt aus der Flasche trinken, sie auf einen Zug leeren. Die Europäer gluckern das Bier eisgekühlt auf den Terrassen ihrer Bistros. Die Annamiten schlukken es in ihrer komischen Hockstellung lauwarm und widerlich hinunter. Brauereien und Eisfabriken erfreuen sich also gewaltiger und stets steigender Umsätze. Die schönste Blüte der aufstrebenden Zivilisation ist das Bier, Bier in Mengen, Bier in Strömen. Ein Bier-Monsun, der in menschliche Bierfässer abgefüllt wird.

Die Familie Bodard, einschließlich des Juniors, hat ihr Debüt in der offiziellen Gesellschaft hinter sich und wendet sich nun der vornehmen Gesellschaft zu. Albert ist ein bißchen ängstlich. Anne Marie strahlt. Hier fühlt sie sich zu Hause. *Monsieur le consul* nimmt sich zusammen. Ein Instinkt sagt ihm, daß man hier nichts übrig habe für Spitzfindigkeiten, für allzu witzige Aperçus, allzu kräftige Entrüstung, für seine berühmten, mit Anekdoten gespickten Ausführungen über China, für schlüpfrige Andeutungen, für konsularische Launen, egal ob gute oder schlechte. Auch nicht für dick aufgetragene Komplimente, poetische Vergleiche, massive Galanterien, provinzielle Pikanterien. Im allgemeinen beschränkt sich die Verhaltensskala des Herrn Konsul auf zehn wohlbekannte Attitüden, die sich numerieren ließen. Aber er muß sich noch eine elfte zulegen. Die Leichtigkeit. Denn diese so gewichtigen Damen und Herren betragen sich, als hätten sie die Schwerkraft abgeschüttelt. Sie sind keine Marionetten, keine Schatten, sie haben die erstklassige Kinderstube von Treibhausgeschöpfen. Sie beherrschen sogar die Kunst, Konversation zu machen, eine symphonische Geräuschkulisse aus sonoren Männerstimmen und dem melodischen Gezwitscher der Damen. Man könnte meinen, hier in Hanoi das sechzehnte Arrondissement von Paris wiederzufinden, das gleiche gekonnte Lächeln, der Tonfall, dann und wann ein Tick anstelle eines Worts, ein Tick, der das Nonplusultra ist an Raffinement, an Anspielung, Zustimmung, Zweifel, und in Wahrheit tausend Bedeutungen einschließt. Jeder Tonfall, jeder Satz, jede Bewegung hat eine geheime Bedeutung. Trotzdem ist nichts geschraubt. Alles ist fröhlich und lebendig. Jeder hat ein freundliches Wort für mich. Ich bin jetzt obenauf. Ich bin glücklich, weil Anne Marie sofort in dieser kodifizierten Welt zu Hause ist und sogar Albert keine üble Figur macht. Er spielt nicht den Konsul. Woran er gut tut, denn hier sind Leute in weit höheren

Stellungen als er, die dennoch ihre Wichtigkeit nicht zur Schau tragen. Trotz alledem manifestiert sich die verborgene Rangordnung auf geheimnisvolle Weise in der Placierung der Tischkarten.

Vor der Mahlzeit werden Drinks serviert. Ein gleitendes Ballett. Sobald sie ihre Gläser in der Hand haben, gruppieren sich die Damen und Herren zu dreien oder vieren, entsprechend den verborgenen Fäden und Verkettungen, aus denen der Hintergrund Indochinas gesponnen ist oder entsprechend der gerade aktuellen geschäftlichen oder amourösen Beziehungen. Anne Marie ist die Schönste. Aber wie hübsch sind auch die anderen Frauen mit ihren Hüten über dem hochgesteckten Haar und ihrem Dekolleté, das Einblick in ihren Busen gewährt.

Die First Lady unter ihnen ist Madame Jeanbrau. Nach meiner Erinnerung eine Frau mit stolzer Kopfhaltung, dennoch liebenswürdig, mit rassig-knochigem Gesicht und zupackenden Augen, die auf den ersten Blick zu werten und zu wägen verstehen. Ihr Ansehen verdankt sie, neben diesen Vorzügen, dem Umstand, daß sie die Tochter Albert Sarrauts ist, eines ehemaligen großen Generalgouverneurs von Indochina, der jetzt aussieht wie ein alter Lustmolch und, vor allem in Paris, nach wie vor obenauf ist. Jeder hier weiß, daß sein Bruder Haupt und Gehirn des Sarraut-Clans ist und mit fester Hand die *Depêche de Toulouse* leitet, die Zeitung, die in dem völlig dem antiklerikalen blau-weiß-roten Radikalsozialismus verschworenen Süden Frankreichs das Sagen hat. Dieser würdige Herr überläßt dem jüngeren Bruder die weniger wichtigen Dinge, die kleinen Fische, als da sind die Posten eines Ministers, des Staatsratsvorsitzenden und des Generalgouverneurs. Und in Indochina ehelichte eine der Töchter des Generalgouverneurs, die obengenannte Dame, einen ernst und schüchtern wirkenden Herrn, den Generalschatzmeister von Indochina, von dem böse Zungen behaupten, den Schatz habe seine Frau als Mitgift in die Ehe eingebracht. Jedenfalls scheint es, daß Madame Jeanbrau großen Eindruck auf Monsieur Albert Bodard macht, und in der nächsten Zeit sollten sich die Familien Bodard und Jeanbrau häufig sehen.

Bei Tisch gibt es keine Zwiegespräche mehr, sondern eine sehr wohlorchestrierte allgemeine Unterhaltung. Ich spüre genau, daß ich mich in einer privilegierten Welt befinde, wie ich sie bisher nicht kannte. Jeder und jede der Tafelnden spielt seinen bzw. ihren Part, niemand fällt aus der Rolle. Die Einleitung bilden ein paar Worte über die Lage in China, die als schlimm und bedrohlich beurteilt wird, aber man verweilt nicht bei diesem Thema, denn über Unangenehmes und Heikles spricht man nicht. Nein, das Leitmotiv liefern die jüngsten Verlautbarungen über die zwei- bis dreihundert Persönlichkeiten, die in Wahrheit von Schanghai bis Saigon die Macht in Händen halten. In stets höflichen Worten beschreibt man sie mitleidlos, ihre Schrullen, ihre Manien, ihre besonderen Talente und sogar ihre häuslichen Miseren. Auch hier wird über Bettgeschichten gesprochen, aber in so gewählten Ausdrücken, als handelte es sich um die Heiligenlegende. Ich erinnere mich noch gut an einen sehr steifleinenen kleinen Herrn, der eine für die Zeit charakteristische pikante Geschichte von einer Dame erzählte, die bereits mehrere Ehemänner unter die Erde gebracht hatte. Sie hatte einen weiteren Bund fürs Leben geschlossen, als sie einen schrecklich britannischen Briten kennenlernte, einen gutaussehenden Engländer Marke Oxford oder Cambridge mit der Statur eines Rugbyspielers oder eines erstklassigen Regattaruderers für sein College. Ein etwas stämmiger Apoll mit fast roter Haut. Besagte Dame ließ sich scheiden und ehelichte diesen Untertan der Queen. Aber im Vertrauen auf seine körperlichen Vorzüge hatte sie es versäumt, ihn auszuprobieren. Zu ihrem Leidwesen erwies er sich als unfähig, seinen ehelichen Pflichten nachzukommen. Und zu allem Überfluß und um das Unglück vollzumachen, war er einer der Manager der Hong Kong and Shanghai Bank, der Natter am Busen Chinas. Dieses allmächtige Geldinstitut stellte allen seinen Mitarbeitern unterschiedlos eine eiserne, wenn auch natürlich nicht schriftlich festgelegte Bedingung: Ehemänner durften sich keine Hörner aufsetzen lassen, sonst flogen sie raus. Somit geriet die französische Dame in einen schrecklichen Gewissenskonflikt: die Pflicht gebot ihr, treu zu sein. Schließlich suchte sie Trost beim Opium, das den Frauen nicht bekommt. Die Droge weicht alle Fleischpartien im Gesicht auf, so daß sie hinunterrutschen bis ans Kinn, wie Kerzenwachs bis zum Leuchter tropft. Sie wurde alsbald zum lebenden Wrack. Abstoßend und für immer ungenießbar. Von nun an war ihre Treue nicht mehr Pflicht, sondern Schicksal.

Nach einigen Histörchen dieser Art ein großes Thema: Monsieur Humbert oder Hombert, ich weiß nicht mehr genau; für die einen ein Genie, für die anderen ein Desperado. Er ist der große Mann des Tages. Aus kleinen Anfängen hat er dank einer Serie erfolgreicher Coups einen riesigen Trust aufgebaut. Er ist jung, er sieht gut aus. Er ist der Mystiker des kalkulierten Risikos. Er hat gewaltige, tolle Dinger gedreht. Die unabsehbaren Kautschukplantagen, die in jüngster Zeit in Conchinchina entstanden, sind vor allem sein Werk. Daneben zog er unzählige weitere Geschäfte auf, an sämtlichen Plätzen des Fernen Ostens. Ein märchenhaftes Imperium. Das Gespräch wird lebhaft. Ist er nicht zu überstürzt vorgegangen? Hat er nicht auf zu schwankendem Grund gebaut? Er ist ein seltsamer, anziehender, rätselhafter Mensch. Er liebt das Spiel, besitzt die Intelligenz des Spielers, den traumwandlerischen Zahlensinn. Man sieht wenig von ihm. Er zeigt sich selten. Er arbeitet. Aber immer ist das Krokodil an seiner Seite, das gute alte Krokodil, die Bank von Indochina, und wartet auf das erste Knistern im Gebälk, auf die erste schwache Stelle, um mit einem einzigen Kieferschnappen den ganzen Zauber zu vernichten. Tatsächlich sollte Hombert wenig später Bankrott machen. Ich glaube, er ist jung gestorben. Ich weiß nicht mehr, ob er Selbstmord verübte. Aber ein Mann, der jetzt hier mit am Tisch sitzt, sammelte später die Bruchstücke dieses Imperiums auf. Es ist Anne Maries Hauptmann, dessentwegen Albert sich nun keine Sorgen mehr macht. Ja, der junge Offizier wurde, genau wie er es Anne Marie versprach, einer der großen französischen Finanzmagnaten. Mehrere Jahrzehnte später interviewte ich ihn kurz. Er war noch immer schön, aber sein Glanz war dahin, als hätten die Geschäfte ihn getrübt. Er war längst verheiratet und hatte erwachsene Kinder. Mein Name sagte ihm nichts.

Hat er während dieses Diners einen Blick für Anne Marie? Mir scheint nicht. Anne Marie ist bereits in einem anderen Traum, in einer Traumgesellschaft, deren Türen sich vor ihr öffnen, einer Gesellschaft, die für sie geschaffen ist. Sie hat großen Erfolg. Nicht den Erfolg von einst, der nur ein Achtungserfolg war. Hier umschwärmen sie die Männer, und ihr gefällt es, von ihnen umschwärmt zu werden. Dennoch scheint nichts an ihr verändert. Bis auf eine Nuance, die den Herren nicht entgeht: sie ist sozusagen nicht mehr unerreichbar. Und Albert kommt sogar noch besser weg. Er findet entschieden Anklang bei den Damen, sogar bei den Damen der besten Kreise. Er hat seine Taktik verbessert, verfeinert, sie bis zu einem nahezu unfehlbaren System entwickelt. Und während er ein Bonmot vom Stapel läßt, sucht sein Knie ungeniert das Knie seiner Nachbarin, sobald sie ihm dafür reif zu sein scheint.

Eine solche Soiree folgt auf die andere ... Anne Marie, der ich kaum von der Seite weiche, hält Hof. Sie achtet darauf, mich von Zeit zu Zeit an sich zu ziehen und mein Haar zu streicheln, wie um vor diesen allzu liebenswürdigen Herren klare Fronten zu schaffen. Trotzdem sagt sie Jahre später zu mir:

»Ein paar Männer haben mir damals gut gefallen. Alle sagten zu mir, ich paßte nicht zu Albert. Jeder schlug mir vor, mit ihm durchzugehen. Ich ließ sie sprechen, und dann sagte ich nein. Es fiel mir leicht, denn keiner interessierte mich ernsthaft.«

Nach unserer Rückkehr nach Yünnanfu machte sich im Hause Bodard eine höchst seltsame Atmosphäre spürbar. Ehe ich darauf zu sprechen komme, muß ich erwähnen, daß Albert mehrere Arbeitsgespräche mit Monsieur Merlin und dessen wichtigsten Beratern hatte. Er war hochzufrieden über deren Verlauf gewesen und hatte zu Anne Marie gesagt:

»Der Generalgouverneur billigt alle meine Pläne. Er hat mich seiner vollen Unterstützung versichert.«

Anne Marie hatte keine Frage gestellt, und Albert mußte wohl oder übel für sich behalten, was er so gern geschildert hätte, alle seine Begegnungen, alle seine dienstlichen Gespräche mit dem Gouverneur und vielen aufmerksamen und gestrengen Persönlichkeiten, vor denen er die Prüfung in hoher Politik bestanden hatte, wozu der Gouverneur ihn beglückwünschte. Wie gern hätte er das alles bis ins Detail erzählt, aber Anne Marie leistete sich den Spaß, ihn durch ihre bewußte und wohlüberlegte Gleichgültigkeit auf die Folter zu spannen. Außerdem kannte sie Alberts Pläne zur Genüge. Daß er damit solchen Erfolg hatte, ärgerte sie ein bißchen.

Habe ich hier nur einen Aufenthalt in Hanoi geschildert oder mehrere zusammengefaßt? Ich weiß es nicht mehr. Auf jeden Fall war der Abschied bewegend. Ah, Madame Merlins Mutterbrust! Alle die Abschiedsbesuche, das Händeschütteln der Herren und die Damen, die ein paar Sekunden lang Albert starr anblickten. Allgemeines Glückwünschen. Die Damen küßten Anne Marie, und einige Männer lächelten ihr zu. Meine Eltern sagten: »Sie müssen nach Yünnanfu kommen!« und die Ehepaare erwiderten: »Ja, wir kommen bestimmt.«

Und dann kam der Tag, an dem wir wieder im Zug saßen. Die gleiche Zauberlandschaft. Ich sah die jähen Kalksteinwände wieder. Ich sah die Bogenbrücke wieder. Manchmal mußten drei Lokomotiven vorgespannt werden, um die Wagengarnitur hinaufzuziehen, die alten Lokomotiven, die ganz aus Rädern, Kolben, Ausbuchtungen, Rauch und Dampf bestanden. Und dann sah ich Yünnan wieder, den See, meine Berge, meine Stadt, meinen Tang Kiao, mein Pferd, den Yamen des Konsulats. Aber das Leben, das mich umgab, war anders geworden. Die kleine Kolonie von Yünnanfu, auf die mein Vater so stolz gewesen war, galt ihm bloß noch als schwacher Abklatsch. Seiner vortrefflichen blonden Mätresse, dieser guten Frau, mit der er sich bei Picknicks seitwärts in die Büsche geschlagen hatte, gab er den Laufpaß. Sie war seiner nicht mehr würdig. Meine Mutter gönnte sich das kleine Vergnügen, dieses Ehepaar, das sie nie vorher unter ihrem Dach hatte sehen wollen, zum Essen einzuladen, den Mann, der sich blind gestellt hatte und die verlassene Frau. Während dieses Diners richtete die Unglückliche immer wieder flehende Blicke auf Albert, er jedoch verhielt sich stumm, in höheren Sphären weilend, und fand nur auf die Erde zurück, um die Boys anzuschreien, daß sie die Fliegen verscheuchen sollten, die ausgerechnet an diesem Tag über den Tisch herfielen. Eine hatte sich sogar auf Alberts Teller gesetzt. Zornausbruch Alberts.

Der Zug zwischen Yünnanfu und Hanoi war zur Pendelverbindung geworden. Zur Monsunzeit kamen die Leute aus Hanoi zu uns herauf, meist begleitete der Ehemann Frau und Kinder. Dann verließ er sie wieder, um seinen Dienst in diesem Glutofen Hanoi zu versehen. Im Winter reiste die Familie Bodard hinunter in dic Hauptstadt Tongkings. Albert mußte zwischendurch häufig zurück nach Yünnanfu, wohin seine hohe Politik ihn rief. Aber er fuhr auch oft allein auf einen Sprung nach Hanoi, angeblich zu wichtigen Besprechungen mit den indochinesischen Behörden.

So herrschte die Galanterie allerorten, nur nicht im Schoß der Familie Bodard. Mein Vater versuchte nicht mehr, durch mein Schlafzimmer zu Anne Marie zu schleichen. Er hatte seine Nebenreviere, und was für welche! Zu seinen Jagdtrophäen gehörten einige der höchstgestellten Damen von Hanoi. Das hinderte ihn nicht daran, mit den Ehemännern gut Freund zu sein, das Paar zu besuchen oder bei sich einzuladen. Er war Champion im mondänen Seitensprung, und bald hieß es in Hanoi: »Ein toller Hecht, dieser Bodard!«

Das Urteil meiner Mutter fiel lapidarer aus. Sie sollte später über ihn zu mir sagen: »Einfach tierisch.« Er hatte eine perfekte Methode entwickelt. Oft schlief die Gattin im Konsulat unter einem Dach mit Anne Marie. Albert machte sich systematisch an sie heran, sobald der Ehemann, der sie hergebracht hatte, wieder fort war. Tagelang, wochenlang zogen sich Alberts große Liebesmanöver hin, platonische Manöver. Und dann ging er nach Hanoi und machte Ernst. Wie ging das dort unten vor sich? Anne Marie wußte es nicht. Wagte er es, die Dame zu Hause aufzusuchen, wenn die geheiligte Stunde der Siesta vorüber und der Ehemann wieder in seinem Büro war? Ein Boy mochte plaudern. Nein, er hatte wohl den Bungalow eines gefälligen Junggesellen zur Verfügung. Überdies waren seine Umarmungen fruchtbar. Da er Anne Marie keine Kinder mehr machen durfte, weil sie sich energisch dagegen wehrte, machte er sie seinen Eroberungen. Und diese Liebesfrüchtchen fanden natürlich unter der legitimen Nachkommenschaft der Dame ihren Platz und bekamen den Namen des Ehemanns. Das Seltsamste ist, daß das alles sehr elegant, ohne dramatische Verwicklungen, ohne alle Geschichten ablief.

Ich bin überzeugt, mehrere legitime Geschwister zu haben, wobei die Legitimität vom betrogenen Ehemann beigesteuert wurde. Sonderbar, daß Albert, dessen Eitelkeit ich schon oft erwähnte, in diesem Punkt so diskret war. Er prahlte nicht mit seinen Eroberungen, auch nicht, wenn sie schmeichelhaft und allgemein bekannt waren. Er hatte nicht das Gefühl, Großes geleistet zu haben. Er besaß ganz einfach das angeborene Talent, die Damen unters Moskitonetz zu kriegen. Von den Kindern, die er auf diese Weise fabriziert hat, kenne ich ein paar Namen flüchtig, ohne hundertprozentige Gewißheit zu haben. Nur von einem weiß ich es bestimmt. Es ist der Sohn eines Generals, entweder des Nachfolgers oder wahrscheinlicher eines Untergebenen von General Sicre. Ich erfuhr es erst kürzlich, nach dem Tode meines Vaters, denn meine stets schüchterne Stiefmutter mit dem zaghaften Stimmchen erinnerte mich eines Tages an eine winzige Kleinigkeit, die sich während des Indochinakriegs ereignete und die ich völlig vergessen hatte.

»Erinnern Sie sich«, hatte sie gesagt, »daß Ihr Vater Ihnen damals einen Brief schrieb? Er bat Sie, Erkundigungen über das Schicksal eines jungen Mannes einzuziehen, eines Soldaten, der als vermißt, wahrscheinlich gefallen gemeldet war.«

Bei diesen Worten kam mir die vage Erinnerung an dieses Schreiben und an die sehr laxen Nachforschungen, die ich in der Sache anstellte und die zu nichts geführt hatten. Ich bekam nur immer wieder die Auskunft: »Vermißt, wahrscheinlich gefallen.« Das gab ich an meinen Vater weiter. Dann vergaß ich es. Aber meine Schwiegermutter fuhr nach kurzem Zögern fort:

»Dieser junge Mann ist nie zurückgekommen. Albert hat sehr darunter gelitten, denn der Junge war sein Sohn, Ihr natürlicher Bruder.«

In Yünnanfu führt sogar der Himmel höchstpersönlich meinem Vater Frauen zu. Mindestens eine. Eines Tages wird die französische Kolonie mit einer tollen Neuigkeit überrascht: eine Aviatikerin will mit ihrer Maschine auf dem Flugplatz der Stadt landen, auf einer unkrautbewachsenen roten Erdpiste außerhalb der Wälle. Für die Anlage wurden ein paar Gräber samt Gebeinen demoliert, worauf die chinesische Bevölkerung das Gelände fortan als fluchbeladen betrachtete. In einer Ecke steht ein kleiner Hangar mit den beiden Blechschwalben der yünnanesischen Luftwaffe. Das ist alles.

Für Albert Bodard ist der Ort keineswegs verflucht. Wie angekündigt, landet die Aviatikerin an Bord einer kleinen Maschine mit glänzendem Rumpf unter riesigen Tragflächen. Woher kommt sie? Aus Frankreich oder bloß aus Hanoi? Ich weiß es nicht. Wer ist sie? Keine Ahnung. Auf jeden Fall eine Heldin, die es wagte, Dschungel und Gebirge zu überfliegen, um hierherzukommen. Wie winzig der Vogel ist! Sie entsteigt ihm wie eine lederbehelmte Minerva. Im Herausspringen zieht sie mit einer raschen Bewegung den Helm ab und gibt die Sicht auf Haar und Gesicht frei. Wie jung und wie schön sie ist. Eine Brünette im Amazonendreß, eine Reiterin der Lüfte, von jungenhafter Weiblichkeit. Ein Seidenhemd, ein gefüttertes Wams und Samthosen, die in hohen Stiefeln stecken. Was in Yünnanfu Rang und Namen hat, ist zu ihrer Begrüßung erschienen, allen voran der Herr Konsul, der sich zu dieser besonderen Gelegenheit als Gentleman-Farmer verkleidet hat, mit Jägerspenzer und ebenfalls in hohen Stiefeln steckenden Hosen. Ein Bild zum Malen. Tartarin von Tarascon in China, ein schlanker Tartarin, der sich »von« schreibt. Sein Schnurrbart, der früher nur ein Strich war, ist zum breiten Balken geworden, aus dem Don Juan der Jahrhundertwende wurde der blühende Mann in den besten Jahren. Der Herzensbrecher, überzeugt von sich und seinen großen politischen Projekten, die auf dem Schachbrett China ganz neue Konstellationen schaffen werden. Bald munkelt man, er könne es gut mit der furchtlosen Garçonne.

Das Leben ist ein immerwährendes Fest. Das Konsulat gleicht einer Familienpension voll Damen und deren Sprößlingen, plus von Zeit zu Zeit auftauchenden Ehemännern. Manchmal kommen auch Junggesellen, die damals noch nicht Playboys hießen, Herren aus der französischen Hocharistokratie oder dem Großbürgertum, die auf ihrer Reise um die Welt einen kleinen Abstecher bis zu uns machen. Sie haben Empfehlungsbriefe, die sie wirklich empfehlen. Allein schon ihre Namen setzen meinen Vater in Verzückung, er kann es kaum fassen, diese Zelebritäten aus den Gesellschaftsnachrichten der Zeitung *Le Gaulois* leibhaftig vor sich zu sehen.

Was für ein Leben und Treiben im Yamen! Wie perfekt verstand Anne Marie sich darauf, ohne ersichtliche Anstrengung das – übrigens immer gleiche – Programm aus Festmählern, Cocktails, Empfängen und Picknicks zu organisieren! Es nimmt kein Ende. Bei den ganz großen Gelegenheiten wird Tang Kiao vorgeführt, als wäre er ein seltenes Tier aus dem Zoo, und er thront dann auf seinen Tigerfellen zuoberst an der Tafel. Das Haus Bodard macht in Exotik auf Teufel komm raus. Anne Marie zeigt den Besuchern die Stadt. Sie führt sie an alle die Plätze, die ich so gut kenne. Leider haben die Geschäfte für »Kuriosa«, für chinesische Antiquitäten, nur in seltensten Fällen gute Stücke: die Provinz ist zu entlegen und zu rückständig. Anne Marie hat auch große Freude daran, ganze Nachmittage lang mit den hochgestellten Damen aus Hanoi zu plaudern, auch wenn sie ahnt, daß manche von ihnen nur für die Freuden des Herrn Konsul bestimmt sind. Sie sieht die Manöver ganz genau. Sie sieht darüber hinweg. Und außerdem läßt sie selbst sich von einigen Gentlemen sehr diskret den Hof machen. Das Ehepaar Bodard hat sein Gleichgewicht wiedergefunden, ich nicht.

Ich bin keineswegs entzückt. Sosehr ich mich freute, das Traumreich Hanoi zu entdecken, so wütend macht es mich, mein eigenes Reich verwüstet zu sehen. Die Eindringlinge schänden meinen See, sie schänden meine Tempel, sie schänden meine geheiligten Gesetze. Sie schänden meine Einsamkeit. Meine Eltern legen mir nahe, mich zu der Brut zu gesellen, die sich im Konsulat tummelt. Auch ich sollte für diese Kinder Stadtführungen veranstalten. Ich weigere mich. Ich teile meine Enttäuschung mit meiner Gouvernante, die immer häufiger weint. Wir seufzen gemeinsam. Sie wiederholt unaufhörlich, daß sie verfemt sei wegen ihrer nicht ganz weißen Haut. Auch sie ist erbittert. Solange die Familie Bodard bei den Mahlzeiten auf sich allein angewiesen war, durfte die Gouvernante am unteren Tischende sitzen. Jetzt ist sie verbannt. Sie muß auf ihrem Zimmer essen. Vergebens beklagt sie sich bei Anne Marie, ihrer Beschützerin – sie bekommt das harte Wort zu hören:

»Es tut mir leid, daß Sie nicht zu wissen scheinen, wo Ihr Platz ist.«

Albert hat seine Tageseinteilung geändert. Daß er von seinen Gewohnheiten abweicht, ist geradezu phantastisch. Nachmittags, nach der Siesta, geht er nicht mehr zu seiner Pokerpartie in den *Cercle Français*, sondern arbeitet in seinem Büro. Denn die Arbeit ist heilig, und Albert gibt sich ihr inbrünstiger denn je hin. Und obwohl er schuftet wie ein Wilder, erträgt er klaglos das Damengezwitscher und das Kinderlärmen, das bis in sein Amtszimmer dringt. Er, der stets schon wegen knarzender Schuhsohlen einen Wutanfall bekommen konnte! Diese Programmänderung bezweckt, daß er am Abend, im holden Kreis seiner Anbeterinnen, nach Herzenslust schwadronieren und radschlagen kann.

In der allgemeinen Euphorie gibt es nur eine Sorte Menschen, die den Herrn Konsul auf die Palme bringt: die Missionare. Nicht wegen der Dinge, die sie von ihm haben wollen, sondern wegen der Informationen, die sie ihm zutragen. Er will absolut nichts von dem hören oder glauben, was sie sagen, nämlich, daß die Soldaten des Marschalls diesem vor allem dazu dienten, in seinem Namen alles Korn und alles Vieh zu requirieren, um es dann, wenn die Bevölkerung am Verhungern ist, zu Wucherpreisen zu verkaufen. Dieser gierige Wolf sei sogar auf die Ernten der christlichen Gemeinden aus. Außerdem sei er beim Volk verhaßt, und seine Macht stehe auf tönernen Füßen. Die Piraten und die Geheimbünde seien reger denn je, und sogar die örtlichen Kriegsherren, diese Lokaltyrannen, lauerten nur auf die erste Gelegenheit, um sich gegen ihn zu erheben. »Die reine Anarchie«, sagen die frommen Patres.

Da diese heiligmäßigen Männer nicht im Besichtigungsprogramm des Konsulats stehen, suche ich sie häufig auf. An manchen Tagen breche ich mit meinem Mafu beim Morgengrauen auf und reite bis zu einer zwei Stunden entfernten großen Christensiedlung. Der dortige Pfarrherr ist ein Koloß, wie aus bretonischem Granit gehauen. Er steckt mich in einen Ministrantenrock, und ich darf den Meßdiener spielen. Ich glaube an Gott, wenn ich auch nicht viele Gedanken an ihn verwende. Ich tue mein Bestes, um dem Priester zu assistieren, aber ich bringe alles durcheinander, Meßkännchen und Meßglöckchen, und knie zur Unzeit nieder. Schließlich linse ich hin zu den anderen Ministranten, diesen kleinen gelben Cherubim, diesen aufmerksamen Engelsknaben, die nie etwas verkehrt machen, und tue es ihnen nach. Die schrillen Stimmen der chinesischen Betschwestern, die das Sanctus auf lateinisch herkläffen, steigen mir zu Kopf. Der Priester, der mir während der Messe mißbilligende Blicke zuwarf, behandelt mich danach als seinen Ehrengast. Er läßt mich ein Schlückchen vom Meßwein kosten, den er selbst in seinem Rebgärtchen geerntet hat. Weinstock und Trauben sind für diese auf Lebenszeit nach China verbannten Mönche die letzte, die köstlichste Erinnerung an Frankreich, an ihre Zeit als junge Seminaristen, die kaum je aus ihrem hintersten Anjou oder aus der Corrèze herausgekommen sind. Es gibt kaum einen Missionar, der nicht mit einigen Rebschößlingen von jenseits der Meere seinen kleinen Weinberg bestellte, und diesen Stöcken gilt seine ganze Zärtlichkeit.

Ich liebe den langen Ritt zu dieser Christensiedlung. Er führt am See entlang und endet bei einem blühenden chinesischen Dorf mit strohgedeckten Lehmhütten, ein paar wohlhabenderen Häusern, mit Schweinen, Scheißhaufen, nackten Kindern und dem fetten Geruch Asiens. Ringsum bilden die Eindeichungen der Reisfelder eine Art Halskrause um einen Tempel mit geschweiftem Dach – die Kirche mit ihrem schattigen und weihraucherfüllten Inneren, wo anstelle Buddhas und der Schildkröten der Weisheit ein gekreuzigter Christus und pfeildurchbohrte Herzen zu sehen sind. Manchmal, wenn ich nachmittags komme, hört der Priester gerade die Beichte. Merkwürdigerweise wird die Beichte oft öffentlich abgelegt, vor anderen gelben Gläubigen, die laut murren, wenn das Beichtkind nicht die ganze Wahrheit sagt. In diesem China der verborgenen Gedanken beruht der Einfluß des Priesters vor allem auf der Kunst des Beichtehörens. Dank dieses heiligen Sakraments weiß er alles über jeden, über seine Armen und seine Reichen. Er lernt in den Hirnen und Herzen lesen. Auf diese Weise ist er immer im Bilde und kann entsprechend handeln. Der Pater kann den nötigen Druck dahintersetzen. Er bestraft nicht nur mit Vaterunsern, nicht nur mit Schlägen, was beides leicht zu ertragen wäre, sondern er arbeitet mit harten

Bußen. Zu dem schlechten Christen, den er exkommunizieren will, sagt er: »Ich beschütze dich nicht mehr«, womit er ihn den Banditen und den Soldaten ausliefert.

Gewiß, das Bekehrungswerk war nicht leicht gewesen. Anfangs wollten die Chinesen sich nur ungern einen Mann verkaufen lassen, den man ans Kreuz genagelt hatte: eine Stellung, die weder für viel »Gesicht« noch für viel Macht spricht. Welchen Wert hat ein Gott, wenn er nicht mächtig genug ist, um den Seinen hienieden eine gehörige Portion Vorteile zu verschaffen? Also haben die Missionare sich zu einem Racket zusammengetan, und so mancher Himmlische hat begriffen, daß der Glaube an den gekreuzigten Christus ihm eher ein ruhiges und sattes Leben sichert als das Schutzbündnis mit einem Kriegsherrn, einem milliardenschweren Händler oder einem berühmten Piraten. Natürlich war auch hier ein Risiko gegeben: der Haß der heidnischen Überzahl, die die Christen als Verräter betrachtet und herzlich gern massakrieren möchte. Aber die Patres passen gut auf.

Gegen fünf Uhr, wenn der Pater allen seinen Schäfchen die Beichte abgenommen hat, lädt er mich in sein Pfarrhaus ein. Es ist aus getrocknetem Schlamm erbaut und hat weiß gekalkte Zimmer und ein armseliges Lager. Auch in China gibt es die Institution der »Pfarrköchin«, eine betagte Matrone, die mir chinesisches Gebäck auftischt, seltsam schmeckende Süßigkeiten, vor denen mich ein wenig ekelt. Seit unserem Wegzug aus Tschengtu bin ich nicht mehr daran gewöhnt. Oft wird mein Imbiß durch das Eintreffen von weither kommender Chinesen gestört, einer Art Kulis, mit Briefen von anderen Patres, die in den verlassensten, den wildesten Gegenden der Provinz das Wort Gottes predigen. Auf diese Weise bin ich besser informiert als der Herr Konsul. Eine Nachrichtenlese, die das Zittern lehren könnte. Einem der Patres, der dreißig Tagesmärsche entfernt lebt, wurden zehn Katechumenen von Briganten getötet, ihm selbst haben die Banditen angekündigt, daß sie ihn pfählen werden. Einem anderen wurde seine Gemeinde durch eine Überschwemmung verwüstet. Die Wasser eines Flußlaufs stiegen um dreißig Meter, und in der ganzen Gegend schwimmen die Heidenleichen herum. Er selbst hat lediglich Sachschaden erlitten, denn er führte seine Gläubigen noch rechtzeitig auf einen hohen Berg. Aber er braucht eine Menge Geld, um alles wieder aufbauen zu können. Anderswo mußte ein Missionar mit der Hungersnot kämpfen: Heerschaaren von Elendsgestalten, lebenden Leichen, angeführt von bewaffneten Kerlen übelster Sorte, wollten die Kornspeicher der Christengemeinde plündern. Nun muß Marschall Tang Kiao zuverlässige Soldaten schicken, die nicht mit den Plünderern gemeinsame Sache machen. Wieder ein anderer wurde von noch größerem Unheil betroffen: drei alte Christen haben ihrem Glauben abgeschworen und die Katholiken bezichtigt, sie äßen die Herzen neugeborener Kinder. Aber das alles gehört zur Routine. Die Patres sind nicht zu erschüttern. In Notzeiten veranstalten sie Gebetsnovenen, Bittprozessionen, und Gott nimmt sich allemal der Seinen an. Es gab keinen einzigen Märtyrer mehr, seit jenem, der vor einem oder zwei Jahren dem Herrn Konsul so viele Scherereien verursacht hatte.

Ich berichte meinem Vater kein Wort von dem, was ich erfahre. Er würde nur auf mich böse werden. Er ist überzeugt, daß die von der französischen Militärakademie gedrillte Armee Tang Kiaos die beste von ganz China sei. Wurde nicht eigens für ihn, Tang Kiao, eine prächtige Kadettenanstalt gegründet, ein gelbes Saint-Cyr? Ich besitze noch heute ein Foto, das die Herren Generale in Reih und Glied zeigt, die Hände über dem Säbelknauf verschränkt, nach europäischer Manier. Alle gestiefelt und gespornt, mit flachen Schildmützen, Achselstücken und Affenschaukel, aber mit sehr martialischer Strammheit und Einfachheit. Auf diesem Bild sieht man außer dem kommandierenden General der Militärakademie und seinen Adjutanten auch den Oberst und Befehlshaber der Maschinengewehrgarde des Gouverneurs, den Oberst und Befehlshaber der Artillerie der Gouverneursgarde. Ein schneidiger Generalstab von imposanter Haltung und Disziplin. Man möge den Herrn Konsul gefälligst mit dem Gerücht verschonen, das Volk liebe seinen Tang Kiao nicht. Das Gegenteil beweisen die Demonstrationen der begeisterten Menschenmengen, Studenten eingeschlossen. Diese Studenten, die in China oft das subversive Element bilden. Man verschone den Herrn Konsul mit dem Gerücht, in der Provinz gebe es Unruhen. Er glaubt kein Wort davon. Zum Beispiel: War

Yünnanfu jemals so ruhig, so friedlich, so sicher? So erfüllt vom Ruhm des Marschalls? Außerdem können alle die Damen und Herren, die im Konsulat logieren, dies nur bestätigen. Sie hatten nicht einmal Gelegenheit, einen einzigen abgeschnittenen Kopf zu sehen oder eine kleine Hinrichtung, was sie sehr bedauern. Der Herr Konsul hat nämlich nach jenem berühmten, durch eine Enthauptung gewürzten Dejeuner dem Marschall mit unendlicher Behutsamkeit eine Belehrung erteilt. Er gab ihm zu verstehen, daß diese Art von Exekution, so löblich sie auch sei, bei nicht eingeweihten Europäern dennoch Befremden auslösen könne, denn diese Leute hätten eben keine Ahnung von den weisen chinesischen Gepflogenheiten.

Ich mache weiterhin in Klerikalismus. Mein Vater auch, und zwar aufgrund gewisser Umstände. Der Bischof von Yünnanfu, ein knorriger Baske, ist vor kurzem zu seinem Schöpfer heimgegangen. Nun heißt es, ihm einen Nachfolger geben. In den ausländischen Missionen ist es der Brauch, daß die Missionare selber ihren Pontifex wählen. Aber der Herr Konsul hat seinen eigenen Kandidaten. Er widersetzt sich energisch einem alten Narren, der meint, man müsse sich damit begnügen, den Heiden, die man bekehren wolle, das Wort Gottes zu predigen und dürfe sie nicht mit Leib und Seele kaufen, wie die Händler im Tempel. *Monsieur le consul* bringt die Rauschebärte, die sich in Yünnanfu versammelt haben, mit Gottes Hilfe dazu, daß sie einen vernünftigen und verständigen Mönch wählen. Genau gesagt kam die Wahlhilfe nicht sosehr von Gott als vom Prokurator, also vom Finanzminister der Auslandsmission, einem wendigen, rundlichen kleinen Pater, der in dem Ruf steht, nicht weniger gerissen zu sein als ein chinesischer Milliardär. Er profitiert angeblich sagenhaft von der Vielfalt der in China umlaufenden Zahlungsmittel, von den schuhförmigen Taels, den gelochten Sapeken, den Carolus-Talern mit dem Bildnis Karls III. von Spanien, den österreichischen Mariatheresientalern, bis zu den Mex, den mexikanischen Dollars und zu den falschen oder echten Banknoten, die von überall herstammen, angefangen mit den Piastern. Wenn mein Vater bei Laune ist, erzählt er, wie es vor allem diesem Prokurator zu verdanken sei, daß die Mission, während die Missionare immer arm blieben, sagenhaft reich wurde. Sie hat Anteil an sämtlichen Handelszweigen, von den ehrenwertesten bis zum Handel mit der Scheiße, und sogar, so versichert *monsieur le consul* mit feinem Lächeln, an den Bordellen.

In Tschengtu war ich mit einem Heiligen befreundet, in Yünnanfu ist mein bester Freund ein seltsamer Heiliger, ein junger eleganter Missionar mit blühendem Teint, einem gefächerten roten Bart, volltönender Stimme. Er trägt keine fadenscheinige Soutane, sondern einen seidenen Priesterrock, Reitstiefel aus feinstem Leder und ein Offiziersstöckchen. Er versetzt dem Herrn Konsul mutwillige Rippenstöße, während er ihm recht unpassende Geschichten erzählt: die *chronique scandaleuse* der chinesischen Oberschicht von Yünnanfu, die er allein kennt – von Tang Kiao und dessen Generalen kennt er sämtliche Haremsgeschichten, alle Revolten unter den Konkubinen, alle Eunuchenverschwörungen. Er kennt die Serien von Verstoßungen, Hinrichtungen und Folterungen, die durch einen Zank zwischen den Damen der chinesischen Honoratioren ausgelöst werden. Die großen Favoritinnen, die kein Europäer jemals zu Gesicht bekommt und die durch ihre eigenen kleinen Geldgeschäftchen, ihre privaten Daumenschrauben, ihre Ansprüche den Marschall zwingen, wieder einmal die Steuern zu erhöhen, oder auch die allzu Geldgierigen um einen Kopf kürzer machen zu lassen. Kurz, er weiß alles, was sich hinter den Kulissen abspielt.

Dieser komische allwissende Pfarrer läßt sich Champagner servieren und säuft ihn wie Wasser, ohne betrunken zu werden. Einmal hat er sogar einigen Franzosen, die sich über seinen Alkoholkonsum wunderten, erwidert:

»Gott ist so fern. Eine gute Flasche bringt mich ihm näher...«

Monsieur le consul findet diesen Herrn ein wenig zu flott für einen Geistlichen. Er nennt ihn hinter vorgehaltener Hand einen Abenteurer, aber er ist auf der Hut, denn der Betreffende gilt als der Geheimdienst der Mission, und er hat einen langen Arm, einen Arm, der bis nach Paris reicht. Mich jedoch faßt dieser Arm um die Schultern, und mein Freund sagt:

»Sei doch vergnügt, Herrgott noch mal!«

Und häufig reiten wir gemeinsam aus. Er galoppiert mit mir

zu seltsamen Labyrinthen, finsteren Gängen, Räumen, die mit Pritschen vollgestellt sind, auf denen fette und keineswegs christliche Chinesen ruhen: Spielhöllen und Opiumspelunken. Der Pater trifft sich dort mit irgend jemandem, und dann geht er wieder. Ich folge ihm wie sein Schatten. Das ist mein größtes Vergnügen.

Aber mich erwartet ein weiteres Vergnügen. Die yünnanesische Armee zieht in den Krieg. Es ist Alberts Werk, das Ergebnis eines verwickelten Komplotts, das er in seinem Büro geschmiedet hat. Mein Vater strahlt, nicht nur wegen der Damen, sondern wegen des Gelingens seines großen Plans. Als dessen Krönung sieht er nun endlich den Ausbau seiner Eisenbahn vor sich, der ihm in Tschengtu mißlungen war.

Daß Albert Bodard ein Jasager und Feigling ist, hat sich hinlänglich erwiesen. Aber er ist zugleich ein Abenteurer. Ein Abenteurer, der sich selber zum Heldentum verurteilt. Er kann nicht hübsch ruhig auf einem Posten sitzenbleiben. Er muß Ränke spinnen, und mit den Chinesen Ränke spinnen ist kein Pappenstiel. Albert fühlt sich nur wohl in den Labyrinthen, die er selber angelegt hat. Wie sehr unterscheidet er sich von den französischen Diplomaten von hohem Rang, von stattlicher Erscheinung, die sich vollendet darauf verstehen, nichts zu tun, nichts zu unternehmen, nichts zu planen, alle Schwierigkeiten mit einem Lächeln à la Talleyrand zu umgehen! Ihre Diplomatie besteht darin, daß sie mit den anderen Diplomaten verkehren und als rechte Lebemänner die kleinen chinesischen Laster pflegen als da sind das Geldhorten, die Päderastie, die kleinen Schwarzhandelsgeschäfte mit Hilfe des Diplomatengepäcks, das Sammeln von Raritäten, besonders von orientalischen Erotika. Die meisten haben wenig Hirn hinter den glatten Stirnen. Aber ihre Dummheit ist wenigstens schmuck und dekorativ. Und dann gibt es noch die Poeten. Aber die sind eine Sache für sich. Es handelt sich um das chinesische Fähnlein, dessen Mäzen Philippe Berthelot war. Darunter Claudel und Saint-John Perse. Auch Claudel ist, soviel mir scheint, durchs Hintertürchen hereingekommen. Albert hingegen blieb, obgleich er dieser »chinesischen« Gruppe des Außenministeriums angehörte, von den Musen ungeküßt. Er hatte andere Talente. Er drosch tapfer drauflos, bewies viel Geschick in seinen Roßtäuschertricks, die Berthelot seinerzeit so sehr erheiterten. Seine Prosa ließ zwar zu wünschen übrig, aber dafür schmückte er sie nach Kräften aus. Auf Reispapier, in roten und schwarzen, wundervoll gemalten Ideogrammen. Lange Zeit hatte er sich in seiner unermüdlichen Geduld darin geübt, den Pinsel zu handhaben, brachte es aber nur zu abscheulichem Geklecksе. Daher engagierte er nun den besten chinesischen Schriftkundigen von Yünnanfu, einen Greis, der in den schönen Formeln der Weisheit beschlagen war und mit verhornter Hand für ihn die schönsten, die archaischsten, die köstlichsten Ideogramme malte.

Seit seinem Einzug in Yünnanfu hatte der Herr Konsul Sorge getragen, mit den szetschuanesischen Kriegsherren in eine blumige, schmeichelhafte und natürlich geheime Korrespondenz zu treten. Als Antwort auf seine Episteln erhielt er ebenso wortreiche Schreiben, ebenfalls auf Reispapier und in ebenso erlesener Schönschrift abgefaßt, in ebenso gelehrten Formeln, denn diese komplett analphabetischen Kriegsherren hatten sich ihrerseits der trefflichsten Pinselschwinger von Szetschuan versichert. Liu Tscheng-hium schien verschwunden zu sein, der Mann mit dem »kleinen Geschenk«, dem mein Vater den Orden Ouissam Alaouite verpaßt hatte, aber Albert hatte andere Briefpartner, die den Verlust aufwogen, alle aus der Gosse stammend, »den verrückten Bonzen«, »das Wiesel« und »den Nichtsnutz«, wie er sie nannte. Diese Botschaften wurden in Form von Rollen abgeschickt und in Empfang genommen und trafen trotz der großen Entfernungen stets sicher an ihrem Bestimmungsort ein, einfach dank der fabelhaften Zuverlässigkeit der chinesischen Post, die traditionsgemäß ganz in französischen Händen war.

Sehr langsam waren die hin- und hergehenden Schriftzeichen aus dem Nebel des Klischees aufgetaucht. Sie hatten einen Sinn angenommen. Der Bonze, das Wiesel und der Nichtsnutz klagten über die traurige Lage Szetschuans, das, wohl weil sie selbst nur »erbärmliche, armselige Regenwürmer« waren, zum großen Teil von dem Briganten Wang erobert worden war – »der tausendfachen Todes würdig ist« und im Solde des niederträchtigen Wu Pei-fe stand, dieses Teufels aus dem Norden, der sich den Engländern verkauft hatte. Ihre »unfähigen« Truppen hätten »gewiß sehr feige und sehr ruhmlos gekämpft«, denn Wang hatte mehr als die Hälfte der Provinz einnehmen können. Im Klartext hieß dies, daß sie mit ihren prachtvollen Truppen wahre Heldentaten vollbracht hatten, daß Wang jedoch zu stark gewesen sei. Und gleichfalls im Klartext bedeutete es einen Hilferuf mit dem Zaunpfahl.

Albert Bodard hatte bekanntlich während Monsieur Merlins Besuch in Yünnanfu mit dem Generalgouverneur über die Sache gesprochen und später, am Ende des Aufenthalts der Familie Bodard in Hanoi, dessen Zustimmung erhalten. Worauf er, wie ebenfalls bekannt, bester Laune war und Anne Marie sich gleichgültig verhielt. Nicht daß Albert in dienstlicher Hinsicht von der Kolonialregierung abhängig gewesen wäre, aber er konnte in materieller Hinsicht in Südchina wenig ausrichten ohne die Unterstützung Indochinas. Um so mehr, als Berthelot nicht mehr im Außenministerium war, und wenn Albert sich einzig auf den französischen Botschafter in Peking hätte verlassen müssen . . .

So hatte denn Albert Bodard in seiner Korrespondenz mit den szetschuanesischen Kriegsherren nach und nach gewisse Überlegungen durchblicken lassen. Daß die ersten Yünnanesen, die Szetschuan besetzt hatten, nichts getaugt hätten, denn sie hätten sowohl das Volk bedrückt wie auch den Marschall Tang Kiao verraten, welch letzterer sie, als sie es wagten, besiegt und schimpflich nach Yünnanfu zurückzukehren, allesamt wie nur rechtens über die Klinge habe springen lassen. Nun jedoch verfüge Marschall Tang Kiao über eine neue, sehr schlagkräftige und sehr disziplinierte Armee, die ihm grenzenlos ergeben sei. Er, Albert Bodard, der »geringe Diener des großen Frankreich«, der bei der Schaffung dieser »unübertrefflichen neuen Armee« mitgewirkt habe, werde niemals die »Vermessenheit und Dreistigkeit« besitzen, sich in so schwerwiegende Belange einzumengen, die ausschließlich die »weisen Söhne des ewigen China« angingen, indessen werde er es vielleicht doch wagen, in aller Bescheidenheit und »unter Hintanstellung seiner großen Bedenken gegenüber einer solchen Kühnheit« ein Wort über die unhaltbare Lage Szetschuans ins Ohr des erhabenen Marschalls zu flüstern.

Kurzum, Albert bot den Szetschuanesen die neuerstellte Armee Tang Kiaos auf dem Servierbrett an. Selbstredend war der Marschall Feuer und Flamme für diese Idee. Aufs neue würde er der große Tang Kiao sein. Aber die Szetschuanesen schienen, nachdem sie die Sache in Schwung gebracht hatten, plötzlich zu zögern. Sie brachten alle möglichen wirren und unverständlichen Vorwände vor, um die Entsendung des yünnanesischen Expeditionskorps hinauszuschieben. Vermutlich erinnerten sie sich an ihre schlimmen Erfahrungen. Schließlich kam es eines Tages doch zu einer Abmachung. Einer sehr vorsichtigen Abmachung: die Yünnanesen sollten Stellungen beziehen, von denen aus sie innerhalb kürzester Zeit in Szetschuan sein könnten, dürften jedoch keinen Fuß in die Provinz setzen, ehe ein bestimmtes Signal gegeben werde.

Albert zappelt vor Ungeduld wie ein Fisch an der Angel. Bis der große Tag kommt, an dem die Post ihm eine riesige rote Lackschatulle bringt, das kaiserliche Rot des Glücks. Lange Minuten vergehen, ehe die Bänder abgewickelt sind, mit denen der Behälter so stramm umschnürt ist wie die Füßchen der Chinesinnen. Dann kommt die Opfergabe zum Vorschein. Jadearmreifen für Madame Bodard, vom reinsten und schönsten Grün, und vor allem das Photo mit französischer Widmung für Albert Bodard, was eine unvorstellbar schmeichelhafte Aufmerksamkeit darstellt, das Photo des Generals Su Hiao-kang, auch »Das Wiesel« genannt, in ganzer Figur. Es zeigt eher ein aufgeputztes Pinseläffchen als ein Wiesel, und die ganze Person ist weit entfernt von Tang Kiaos nobler Einfachheit. Eine eingefallene, verschlagene Visage, zugleich trist und boshaft, ein winziges Gesicht mit Augen, die aussehen, als wären sie mit dem Rasiermesser eingeritzt, einem Instrument, für das dieser Mensch wenig Verwendung haben dürfte, denn er ist ungemein bartlos, beunruhigend bartlos, nur die Oberlippe zeigt unter der Nase einen dürftigen Bewuchs, der nach den Seiten zu ein wenig dichter wird und sich schließlich bis unter die beiden Mundwinkel krümmt, ein mißlungener Zwirbelbart, der majestätisch sein soll und nur um so lächerlicher und künstlicher wirkt.

Mühsam gezüchteter Flaum, dem deutlich millionenfache Bestrebungen um üppigeres Wachstum gelten. Das Kinn ist völlig, hoffnungslos nackt. Man sieht die behandschuhte Hand am Säbelknauf. Alles übrige sind Litzen und Borten, Stickerei, Spitzen und Tressen, die den Ärmel bis zum halben Arm bedecken. Achselstücke mit Rubinen besternt, die auf Samtkißchen ruhen. Fangschnüre von der Schulter bis zum Herzen hängen durch bis auf den Magen, der trotz all dieser Pracht ewig hungrig zu sein scheint, denn er ist ganz eingefallen. Über den ganzen mageren Oberkörper verteilt Fransen, Raupen, Lametta, Quasten, alle möglichen Bänder und dazu Drachen und Chimären ... Trotzdem bleibt noch Platz für eine Reihe einfacherer runder Kupferknöpfe, die vom Kinn bis zum Schritt reicht und den ganzen Mann in zwei Hälften spaltet, der einzige Anhaltspunkt dafür, daß diese ganze Maskerade eine Uniform nach europäischem Muster darstellen soll. Das Tollste aber ist, über einem Tschako, den ein goldgetriebener und mit Diamanten bestückter Schild schmückt, ein schneeweißer, steil aufragender Federbusch, der allein ebenso groß zu sein scheint wie das Männlein, das seine Galamontur nur unzulänglich auszufüllen vermag. Und mein Vater äußerst bei Betrachtung des unschätzbaren Porträts:

»Ein ›Kuli-General‹, wie er im Buche steht!«

Und doch ist dieses Photo des Generals Su Hiao höchstselbst das feierliche Symbol eines Pakts zwischen Szetschuanesen und Yünnanesen, der sein Zustandekommen dem Herrn Konsul von Frankreich verdankt.

Albert konferiert die ganze Nacht hindurch mit Marschall Tang Kiao und kommt erst gegen vier Uhr morgens nach Hause. Anderntags erscheint er mir bleich, fahl, erschöpft, matt. Aber anstatt sauertöpfisch zu sein, wie sonst, wenn er zuwenig geschlafen hat, ist er strahlender Laune. Anne Marie teilt seine Freude nicht.

Ich reite in die Stadt. Die Bevölkerung schart sich zusammen, wimmelt, wird zur Masse, wird zum Ameisenhaufen. Soldaten halten die Begeisterung der Menge in Schach. Ein Menschenmeer, über dem ich etwas Niegesehenes erblicke: primitive Plakate mit groben Schriftzeichen, von zahllosen Händen geschwungen. Eine ganz außergewöhnliche Neuerung. Keine seidenen Spruchbänder mehr, nur noch diese groben Kartons, wie sie im revolutionären Kanton üblich sind. Und dazu als noch erstaunlichere Neuerung ein Lautsprecher, der über den versammelten Massen näselt. Auch dieses Propagandamittel wurde von den Genossen Borodin und Galen übernommen, die es in der Metropole am Perlstrom einführten, von wo aus es sich wie ein Lauffeuer über ganz China ausbreiten sollte: über ein China der schneidenden Stimmen, ein China der gereckten Fäuste, ein China voller Plakate, die das Ausbeutertum und das Ausland anprangern, ein China, dessen Volksmassen voll Wut, voll Haß, voll Hysterie die neuen Wörter »Kapitalismus« und »Imperialismus« brüllen. Aber in Yünnanfu ist es zum Glück noch nicht soweit. Plakate und Lautsprecher dienen nur dazu, den Marschall Tang Kiao, den Gründer der chinesischen Republik zu feiern, der dem Vaterland wieder einmal einen Dienst erweisen wird, indem er Yünnan vor den Reaktionären des Nordens rettet, die sich an die englischen »Kolonialisten« verkauften. Unglaublich, der »Kolonialismus« hält seinen Einzug in Yünnanfu. Riesige aufgeworfene und verquollene Anschläge prangen an den Mauern der Stadt, die Fassaden der Häuser triefen von ekligem Papp. Die Anschläge proklamieren den Zorn des Volkes wider das perfide Albion, das in Yünnan allerdings kaum vertreten ist. Glücklicherweise kein Wort gegen die Franzosen, die massenhaft in der Provinz zu finden sind. Dieses Gesudel in zerfließenden groben Schriftzeichen auf gelbem Papier zeigt das Wort VOLK in besonders riesigen Lettern, ein Adelsbrief. Es steht zu lesen, der schurkische Wang schicke sich, um seine verbrecherischen und verabscheuungswürdigen Anschläge auf Szetschuan zu vollenden, mit der niederträchtigen Unterstützung der verräterischen Engländer an, seine Horden auf das Territorium Yünnans zu hetzen, wo er in seiner bestialischen Gier alles verwüsten und vernichten werde. Daher habe der Marschall nun seinen Truppen Befehl erteilt, unverzüglich die schwindelnden, drei- oder viertausend Meter hohen Gebirgspässe zu besetzen, die als Verbindungen zwischen Szetschuan und Yünnan die strategischen Punkte bildeten. Berüchtigte, gefährliche Pässe im wüsten Gebirge, wo der Soldateska des Ungeheuers Wang Niederlage und Tod harren ... Heil dem erhabenen Marschall

Tang Kiao, der wieder einmal China retten wird, der wieder einmal Yünnan retten wird. Tang Kiao, der ebenfalls, aber als ruhmreicher Held, in der ganzen Stadt auf schmierigen Bildern zu sehen ist, auf denen man kaum seinen berühmten kahlen Schädel erkennen kann, diese Wunderbeule der Weisheit und Stärke.

Für meinen Geschmack ist Yünnanfu schon seit mehr als einem Jahr allzu ruhig. Hat mein Mafu aus Tschengtu mir das Hochgefühl vererbt, das ich in gespannten und verworrenen Situationen empfinde, wenn die Armeen rings um die Stadt und in der Stadt Gewehr bei Fuß stehen, angeführt von ihren Kriegsherren, die nur darauf warten, Blut fließen zu sehen, die an nichts anderes denken, als wie sie einander töten, einander verraten können?

Tang Kiao und seine Machenschaften, Albert und seine Ränke. Was wird bei dem neuen Krieg herauskommen? Zunächst nehmen der Marschall und der Konsul die Parade der dreißigtausend Mann ab, die zum Manövergelände ziehen werden, auf dieses verlotterte Terrain, das seit neuestem vor jeder chinesischen Stadt liegt. Die Armee ist prachtvoll. Ein Bataillon nach dem anderen, ein Regiment nach dem anderen marschiert in tadelloser Ordnung vorbei, die Gesichter drücken stolze Unerschütterlichkeit aus, die eindrucksvoll strammen Gestalten tragen peinlich korrekte Uniformen. Knappe Bewegungen, ein Parademarsch *à la française*. Gutturale Kommandorufe, und die Tausende von Männern gehorchen wie Marionetten, wie Automaten. Die Offiziere führen mit gezogenem Säbel ihre Einheiten an, der Sturmriemen spannt sich unter dem gereckten Kinn. Kein weiteres Dekorum, nur die militärische Zeremonie. Kein Wald von Standarten, von Schriftzeichen, von Stickereien, wie ihn die Chinesen lieben. Nur die Fahne eines jeden Regiments. Die Artillerie mit einsatzbereit aufgesessener Bedienung rollt vorüber. Chinesische Soldaten und Offiziere bis zu solcher Perfektion zu schleifen ist eine unwahrscheinliche Leistung. Das Werk der französischen Militärmission.

Hinter Tang Kiao zu Pferde folgt der Herr Konsul von Frankreich, gleichfalls zu Pferde. Albert, in Uniform, weiße Hosen, blauer Rock und gestickte Mütze. In weitem Abstand andere Konsuln, darunter der englische, wie ein Haufen Statisten. Aller Augen sind auf Marschall Tang Kiao und den Konsul Albert Bodard gerichtet, die beide schwerfällig wie Mastodone auf ihren Tieren hocken. Tang Kiao erfüllt von seinem Hochmut, Albert erfüllt von seiner Eitelkeit.

Ich bin auch dabei, ich trabe im Rhythmus der Gedanken dahin, die mir durch den Kopf gehen. Die Erinnerung kehrt wieder. Ja, damals in Tschengtu hatte Albert Bodard ständig überlegt, wie er Tang Kiao ermorden lassen könnte, und Tang Kiao seinerseits hatte Albert Bodards großen Traum von der Eisenbahn zunichte gemacht. Das war erst zwei Jahre her. Albert Bodard hatte in der Stadt Tschengtu ein höchst labiles Gleichgewicht zwischen den Armeen von Yünnan, von Szetschuan und von Kweitschu hergestellt, indem er ihre Kriegsherren unter Beteiligung der Blauen Bande von Schanghai und eines französischen Abenteurers in einem fragwürdigen Opiumhandel vereinigte. Aber Albert Bodards Hirn hatte diesen seltsamen Pakt zwischen den Geiern nur ausgeheckt, um Zeit zu gewinnen. Um einen Aufschub von Wochen, von Monaten zu erzielen, bis aus Indochina eine gewaltige Waffenlieferung einträfe, die er den Yünnanesen von Szetschuan zugedacht hatte. Bei diesem Spiel, bei dem er aller Welt um den Bart ging, lag ihm in Wahrheit nur an den Yünnanesen, denn sie hatten sich insgeheim Sun Yat-sen verschworen, der ihm seine Eisenbahn verschaffen würde. Aber Alberts Ränke waren immer allzu fein gesponnen. Sie scheiterten alle. Damals hatte er noch das Glück gehabt, rechtzeitig aus der Gefahrenzone wegzukommen. Die Familie Bodard hatte ihren Europaurlaub angetreten, als Albert sich noch mit allen gut stand, als er noch alle an der Opium-Strippe hielt. Erst sein Nachfolger hätte die Rechnung beinahe mit dem Leben bezahlt. Die entscheidende Waffenlieferung war zwar bis in die Nähe von Tschengtu gelangt, fiel dort jedoch in einen mörderischen Hinterhalt. Eine kleine List Tang Kiaos, der die Karawane mit den Maschinengewehren und Gewehren zunächst ungehindert passieren ließ, jedoch die Szetschuanesen in Kenntnis setzte, die sich dann der Sache annahmen. Verflixter Tang Kiao! Sofort wurde in Szetschuan die Hatz auf Yünnanesen eröffnet, die ihren Marschall verraten hatten. Eine furchtbare, blutige

Schlacht, Tschengtu in Flammen, Massaker überall. Das französische Konsulat wurde mit Granaten beschossen und von den Flammen bedroht. Darauf folgten zwei lange Kriegsjahre in Szetschuan, in denen fast alle Städte brannten, denn die Yünnanesen schlugen sich erbittert, ehe sie aus Szetschuan vertrieben werden konnten.

Und jetzt nehmen diese beiden Männer Seite an Seite die Parade ab. Das ist ganz typisch für Albert und für sein Asienverständnis. Kaum hatte er seinen Posten in Yünnan angetreten, als er auch schon der Berater, der Beschützer, der Herzensfreund, der Geld- und Waffenlieferant des gleichen Tang Kiao wurde, den er noch vor so kurzer Zeit so gern zu den »gelben Quellen«, will heißen ad patres, geschickt hätte. Und dieser Tang Kiao, der ihm mit echt chinesischer Hinterlist das Konzept verdorben hatte, schien ihn wirklich gern zu haben. Wie glücklich war Albert gewesen, als Tang Kiao in einem neuen, diesmal von französischer Seite unterstützten Handstreich den überlebenden szetschuanesischen Yünnanesen den Garaus machte, die trotz aller erlittenen Unbill weiterhin auf den Tod des Marschalls hinarbeiteten! *Monsieur le consul* hatte seine Strategie total revidiert. Tang Kiao war von nun an sein höchster Trumpf. Früher brauchte er für seine Eisenbahn den Krieg gegen Tang Kiao, jetzt brauchte er auch einen Krieg, aber diesmal mit Tang Kiao als Verbündetem. *Monsier le consul* war unermüdlich.

Er kehrt in den Yamen zurück und strahlt wie fieberglühender Klatschmohn. Bei Tisch genießt er seine Genugtuung mehr als die Speisen. Er sagt, speziell an die Adresse Anne Maries gerichtet:

»Der Konsul von England mußte am Schwanzende des Zugs dahinzockeln. Der Ärmste, beinah hätte er mir leid getan. Seit geraumer Zeit lassen uns die Engländer ja in Yünnan in Ruhe. Sie haben die Provinz abgeschrieben. Aber wie sind sie früher dahinter hergewesen! Diese Engländer . . . Unersättlich.«

Anne Marie, die ihn zunächst hatte reden lassen, fühlt sich nun doch betroffen, weil sie die Gentlemen bewundert und viel mit den Engländern in Szetschuan verkehrt hatte. Sie erwidert:

»Mein lieber Albert, in Yünnanfu besteht keine Gefahr, daß ich mit Gentlemen zusammenkomme. Dieser Stockfisch von einem Konsul, der sich nur verstört und verzweifelt nach allen Seiten drehen und wenden kann, um zu begreifen, was rings um ihn vorgeht. Steif, jämmerlich, fahrig. Kein Wunder, daß er noch immer Junggeselle ist.«

»Aber Sie wissen doch, daß den Engländern sehr an Yünnan gelegen ist«, sagt Albert im Ton einer vertraulichen Mitteilung. »Lang vor meinem Eintreffen in China haben sie ganze Wagenladungen von seltsamen Gestalten hergeschickt: Forscher, Missionare, Händler, in die Gegend unterhalb des Himalaya zwischen Rangun und Yünnanfu. Alles hartgesottene Burschen im Dienst des Intelligence Service, Abenteurer, und im Gegensatz zu den übrigen Briten imstande, eingeborener als die Eingeborenen zu werden. Sie suchten eine Trasse für eine britische Eisenbahnlinie, die Indien über Birma, Yünnan und Szetschuan mit Schanghai verbinden sollte. Sie hatten zwanzig Jahre Vorsprung vor uns. Sie hatten sogar schon eine Eisenbrücke von einem Kilometer Länge über den Irawadi gebaut. Und dann mußten sie aufgeben, denn sie hätten zehn bis fünfzehn Tunnels vom Kaliber des Mont-Cenis-Tunnels stechen müssen. Sie haben Yünnan uns überlassen und sich dafür auf Tibet gestürzt, um wenigstens eine Landverbindung zwischen Delhi und China zu haben. Ich habe das alles miterlebt.«

Anne Marie gähnt.

»*Mon ami*, ersparen Sie mir den Bericht, ich kenne ihn.«

Nun setzt Albert seine Prophetenmiene auf. Sie hat bei ihm ein besonderes Gepräge. Nichts von Halluzination, nichts von Inspiration. Nur die tiefe Konzentration eines Teekessels, der sich zum Pfeifen anschickt.

»Ich wette, daß binnen kurzem irgendein hohes Tier hier auftaucht, ein Lord oder Unterlord, der sich ein paar Tage in der frischen Luft Yünnans erholen will. Denn wenn die Engländer uns auch die Eisenbahn durch Yünnan legen ließen, so werden sie doch nicht untätig bleiben, sobald sich mir eine konkrete Möglichkeit bietet, die Linie zu verlängern.«

Ich breche anderntags in aller Morgenfrühe auf. Ich weiß, daß die yünnanesische Armee nur zwanzig Kilometer vor Yünnanfu Feldlager bezogen hat. Was ich zu sehen bekomme, ist eine völlig andere Armee: ein Jahrmarkt. Die Soldaten haben sich allen lästigen Zubehörs entledigt, ihrer Stiefel, ihrer Uniformen, nur die Patronengürtel tragen sie noch um den Bauch. Im übrigen sind sie in Pantinen und losen blauen Jacken und Hosen, die ihnen keinen Zwang antun. Sie haben zur chinesischen Bequemlichkeit zurückgefunden. Überall riesige Haufen Reis. Sie fressen. Die Schankwirte haben alle Hände voll zu tun. Ununterbrochen lassen sie kochenden Tee in gezieltem Strahl in grobe Tassen fließen oder sogar *ma-kue-lo* in winzige Becher. Ihre plumpen, holzköpfigen Frauen haben auf den Schultern angeschleppt, was sich notfalls als Theken bezeichnen läßt. Überall rinnt der Schnaps in Hunderte schreiender Münder. Überall schnellen Hunderte von Händen blitzschnell vor und recken die Finger; ein Spiel, das ich sehr gut kenne, das Spiel der Armen, die es nicht lassen können, in lustiger Gesellschaft den letzten Piaster ihres mageren Lohns zu verlieren. Anderswo haben Garköche Öfen und Verkaufsstände auf dem eigenen Rücken oder auf dem Rücken ihrer Weiber herbeigeschafft. Knisternde Glut. Fettgestank. Verkäufer von Amuletten aller Art. Die kostspieligsten sichern völlige Unverwundbarkeit. Die billigeren Artikel bieten nur mäßigeren Schutz. Buddhistische Bettelmönche. Wahrsager, die aus Gedärmen lesen, aus Haaren oder Reisig, und den freigiebigen Kunden Unversehrtheit von Leib und Leben versprechen. Den Knauserigen wird sie nicht unbedingt garantiert. »Hochgelahrte Doctores«, alte Spitzbuben, verkaufen Wunderdrogen, die auch noch dem tödlich Verwundeten das Überleben sichern. Um sie schart sich ein großer Interessentenkreis, denn es gibt keine Särge für die Toten. Sie werden in ein Flußbett geworfen, und das fürchten diese Leute mehr als den Tod selbst. Alle Zünfte sind vertreten. Scharen von Huren liegen in schilfgeflochtenen Hängematten, die zwischen zwei Bäumen ausgespannt sind. Dort üben sie ihr Gewerbe aus. Überall Soldaten in kleinen oder großen Haufen. Sie sind sorglos, lachen, spaßen, schreien und streiten, kauern, liegen, schlafen. Ein Herrenleben. Und dann, abseits, die Kulis, die zusehen, die das Fest mit den Augen verfolgen. Wozu sie beschreiben? Sie sind grauenhaft. Wie sollen diese armseligen, abgezehrten, ausgemergelten Geschöpfe so viele Kilometer weit solche gewaltigen Lasten schleppen? Sie sind zu Paaren mit Stricken und Lianen aneinandergekoppelt wie Tiere. Diese Gespanne werden später vor die Kanonenräder geschirrt oder müssen Kisten von mehr als hundert Kilo befördern, und zu allem Überfluß müssen die Kulis dann auch noch die Gewehre der Soldaten tragen, die währenddessen den Fächer schwingen und unter Sonnenschirmen dahinschreiten. Was für eine Menschenmenge! Auch hohe Herren sind da, Händler, die bereits den Ertrag künftiger Plünderungen aufkaufen wollen, vor allem das Opium, falls die yünnanesische Armee die wilden Stämme, die auf ihren Berggipfeln den Mohn anbauen, vernichten und sich ihrer »Melassetöpfe« bemächtigen könnte.

Ich wohne dem Aufbruch bei. Was für eine Marschkolonne! Die Offiziere haben sich in Tragsesseln niedergelassen, manchmal zusammen mit ihren Konkubinen. Auf einer Lichtung ist eine Art Pagode aufgestellt, die noch nicht abmontiert wurde. Ein seltsames Gebilde aus leichtem Stoff, gewunden, mit Türmchen und geschweiften Dächern. Ringsum herrscht ein Kommen und Gehen von Männern in langen Gewändern. Es ist die Kommandostelle. Die Wachen wollen mich nicht passieren lassen, aber der Oberkommandierende hat mich gesehen und winkt mich heran. Er lächelt mir zu. Er bietet mir eingemachte Früchte an. Ich kenne ihn gut, es ist Lü Han, einer von Tang Kiaos Favoriten. Graugrüne Augen in einem allzu glatten Gesicht mit fliehenden Kanten, wie aus besonders hartem Holz geschnitten. Ein schöner, aber furchterweckender Mann. Seine Stimme ist farblos und müde, ohne jede Modulation, ein alter Haudegen, der schon viele Köpfe abgeschnitten hat. Im gleichen Zelt liegt ein magerer Mensch auf einer Ebenholzbank und raucht Opium. Es ist Long Yüng, Lü Hans zweites Ich. Lü Han ist die Kraft, Long Yüng ist die List. Ganz ungewöhnlicherweise ist dieser Long Yüng kein Chinese, sondern ein Lolo, will heißen ein Ureinwohner. Woher kommen diese beiden? Dieser Lü Han, den man bereits den »schwarzen Panther« nennt, und dieser gespenstische Long Yüng? Auch Konkubinen gibt es unter diesem Zelt. Für Lü Han, denn Long Yüngs Konkubine ist der »schwarze Rauch«. Wenn Lü Han aufrecht steht, reiche ich ihm gerade bis zur Mitte, und er deutet eigens für mich sogar ausnahmsweise eine belustigte Grimasse an. Ich frage ihn:

»Werdet ihr viele Menschen töten?«

Über sein kaltes Gesicht huscht ein vergnügter Ausdruck. Er erwidert:

»Im Krieg tötet man zuweilen, zuweilen tötet man nicht.«

Worauf er Long Yüng ein paar Worte zuflüstert, die ich nicht hören kann, und beide fangen an zu lachen. Schließlich schicken sie mich weg, nachdem sie mir aufgetragen haben, meinem Vater zu bestellen, daß sie ihm zehntausend Jahre des Glücks und eine reiche Nachkommenschaft von Kindern wünschen, die mir gleichen mögen. Ich bin geschmeichelt, aber auch ein wenig verärgert, und jedenfalls fest entschlossen, meinen Eltern nichts auszurichten, was ihre eventuelle Fruchtbarkeit betrifft.

In Wahrheit befehligt Lü Han nur eine der beiden Armeen, aus denen das von Tang Kiao entsandte Expeditionskorps besteht. Seine Abteilung ist die kleinere. Sie soll den Weg einschlagen, der Yünnan direkt mit Szetschuan verbindet, jedoch dorthin führt, wo Szetschuan noch fast unbekannt und völlig wild ist, schon ein Stück Tibet. Dieser Pfad schraubt sich zu fast unbezwinglichen Höhen empor und endet bei einem Steilabfall von dreitausend Metern, über einem schwarzen, sehr schmalen, sehr unheimlichen Einschnitt, auf dessen Sohle in einer dichten Folge von Stromschnellen der »Goldsandfluß« dahinschäumt, der oberste Ursprungsarm des Yangtsekiang. Warum dieser schöne Name für dieses Wildwasser in seinem pechschwarzen Bett? Der Weg, der hierher führt, wird so gut wie nie benutzt, denn an ihm lauern Gefahren und Tod. Nur vorsichtshalber hat Tang Kiao einen Teil seiner Männer hierhergeschickt, damit sie den Hauptpaß hoch über den Wolken sichern. Die richtige Straße, die große Straße zwischen Yünnan und Szetschuan, führt durch Kweitschu, eine der unbekanntesten, der unerschlossensten Provinzen Chinas, obgleich sie sich bereits tief im Inneren des Reichs des Himmels befindet, eine Provinz ohne Stadt, ohne irgend etwas, mit einem Dschungel, der nur aus undurchdringlichem Dornengewirr besteht, mit Geröllhaufen anstelle von Gebirgen, mit ewigem Nebel, Regen und Eiswind auf den Höhen, mit einer Bevölkerung aus rebellischen und völlig unzähmbaren Urstämmen, den Miao Tse. Und auch diese Straße ist nur ein holpriger, primitiver Pfad, aber immerhin benutzbar.

Albert ist einst diese Straße gezogen. Damals, als die Franzosen mit den Arbeiten zum Eisenbahnbau begannen. Seine Aufgabe bestand darin, eine mögliche Trassenführung für die Fortsetzung der Bahnlinie bis nach Szetschuan zu erkunden. Dieses Abenteuer bot ihm Gelegenheit zu einem seiner Bravourstücke. Sechzig Tage unterwegs. Er war mit zwei Pferden, sechs Maultieren und einer Anzahl Trägern aufgebrochen. Noch bestand das chinesische Kaiserreich, noch lebte die alte Tse-Hi wie ein Gespenst der Vergangenheit in Peking. Der Gouverneur hatte ihm eine Ehreneskorte beigegeben. Eine Eskorte von zwanzig Soldaten. Diese Soldaten verschwanden von Zeit zu Zeit in aller Stille. Albert wußte also, daß er ein Gebiet durchqueren mußte, das in der Hand der Briganten war. Die »Herren der grünen Wälder«, wie man sie höflich nannte, nahmen sich seiner an und erwiesen sich als unendlich hilfsbereiter als die regulären Truppen und Behörden. Sobald er die nicht unterworfene Zone passiert hatte, tauchten die »Regulären« wieder auf. Alles war in schönster Ordnung. So ging Albert also von Hand zu Hand. Die Piraten hatten Gewehre aus dem 70er-Krieg und setzten ihm üppige Mahlzeiten vor. Die Soldaten forderten ihr Bakschisch. Manchmal Schüsse in der Ferne, lodernde Brände. Wenn Albert Fragen stellte, wurde ihm geantwortet, es sei nichts.

Von Zeit zu Zeit lieferte Albert, wenn Anne Marie nicht anwesend war, einen weit düstereren und tragischeren Bericht von seinem Streifzug. Er hatte die Ruinen zweier Kriege und einer Epidemie durchquert. Er war in einem prächtigen Zug von Yünnanfu aufgebrochen, seine Soldaten trugen mittelalterliche Rüstungen und wahre Galgenvisagen. Alle waren Opiumraucher. Albert, der sich vor seinen Beschützern fürchtete, gab zunächst einmal jedem ein Silberstück. Danach folgten die Szenen in der Karawanserei, das zwei Wochen währende Feilschen, um Maultiere und Kulis zu bekommen. Aber dann zog seine Truppe auf der großen gepflasterten Straße zwischen Seen und Ebenen wacker dahin. Voran ein robuster Hengst, den Kopf geschmückt mit zwei baumelnden Fuchsschwänzen, einer roten Kokarde auf der Stirn und einer Fasanenfeder hinter jedem Ohr. Ein Schellenhalsband diente als Warnsignal auf den gefährlichen Steilpfaden, wo die Begegnung zweier Karawanen zu einer

Tragödie führen konnte. Albert lernte die Herbergen kennen und ihre Gäste, die Kulis und Träger, die sich einen kurzen Augenblick fern von ihrem ständigen Elend des Lebens freuten. Wenn er ein klapperdürres Hühnchen verzehrte, näherte sich ihm manchmal ein Schriftkundiger und fragte ihn nach seinem »kostbaren Namen«. Albert gab sich dann sehr bescheiden, gemäß den chinesischen Anstandsregeln, und nannte seinen »ganz und gar wertlosen Namen«. Man durfte den Mann weder nach seiner Frau noch nach seinen Kindern oder sonst jemandem fragen, denn eine solche Neugier wäre beleidigend gewesen. Der Schriftkundige spuckte aus, schneuzte sich in die Finger, gurgelte mit einem Schluck Tee, den er in einem dünnen Strahl auf den Fußboden ausspie. Große Begrüßungen. Albert erlernte die Riten. Und dann durfte er das Ehrenzimmer beziehen, direkt über der Düngergrube, denn die Gäste zahlten nicht nur mit Sapeken, sondern auch in Naturalien.

Danach bekam er nur noch Ruinen zu sehen. Die alten Stadtwälle waren von Bränden geschwärzt, aufgebrochen, eingerissen. Von den Dörfern blieb nichts mehr übrig, nur Mauerreste, wo einst Häuser standen. Das waren alte Ruinen aus dem Krieg gegen die Mohammedaner. In diesem Teil Yünnans war die ganze Bevölkerung ausgerottet worden. Und die wenigen Bauern, die man beim Urbarmachen der gestrüppbewachsenen Felder sah, waren aus anderen Provinzen eingewandert. Sie hatten sich das Niemandsland zueigen gemacht, die Steine und Mauern der Tempel gestohlen und sich daraus elende Katen gebaut.

Heiteres Hügelland, keine Verwüstungen mehr, nur noch Leere, keine Menschenseele weit und breit. Bei jeder Rast maß Albert seine Temperatur und betastete sich unter den Armen, an den Leisten, am Hals, um festzustellen, ob sich nicht in wenigen Stunden eine tiefrote, sehr harte Geschwulst gebildet habe. Er wußte, daß eine solche Beule am nächsten Tag weich sein würde und daß er sterben würde. In Wirklichkeit lief er kaum Gefahr, denn es war Winter, und die Pest wütete nur während der großen Hitze. Beim letzten Monsun hatte die Seuche, die sich vielleicht aus den vom Boden aufsteigenden Dünsten entwickelte, Tiere und Menschen ergriffen. Um die Häuser zu desinfizieren, wurden in allen Räumen Feuer angezündet. Die chinesischen Ärzte hatten als letztes Mittel den Genuß von Moschus empfohlen. Täglich starben in jedem Dorf, in jeder Hütte Menschen, ihre Leichen wurden in die nächste Schlucht geworfen. Die Überlebenden waren geflohen und nicht wiedergekommen. Alberts Maultiertreiber spielten während der Durchquerung dieses Todesstreifens ständig auf einer Art Mandoline.

Kweitschu war noch gräßlicher. Von dem Weg war nur noch eine kaum sichtbare Spur geblieben, die zu einem Plateau hinaufführte. Sie tasteten sich durch den Nebel zwischen verkümmerten und erfrorenen Büschen und Sträuchern, an denen Eiszapfen klimperten. Manchmal eine Schlucht, die immer seltsam gefärbt war. In die Wände waren Löcher gebohrt – Eisenminen. Und der Rost des Eisens breitete sich über die ganze Natur aus. Anderswo sah man Löcher, die Kohlenbergwerke waren, und dort war die Erde ganz dunkel, kohlschwarz. Bei Nacht zündete die Karawane Feuer an, um die Kleider zu trocknen. Albert schlotterte vor Kälte in diesen tropischen Breiten. Auch hier keine Spur von Bewohnern. Sie hatten die Gegend verlassen, aber dieses Mal wegen der Briganten, der gleichen Briganten, die so freundlich zu Albert waren und seinen großen Hunger so reichlich sättigten.

Auf den Höhen ein paar Dörfer, aber wiederum ganz verfallen. Darin arme Teufel, fast nackte Männer und Frauen, die am Verhungern waren. Sie waren alles, was von den Miao Tse noch übrig war. Diese Wilden hatten sich eines Tages aufgemacht und alle Chinesen in den Tälern getötet, und die Armeen der Himmlischen waren gekommen, hatten sie verfolgt und ausgerottet. Es war ein langer, grausamer Krieg. Denn die Miao Tse verfügten über seltsame Waffen, Bündel von Eisenhaken, Dreizacke, die zu einem Kranz aus scharfen Klingen aufschnellten. Alle möglichen Instrumente, nicht nur Hieb-, sondern Reißwaffen. Der Krieg gegen die Miao Tse gehörte zu den vielen blutigen Kriegen in China, die völlig unbekannt blieben.

Dann kam der große Paß, der schmale Pfad, der in zahllosen Windungen über die Steinwände hinaufführte, an Abgründen entlang, in denen Wildwasser brodelten. Solche Beschwernisse sind in China nichts Ungewöhnliches. Hier jedoch kam hinzu, daß ein kalter gelber Nebel die Männer blendete. Man sah nichts. Albert mußte absitzen und sich zu Fuß, rutschend und schlitternd, den vereisten Steig hinaufarbeiten. Dann und wann bot sich die gähnende Schlucht seinen Blicken. Endlich erreichte er den Gipfel, wo ein Tempel zu Ehren des Berggeists in den Fels gehauen war. Jeder Maultierführer opferte einen Hahn, zum Dank dafür, daß der Berggeist gnädig gewesen war. Ganz in der Nähe ruhten die Überreste einer Karawane, die mit Mann und Roß an Erschöpfung und Kälte zugrunde gegangen war. Dieser Paß war nun das Marschziel von Tang Kiaos Armee.

Auf den grauenvollen Weg durch Kweitschu folgte der Abstieg nach Szetschuan. Albert war völlig abgemagert und voll Ungeziefer. Daher umging er die Stadt Pi-tschih, den größten Frauenmarkt Chinas. Dort verkaufen die Bauern diese unnützen Münder, dieses unnütze Geschlecht, und die Käufer drängen sich, um Sklavinnen für das Feld, Sklavinnen für das Bett zu erwerben. Die Hübschesten werden vielleicht einmal Konkubinen. Aber was für ein Feilschen!

Endlich kam Albert in Tschengtu an, wo ihm die Ehre zuteil wurde, daß ihn der Vizekönig von Szetschuan, die Emanation des Himmelssohnes, zur Audienz empfing. Die Audienzen fanden nur nachts statt, denn der Tag gehörte den bösen Geistern und den düsteren Prophezeiungen. Albert mußte nicht knien. Während der ganzen Unterredung, die reine Höflichkeitssache war, behielt er, der Etikette entsprechend, den Zylinder auf. In China reise man niemals ohne Zylinder. Der Mandarin, ein schöner Greis, war mit den prächtigen Insignien seiner hohen Würde geschmückt. Nach dem protokollarischen Teil lud der Vizekönig Albert zu einer Mahlzeit aus erlesenen Speisen ein, die fast ebenso leicht waren wie die Fayencen, in denen sie serviert wurden. Das Ganze spielte sich beim Schein von Papierlaternen ab. Eine unwirkliche und gespenstische Szenerie.

Mehr als zwanzig Jahre sind seit dieser Reise vergangen, die zu nichts geführt hatte. Nun, da Tang Kiaos Truppen diesen Paß besetzen sollen, den Platz, an dem einst Alberts Kulis dem Berggeist opferten, hofft er auf das Gelingen seines Plans. Doch eines Tages erscheint er ärgerlich und triumphierend zugleich bei Tisch. Er sagt zu Anne Marie:

»Was habe ich gesagt! Ein Engländer wird auftauchen und das ganze Spiel verderben. Soeben ließ mir der britische Konsul melden, daß ein sehr bedeutender Mann, ein Commodore der Royal Navy, jüngerer Sohn einer berühmten Familie, Yünnanfu besuchen werde, um sich von einem langen Aufenthalt im Fernen Osten zu erholen. Daß diese Engländer mich nie in Frieden lassen können!«

Anne Marie gibt zu bedenken:

»Warum sollte dieser Herr nicht wirklich nur als Tourist kommen, wie die Franzosen aus Indochina?«

Aber Albert beharrt eigensinnig:

»Ich kenne mich aus. Ich lege die Hand dafür ins Feuer, daß er zur Spitze des Intelligence Service in Asien gehört. Im übrigen werde ich aus Hanoi telegraphisch Auskünfte erbitten, um ganz sicherzugehen.«

Anne Marie zuckt nur leicht die Achseln, und Albert unterdrückt mit Mühe die Bemerkung, die ihm auf der Zunge liegt: daß sie wirklich zuviel übrig habe für die Gentlemen, die fast ausnahmslos Spione seien. Ich sehe meine Eltern einander gegenübersitzen und ihren Karamelpudding aufessen, wortlos, denn sie wissen, daß Worte zwischen ihnen nichts mehr auszurichten vermögen, daß sie sich niemals verständigen werden. Sie vermeiden den offenen Zwist, der höchstwahrscheinlich später ausbrechen wird. Ich nehme ihre Schluckgeräusche und ihr Schweigen zur Kenntnis und fühle, wie unnachgiebig und trotzig jeder von ihnen ist. Wie gern Albert zu Anne Marie sagen würde: »Und lassen Sie es sich bloß nicht einfallen, für diesen Menschen die Fremdenführerin zu spielen. Kompromittieren Sie sich nicht.« Aber er tut den Mund nicht auf.

Anderntags ist er ein bißchen kleinlaut. Die Antwort aus Indochina liegt vor. Sie lautet: »Über genannten Commodore keine besonderen Unterlagen. Keine Verdachtsmomente. In den Listen der französischen Geheimdienste nicht als englischer Agent geführt. Offenbar nur ein Marineoffizier, der eines der großen Schiffe der Indienflotte befehligte. Kennt von China nur Schanghai. Gehörte nie zur englischen Kanonenbootsflottille auf dem Yangtsekiang.«

Albert gibt sich nicht geschlagen.

»Daran erkenne ich meine Engländer. Denen ist nicht beizukommen. Perfekte Tarnung.«

Anne Marie verzieht leicht spöttisch das Gesicht:

»Albert, diese Engländer haben Ihnen wirklich den Kopf verdreht.«

Aber Albert kontert schneidend:

»Und wie steht es mit Ihnen, Anne Marie? Erinnern Sie sich, daß Sie in Tschengtu nur den britischen Konsul wirklich mochten, ihn und den Pastor, diese graue Eminenz des englischen Geheimdienstes?«

»Sie waren der einzige zumutbare Umgang.«

Albert zieht sich zurück. Er hält Siesta und will sich danach gerade an seine Arbeit machen, als er zu seiner Verblüffung den Konsul von England ankommen sieht, der konfuser wirkt denn je. Er sieht sich verstohlen nach allen Seiten um, ruckt und zuckt an allen Gliedern, ein richtiger Clown. Er ist gekommen, um in seiner Not Hilfe zu erbitten. Wie *monsieur le consul de France* wisse, sei er unbeweibt und allein außerstande, für den Commodore eine angemessene Aufnahme vorzubereiten. Seine Boys heuchelten Gehorsam, täten aber, was sie wollten. Sein Koch habe zuviel »Gesicht«, um von ihm Befehle entgegenzunehmen. Selbstverständlich müsse ein großes offizielles Essen gegeben werden, aber allein der Gedanke daran sei ein Alptraum. Nur eine Dame, eine wirkliche Lady, könne hier Ordnung schaffen und die notwendigen Dispositionen treffen. In Yünnanfu gebe es nur eine einzige Dame, die fabelhafte Empfänge zu arrangieren verstehe und von allen bewundert werde: Madame Bodard. Ob der Konsul von Frankreich etwas dagegen hätte, wenn Madame ihm zu Hilfe käme, vorausgesetzt, daß sie sich liebenswürdigerweise dazu bereit erkläre?

Albert kann nicht ablehnen. Er ist sogar gezwungen, sein Mißfallen hinter einem herzlichen Ton und einem kollegialen Lächeln zu verbergen.

»Ich bin überzeugt, daß meine Frau Ihnen mit Freuden behilflich sein wird.«

Das englische Konsulat bedarf in der Tat dringend Anne Maries fester Hand. Der vom Konsul gelieferte Lagebericht ist weit untertrieben. Es geht drunter und drüber. Überall dicke Staubschichten. Die Möbel sind schadhaft. Die Moskitonetze haben Löcher, und das Essen ist ein Schlangenfraß. Davor muß sogar einem englischen Magen grausen. Die Dienstboten sind Annamiten, und, wie alle Annamiten jener Zeit, grenzenlos unverschämt, wenn sie nicht an der Kandare gehalten werden. Mit Anne Maries Einzug bricht der Krieg aus: sie lassen sich von einer Frau nichts befehlen, sagen sie. Der Konsul von England steht hilflos vor dieser neuen Entwicklung. Aber Anne Marie weiß Rat:

»Sagen Sie ihnen, daß Sie sie allesamt hinauswerfen, wenn sie nicht parieren. Sie können jederzeit neue Leute bekommen, und für den Aufenthalt des Lords werde ich Ihnen mein eigenes Personal zur Verfügung stellen.«

Ein durchschlagender Erfolg. Alles beruhigt sich. Kaum zu glauben, daß dies noch die gleichen Boys sein sollen. Nach vierundzwanzig Stunden ist der Yamen des Konsulats von England zu neuem Leben erwacht, die Vasen sind mit Blumen gefüllt, die »Kuriosa« in den Vitrinen sind blank geputzt, Geschirr und Tafelsilber blitzen. Dieses Silbergerät, das in jedem Konsulat Albions einen noch wichtigeren Schatz darstellt als das diplomatische Siegel. Anne Marie gibt dem Koch ihre Anweisungen und berät den Konsul bei der Aufstellung der Gästeliste und bei der Placierung der Tischkarten auf der mit einem wundervollen Spitzentuch gedeckten Tafel. Der Konsul von England bedankt sich unablässig in linkischen und gerührten Worten, mit echt englischer Rührung, die sich nur stammelnd äußert, was in seinem Fall noch durch eine allgemeine Sprechhemmung unterstrichen wird. Seine Dankbarkeit kennt keine Grenzen. Er geht soweit, Anne Marie in einer diplomatischen Frage von größter Wichtigkeit zu konsultieren. Muß er zum Galaschmaus auch Marschall Tang Kiao einladen, der sich in jüngster Zeit unverhohlen feindselig gegenüber England gezeigt hat? Vor soviel Naivität verliert Anne Marie ihre Zurückhaltung, sie lacht ein junges, helles Lachen. Noch nie habe ich sie so lachen hören. Denn selbstverständlich hat sie mich zu diesem ungewöhnlichen Einsatz mitgenommen, der ihr die Langeweile vertreibt und von Albert nach wie vor keineswegs gern gesehen wird. Sobald sie wieder zu Atem kommt, sagt sie zum englischen Konsul:

»Aber natürlich müssen Sie den Marschall einladen! Das ist

überhaupt keine Frage. Andernfalls würden Sie ihn ernsthaft beleidigen, und er hätte allen Grund, auf England böse zu sein.«

Wir kehren ins französische Konsulat zurück, wo Anne Marie erklärt:

»Ich hätte nie gedacht, daß ein englischer Diplomat so dumm sein kann. Stellen Sie sich vor, Albert, er zögerte, Tang Kiao einzuladen. Ich habe die Beziehungen zwischen Yünnan und dem britischen Empire gerettet.«

Albert regt sich sofort auf.

»Was haben Sie sich da einzumischen? Sie haben alles verdorben. Er hätte über seine eigene Blödigkeit stolpern sollen.«

Beim Eintreffen des Commodore ist alles bereit. Am ersten Abend großes Galadiner mit Tang Kiao, und danach eine Reihe von Diners in sämtlichen Konsulaten; nicht offizielle Diners, da der Besucher privat reist. Ich darf am unteren Ende der Tafel sitzen, und ich beobachte den Engländer. Noch nie habe ich seinesgleichen gesehen. Er ist der stolze Abkömmling der normannischen Eroberer. In keiner Weise gut aussehend, eine große taube Nuß, auf den ersten Blick fast ein Tölpel mit der Naivität eines gealterten Kindes. In seinem Gesicht mischen sich schneeiges Weiß und Whiskyröte wie Dunstschwaden über einem bläulichen Gipfel. Überhaupt scheint eine Art eisigen Nebels ständig um die fahlen Züge zu schweben. Besondere Kennzeichen: ein Zwirbelbart, so rot wie ein verschleierter Sonnenaufgang über dem Meer der Wikinger. Dieses blasse Haupt scheint so schwer zu sein, daß der Mann es tragen muß wie eine Last, immer ein wenig müde geneigt auf seinem langen Hals. Doch auch dieses Neigen ist schon mühsam, auf jeden Fall nur eine unzulängliche Erleichterung, denn er kann kein einziges Wort ohne sichtliche Müdigkeit sprechen. Die meiste Zeit schweift der *englishman* in fernen, beinah unzugänglichen Regionen der Meditation. Er besitzt eine Art angeborener Überlegenheit, die nicht arrogant ist, sondern ererbt, tief in ihm verwurzelt, eine Überlegenheit, die nicht herablassend sein will, die sogar den Anschein einer von sehr weit und von sehr hoch oben kommenden Freundlichkeit erweckt. Von Zeit zu Zeit entfallen den farblosen, fast unbewegten Lippen ein paar banale Wendungen, als lösten sich die ihn umschwebenden

Nebel in Wörter auf. Klischees, immer mit erlesener Höflichkeit geäußert, die indessen unvermittelt einen drohenden Unterton bekommen kann. Seine Liebenswürdigkeit wird zuweilen von einer Grimasse der Langeweile, der Ungeduld oder des Unmuts begleitet, die aber immer diskret bleibt. Man ahnt, daß er zum Befehlen geboren ist, kraft erbständischen, ja, gottgegebenen Rechts, als trüge er unsichtbar einen Wappenschild, der schon bei Azincourt dabei war. Man kann sich vorstellen, daß seine so urbane Friedfertigkeit, die sich in zuckersüßen und leicht lispelnden Silben äußert, auf einer Kommandobrücke jäh umschlagen, daß der geringste Anlaß ein Urteil des Kriegsgerichts, eine Degradierung, eine Exekution zur Folge haben könnte. Kurz, ein Zynismus und ein Despotismus, die um so vernichtender sind, als sie völliger Unbefangenheit entspringen. Ist er nicht der Repräsentant aller britischen Rechtsansprüche, die um die ganze Erde reichen, des Rechtsanspruchs der Krone, Albions, seiner eigenen Person? Nie spricht er ein lautes Wort, zuweilen bringt er einen Gemeinplatz so charmant vor, daß er ihm Sinn verleiht. Die Konversation der englischen Oberschicht besteht nur aus Gemeinplätzen. Sooft der Commodore einen solchen ausspricht, neigt er sich ein wenig vor, um Anne Marie anzublicken, aber so, als sähe er sie nicht. Anne Marie ihrerseits hält ihn auf Abstand, lächelt zu allem, was er sagt, und obwohl es banal ist, errät sie eine tiefere Bedeutung.

Offenbar bleibt Anne Marie keine andere Wahl, als den Engländer, trotz Alberts entschiedenen Protests, in der Stadt herumzuführen. Denn wer außer ihr könnte ihm Yünnanfu zeigen? Das liegt so klar auf der Hand, daß *monsieur le consul*, ob es ihm paßt oder nicht, schließlich nachgeben muß. Er nimmt es hin, daß Anne Marie ihr Pferd satteln läßt, um den Commodore zu begleiten. Sie führt ihn zu den immer gleichen Antiquitätenläden, den gleichen sehenswerten Straßen, dem ewigen See und den heiligen Pagoden. Sie reiten Seite an Seite, sie im Damensitz, also dem Commodore zugewandt, der hoch über ihr zu Pferde thront. Oft bin ich mit von der Partie, tobe absichtlich wie ein ausgelassenes Kind um die beiden herum, galoppiere bald voraus, bald hinterher. Ich richte es so ein, daß ich plötzlich neben ihnen bin, um ein paar Worte aufschnappen zu können. Sie sprechen wenig. Ich höre nur, wie Anne Marie ihm die Schönheiten erklärt, und er, erhaben über den Gestank und das Elend in den Gäßchen, nickt zuweilen bedächtig mit dem schweren Kopf und bestätigt: *»Very interesting indeed«*, *»Really very beautiful«*. Dabei verdreht er jedesmal den langen Hals, um einen verstohlenen Blick auf Anne Marie zu werfen, die ein wenig zu ihm aufblicken muß, wenn sie ihm alle Eigentümlichkeiten, Bräuche und Legenden der besichtigten Orte erläutert.

Einmal steigen wir den Sichan hinauf. Mehr denn je tummle ich mein Pferd auf den Stufen des Pfads, lasse es bergauf und bergab springen, während Anne Marie und der Commodore auf dem von den Jahrhunderten abgenutzten Treppenweg gravitätisch fürbaß klimmen. Der Sichan ist ein kleiner Berg vor den Toren der Stadt, kahl bis auf ein paar majestätische Bäume ganz droben am Gipfel, die einen riesigen in den Fels gehauenen Buddha umstehen, einen Buddha mit seinem Punkt der Weisheit auf der Stirn und mit Augen, die in die Ewigkeit der Dinge sehen. Der Sichan gilt als heiliger Berg, und am »Fest der irrenden Seelen« steigen die Lebenden nachts mit Fackeln hinauf, um die Geister der Toten zu grüßen. Für uns ist er ein Aussichtspunkt. Von dort oben überblickt man dieses Land, das ich so sehr liebe, in seiner ganzen Fülle: die Stadt zu unseren Füßen, die Wasser des Sees wie einen tiefblauen Spiegel, dann die klargeschnittenen nahen Berge, dahinter nochmals Berge und immer wieder Berge, immer ferner, immer höher, die kaum noch sichtbaren Grate verschwimmen mit der Ferne des Himmels. Der Engländer streicht mit einer Kopfwendung den ganzen Horizont ab. Einziger Kommentar:

»Wirklich ein sehr schöner Blick.«

Er bedient sich einer Mischung aus Französisch und Englisch. Bei seinen Worten sieht er Anne Marie an, als wäre sie für ihn der Schlüssel zu diesem All. Ein paar Minuten lang verharren sie regungslos, schweigend, nur gestört durch bettelnde Bonzen, deren Litaneien sie mittels einiger Sapeken zum Schweigen zu bringen glauben. Aber sie handeln sich nur noch lautstärkere Segenssprüche ein. Schließlich steigen wir alle wieder den Sichan hinab.

Bei Tisch im französischen Konsulat ein kleines Scharmützel

zwischen meinen Eltern. Albert bleckt gefährlich die Zähne, als er sagt:

»Ich habe Sie gewarnt! Ich weiß genau, was Sie mit diesem Engländer unternehmen, geschieht aus reiner Liebenswürdigkeit, aber in den Augen der Leute kompromittieren Sie sich dennoch.«

Anne Marie kontert:

»Kompromittiere ich mich weniger, wenn ich Ihre Mätressen spazierenführe? Was meinen Sie?«

Albert reißt die Augen auf. Er gemahnt Anne Marie daran, daß ich neben ihnen sitze. Zum Glück glaubt er, ich wüßte nicht, was das Wort Mätresse bedeutet. Aber meine Lehrerin hat mir den Sinn längst erklärt, und ausgerechnet anhand der Seitensprünge meines Vaters. Kleine Jungen, zumal wenn sie aufwachsen wie ich aufwuchs, sind niemals unschuldig.

Albert muß in den sauren Apfel beißen und zu Ehren eines so hohen Gastes wie des Commodore nach diplomatischen Gepflogenheiten ein Diner geben, auch wenn es sich um einen privaten Aufenthalt handelt. Wenigstens muß er kein offizielles Festessen veranstalten, wozu der unvermeidliche Tang Kiao mit seinen Tigerfellen gehört hätte. Es wird also ein Essen im intimen Kreis, die Herren erscheinen im Smoking, die Damen im Abendkleid, in China das Minimum an Toilette. Anne Marie trägt ein Kleid aus himmlischer Seide, federleicht mit eingestickten Blumen, das sie in einer Anwandlung von Frühlingsgefühlen selbst genäht hat. Anstatt Cocktails gibt es Champagner. Die unerläßlichen Tischkärtchen hat Albert mit eigener Hand beschriftet. Anne Marie hat sich in der Ausschmückung des Speisezimmers und der Köstlichkeit der Gerichte selbst übertroffen. Die Speisenkarten in silbernen Haltern führen zwölf Gänge und sechs verschiedene Weine auf. Trotz alledem fühlt man sich wie bei einer Beerdigung. Die Münder kauen kaum, sprechen gar nicht. Leichenbittermienen. Albert gibt sich größte Mühe, eine Unterhaltung in Schwung zu bringen, sie versandet immer wieder in bedrückendem Schweigen. Um die Tafel sitzen der Commodore als Ehrengast, der bleicher ist denn je, den Kopf besonders hoch trägt und seine Teilnahmslosigkeit nur durch ein paar einsilbige Komplimente durchbricht; der Konsul von England, der in seinen Abendpumps noch kleiner ist als sonst und die kurzen Lobsprüche des Commodore durch ein gelegentliches bellendes »well, well« anreichert, wobei er Seine Gnaden anblickt, um festzustellen, ob er vielleicht etwas Dummes gesagt habe. Ferner ist der japanische Konsul anwesend, der kein Wort spricht, hingegen in gänzlich unpassenden Momenten in erdstoßartiges Lachen ausbricht, seine Art, tiefstes Wohlbehagen und unendliches Vergnügen auszudrücken. Seine Gattin, die in der Landestracht erschienen ist, muß wegen ihres Obi, dieses Kissens, das auf ihrem Rücken einen blühenden Auswuchs bildet, an der äußersten Stuhlkante sitzen. Sooft ihr häßlicher Ehemann sein Lachen ausstößt, neigt sie das entzückende Köpfchen mit dem hochgetürmten Haarputz in einer Verbeugung vor der ganzen Gesellschaft. Nie verliert sie dabei das Gleichgewicht. Auch der Konsul der Vereinigten Staaten ist da, pausbäckig und dickbäuchig, ein Schulmeistertyp. Dieser Whiskyschlauch ist zur Zeit fast völlig ausgetrocknet, dank des scharfen Auges seiner Gattin, einer dürren Hopfenstange mit Brille und spitzer Nase, die typische reizlose Amerikanerin. Ihn selbst stürzt die erzwungene Enthaltsamkeit in feierlichen Trübsinn: ein feister Trauerkloß. Ferner sind die wenigen besseren Franzosen der Kolonie von Yünnanfu nebst Gattinnen erschienen und verkneifen sich ihr polterndes Lachen und die groben Späße, die sie schon auf der Zunge haben, denn Alberts eisiger Blick hält sie in Schach. Schließlich ist noch eine sehr elegante Dame aus Hanoi da, die anmutig plaudert und sich höchlichst wundert, daß ihre geistvollen Bemerkungen nicht nur kein Echo finden, sondern vor allem, daß Albert, dieser Undankbare, sie nicht einmal mit verschmitztem Lächeln quittiert.

Die ganze Atmosphäte ist durch die Anwesenheit des Commodore wie erstarrt. Der noble Brite taut nur auf, um Anne Marie mit Aussprüchen zu bedenken wie diesem:

»Ein köstlicher Fisch, und welche Mayonnaise!«

»Nein«, erwidert Anne Marie, »das ist weiße Butter, wie man sie in meiner Heimat zubereitet.«

Nach fünf Schweigeminuten eine weitere Bemerkung:

»Köstlich, dieser Weißwein. Eine herrliche Blume!«

Denn der Commodore kennt den Ausdruck »Blume«. Hier

beeilt sich Monsieur Bodard, in den Dialog einzugreifen und selbst ein wenig klugzuschnacken.

»Ach, nur ein kleiner Landwein. Ein Muscadet. Ich lasse ihn meiner Frau zuliebe kommen. Ein Wein aus ihren heimatlichen Gefilden. Er kommt direkt aus der Kellerei eines Mannes, der weitläufig mit Anne Marie verwandt ist.«

Neuerliche Stille. Albert ist innerlich wütend. Er spürt deutlich, daß der Engländer ihn verachtet, während er Madame Bodard ein wenig zuviel Bewunderung zollt. Und sein alter Groll gegen Albion meldet sich wieder. Er muß ihm Luft machen, und er geht mit heuchlerischer Biederkeit zu Werke. Er wendet sich mit ernsthaften Überlegungen an den Engländer:

»Exzellenz, ich glaube, angesichts der augenblicklichen Situation in China sollten England und Frankreich an einem Strang ziehen. Noch unlängst gab es zwischen unseren beiden Staaten, die doch Verbündete sind, kleine Schwierigkeiten. Es wäre Zeit, sich zu verständigen, nun, da in Kanton die Bolschewiken wüten. Unsere gemeinsamen Interessen sind soviel bedeutender als unsere kleinen Reibereien. Ich trinke auf die Freundschaft zwischen Frankreich und England. Ich trinke auf alle Länder, die hier so würdig vertreten sind, die an unserer Seite im Krieg gegen die Deutschen gekämpft haben.«

Toast. Alles erhebt sich, alles nimmt die Plätze wieder ein. Und das Schweigen kehrt zurück. Der Commodore nimmt sich Zeit, um aus seinen Wolken herabzusteigen, dann reißt er den Kopf mit einem knappen Ruck zu Albert herum.

»Ich glaube, Herr Konsul, Sie wollen darauf hinaus, daß wir Sie die französische Eisenbahn zwischen Yünnanfu und Tschengtu bauen lassen sollen. Aber soviel mir bekannt ist, mir als einfachem Seemann, der dann und wann eine Kopie der Berichte unserer Agenten in China zu sehen bekommt, haben wir die Franzosen niemals und in keiner Weise bei ihrem Projekt behindert.«

Alberts Argwohn verstärkt sich. Sofort erklärt er honigsüß:

»Das weiß ich nur zu gut. Ich kann in dieser Sache den guten Willen Ihres Landes bezeugen, *monsieur le commodore*, denn ich bin seit über zwanzig Jahren mit dieser Eisenbahnlinie befaßt... aber ja, ich habe bereits 1902 in Tschengtu die Sache eingeleitet.

Diese verflixten Chinesen verstehen sich darauf, einem immer durch die Finger zu schlüpfen ... Von Zeit zu Zeit muß man sich durch eine militärische Intervention Respekt verschaffen. So war ich Augenzeuge der Besetzung Tibets durch Ihre Armee ... so gut wie Augenzeuge.«

Schweigen. Anne Marie, die ihren Albert genau kennt, ahnt bereits, daß er nicht nur ein Bravourstückchen zum besten geben will. Daß er zu einem Bericht ansetzt, der dem Engländer einen Seitenhieb an irgendeiner empfindlichen Stelle verpassen wird. Alberts Rache. Selbstverständlich beginnt er mit einer Lobeshymne:

»Was für eine Großtat der britischen Einheiten, das Dach der Welt zu besetzen! Eine ungeheure Leistung, Soldaten, Offiziere, Waffen und Gerät bis zu diesem Hochplateau zu schaffen, dieser Mondlandschaft. Weit und breit nichts als Felsgeröll, ein Aufstieg von fünf- bis sechstausend Metern, bald eisig kalt, bald höllisch heiß, hinweg über verendete Karawanen, deren Gerippe die einzigen Wegweiser bilden. Ich sah Ihre Soldaten nach Ta-tsien Lu vorrücken, dem eigentlichen Tor Chinas nach Tibet. Ah, man kann wohl sagen, daß Sie den Dalai Lama nicht im Stich ließen, als er Sie bei seiner Revolte gegen den Sohn des Himmels zu Hilfe rief! Ich war damals in Tschengtu, und ich darf Ihnen versichern, daß die Chinesen das gar nicht gern sahen. Nicht nur, weil sie Tibet verloren, sondern weil sie eine Invasion ihres eigenen Landes durch die britischen Truppen und die Infiltration Ihrer tibetanischen Agenten in die grenznahen Gebiete fürchteten. Das Zentrum dieses chinesischen Widerstandes war in Ta-tsien Lu. Also ging ich hin. Was mir die Verdienstmedaille der Geographischen Gesellschaft eintrug. Es war auch beinah eine Forschungsexpedition.«

Schweigen. Der Commodore zeigt keine Reaktion. Anne Marie ist verstimmt. Die übrige Tischrunde scheint nicht leidenschaftlich interessiert zu sein. Der Engländer ist genauso umwölkt wie der Himalaya. Sein Konsul hat sich sozusagen unterm Tisch verkrochen. Der Japaner stößt gewaltige Lachsalven aus. Seine Frau wiegt sich mit der Regelmäßigkeit eines Uhrwerks vor und zurück. Einzig der Amerikaner, der endlich doch zu Schluck gekommen ist, ruft Albert zu:

»Nur weiter, *fellow!* Erzählen Sie uns, wie Sie ganz allein den Briten Saures gegeben haben!«

Die elegante Dame aus Hanoi gluckst leise. Albert stürzt sich in seinen Reisebericht, den er später in Form schwungvoller Zeitungsartikel in *L'Ere nouvelle* veröffentlichte, dem Blatt der berühmten Genfer Frauenrechtlerin Louise Weiss.

Alberts Reise war tatsächlich ein märchenhaftes Abenteuer gewesen. Der Vizekönig von Szetschuan hatte ihm eine Eskorte wie für einen hohen Würdenträger mitgegeben. Einen Tragsessel mit den Farben des Mandarins. Vier Garnituren Kulis, die einander ablösten. Maultiere nebst Treibern für sein Gepäck. Für seine Sicherheit sorgten hundert Soldaten mit ihren Offizieren, alle streng nach japanischem Muster ausgebildet, und ein standartenschwingender Herold verkündete, daß dieser erlauchten Prozession Platz zu machen sei. Denn auf dem Weg nach Tatsien Lu zog eine ganze chinesische Armee, die beste Armee. Sie marschierte auf diese Stadt zu, um sie notfalls gegen die Engländer zu verteidigen. Im damaligen China waren Modernstes und Althergebrachtes dicht beieinander zu sehen. Arme abgezehrte Rücken, die furchtbare Lasten, Granaten und Säcke voll Reis schleppten, Maultiere, denen man noch erdrückendere Frachten aufgepackt hatte, vor allem Teile nagelneuer zerlegter Geschütze, die erst vor kurzem bei den besten britischen Firmen von Schanghai erworben waren. Welches Gewühl, welche Heersäule! Und was für einen langen Marsch hatte sie bereits hinter sich! Die chinesischen Truppen machten einen guten Eindruck, die Ausrüstung war neu, die Offiziere tummelten ihre Pferde – ein scharfer Kontrast zu den Lumpen der Lastenkulis und den schwärenden Wunden der Tragtiere. Der Durchzug dauerte Tag und Nacht. Manchmal sah man in der Dunkelheit nur noch Münder, die ihren Hunger stillten, und dann den erschöpften Schlaf aller dieser Menschen und Tiere.

Albert Bodard hingegen reiste höchst komfortabel. Er war ein großer Herr. Sobald sein Herold auftauchte, drückten sich Mensch und Tier mitsamt ihren Bürden, ihren Gewehren und Geschützteilen schleunigst an den Wegrand, wenn dort nicht gerade ein Abgrund gähnte. Der Weg war die kaiserliche Straße von China nach Tibet. Eine Straße, die eine einzige Treppe war. In einem fort Fluchten von zehn- oder fünfzehntausend Stufen bergan und zehn- oder fünfzehntausend Stufen bergab. Die Gebirge wurden immer höher. Schon erreichten die Gipfel fünf- bis sechstausend Meter, die Pässe hingen hoch über der Welt, im Reich des Übernatürlichen. Zum Glück bestanden die Ketten, die endlos, ewig aufeinanderfolgten, aus riesigen parallel laufenden Höhenrippen mit relativ sanften Hängen, und in den Mulden flossen stählern blitzende Wildbäche. Mein Vater zog an Rhododendren und Lilien mit Stämmen wie Tempelsäulen entlang, an duftenden Grasflächen, schließlich an Schnee- und Eisfeldern. Manchmal galt es, unheimliche, gefährliche Stellen zu passieren, wo die Straße sich wand wie ein Darm, manchmal ging es an Seen vorbei, die wie Smaragde schimmerten. Hier und dort ein Lamakloster mit seinem Stupa, dem Gebetsturm. Dann vernahm man den heiligen Ton »Om« aus drei Meter langen Posaunen und aus Hörnern, die von sagenhaften Tieren der höchsten Gipfel der Erde stammten. Gebetsmühlen, die von der Strömung der Eäche betrieben wurden. Tausende von Bonzen mit ihren weisen Äbten, die meinem Vater ihren Segen und Gastfreundschaft für die Nacht gewährten. Da er kein Eingeweihter war, sah er keinen der Dämonen, von denen der Generalstaatsanwalt von Hanoi so viel hielt. Er wärmte sich bloß ganz prosaisch an einem Ofen. Übrigens hätte man den Herrn Konsul für einen Bären halten können, so sehr war er mit Pelzen vermummt.

Ta-tsien Lu. Eine Stadt am Zugang zu einem Taleinschnitt, der quer durch das Dach der Welt verläuft. Die wichtigste Stadt im Bereich der tibetanischen Grenze besteht zu etwa gleichen Teilen aus chinesischen Yamen und aus jenen seltsamen, terrassenartig aufgestockten Behausungen, die rein tibetanisch sind. Auch hier gab es einen chinesischen Vizekönig, der mit der höchst delikaten Situation befaßt war, die sich aus dem Näherrücken der Engländer und ihren Intrigen ergab. Ein rauher Mann, ein Kriegsmann, der jedoch meinen Vater mit großer Herzlichkeit empfing. In diesem gottverlassenen und wilden Winkel der Erde repräsentierte er sogar die westliche Zivilisation, denn er hatte in Europa studiert. Der Vizekönig brachte den Herrn Konsul im schönsten Palast der Stadt unter. Es war der Palast einer kleinen tibetanischen Königin, die einen lebenden Buddha zum Geliebten hatte.

Es war unerläßlich, daß der Konsul dieser Dame ein Geschenk machte. Ihre Gesellschafterin gab ihm einen Tip:

»Die Prinzessin wünscht sich Frotteehandtücher. Alle anderen europäischen Artikel, von Uhren bis zum Fliegenpapier, hat sie bereits, das alles brachten Karawanen hierher. Nur an Badetüchern fehlt es ihr.«

Also trennte sich der sonst so pingelige Albert von seiner Badewäsche und verehrte sie dieser Königin, die sich noch nie im Leben gewaschen hatte. Doch der britische Vizekonsul ersetzte ihm ritterlicherweise den Verlust. Es gab nämlich in diesem von den Engländern bedrohten Ta-tsien Lu einen englischen Vizekonsul, der von den Chinesen äußerst gut behandelt wurde. Seine Aufgabe bestand darin, alle nichtbritischen Weißen am Betreten Tibets zu hindern, das Seine Allerhöchste Majestät sich anzueignen wünschte. Und nebenbei war er bestimmt ein wenig oder sogar recht emsig für den Intelligence Service tätig. Das Resultat seiner Bemühungen war auf dem Hauptplatz der Stadt zu besichtigen, wo an die hundert abgehäutete, aber noch lebende Menschen angekettet waren, Leiber, die nur noch aus rotem Fleisch bestanden. Die chinesischen Henker verstanden sich angeblich auf ein Verfahren, das darin bestand, daß sie zunächst einen einzigen Hautstreifen lösten und dann so geschickt und behutsam daran zogen, daß sie ihr Opfer in einem Stück abbalgten. Diese Gefolterten waren schlicht und einfach tibetanische Agenten dieses britischen Vizekonsuls, den ihr Geschick in keiner Weise zu berühren schien. Denn er war viel zu sehr damit beschäftigt, sich zu amüsieren, und in eben diesem Zusammenhang schoß der Herr Konsul von Frankreich seinen Giftpfeil auf den hochmütigen, den mehr als hochmütigen britischen Commodore ab.

»Stellen Sie sich vor, dieser Vizekonsul, dem doch so wichtige Funktionen anvertraut waren, ein Mister Lewis King, leistete sich eine völlig indiskutable Affäre. Er war ganz unsinnig verliebt. Und in wen? In eine junge Schönheit, deren bestickte Gewänder voll Ungeziefer und deren Haare mit ranziger Butter gesalbt waren. Ein Mädchen mit runden, feisten Wangen und solchen Fettpolstern, daß man die Körperformen nur noch ahnen konnte. Ein Klumpen, und noch dazu ein stinkender. Kurzum, eine Tibetanerin. Und nun kommt das Unglaublichste ... dieser Vizekonsul, der vielleicht weit meht war als nur ein Vizekonsul, auf dem in dieser höchst gespannten Situation die Verantwortung für die Beziehungen zwischen Engländern und Chinesen lastete – dieser Mann hatte nur eine Leidenschaft, nur einen Gedanken, nur ein Ziel: er wollte dieses Mädchen heiraten. Er ging so weit, beim Foreign Office um die Genehmigung einzugeben. Er wurde abberufen, und ich fürchte, denn ich hatte diesen Gentleman, der so reizend zu mir war, aufrichtig gern, daß es mit seiner Karriere ein für allemal vorbei war. Jedenfalls habe ich nie wieder etwas über ihn gehört.«

Meinem Vater war der Knalleffekt am Ende seiner langatmigen Ausführungen voll gelungen: der Commodore war jetzt nicht mehr nur leichenblaß, sondern am Boden zerstört. Ganz zu schweigen vom Konsul von England, von dem kaum noch etwas über dem Tisch zu sehen war. Unstreitig hatte Albert mit geheuchelter Arglosigkeit den nicht wiedergutzumachenden Affront begangen: die öffentliche Schilderung des unfaßbarsten, des schockierendsten, ja schimpflichsten Tuns, das sich ein Mensch im Dienst Seiner Majestät zuschulden kommen lassen kann, nämlich daß er die britische Krone besudelte, indem er sich soweit vergaß, eine Verbindung mit einer Eingeborenen eingehen zu wollen. Versteht sich, daß Anne Marie wütend war, daß der Japaner lachte, um zu zeigen, daß er nichts verstanden habe, während der betrunkene Amerikaner ungeachtet der Ermahnungen seiner Gattin sich krümmte vor Heiterkeit und ein übers andere Mal rief: »*Fantastic*, *fantastic*.« Die ansäßigen Franzosen stießen einander mit den Ellbogen an und hatten Mühe, nicht laut herauszuplatzen. Und die Dame aus Hanoi, die wie alle Französinnen Indochinas den Eurasierinnen und Annamitinnen, die ihnen Konkurrenz machen konnten, spinnefeind war, setzte ihre angewidertste Miene auf und sagte:

»Dieser arme Konsul war verrückt. Dabei hatte er, nach allem, was Sie uns berichteten, nicht einmal die Ausrede, mit dem Bambusrohr eins über den Kopf gekriegt zu haben. Ach, wenn nur unsere Behörden in Indochina ebenso energisch wären ...«

Der Commodore schwebt weit, sehr hoch über dieser Szene, die er deutlich als geschmacklos empfindet. Um sich zu distanzieren, reckt er den Kopf, als wollte er sich jeden Augenblick in die Lüfte schwingen und wahrt von nun an diese Haltung, diese völlige Uninteressiertheit, englischer Ausdruck einer Verurteilung, gegen die es keine Berufung gibt. Der Amerikaner hingegen, in dessen Wanst inzwischen eine ganze Batterie von Flaschen aus dem Konsulatskeller verschwunden ist und der einem Schlaganfall nahe scheint, klatscht sich begeistert auf die Schenkel, lümmelt sich weit über den Tisch und brüllt:

»Ah, *monsieur le consul!* Sie haben im Alleingang die Indienarmee aus China vertrieben!«

Albert wird von plötzlicher Bescheidenheit befallen:

»Mein lieber Kollege, wir wollen nicht übertreiben. Gewiß, ich habe nach meiner Rückkehr nach Tschengtu einen sehr ausführlichen Bericht an unser Außenministerium geschickt, wo er ausnahmsweise nicht im Papierkorb landete. Mag sein, daß diese von mir gelieferten Informationen die höchsten diplomatischen Stellen Frankreichs veranlaßt haben, sich in dieser Sache mit dem Foreign Office in Verbindung zu setzen. Aber das ist nur eine Vermutung meinerseits. Allerdings muß ich zugeben, daß die britischen Truppen ein paar Jahre danach aus Tibet abgezogen wurden.«

Der Commodore bleibt taub und blind wie eine Salzsäule. Eine Salzsäule, die den Salatblättern aus Anne Maries Garten zuspricht. Echtem französischem Kopfsalat. Albert hat, als guter Konsul, das Gefühl, daß er die Atmosphäre entspannen muß. Also macht er sich daran, seinen Diplomatentrip zu einer amüsanten Odyssee umzumodeln.

»Unglaublich, in welchem Formalismus China zu jener Zeit steckte! Ich verursachte, ohne es auch nur zu ahnen, den Tod eines Mannes, den ich sehr gern hatte, wegen eines geringfügigen Verstoßes gegen die Etikette. Der Vizekönig hatte mich in Ta-tsien Lu wie einen Fürsten behandelt. Bei meiner Abreise überschüttete er mich, zum Zeichen, wie sehr er mein Scheiden bedauere, mit kostbaren Geschenken und befahl der Bevölkerung, zahllose Knallfrösche loszulassen. Die Hauptgasse der Stadt war mit den roten Überresten besät. Sobald ich wieder in Tschengtu zurück war, veranlaßt mich die elementarste Höflichkeit, meine unendliche Dankbarkeit durch ein erlesenes Gegengeschenk auszudrücken. Meine Wahl fiel auf einen sehr schönen antiken Tragsessel. Ich ließ ihn durch einen Lama überbringen, mit dem ich die chinesische Kunst und Poesie studierte. Ich verfaßte über dieses Thema übrigens einige Abhandlungen, die nicht veröffentlicht wurden, insonderheit eine Geschichte der berühmtesten Maler aller Dynastien von den Han bis zu den Tsing. Dieser Lama, mein geistiger Lehrmeister, reiste also nach Ta-tsien Lu ab, um den Tragsessel dorthin zu bringen. Monate vergingen, ohne daß ich von der chinesischen Exzellenz irgendeine Dankesbezeigung erhielt. Eine ganz und gar unbegreifliche Mißachtung der himmlischen Höflichkeit. Endlich stellte sich ein Gelehrter mit einem versiegelten Schreiben des Vizekönigs von Ta-tsien Lu bei mir ein. Ich erbrach das Siegel und las folgendes Handschreiben: ›Ich danke Euch hundertmillionenmal für Euer unvergleichliches Geschenk. Meine Dankbarkeit wird zehnmal zehntausend Jahre überdauern. Leider hat sich ein unliebsamer Vorfall ereignet. Euer Lama ist, in dem mir zugedachten Tragsessel sitzend, in meine Stadt gekommen. Nun war dieser Sessel mit grüner Farbe lackiert, der Farbe der großen Mandarine, eine Aufmerksamkeit, die ich besonders zu schätzen weiß, nicht mit dem Blau der gewöhnlichen Leute. Indem Euer Lama seine nichtswürdige Person in diesem grünen Tragsessel befördern ließ, beging er das Verbrechen einer Majestätsbeleidigung. Er hat den Kaiser beleidigt, denn ich bin dessen Emanation. Folglich verurteilte ich ihn für diese schändliche Profanierung, an der Euch, wie ich weiß, keine Schuld trifft, zum langsamen Tode.‹ Soweit das Schreiben. Zunächst empfand ich Schmerz und Reue wegen dieses Todes und dieser Folterung, dann jedoch überlegte ich, daß dieser Lama, der es hätte besser wissen müssen, recht leichtfertig gehandelt habe und daß ich ihn zu Unrecht für einen Weisen hielt. Also nahm ich mir einen neuen Lehrer, einen fast hundertjährigen Ziegenbart. Er war häßlich wie eine Mumie und salbungsvoll bis zur Unerträglichkeit, aber er hat mich wirklich gelehrt, was das Reich des Himmels war.«

Dieser letzte Teil erntet einen gewissen Erfolg, mehr jedoch nicht. In Yünnanfu ist man blasiert. Bei den Erdbeeren indessen, die ebenfalls aus unserem Garten stammen, neigt der Commodore ein wenig den Kopf und säuselt Anne Marie ein Kompliment zu, mit einer Stimme, als lutschte er ein rosa Bonbon, auch dies in England ein typisches Merkmal aristokratischer Aussprache.

»Seit Jahren habe ich keine so köstlichen Erdbeeren mehr gekostet. Die Erdbeeren, die man in Simla oder in Darjeeling bekommt, haben im Vergleich zu diesen überhaupt keinen Geschmack.«

Diese Worte bedeuten den Friedensschluß. Im Salon, wo Cognac und Liköre gereicht werden, herrscht kleine beschwipste Jovialität. Sogar der Commodore hat eine leichte Schlagseite, als stünde er an Bord seines vom Monsun erfaßten Schlachtschiffs. Aber er steht nur an Anne Maries Seite, ohne ein Wort, ohne einen sprechenden Gesichtsausdruck. So endet dieser schöne Abend in herzlichem Einvernehmen.

Noch ein paar Tage lang begleitet Anne Marie den Commodore auf seinen Ausritten. Ich bin immer dabei. Machen sie Anstalten, einander näherzukommen, ausführlicher miteinander zu sprechen? Ich glaube nicht. Wendet Anne Marie leise abwehrend den Kopf zur Seite? Gehörte auch der Commodore zu jenen Anwärtern auf ihre Gunst, von denen sie mir später sprechen sollte? Ich habe nichts bemerkt. Dann kam der Tag, an dem der Commodore den Zug bestieg, um nach Hanoi und nach Indien zurückzureisen. Auf dem Bahnsteig hat sich das konsularische Korps von Yünnanfu zu seiner Verabschiedung eingefunden. Monsieur und Madame Bodard sowie meine Wenigkeit nehmen ebenfalls an dieser Freundschaftskundgebung teil. Albert wechselt einen herzlichen Händedruck mit dem Commodore. Der Engländer küßt Anne Marie die Hand. Alles ganz formvollendet. Nichts von französischem Überschwang. Die gute britannische Kühle. Dann ist der Zug abgefahren, der Commodore entschwunden, und alle Konsuln kehren in ihre Konsulate zurück.

Im französischen Konsulat beginnt der Schweigekrieg. Das heißt, Albert verleiht seiner Mißbilligung Ausdruck, indem er sie für sich behält. Er ist Märtyrer und lebender Vorwurf zugleich. Er pflegt sein leidendes Aussehen so sehr, daß er eine Gelbsucht auszubrüten scheint. Er hat sich in sein Büro eingeschlossen, aber nicht einmal dort brüllt er herum, sondern macht seinen Untergebenen mit von Schmerzen erstickter Stimme ungerechte und halb wahnsinnige Vorhaltungen. Er arbeitet wie ein Berserker, als fände er in seiner Hingebung an Frankreich seinen einzigen Trost. Er läßt sich nur noch bei Tisch sehen, wo er die Miene eines Mannes aufsetzt, der sich, wiewohl von Migräne gepeinigt, jedes Mitgefühl verbittet. Seine Haltung ist bewundernswert. Er schaufelt ein paar Bissen ein, schiebt dann den noch zu drei Vierteln gefüllten Teller brüsk von sich, und wenn ein Boy irgendeinen unverzeihlichen Fehler macht, schilt er ihn nicht aus, sondern wirft ihm einen gequälten Blick zu. Schließlich schleudert er die Serviette auf den Tisch, steht auf und geht.

Dieses ganze Gehabe stört Anne Marie nicht im geringsten. Für sie ist das nur eine plumpe Farce. Sie ist im Grunde ganz froh darüber, daß sie mit ihrem Herrn Gemahl nicht mehr sprechen muß. Sie ist heiter, ruhig, ausgeglichen, offenbar fest entschlossen, Alberts Manöver zu ignorieren. Sie genießt ausführlich jedes Gericht, kaut langsam, als wollte sie den Genuß verlängern. Wenn Albert eine Speise ablehnt, bedient sie sich ein zweites Mal und fragt mich (denn sie spricht mit mir, als wäre nichts geschehen):

»Möchtest du noch ein bißchen mehr, Lucien? Es ist köstlich.«

Wenn es mir wirklich schmeckt, wenn es sich nicht gerade um Spinat, Karotten oder halbgares Fleisch handelt, nehme ich mir herzhaft nach. Ich erfreue mich eines guten Appetits. Außerdem ist dies eine neue Möglichkeit, mich mit Anne Marie solidarisch zu erklären. So geht es mehrere Tage, bis Albert schließlich nicht etwa explodiert, wie ich es erwartet hatte, sondern kläglich wie ein geprügelter Hund zu seiner Frau sagt:

»Sie überraschen mich, Anne Marie. Ich hätte nicht geglaubt ...«

Anne Marie unterbricht ihn mit zwitschernder Stimme:

»Sie machen sich unnütz Gedanken, mein Lieber. Es ist nichts gewesen. Es konnte gar nichts sein. Ich habe nur den Gesetzen der Gastfreundschaft gehorcht, weil ich Ihre Frau bin.«

Zwischen Alberts Brauen hat sich eine Falte gebildet, die Falte tiefen Nachdenkens.

»Aber dieser Mann ist Engländer, Adeliger und Marineoffizier dazu. Er hat alles, um Ihnen zu gefallen. Ich erinnere mich, als wir in Szetschuan, in Tschungking waren, haben Sie die Gesellschaft der Marineoffiziere sehr genossen, selbst wenn sie bedauerlicherweise nur Franzosen waren.«

Anne Marie erwidert nur:

»Was mir an ihnen gefällt, ist ihre zurückhaltende Art.«

Damit ist die häusliche Szene beendet, Albert ist gezähmt, ohne daß Anne Marie deshalb Triumphgefühle empfindet. Der tägliche Trott setzt wieder ein.

Damals war ich ein wenig beunruhigt, faßte aber nicht eigentlich Verdacht. Heute bin ich sicher, daß der Commodore zu den drei, vier Männern gehörte, die Anne Marie hatten entführen wollen, immer mit dem gleichen Argument: »Sie passen nicht zu Ihrem Mann.« Albert hatte dies sicherlich erraten, und seine Bemerkung über die Marineoffiziere traf ins Schwarze. Man mußte schon Anne Maries Seelenstärke besitzen, um diesen Schlag ungerührt einzustecken.

Ganz so klar war die Sache nämlich nicht. In Tschengtu gab es keine Marine, denn der Minh war für Patrouillenboote nicht schiffbar. In Tschungking jedoch war Anne Marie nach meiner Geburt, nach einer sehr schmerzvollen Entbindung, die sie in ihrem Fleisch verletzt und ihren Widerwillen gegen den Ehemann noch verstärkt hatte, eine sehr junge, einsame, unerfahrene Frau, die von den Marineoffizieren mit grenzenlosem Respekt behandelt wurde. Denn dort, in diesem Hafen des Yangtsekiang, auf dem Bergsporn, der sich in die tosenden Wasser schiebt, befand sich der große vorgeschobene Stützpunkt der französischen Flottille des Großen Stroms. Es waren immer die besten Absolventen der Marineschule, die sich auf die Kanonenboote in China versetzen ließen, diese Boote, die Seifenschachteln oder Waschtrögen glichen. Als Kind und selbst noch als Halbwüchsiger hörte ich immer wieder die Namen dieser Männer, denn die jungen Offiziere, die damals Anne Maries einzige annehmbare Gesellschaft bildeten, wurden fast alle Admirale. Viele von ihnen gehörten zur Admiralsclique der Vichy-Regierung.

Ich hatte sie gesehen, als wir Szetschuan endgültig verließen. Von Tschengtu waren wir nach Tschungking gereist, wo meine Eltern und ich ein paar Tage geblieben waren. Vor der chinesischen Stadt auf der anderen Seite des Yangtsekiang, dessen Wasser vor dem Eingang zu den Stromschnellen schon stark anschwellen, sah man die prächtige Reede der Flottille. Die ganze Anlage hieß Odent-Kaserne. In Erinnerung blieb mir eine mehr als dreißig Meter hohe majestätische Treppe, die man bei Niedrigwasser fast zur Gänze ersteigen mußte, von der jedoch während des Monsuns nur zwei bis drei Stufen freilagen. Hier ankerten die schäbig aussehenden Schiffe. Man ging unter einem monumentalen Torbogen hindurch, der von zwei Steinlöwen flankiert und von mehreren geschweiften chinesischen Dächern gekrönt war – schwarz lackierten und mit verschlungenen himmlischen Ornamenten verzierten Dächern. Man konnte jedoch in diesem Durcheinander einen Schiffsanker und eine Statuette des gallischen Hahns unterscheiden, der einem abgezehrten Stück Federvieh glich, dem Sphinxvogel auf einem Ahnenaltar.

Das war das einzig Chinesische, denn die Odent-Kaserne hätte sich im übrigen genausogut in Brest oder Toulon befinden können. Eine nach militärischen und besonders seemännischen Begriffen sehr schöne Anlage: sämtliches Zubehör komplett vorhanden, der ganze Betrieb von erschreckender Sauberkeit, und Offiziere, die vor lauter Korrektheit zu menschlichen Nullen geworden sind, deren Uniformen und Körper so steif und glatt sind, als hätte man den letzten Funken Leben aus ihnen herausgeplättet. Ihre Bügelfalten halten sie aufrecht, scheinen sich bis in ihre Seelen fortzusetzen und, zumindest symbolisch, bis in ihre Gesichter, die außer einer fast unwirklichen Höflichkeit nichts zum Ausdruck bringen. Und vor allem bieten sie keine Angriffspunkte. Alle haben sie die gleichen jungen, schönen, regelmäßigen, länglichen Gesichter, die so verwundbar scheinen und doch so unerbittlich sind. Lächeln und Bewegungen zeugen für ihre gute Erziehung, über ihre Züge huschen nicht einmal jene Ticks, wie sie für die anderen doch gleichfalls hochadeligen Offiziere typisch sind, für die Kavalleristen zum Beispiel, die mit sparsamsten Mitteln jede Art von Gewalttätigkeit, von Wut, von Heldentum und Laster ausdrücken können. Was für Galgenvögel mit vornehmen Namen bei diesen Absolventen des *cadre noir!* Bei den Seeleuten nichts dergleichen. Gesichter wie glatte Wasserspiegel, ohne jede Mimik. Die meisten haben eine falsch verstandene jesuitische Erziehung genossen, bei der die Tugend den Sieg davonträgt über die heiligmäßigen Schlaubergereien. Bei ihnen gibt es keine Saufnasen, keine Haudegen, keine Sünder, ausgenommen jene seltenen Exemplare, die in den Tropenhäfen, wo die Zeit stillsteht, opiumrauchend vor sich hinträumen. Sie haben eine unwahrscheinliche Begabung zur Phantasielosigkeit. Sie sind Mystiker, deren Mystizismus auf mittelmäßigen, spießigen Gefühlen beruht: Ordnung, Rangordnung und Gott. Das Diesseits ist ihnen fremd. China mit seinem Schmutz, seinem Gewimmel, seinem Aberglauben, seiner Götzendienerei ekelt sie an. Sie strahlen eine Art absoluter moralischer und körperlicher Sauberkeit aus, eine Leidenschaft für die Sauberkeit, und daneben, aber das sieht man nicht, besitzen sie eine eiserne Disziplin. Bei ihnen an Bord, geschieht alles auf ein paar heulende Pfiffe, ein paar kurze Signale hin. Für sie existiert nur die Welt ihrer Maschinen, ihrer Mannschaften, die lediglich Diener des Unabdingbaren sind. Die Turbinen, die Ankerplätze, die Manöver und der Service in der Offiziersmesse. Denn an Bord muß alles untadelig sein, jeder Handgriff muß von Schatten ausgeführt werden, die einander untergeordnet sind, wie in einer Kette, bis hin zu ihnen, den Offizieren, die ebenfalls völlig abstrakt sind, lebende Symbole der Befehlsgewalt. Ja, an Bord ist alles zu vollkommen, von den Kesseln bis zur Kombüse, bis zur Messe und zum Tafeltuch auf dem Offizierstisch. Einige Riten, gewollt banale Gespräche, kontrollierte Bewegungen, nichts Natürliches. Keine Exzesse, nicht einmal beim Trinken. Keine Besäufnisse, keine Feten, nur die steife Geselligkeit, wenn der Alte die Prominenz der Stadt zu einem langweiligen Bordball einlädt. Sie bleiben fast immer unter sich, Asketen trotz des Komforts, der gewissermaßen eine moralische Verpflichtung ist.

So leben sie also in totaler Unkenntnis nicht nur Chinas, sondern des Universums, der Welt, der Menschen, der Völker und selbst Frankreichs. Sie stellen sich die Erdkugel gern als eine Art Aktenschrank vor, in dem alles geordnet, alles an seinem Platz sein muß. So war ich denn später auch keineswegs überrascht, sie unter den Größen von Vichy wiederzufinden, und keineswegs erstaunt über die Versenkung ihrer Flotte bei Toulon.

Anne Marie erzählte mir, daß diese Marineoffiziere in Tschungking, als ich noch ein Baby war, so etwas wie menschliche Regungen für sie empfunden hätten. Schon damals waren ihr die *Royal Navy* und deren Offiziere lieber als alle französischen, amerikanischen und italienischen Einheiten in Tschungking. Sicher, auch sie verirrten sich selten in die Stadt, deren Gassen sie voll Abscheu als *narrow and dirty* bezeichneten. Aber sie hatten wenigstens Gesichter, Bäuche, Kehlen, sie besoffen sich, wie es sich für Gentlemen gehört, bis zum Rand des Erbrechens. Im übrigen waren sie gutmütige Burschen, sie luden die steifleinenen Franzosen auf ihre Kanonenboote ein, von denen eines *Bee* hieß, die Biene. Am Eingang zur Offiziersmesse stand in französischer Sprache, in eine Kupferplatte graviert, der schlichte Satz: »Der Alkohol tötet, aber die Bee fürchtet den Tod nicht.« Da mußten die Franzosen sich wohl oder übel mit Whisky volllaufen lassen, andernfalls heulten diese Satansbriten: *»Shame, shame on you.«* Diese braven Engländer retteten übrigens die schönste Einheit unserer Flottille, die *Doudard de Lagrée*, die sich in den Stromschnellen auf einen Felszacken gespießt hatte. Dschunken, die ein gutes Geschäft witterten, kamen durch die entfesselten Fluten heran, um ihre Dienste anzubieten, will heißen, auf gute chinesische Art zu verschachern. Zu einem haarsträubenden Preis, der wahrscheinlich den Wert des alten Kahns überstieg. Durch kräftiges Feilschen wurde der Tarif gedrückt, und man konnte sich der Chinesen und ihrer Wasserfahrzeuge bedienen. Ein paar nackte Chinesen höhlten sodann den Felsen, um die Dschunkenmaste wie Pfähle einzurammen. Nach den Erzählungen meiner Mutter muß die Szene einzigartig gewesen sein – diese Wasser, diese Schnellen, diese wahnwitzigen Strömungen, diese Sampans, die als Verankerung dienten, diese skelettartigen Chinesen, die in die Wirbel tauchten, das französische Schiff, das barst, brach, eine Welle riß das Vorderteil in die eine Richtung, eine Gegenwelle das Achterteil in die andere. Das dauerte vierzehn Tage, bis schließlich das englische Kanonenboot *Teal* aufkreuzte und die *Doudard de Lagrée* buchstäblich in letzter Minute rettete. Ich finde es erstaunlich, daß diese jungen Leutnants, Waffenbrüder der Engländer auf dem Yangtsekiang (denn alle hier vertretenen Flottenverbände kümmerten sich herzlich wenig um die Reibereien zwischen den Konsuln), einmal in vorgerücktem Alter und zu Amt und Würden gekommen, die Engländer während des Krieges so abgrundtief haßten. Aber ich glaube, daß die höheren Marineoffiziere aufgrund ihres Credos vorzeitig verkalken, während die berühmten Generale den Vorzug genießen, verrückt zu werden.

In ihrem in sich geschlossenen Universum brauchen die Marineoffiziere nur zwei Arten von Chinesen. Erstens einen Herrn im Talar, einen Hansdampf in allen Gassen, ihren Comprador, der für sie alle Botengänge erledigt, die Verhandlungen mit den himmlischen Handelsherren führt. Dadurch halten sie sich die Hände sauber. Und zum anderen einen chinesischen Lotsen, auch er im Talar, der die Schiffe durch die Stromengen des Yangtsekiang steuert. Ich habe einen dieser Lotsen beobachtet, als die Familie Bodard auf einem Kanonenboot von Tschungking nach Hankau reiste, in die große Handelsmetropole. Ich kletterte heimlich zu einer Luke hinauf und steckte den Kopf hinaus. Wir waren inmitten der Stromengen. Auf der Brücke standen nur der Kapitän, der Wachhabende und der europäische Steuermann. Der Fluß schien einen Abhang hinunterzuschießen, und die Strömungsgeschwindigkeit erreichte in der Tat sechzig Stundenkilometer. Aber es war kein geschlossenes und mächtiges Dahinströmen. Es war ein Wirbelsturm, der sich nicht vom Fleck zu rühren schien. Ein Schlachtfeld auf dem Grund der schwarzen, bodenlosen Schnelle, die sich in alle Richtungen wand. Schlacht der Wasser gegen die Felswände. Schlacht der Wasser gegen die wie Nadeln aufragenden Riffe oder gegen die noch gefährlicheren Hindernisse, die sich unter der Wasseroberfläche befanden: Steinplatten, Schotterbarren, scharfe Zacken. Und vor allem eine Schlacht der Wasser gegeneinander, der Strömungen, die sich beim Zusammenprall zu starren, oft mehr als meterhohen schaumgekrönten Wellen bäumen, oder einen Malstrom bilden, dessen Trichter einem tanzenden Kreisel gleicht. Alles bedeutet Gefahr, die Sandbänke, in denen man versinkt, die aus dem Flußgrund sprudelnden Quellen, die Krater bilden. Manchmal eine dunkle, ruhige Fläche, wo das Wasser plötzlich tief ist. In diesem Gewirr gegensätzlicher Kräfte wird der geringste Irrtum zum Verhängnis. Aber der himmlische Lotse täuscht sich nie. Oft ist es ein ehrwürdiger Greis. Er steht aufrecht, fast unbeweglich und bedient sich nur seiner Augen als Navigationsinstrumente. Der Fluß verändert sich fast stündlich, und der Unterschied der Wasserhöhe im Winter und im Sommer beträgt achtzig Meter. Aber der chinesische Lotse erkennt jede Gefahr an einer bestimmten Wasserfärbung, einem Kräuseln, einem Kringeln, einer winzigen Nuance. Er steht vor dem französischen Steuermann und bewegt dann und wann die rechte, dann und wann die linke Hand. Manchmal bewegt er auch beide Hände vor dem Rudergänger. So zeigt er ihm den Weg an. Wenn er fertig ist, legt er sich hin und zündet eine Opiumpfeife an. Er tritt höchstpersönlich nur bei den furchtbarsten Stromschnellen in Aktion, die seines »Gesichts« und seines Rufes würdig sind. Die anderen überläßt er verächtlich einer Nummer zwei, seinem Assistenten, seiner Hilfskraft. Er hat die Ruhe weg!

Die Stromengen, die wir auf diese Weise überwanden, trugen bizarre Namen: Gelbe Katze, Ochsenleber, Pferdelunge, Laternenlicht, Militärgesetzbuch und Hexenberg, der längste und geheimnisvollste Abgrund des Stroms. Ungeheuerlich der Lärm, die Geräusche der tosenden Wasser – das Brüllen einer Höllensymphonie. Man konnte kaum die Motoren hören.

Abgesehen vom Summen der Turbinen herrschte im Schiffsinneren eine dramatische Stille. Alle, Offiziere wie Matrosen, sind gespannt auf ihren Posten, lauschen angestrengt auf das Beben des Schiffsrumpfs und der Maschinen, sind erstarrt in Furcht vor einem auffälligen Geräusch. Jeder Nerv ist angespannt, jeder der Männer ist auf dem Sprung, einen kommenden Befehl auszuführen, die Turbinen hochzutreiben oder den Anker zu werfen. Aber diese Unruhe zeigt sich nicht offen. Die Mahlzeiten werden nach dem Marineritual von chinesischen Dienern serviert, die man nicht mit einer Nummer ruft, sondern mit Spitznamen wie »Monsieur César«, »Monsieur Bilboquet«, »Monsieur Briquet«. Die Spitznamen bleiben, nur die Leute, die sie tragen, wechseln häufig, denn sie betrachten ihren Job als eine Handelsware, die sie kaufen und wieder veräußern.

Unnötig zu sagen, daß Anne Marie und Albert die Würde in Person sind und daß die Offiziere es sich bei den Mahlzeiten nicht nehmen lassen, salonfähige Tischgespräche zu führen. Sie sprechen von ihren Vergnügungen. In erster Linie von der Jagd. Wenn alles ruhig ist, betreiben sie vom Schiff aus Entenjagd. Die Marine hat sogar ein kleines rotes Buch herausgegeben mit dem Titel: »Jagdführer zur Verwendung auf den französischen Kanonenbooten des Yangtsekiang.« Meist aber gehen sie auf Menschenjagd. Der Fluß wimmelt von Räubern und von Truppen, die auf jedes Schiff schießen. Was für ein Spaß, die Kanonen auf sie zu richten! Was für Abenteuer! Einmal haben zwei chinesische Armeen, die einander über den Fluß hinweg bombardierten, plötzlich wie auf Verabredung das stromabfahrende Kanonenboot als Zielscheibe genommen.

Wie gern hätte ich eine dieser Geschichten erlebt! Wie sehnlich wünschte ich, es möge doch ein Dampfer vorüberfahren, auf dem ein Mann eine schwarze Schiefertafel schwenkt mit der Kreideaufschrift: *»Firing miles three.«* Das hätte bedeutet, daß das Frachtschiff an dem bezeichneten Ort angegriffen worden war. Das Kanonenboot wäre sofort mit Volldampf darauf zugefahren und hätte Breitseiten auf ein leeres Ufer abgefeuert. Denn das höchste der Gefühle auf diesem glorreichen Kahn bestand darin, von der Mitte des Flusses aus die Geschütztürme landwärts zu schwenken und »Feuer« zu kommandieren.

Ja, diese Seeleute liebten zwar nicht China, aber sie liebten den Fluß, sie liebten die Missionare, die einzigen Weißen, die in ihren Augen bewundernswert waren. Ich erinnere mich, daß das Schiff vor einem weißen Gebäude anlegte und ein Pater die neuesten Nachrichten übermittelte: Räubergeschichten, Geschichten von Generalen und Geschichten von ihren eigenen Drangsalen, denn in diesen verworrenen Zeiten waren sie keinen Tag ihres Lebens und Ablebens sicher. Ich kannte diese Geschichten bis zum Überdruß, aber die Offiziere schluckten sie wie das heilige Sakrament.

Ich bin diesen Marineoffizieren dankbar, weil sie sich Anne Maries angenommen haben, und doch erzählte sie mir später, sie habe in Gegenwart dieser Männer den Eindruck gehabt, mit Schaufensterpuppen, mit Abbildungen aus einem Katalog zusammen zu sein. Ihnen fehlte, was der Commodore besaß, dieser Commodore, der unzugänglich wirkte und intensiv lebte. Anne

Marie brauchte Leben, sie, die an Alberts Seite einer toten Seele glich. Warum nur hat sie ihn nicht verlassen?

Aber hat Albert nicht, auf seine Art, auch ein wenig recht gehabt? War der Commodore wirklich nicht in dienstlichem Auftrag gekommen? Hat er nicht wenigstens anschließend in irgendeiner Form Rapport erstattet? Denn vierzehn Tage nach seiner Abreise wurde der englische Konsul in Tschengtu ganz unerwartet abgelöst.

Der Neue stinkt meilenweit nach Intelligence Service. Er macht übrigens auch kein Hehl daraus, daß er nicht nur in diplomatischer, sondern auch in geheimdienstlicher Mission gekommen ist. Der typische Agent. Keine Ehefrau, diese Art Männer ist nie verheiratet. Er hat Schweinsäuglein und Pausbacken, einen Mund wie eine Sparbüchse. Er ist ein Geheimschrank. Dabei dickbäuchig, in Hemdsärmeln, sehr ungepflegt, schmutziggelb, verwahrlost, die Haut, das Haar, der Schnurrbart und sogar die Sommersprossen. Ein unglaublicher Säufer, den jedoch eine Flasche Whisky, alle möglichen Schnäpse und Champagner nicht um den klaren Verstand bringen. Er trinkt unter dröhnendem Gelächter, ist von gefährlicher Lustigkeit, gibt sarkastische Bemerkungen von sich, die nie ihr Ziel verfehlen. Sein bohrender Blick scheint die Dummheit ans Licht zu bringen. Er fällt die Leute mit der absoluten Waffe, der Wahrheit. Kurz, er ist recht sympathisch, aber nicht nach Alberts Geschmack. Am meisten wurmt Monsieur Bodard, daß der andere im Gegensatz zu den übrigen Briten, die einen Chinesen bestenfalls mit der Feuerzange anfassen würden, nur vierzehn Tage gebraucht hat, um mit sämtlichen Generalen und Obersten von Yünnanfu gut Freund zu werden, ausgenommen Tang Kiao, der Privateigentum des Konsuls von Frankreich bleibt. Der Kerl entblödet sich nicht einmal, auf chinesische Art zu leben. Er ist Champion im Ex-Trinken, im Opiumrauchen und Napfspucken. Bald ist er über alles auf dem laufenden. Er weiß mehr als Albert der Große. Sogar die französische Kolonie vergöttert ihn. Ich vergaß zu erwähnen, daß er außer zahlreichen chinesischen Dialekten auch französisch spricht wie ein Pariser, ja sogar wie ein Pariser Gassenjunge. Er macht *jokes*, die manchmal sogar Monsieur Bodard als Zielscheibe haben und über die sich alle halbtot lachen. »Der«, so sagt man, »läßt wenigstens nicht dauernd die Exzellenz raushängen.« Auch seine Fähigkeit, mühe- und folgenlos Glas um Glas zu leeren, wird bestaunt, genau wie die Gabe, beim Poker ganz beiläufig Coup um Coup zu landen. Aber nie nimmt er sich Anne Marie gegenüber auch nur das geringste heraus, er schwingt sich bei ihr sogar zu einem leicht komisch wirkenden Handkuß auf. Ein toller Bursche! Man munkelt, im englischen Konsulat wimmle es von Boys, von Beaus, von niedlichen chinesischen Knäblein. Aber er schert sich einen Dreck um das Geschwätz ...

Albert versucht angestrengt, dem Engländer irgendeinen geistreichen Hieb zu versetzen. Er überlegt stundenlang in seinem Büro. Schließlich wird er fündig, und bei einem Essen, das er bald darauf für die Kolonialbeamten von Yünnanfu gibt, seufzt er voll moralischer Entrüstung:

»Nicht zu fassen, wozu die Engländer fähig sind. Sogar die Päderastie verwenden sie als diplomatische Waffe.«

Der Engländer kommt oft ins französische Konsulat, ganz ungeniert, er lädt sich selbst ein, er lacht meinem Vater ins Gesicht und trinkt seinen Wein. Albert kann noch so mißbilligend dreinblicken, der Bruder Lustig wird davon nur noch vergnügter. Albert versucht es nun mit List und Tücke. Eines Abends läßt er Wein und Champagner in solchen Mengen auffahren, daß der Spion-Konsul, wie er ihn nennt, unbedingt unter den Tisch fallen muß. Vergebliche Liebesmüh. Allenfalls glänzt das Auge des Engländers nur noch ein wenig spöttischer. An diesem Abend legt Albert die salbungsvolle Platte auf, er verpaßt dem britischen Konsul die gleichen Argumente wie seinerzeit dem Commodore, spricht von der gebieterischen Notwendigkeit einer echten englisch-französischen Entente, in diesem China, das auch nicht mehr ist wie das gute alte China von ehedem.

Da schlägt der sonnige Geheimagent Albert Bodard in makabrer Munterkeit auf die Schulter, blickt ihm fest in die Augen und versetzt schlankweg:

»Wenn die Franzosen glauben, unsere Schwierigkeiten in Kanton ausnützen zu können, um dort unten im trüben zu fischen, dann sind sie schiefgewickelt. Wenn sie hinter unserem Rücken Stunk machen, schneiden sie sich ins eigene Fleisch, denn sie sind Weiße wie wir und werden im Ernstfall mit uns über einen Kamm geschoren, ja, sie bringen sich mit ihren Anbiederungsversuchen nur vollends in Teufels Küche.«

Albert ist drauf und dran, ernstlich böse zu werden. Doch schon steht der Engländer auf und fängt an, jovialer denn je, französische Chansons zu trällern. Feuchten Auges singt er die Romanze vom verlornen Mägdelein, kräht sieghaft den »Artilleristen von Metz«, zwinkert schlüpfrig beim Sanitätsgefreiten und endet zu Ehren des Herrn Konsul von Frankreich mit den »Mädchen von La Rochelle«. Ein prächtiges Repertoire. Albert ist klug genug, in den Refrain einzufallen, und bei den »Mädchen von La Rochelle« übernimmt er die zweite Stimme.

»Bravo, die Herren Konsuln!« brüllen die stockbesoffenen französischen Gäste.

Albert, der ebenfalls so manches Liedlein kennt, vor allem von der schmalzigen Sorte, bringt nun seinerseits ein paar Couplets zu Gehör. Die Tischrunde grölt im Chor den Refrain. Anne Marie zieht sich nicht in ihr Schneckenhaus zurück, sondern hört lächelnd, mit einer an ihr ganz neuen Bereitwilligkeit zu. Dabei gibt es nichts, was sie mehr haßt, als diese schmetternde Fröhlichkeit, und sie hat Albert jahrelang um das Vergnügen gebracht, die Gäste beim Dessert mit seinen Schnulzen zu ergötzen. Aber diesmal spürt sie, daß dieses vulgäre Konzert in Wirklichkeit ein Diplomatenduell mit stumpfer Waffe ist und sie findet sogar, Albert habe ausnahmsweise Schlagfertigkeit bewiesen. Nur ich finde diesen Krach ausgesprochen empörend. Ich hasse diese billigen Belustigungen, in denen die ganze Mittelmäßigkeit der Leute zum Ausdruck kommt. Mein ganzes Leben lang sollte ich sie hassen.

Endlich verabschiedet sich der Engländer, der noch immer taufrisch wirkt. Behende schwingt er sich aufs Pferd und verschwindet im Galopp. Die französischen Gäste – die Herren veilchenblau, die Damen völlig zerzaust – zwängen sich in ihre Sänften, die von den Kulis nacheinander zur Auffahrt gebracht werden. Albert kriegt seine Leberattacke, dicke Schweißtropfen rinnen ihm über die Backen, er hält sich die Seiten und stöhnt: »Au, au, tut das weh.« Am nächsten Tag erscheint er gallegelb erst um vier Uhr nachmittags. Man hört ihn in seinem Büro den

Vizekonsul anschreien, dessen einzige Aufgabe darin besteht, als Prügelknabe zu dienen, als Zielscheibe für bissige Bemerkungen. Nachdem er auf diese Weise Dampf abgelassen hat, erscheint er zum Abendessen; er ist wieder einigermaßen auf dem Damm, zu seinem Glück, denn Anne Marie fährt sofort das schwere Geschütz auf:

»Dieser englische Konsul ist Ihnen vielleicht nicht sehr sympathisch, *mon ami*, aber ich glaube, gestern hat er Ihnen einen guten Rat gegeben. Er hat recht.«

Albert ist baff. Er wird grün, als rebellierte seine Leber aufs neue.

»Sie scheinen zu vergessen, daß Sie Französin sind, Anne Marie.«

Meine Mutter weiß genau, was sie sagen will, denn diesmal hat auch sie lange überlegt und ist zu dem Schluß gekommen, daß sie mit Albert sprechen und ihm den Wahnsinn seines Vorhabens klarmachen müsse. Das ist kein Geplänkel mehr, das ist blutiger Ernst. Ich sehe es an ihren Zügen, die klar und hart hervortreten, ohne jene Aura von Charme, Ironie oder Melancholie, die ihr sonst den Anstrich des Geheimnisvollen, des Verführerischen gibt. Über ihr schwebt kein Heiligenschein, wie man ihn manchmal hinter dem Haupt des rätselhaft lächelnden Buddha sieht. Jetzt ist alles an ihr wie aus Kristall geschnitten. Ihre Stimme ist ausdruckslos:

»Hören Sie, *mon ami*, zweimal schon haben Sie mein Leben und das Leben meines Kindes in Gefahr gebracht, zuerst in Tschengtu und dann hier, zu Beginn unseres Aufenthalts. Ein drittes Mal gehe ich solche Risiken nicht mehr ein. Ich reise ab nach Frankreich.«

Statt unter diesem Schlag zu wanken, ruft Albert ungestüm aus:

»Von nun an laufen Sie keinerlei Gefahr mehr, Anne Marie. Bedenken Sie doch, ich habe Tang Kiao und seine von uns ausgebildete Armee, ich habe meine alten Beziehungen zu Sun Yat-sen und die volle Unterstützung des Gouvernements Merlin, das nur drei Tagereisen mit der Bahn entfernt ist. Bei Gefahr schicke ich Sie und das Kind nach Hanoi. Aber ich bin meiner selbst und meiner Sache diesmal ganz sicher. Es kann und wird nichts schiefgehen.«

Anne Marie trägt ihre gelassene Miene zur Schau, hinter der sich ein unbeugsamer Wille verbirgt.

»Ich war darauf gefaßt, daß Sie mich mit diesen Argumenten trösten würden. Sie sind dabei, ein Netz zu weben und glauben, darin die Spinne zu sein, während Sie in Wirklichkeit die Fliege sein werden.«

»Ich wüßte nicht, wie das zugehen sollte.«

Doch Anne Marie macht sich nun mit unbeteiligtem Gesicht und neutraler Stimme daran, sein System auseinanderzunehmen.

»Sie zählen auf Tang Kiao. Tang Kiao ist Ihr Gott, und Sie merken nicht, daß er ein Unmensch ist, dessen Tage gezählt sind. Sie lassen sich von seinem Hochmut blenden. Er ist abgewirtschaftet, verachtet, verhaßt. In ganz China, ob in Kanton oder Peking, ist er der Inbegriff des Verräters. Woran übrigens Sie die Schuld tragen. Wenn er überall als der Mann gilt, der sich und Yünnan verkauft hat, so deshalb, weil Sie ihn kauften. Sie haben eine monumentale Dummheit begangen, als Sie ihn veranlaßten, die Unabhängigkeit der Provinz zu verkünden und somit in aller Augen derjenige zu werden, der das Vaterland zerstückelt hat. Selbst hier, in diesem gottverlassenen Winkel, der vom Wind des Nationalismus kaum berührt wird, macht es ihm das ganze Volk heimlich zum Vorwurf.«

Alberts Miene spannt sich. Er ist ungehalten. Am meisten erbost ihn, daß Anne Marie ihn, der sich für unfehlbar hält, eines groben Fehlers geziehen hat. Ich habe das Gefühl, einem Zweikampf beizuwohnen oder besser gesagt einer Exekution, denn Anne Marie hätte sich, das weiß ich, das fühle ich, das sehe ich, nicht in diesen Kampf gestürzt, wenn sie keine tödliche Waffe besäße. Albert ist bereits in die Verteidigung gedrängt:

»Aber, aber, Anne Marie, Sie werden doch nicht klüger sein wollen als der Gouverneur Merlin und sein ganzer Stab! Der Gouverneur ist hiergewesen und General Sicre auch. Der sogar mehrmals. Alle haben Tang Kiaos neue Armee bewundert, meine Armee.«

Anne Marie erwidert ruhig:

»Der Gouverneur und der General sind vortreffliche Leute, aber von China verstehen sie nichts. Und Sie haben ihnen Sand in die Augen gestreut. Gewiß, es gab einmal zwei tüchtige yünnanesische Armeen, nämlich die Armeen, die während der letzten Jahre Tse-his von japanischen Ausbildern gedrillt wurden und dann alles getan haben, um das Kaiserreich zu stürzen. Es ist Ihnen bekannt, welches üble Ende sie genommen haben durch die Schuld Tang Kiaos, der ihnen, als sie in Szetschuan und in Kanton waren, niemals auch nur die geringste Verstärkung schickte, im Gegenteil, von ihnen verlangte, sie sollten einzig zu seinem Vorteil die »befreiten« Gebiete systematisch ausbeuten. Damals begannen die Truppen, Tang Kiao zu hassen. Aber sie waren selbst bei jedermann und überall verhaßt und endeten kläglich. Daß an diesem ganzen Schlamassel Tang Kiao schuld war, wissen Sie ganz genau. Und seine neue Armee besteht doch bloß aus Banditen in Operettenuniformen.«

Albert wirft sich zum Verteidiger Frankreichs auf:

»Wollen Sie etwa behaupten, unsere Ausbilder seien schlechter gewesen als seinerzeit die Japaner?«

Anne Marie lacht, ein glasklares Lachen. Aber es ist auch ein schneidendes Lachen, schneidend wie Glas.

»Das ist doch völlig klar, diese braven Offiziere und Unteroffiziere haben in ihren indochinesischen Garnisonen und Kasinos jedes Gefühl für Asien verloren. Sie haben unseren Bauernlümmeln das Exerzieren und das Präsentieren, das Grüßen und den Paradeschritt beigebracht. Sie haben ihnen moderne Uniformen, Kanonen und Gewehre gegeben. O ja, sie sehen prächtig aus bei den Truppenparaden, an denen Tang Kiao sich ergötzt und auf die Sie so stolz sind. Aber alle Bewohner der Provinz fürchten sich vor ihnen, angefangen von den Missionaren. Jeder weiß, daß es sich nur um bunt zusammengewürfeltes Lumpengesindel handelt, das sich um keinen Preis schlagen will und nur darauf aus ist, den Menschen das Fell über die Ohren zu ziehen. Sie werden ja sehen, wie diese modernen Soldaten die uralten chinesischen Rezepte der Volksausplünderung anzuwenden wissen. Bei der ersten Niederlage Tang Kiaos werden sich diese Buschräuber in Uniform gegen ihn erheben, und Sie bekommen es dann mit zwanzig, fünfundzwanzig sogenannten Generalen und Obersten zu tun, die sich um die Macht balgen wie Kulis um eine Sapeke. Ich glaube zwar, daß es eher eine

Farce sein wird als eine Tragödie, aber Sie wissen so gut wie ich, daß in China die groteskeste Farce oft einen grausamen und sogar blutigen Verlauf nimmt.«

Albert flüchtet sich in Ironie:

»Haben Sie die Zukunft in einer Kristallkugel gelesen?«

»Dazu muß man nicht Hellseherin sein... Sie aber wollen, abgesehen von Tang Kiao, auf niemanden hören, und niemand wagt es, mit Ihnen zu sprechen. Sie sind nur Konsul erster Klasse und benehmen sich wie ein absoluter Monarch. Wehe dem, der nicht Ihrer Ansicht ist! Ich habe Sie bisher immer Ihre Ränke schmieden lassen, die Ihnen so am Herzen zu liegen scheinen. Aber jetzt wird es zu gefährlich.«

Albert macht in Selbstmitleid:

»Sie verstehen mich nicht, Anne Marie...«

»Ich verstehe Sie leider nur zu gut. Und ich ängstige mich nicht einmal so sehr um Lucien und um mich... Schließlich ist der Bahnhof ja nicht weit weg. Aber ich denke an die Familie Merlin. Sie haben den Gouverneur beschwatzt, und jetzt wollen Sie diesen braven Mann nach Kanton expedieren, zu den Bolschewiken, mitten ins antikolonialistische Lager, ihn, den Gouverneur von Indochina, das lebende Symbol der Kolonialherrschaft. Gott weiß, was ihm zustoßen wird...«

Albert ist so leicht nicht unterzukriegen. Er hat seine Antwort schon parat:

»In Kanton schürt man vor allem den Haß gegen die Engländer. Sun Yat-sen wird ihnen nie verzeihen. Sie haben das alte China zerstückelt und sich die besten Brocken geschnappt. Sie wollen vor allem ein China, das sich nicht rührt, das in der Erstarrung verharrt, in konfuzianischer Weisheit und Tugend, in jener steinernen Ordnung, die dem Business so zuträglich ist. Daß nach dem Fall des Kaiserreichs diese Ordnung, im Schatten der ebenfalls zu Staub und Schutt verfallenden Verbotenen Stadt, von Kriegsherren aufrechterhalten wird, von den verabscheuungswürdigsten, die China je hervorbrachte, das alles schert die Briten wenig. Sie wollen nur um jeden Preis verhindern, daß China sich wirklich erneuert. Also haben sie mit echt britischer Dickschädligkeit Sun Yat-sen torpediert, seine Kuomintang, seine drei wahrlich recht vagen und naiven Prinzipien Einheit des

Volkes, Rechte des Volkes, Wohlfahrt des Volkes. Was haben sie ihm nicht für Streiche gespielt! Sein ganzes Leben lang hat Sun Yat-sen sich bemüht, die Unterstützung einer westlichen Großmacht zu finden. Alle haben ihm die Tür vor der Nase zugeschlagen ...«

Anne Marie unterbricht ihn:

»Und Sie, mein lieber Albert, haben ihn als einziger verstanden.«

»Nein. Zwar ist jeder französische Botschafter dem Zauber eines Peking erlegen, das von den Erinnerungen an eine große Geschichte erfüllt ist; zwar hat sich noch jeder französische Botschafter dem Kurs der Engländer angeschlossen im Blick auf die endlich wiederversöhnten Manen der Königin Victoria und der Kaiserin Tse-hi, Französisch-Indochina hingegen unterstützte immer die Kuomintang. Und das heißt es jetzt nutzen, denn ich kenne meinen Sun Yat-sen, was Sie zu vergessen scheinen, Anne Marie.«

»Wie könnte ich!«

»Ich kenne Sun Yat-sen. Ein Pedant im Gehrock. Ich habe 1903 in Kanton mit ihm Kontakt aufgenommen. Er hielt sich versteckt. Um zu ihm vorzudringen, benötigte man eine Unmenge Losungswörter und Mittelsmänner. Er hatte eine Verschwörung und ein Attentat ums andere angezettelt, und alle waren sie gescheitert. Er befand sich nicht gerade in einer Glückssträhne. Hunderte seiner Anhänger waren gefangengenommen und zu Tode gefoltert worden. Ich überbrachte ihm heimlich das Unterstützungsangebot Französisch-Indochinas. Er solle nur dorthin kommen, und man werde ihm bei der Inszenierung von Aufständen an der Grenze von Tongking hilfreich unter die Arme greifen. Solche Aufstände fanden zwar statt, gingen aber gleichfalls immer schief. Wir konnten ihn nicht allzu offen unterstützen, denn das hätte uns den erklärten Bruch mit den Engländern, Proteste aus Paris, ein neues Faschoda eingebracht. Das Ganze geschah nämlich weitgehend ohne das Wissen der französischen Regierung, die keine Scherereien wollte.«

Anne Marie unterbricht ihn wiederum:

»Ich kenne Ihre Vergangenheit. Machen Sie es bitte kurz.«

»Ich sage Ihnen, man kann Sun Yat-sen jetzt wieder ins Spiel bringen. Hat er sich nicht jedesmal, wenn sein Leben in Gefahr war, in die französische Konzession von Schanghai geflüchtet, wo er in der Rue Molière ein großes Haus hat? Und in eben diesem Haus gründete er auch die Kuomintang, wobei unsere Polizei beide Augen zudrückte.«

Anne Marie hat allmählich genug.

»Das alles weiß ich. Sie verschweigen aber dabei, daß Sun Yat-sen heute der Todfeind aller Europäer ist, daß er sie aus China vertreiben will, daß er die ›ungleichen Verträge‹ anprangert. Glauben Sie, er wird sich an Ihre einstigen Gefälligkeiten erinnern?«

Albert klammert sich an seine Argumente wie eine Auster an ihren Felsen.

»Die Engländer haben Sun Yat-sen den Kommunisten in die Arme getrieben. Er hatte keine andere Wahl. Aber schließlich stammt er aus dem Großbürgertum. Er genoß immer die Unterstützung dieser kantonesischen Kulis, die in Übersee Milliardäre wurden, den eigentlichen Herren dieser geheimnisvollen Netze, in denen sich alles vermischt, *law and order* und Verbrechen, Handel und Schwarzhandel. Viele sind Protestanten geworden, Männer der Bibel und des Goldenen Kalbs, was sie nicht hindert, den Geheimgesellschaften mit ihren barbarischen Einweihungsriten anzugehören. Sun Yat-sen vereinigt alles dies in seiner Person. Er ist überzeugter Protestant, praktiziert alle Kniffe der Geheimgesellschaften und glaubt vor allem an das Geld. Nein, so wie ich ihn kenne, ist er kein echter Revolutionär. Und wie ich aus zuverlässiger Quelle erfuhr, bekommt er allmählich Angst vor der Macht der Roten. Er wird sich ihrer bedienen, um England zu demütigen, wird sie gegen Hongkong einsetzen, gegen Hankau, gegen Schanghai. Sobald er aber einmal sein Ziel erreicht hat, wird er sich schleunigst der Undankbarkeit befleißigen und nur danach trachten, sich der Männer der Komintern und der allzu idealistischen Chinesen zu entledigen, die die bestehende Gesellschaft umkrempeln wollen. England hat sich in ihm gewaltig getäuscht und wird dafür bezahlen. Aber wir Franzosen können Sun Yat-sen so manchen kleinen Dienst erweisen in dieser für ihn so ruhmreichen, aber auch schwierigen Zeit, in der er seine Furcht vor den Bolschewiken verbergen muß, deren er sich bedient und denen er schmeichelt. Nein, Merlin kann durch seine Reise nur Vorteile herausschlagen, selbst wenn man ihn nicht mit offenen Armen empfängt. Er wird diese Reise auf sich nehmen, weil er Patriot ist.«

Anne Marie versetzt ätzend:

»Und Sie nehmen die Verantwortung auf sich, für alles, was passieren wird.«

»Es wird nichts passieren. Außer daß ich endlich bekommen werde, was ich will.«

»Ihren kleinen Dampfzug.«

Wie ein Idiot platze ich los und ahme das Pfeifen einer Lokomotive in einem Tunnel nach. Albert wirft mir einen niederschmetternden Blick zu. Anne Marie bedeutet mir, ruhig zu sein. Ich weiß nicht, ob ich diese Unterhaltung damals wirklich verstanden habe oder ob ich sie jetzt nur rekonstruiere, auf alle Fälle hat mir diese Auseinandersetzung zwischen meinen Eltern Spaß gemacht: Anne Marie, die wie eine Klinge in Alberts maßlose Eitelkeit stach, Albert, der erklärte, nochmals erklärte, endlos erklärte. Hat Anne Marie ihn nicht schließlich doch mit ihren Bedenken angesteckt? Ich glaube fast . . .

Andernfalls hätte er ein paar Tage später nicht so lautstark frohlockt. Er kommt von einem Besuch bei Tang Kiao zurück und posaunt bei Tisch seine Siegesmeldung aus:

»Die von General Tschi befehligte yünnanesische Armee, die die Straße von Kweitschu besetzt hat, rückte soeben in den Marktflecken Kweiyang ein, der als Hauptstadt dieser Provinz gilt. Überraschenderweise hat der dortige Kriegsherr, den Tang Kiao als seinen Bundesgenossen betrachtete, das Einrücken der yünnanesischen Truppen sehr krumm genommen. Es kam zur Schlacht, und General Tschi hat den Gegner in die Flucht geschlagen und ihm schwere Verluste beigebracht. Tausende von Gefallenen.«

Albert genießt sein Kommuniqué und läßt Anne Marie seine wiedergewonnene Überlegenheit fühlen. Und dann fügt er glucksend hinzu:

»Wetten, daß dieser Himmelhund von einem englischen Konsul den Kriegsherrn von Kweitschu mit klingender Münze bestochen hat? Dieser Mensch wird noch öfter versuchen, mir

Knüppel zwischen die Beine zu werfen, aber es wird sich ja herausstellen, wer von uns beiden der Schlauere ist.«

Beim Dessert erscheint sporenklirrend mein Freund, der Missionar vom kirchlichen Geheimdienst. Er ist höchst aufgekratzt, läßt sich herbei, ein Gläschen Schnaps zu akzeptieren, das er ungeniert immer wieder von neuem füllt, und berichtet:

»Wir haben soeben eine Botschaft der Patres von Kweiyang erhalten. Alles ist ausgezeichnet und nach bester Landessitte abgelaufen. Der Kriegsherr von Kweitschu hat sich aus der Stadt zurückgezogen, sobald er merkte, daß die Truppen des Generals Tschi zahlenmäßig überlegen waren. Besagter Tschi hat vor der Stadt zwei Kanonenschüsse in die Luft abfeuern lassen und einige Minuten auf das Öffnen der Stadttore gewartet. Da sie jedoch verschlossen blieben, ließ er zwei Granaten auf die Mauern abschießen. Sogleich tat sich das Tor auf, und ein paar verehrungswürdige himmlische Greise schritten heraus, die angesehensten Kaufleute der Stadt. Ein Hundertjähriger, auf einen Knotenstock gestützt, wohlbeleibte Männer im Talar, und schließlich ein Gelehrter. Sobald sie nahe genug herangekommen waren, setzte General Tschi die Maske des Zorns auf und donnerte mit der Stimme des Jüngsten Gerichts auf diese Bürger von Calais herab:

›Euer Kriegsherr hat sich sehr übel aufgeführt. Ich werde die Stadt plündern lassen. Aber mein Gebieter, der Marschall Tang Kiao, gibt euch in seiner unendlichen Güte Gelegenheit, Sühne zu leisten. Wenn ihr mir bis morgen tausend Gold-Tael übergebt, fünfhundert Säcke Reis, hundert Maultiere und zwanzig Jungfrauen, so wird eure Stadt verschont, und keiner meiner Soldaten soll einen Fuß hineinsetzen.‹«

Der Pater lacht sich halb tot über Alberts konsternierte Miene. Anne Marie füllt das Glas des heiligen Mannes aufs neue.

»Man könnte meinen, *monsieur le consul*, Sie hätten sich eine blutige Schlacht gewünscht? Aber China ist zuweilen recht zivilisiert. Natürlich begannen nach General Tschis kleiner Ansprache beide Parteien zu feilschen, der General anmaßend, die anderen unterwürfig, aber deshalb nicht weniger hartnäckig. Schließlich zog General Tschi ergrimmt den Degen, was einem Todesurteil für die Stadt gleichkam. Daraufhin wurde man handelseins.

Fünfhundert Taels, dreihundert Säcke Reis, sechzig Maultiere und ein Dutzend Jungfrauen. Der General hat die Lieferungen persönlich geprüft. Er vergewisserte sich, daß die Goldstücke vollwichtig und die Jungfrauen nicht ›geknackt‹ waren, wie sie sagen. Schließlich hat er Tang Kiao seinen Anteil an Taels und Jungfrauen geschickt. So wurde die Schlacht kampflos gewonnen.«

Ich kenne den General Tschi. Ein Chinese ganz besonderer Art, denn sein höckeriges Gesicht ist dauernd in Bewegung. Alles daran, Augen, Ohren, Nase, verschiebt sich ständig in unentwegt guter Laune. Ein unruhiges Gesicht ist in China eine Seltenheit. Dabei ist der ganze Mann gemütlich, rundlich, fett, ein Pfiffikus. Ich kenne ihn gut. Sobald er mich sieht, schneidet er Grimassen, um mich zum Lachen zu bringen. Ein ehemaliger Straßenräuber aus dem Tal des Saluen, dem Todestal. Er scheint dort sein Schäfchen ins trockene gebracht zu haben. Angeblich hat er Hunderte von Karawanen ausgeplündert, bevor er zum General und Schützling Tang Kiaos avancierte. Sein Name ist noch gefürchteter als der des Generals Lü Han, des Mannes mit dem Ebenholzgesicht.

In der Stadt Yünnanfu herrscht der obligate Volksjubel. Tang Kiao hat die Bevölkerung von seinem Triumph unterrichtet. Von nun an gehört Kweitschu ihm. Albert sitzt an seinem Schreibtisch und feilt an der Formulierung eines Telegramms, das Tang Kiaos Sieg glaubhaft machen soll, ohne auf Einzelheiten einzugehen. Unter den Papieren, die er mir hinterließ, befindet sich die folgende an Gouverneur Merlin gerichtete Depesche:

Tang Kiao gezwungen, Provinz Kweitschu einzunehmen wegen feindlicher Haltung des dortigen Kriegsherrn. Sicher steckt englischer Konsul von Yünnanfu dahinter. Voller Erfolg. Ausgezeichnetes Verhalten der von unserer Militärmission ausgebildeten yünnanesischen Soldaten. Truppenbewegung Richtung Szetschuan von Tang Kiao planmäßig fortgeführt, nach Beratung mit Chef unserer Militärmission.

Gezeichnet: Albert Bodard

Beim Abendessen trägt Anne Marie eine geradezu überirdische Miene zur Schau:

»Mein lieber Albert, Sie haben sicher einen großen Sieg per Telegramm davongetragen. Haben Sie auch die Verluste erwähnt, die den ›Verrätern‹ von Kweitschu zugefügt wurden, während die Yünnanesen gewiß keinen einzigen Mann verloren, oder?«

Bei Cognac und Zigarre taucht dieser Teufel von einem englischen Konsul auf, mit Schnurrbartspitzen, die wie Höllenzinken flammen, Augen, die aus den Winkeln Feuerpfeile auf Albert abschießen, Backen, die noch röter sind als sonst, kurz mit dem Aussehen eines Luzifer, der seine armen Sünder in Porridge-Kesseln siedet. Auch seine Kehle ist ein Kessel, in dem innerhalb weniger Minuten der Inhalt einer ganzen Flasche Cognac verschwindet. Anne Marie macht den Mundschenk, ohne jedes Bedenken, wegen solcher Teufelsdienerei zu ewiger Verdammnis verurteilt zu werden. Dem Engländer fehlt indessen zu seiner Luzifer-Rolle die Schönheit des gefallenen Engels. Sein Gesicht ist grundhäßlich, eine Fratze mit Lachfalten und Spottrunzeln. In seinem Überschwang schlägt er Albert brüderlich, freundschaftlich, kameradschaftlich auf die Schulter. Zwischen zwei Lachanfällen läßt er endlich seine Liebeserklärung vom Stapel:

»*I like you*, Albert. Verdammt noch mal, Sie sind wirklich ein *jolly good fellow*. Ich trinke auf Ihren Sieg, auf den Sieg Ihrer Armee. Gouverneur Merlin wird sich mächtig freuen zu erfahren, daß Tang Kiao ein neuer Napoleon ist. Wenn er Sie jetzt nicht zum Generalkonsul macht, dann gelobe ich, das Trinken aufzugeben, wie es mir meine gräßlichen Doctores nahelegen. Aber inzwischen werde ich zu Ehren Ihrer sicheren Ernennung vom Cognac zu Champagner übergehen. Bei den Franzosen keine Feier ohne Champagner, nicht wahr, Albert? Madame Bodard wird mir gewiß mit ihrer Feenhand den Kelch kredenzen. Boy! Her mit der Flasche, ich will eigenhändig den Korken springen lassen. Meine Ehrensalve für Albert.«

Der Konsul Seiner Majestät fegt wieder von dannen, wie er gekommen ist, ein Komet der frohen Laune. Albert nimmt seit einiger Zeit diese Satyrstückchen mit stoischer Ruhe hin. Wenn er sich darüber aufregt, macht er sich nur lächerlich. Er verhält sich also passiv, versucht, das ganze als Witz aufzunehmen und schwört sich insgeheim, dem Burschen bei nächster Gelegenheit eins auszuwischen. Anne Marie jedoch findet an dem englischen Konsul immer mehr Gefallen, denn schließlich begegnet man in Yünnanfu nicht oft einem vor Intelligenz berstenden Falstaff.

Im übrigen wird Alberts Selbstgefälligkeit durch ein Telegramm des Generalgouverneurs wieder gehörig gestärkt. Monsieur Merlin beglückwünscht ihn zu seiner ausgezeichneten Arbeit und bittet ihn, zur Rücksprache nach Hanoi zu kommen. Albert trällert vergnügt vor sich hin, als er Anne Marie aufsucht, um ihr die frohe Botschaft zu verkünden. Anne Marie sagt wie aus der Pistole geschossen:

»Lucien und ich kommen mit.«

Nach einem Augenblick des Zögerns erwidert Albert der Gattin:

»Wie Sie wollen, Anne Marie.«

Seine Begeisterung hält sich in Grenzen.

Einige Tage später befindet sich die Familie Bodard selbdritt wieder einmal bei den Merlins. Die gleiche Komödie mit den gleichen Marionetten, das verdammte Tennis, der mütterliche Busen Madame Merlins. Der Bürstenschnurrbart Monsieur Merlins. Die wieselflinken Augen und fahrigen Bewegungen des jungen André. Und der *capitaine* und die Residenten und die Administratoren. Die Mahlzeiten in Restaurants und meine Frau Tante in ihrem Knusperhäuschen. Nichts hat sich geändert. Nichts wird sich je ändern in den Kolonien. Eines Nachts glaube ich, ein Stöhnen zu vernehmen, aber es kommt von weit her, als hörte ich es in einem belanglosen Traum, der nicht einmal ein Alptraum ist. Ich glaube, Anne Marie ist aufgestanden und in Alberts Schlafzimmer gehuscht, um ihn zu fragen:

»Fehlt Ihnen etwas, *mon ami*?«

An die Antwort kann ich mich nicht erinnern.

Beim Aufstehen höre ich kurze, rauhe, unterdrückte Atemzüge, als fehlte Albert wirklich etwas. In diesen Fällen gibt er sich stoisch. Die lauten Klagen und schweren Seufzer behält er den Wehwehchen vor, an denen er die ganze Stadt Anteil nehmen läßt. Nein, heute leidet er wirklich. Anne Marie ermahnt mich:

»Mach keinen Lärm. Dein Vater ist krank. Geh nicht in sein Zimmer.«

Großer Umtrieb. Die Merlins haben ihre beiden besten Ärzte geschickt, ihre Leibärzte, die sich ausschließlich um die werte Gesundheit des Generalgouverneurs kümmern. Es handelt sich um die Doktoren Le Roy des Barres und Coppin, die Leiter des Gesundheitsdienstes in Tongking. Ich höre sie mit Anne Marie flüstern:

»Nichts Ernstliches, aber sehr schmerzhaft, eine Nephritis. Wir hoffen, ihm eine Operation ersparen zu können.«

Im Lauf des Vormittags taucht Madame Merlin auf, ganz: »Alles hört auf mein Kommando.« Sie wirft einen erstaunten Blick auf Anne Marie, die nicht am Krankenbett des Gatten weilt. Die beiden Damen begeben sich zum Patienten. Ich höre, wie Madame Merlin zu ihm sagt:

»Mein Mann wird in Kürze selbst kommen. Er mag Sie sehr gern.«

Madame Merlin streicht mit der Hand über Alberts Stirn. Es ist die Bewegung einer Kolonialmatrone, die gewöhnt ist, Temperatur und Ansteigen des Fiebers zu prüfen. Unter ein paar ermunternden Worten glättet sie die Bettdecke. Beim Hinausgehen sagt sie streng zu Anne Marie:

»Geben Sie gut auf ihn acht.«

Das ist ein Befehl. Die Ärzte kommen wieder. Auch Krankenschwestern sind diesmal dabei. Sie bringen merkwürdige Instrumente mit, Schüsseln, Sonden, Spritzen. Ich weiß noch, daß ich Anne Marie damals fragte:

»Was ist das, eine Nephritis?«

»Dein Vater hat Steine im Körper, die ihm sehr weh tun.«

Ich frage mich, wie es zugehen kann, daß ein Mensch Steine produziert. Ich stecke den Kopf in Alberts Schlafzimmer, wo die Untersuchung in vollem Gang ist. Rings um das Bett sehe ich viele weiße Kittel und in den Kitteln geschäftige Damen und Herren, die sich über seinen Leib beugen, den Unterleib. Ich bin auf sexuellem Gebiet noch völlig unbedarft, aber ich habe schon zu viele buddhistische Tempel besucht, zu viele höllische Bilder gesehen, auf denen die Laster von bösen Geistern bestraft werden. Und ich habe gesehen, wie die Folterknechte den Männern das Glied, das sie zwischen den Beinen haben, absägen, verbrennen, rösten, wegschneiden. Ich wußte sogar, daß dieses Glied zum Kindermachen dient. Und nun glaube ich mit eigenen Augen zu sehen, wie Albert gefoltert wird. Ich erkenne ganz deutlich ein Glied, wie ich es im Halbdunkel der Tempel auf Bildern gesehen habe. Man schneidet es ihm zwar nicht ab, aber kahle Köpfe, magere Hälse und Schultern beugen sich darüber, und Hände kneten, tätscheln, betasten das Ding und befingern es langsam und vorsichtig. Ich höre, wie der eine zum anderen sagt: »Da müssen zwei oder drei große Steine drin sein.« Die Herren haben ernste Mienen. Albert scheint den Zustand der Heiligkeit erreicht zu haben. Sein Kopf ruht auf dem Daunenkissen. Er sagt nichts. Er stöhnt kein bißchen. Er gibt sich, als wäre er immun gegen den Schmerz. Schließlich fragt er die Ärzte:

»Werden Sie mich operieren müssen?«

Die Herren antworten mit dieser ganz speziellen, berufsmäßigen Stimme, die beruhigend wirken soll:

»Wir hoffen, Ihre Steine medikamentös soweit auflösen zu können, daß sie von allein abgehen. Das ist sehr schmerzhaft und wird Ihnen ein paar Tage lang zu schaffen machen. Ein chirurgischer Eingriff ist immer problematisch und sollte nur im äußersten Notfall gemacht werden. Er könnte zu ernsten Folgen führen. Aber wir werden ihn vermeiden.«

Da sagt Albert in schöner Gelassenheit zu seinen Peinigern, die ihn vielleicht belügen:

»Meine Herren, ich habe vollstes Vertrauen zu Ihnen. Tun Sie, was Sie für richtig halten.«

Seltsamerweise macht Alberts Würde keinen Eindruck auf mich. Ich bin von seinem Glied fasziniert. Ich weiß, ich habe auch eins, aber bis jetzt fand ich weiter nichts dabei. Beim plötzlichen Anblick von Alberts Glied erfaßt mich ein Gefühl des Abscheus. Das alles erscheint mir monströs. Vielleicht war dies der Grund dafür, daß ich mich später noch viele Jahre lang meiner Körperlichkeit schämte. Zum erstenmal suchen mich ekelerregende Vorstellungen heim, denn ich weiß jetzt mit Sicherheit, daß ich aus diesem Ding da komme, das, nachdem es einst mich abgesondert hat, nun Steine absondert. Was eigentlich noch ein Glück ist, denn wenn es Geschwister für mich abgesondert hätte, wäre das schlimmer gewesen als ein Alptraum. Allein schon der Gedanke verursacht mir Übelkeit. Übrigens flößte mir seit damals Alberts Körper überhaupt tiefes Unbehagen ein, und wenn ich Alberts Küsse erdulden mußte, war ich immer versucht, mich abzuwenden.

Armer Albert. Er ist in seinem Äußeren keineswegs abstoßend, und ich bin ihm sogar ähnlich. Anne Marie muß mich mit ihrem eigenen Grauen angesteckt haben. Sehr viel später erzählte sie mir ... zuerst ihre Hochzeitsreise nach Venedig, auf der sie so geweint hat ... Sie war nur ein Stück Fleisch gewesen, das ihm gehörte und auf das er sich gierig warf. Und während dieser Nächte machten ihm oft seine Tropenkrankheiten zu schaffen. Wenn es nur die Malaria gewesen wäre ... Aber plötzlich entleerten sich seine Eingeweide und machten auf die Betttücher eklige Flecken, ehe er auch nur Zeit gehabt hatte, das Badezimmer zu erreichen. Aus Furcht vor den Bemerkungen der Zimmermädchen wusch Anne Marie dann selbst diesen Unrat mit Seife von den Laken. Es kam vor, daß Albert im Lauf einer Nacht an die zwanzigmal aus dem Zimmer stürzen mußte. Sie, das junge Mädchen aus Ananis, hätte sich nie etwas so Peinliches vorstellen können.

Armer Albert, ich erinnere mich, daß er sich während unserer ersten Jahre immer Emetin-Injektionen verabreichen ließ. Wie unmöglich fand ich ihn, wenn er, um sich bemitleiden zu lassen, vor versammelter Mannschaft seine Amöbenruhr beschrieb, mit allen ihren widersprüchlichen Auswirkungen: mit Bleischwere im Leib und stinkenden, unkontrollierbaren Ausflüssen, wo immer er ging und stand. Auch ich litt später jahrelang schwer unter dieser Krankheit. Ja, auch ich habe auf Laken und Fliesen ekelhafte Spuren hinterlassen. Auch ich wand mich unter Qualen, während mein Wanst eine Tonne zu wiegen schien. Glücklicherweise ist mir aber das alles nicht während meiner Flitterwochen mit einer unschuldigen jungen Schönheit passiert. Heute weiß ich, daß Albert nichts dafür konnte. Anne Marie bewahrte an diese Vorkommnisse eine schreckliche Erinnerung, die sie mit großem Geschick in mein Hirn träufelte. Und dann kam diese Szene mit dem Glied, das sich meinen Augen in der zugleich beklemmenden und lächerlichen Atmosphäre ärztlicher Geschäftigkeit darbot. Ich habe nichts gesagt. Niemand hat etwas bemerkt. Aber der Penis, ganz gleich welcher, blieb für mich meine ganze Kindheit hindurch das Symbol äußerster Schmach und Scham.

Die Steine gingen ab. Zehn Tage brauchten sie dazu. Albert litt unmenschlich. Während dieser ganzen Zeit tröstete und pflegte Anne Marie ihn nach besten Kräften, eine für sie schier heldenhafte Leistung. Ärzte und Schwestern setzten ihr Ballett fort und beglückwünschten sich, als schließlich der größte Stein ans Tageslicht trat. Dann beglückwünschten sie Albert und zeigten ihm, was er da hervorgebracht hatte. Aber die eigentliche Pflegerin, die eigentliche Trösterin, die vor keiner noch so widerlichen Aufgabe zurückschreckte, war Alberts Schwester, die Tante mit den Sofakissen. Madame Merlin kam täglich. Dabei streichelte sie immer Alberts Gesicht und versäumte nie, in einem keinen Widerspruch duldenden Ton zu Anne Marie zu sagen:

»Pflegen Sie ihn gut.«

Der Herr Generalgouverneur erschien mehrmals persönlich am Lager des Kranken, um ihm zu sagen, daß auch er in Afrika unter dieser Krankheit gelitten habe. Endlich begriff Anne Marie, daß Albert auf dem Wege der Genesung war, denn er begann, vor Selbstmitleid zu zerfließen, zum Steinerweichen zu jammern und mit weinerlicher Stimme aufzuzählen, was er schon alles im Dienste Frankreichs habe erdulden müssen. An dem Tag, an dem er von den beiden Ärzten, die ihn behandelt hatten, ein offizielles Zeugnis über seine Nephritis verlangte, wußte sie, daß er völlig wiederhergestellt war. Ärztliche Zeugnisse waren seine Spezialität. Er besaß eine ganze Sammlung, mit der er regelmäßig das Außenministerium bombardierte, aus diesem oder jenem Grund, um einen zusätzlichen Urlaub zu erwirken, in der Hoffnung auf eine Beförderung . . . oder ganz einfach, um seine Verdienste herauszustreichen. Ärztliche Zeugnisse und Orden waren eben seine Schwäche.

Fünfter Teil

Das Attentat

Albert ist noch immer blaß, und die Ärzte raten ihm, so bald wie irgend möglich in die heilsame Höhenluft von Yünnanfu zurückzukehren, wo er gewiß Genesung finden werde. Aber er muß das Opfer bringen und noch ein wenig bleiben. Es ist der ausdrückliche Wunsch des Herrn Gouverneurs, daß er an gewissen hochwichtigen Besprechungen teilnehme. Dabei geht es um die Frage: Soll der Gouverneur nach Kanton reisen? Der Beschluß lautet: Ja. Entgegen allen Erwartungen tut Albert sich nichts darauf zugute. Er gesteht Anne Marie, die ihn ausfragt, ein bißchen kleinlaut:

»Ich war in meiner Stellungnahme äußerst vorsichtig. Ich möchte Monsieur Merlin nicht auf dem Gewissen haben. Wie Sie wissen, verschlimmert sich die Lage von Tag zu Tag. Ich kenne meinen Sun Yat-sen nicht wieder. Aber Monsieur Merlin gehört zu den Franzosen der alten Garde, die nicht zurückweicht. Nach Anhörung seiner Ratgeber hat er sich wenigstens zu einem Kompromiß entschlossen: er wird zu einem offiziellen Besuch nach Japan reisen und auf dem Rückweg in Kanton Station machen, in der winzigen internationalen Konzession Scha-mien, um den dort ansässigen Franzosen Mut zuzusprechen. Selbstverständlich wird er versuchen, ohne viel Aufhebens mit Sun Yat-sen zusammenzukommen.«

Anne Marie belauert ihn aus scharfen Augen:

»Wie mir scheint, waren Sie ausnahmsweise sehr zurückhaltend.«

»Ja, ich achtete darauf, kein Wort zuviel zu sagen. Die Beamten der Zivilverwaltung, diese fanatischen Verfechter einer Ausdehnung Indochinas, haben den Ausschlag gegeben.«

»Was für neue Töne Sie plötzlich anschlagen, *mon ami*.«

Albert richtet den Blick gen Himmel und seufzt:

»Ah! Hätte ich nur meine gute alte Revolution von 1911 wieder! Ich war in Tschengtu, da passierte es, und dennoch glaubte ich nicht daran. Weder die Weißen noch die Chinesen glaubten daran. Und doch war es eine Revolution, eine seltsame, unbegreifliche, mit jeder Menge abgeschnittener Köpfe und endlosen Verhandlungen. Ein sagenhaftes Kuddelmuddel. Mich störte es nicht, ich fühlte mich sehr wohl dabei. Revolutionär sein hieß damals, sich nach westlicher Mode kleiden. Alle Franzosen konnten ihre Anzüge, Westen, Hemden und vor allem ihre Zylinder zu Höchstpreisen verkaufen. Der Pöbel in den Städten allerdings machte Jagd auf Mandschus aller Art, auf die Marschälle, die Mandarine, die Höflinge, auf alle Würdenträger des vor kurzem zusammengebrochenen Mandschureiches. Diese Mandschus verkleideten sich als Chinesen, und um sie zu entlarven, ließ man sie bis zehn zählen. Sie sprachen nämlich das Wort zehn mit einem besonderen Akzent aus. Die Chinesen ließen sich ihre berühmten Zöpfe abschneiden, diese Symbole der Knechtschaft. Die Friseure wurden zu Zwangsarbeitern der Revolution. Ah! diese schöne Revolution! So eine werde ich niemals mehr erleben. Und dann gab es bald niemanden mehr, der in Tschengtu das Kommando führte. Banden tauchten auf und plünderten um die Wette die ganze Stadt. Alle die schönen Yamen waren zerstört. Als die Briganten auch das französische Konsulat stürmen wollten, trat ich in voller Uniform vor das Tor und rief dem zügellosen Haufen zu: ›Hier kommt mir keiner herein!‹ Und es kam keiner herein. Manchmal bedrohten sie mich mit einem Messer, einem gewöhnlichen Messer, denn Gewehre hatten sie damals nicht. Ich palaverte dann so lange, bis sie wieder abzogen. Dort konnte ich meinem Amt Ehre machen. Ich war stolz und glücklich. Aber ich muß zugeben, daß nicht wenige Missionare in der Provinz umgebracht wurden. Stellen Sie sich vor, daß damals ein Offizier, nachdem er mit seinem Kanonenboot den Minh so weit wie irgend möglich heraufgefahren war, nach einem unglaublichen Marsch zu Fuß mit einer Kanone und ein paar Matrosen in Tschengtu ankam, um die heilige Kirche aus ihrer Not zu retten. Es gab gräßliche Scherereien mit Paris. Der Pfaffenfresser Combes leitete das Ministerium, und der Offizier wurde des Klerikalismus bezichtigt und bekam tüchtig eins auf den Deckel. Ja, für mich war dies das große Abenteuer, das wahre China in seinem unentwirrbaren Chaos, in dem die Weißen sich letztlich doch recht gut durchschlugen, wenn es auch ein paar Zwischenfälle gab. Ein paar Morde hier und dort . . . In den Konzessionen hatten sie keine anderen Sorgen als Polo, Golf und Drinks.«

Anne Marie heuchelt Mitgefühl:

»Albert, Sie sind kaum über Vierzig, Sie sind sehr ehrgeizig, was ich durchaus billige. Sie dürfen nicht romantischen Erinnerungen nachhängen.«

Albert hebt die Arme himmelwärts:

»Was wollen Sie, ich las alle die Berichte, die dem Generalgouverneur über Kanton und über Hongkong zugegangen sind. In jedem Satz finden sich Ausdrücke wie Proletariat, Gewerkschaften, Polit-Kommissare. Das ist kein Gefasel, sondern eine Art Imitation des Westens, wo die marxistischen Begriffe zu Zauberformeln, zu magischen Ideogrammen geworden sind. Und damit nur umso gefährlicher. Bedenken Sie, es geht jetzt nicht mehr darum, die Fremden nach den Methoden der Kaiserin Tse-hi aus dem Land zu jagen, Methoden, die sich weiß Gott nicht bewährt haben. Jetzt hat man das Volk gegen die Eindringlinge organisiert. Ich muß gestehen, das geht über meinen Verstand.«

Daß in diesem China, wo es nur Bettler gab, Kulis, Arbeitstiere, die zu gehorchen und in den Sielen zu krepieren hatten, als wären sie gar keine menschlichen Wesen; daß in diesem China in wenigen Monaten ein äußerst selbstbewußtes, organisiertes, diszipliniertes und leidenschaftliches Volk erstehen konnte, erfüllt von fanatischem Haß gegen den Imperialismus, den Kolonialismus, das Ausbeutertum, das war für meinen Vater einfach nicht zu fassen. In diesen paar Monaten waren aus den Dockarbeitern von Hongkong und den Sampanschiffern von Kanton rote Kämpfer geworden, die ihre Mützen stolzer trugen als den Zylinder. Man glaubte sich auf einem anderen Planeten. Alle in einer Art Uniform, in blauen Overalls. Überall Komitees. Überall Lautsprecher. Überall Redner auf Holztribünen. Versammlungen ohne die typisch chinesischen Geräusche, mit Sprechchören, Beifallklatschen, Pfeifkonzerten, von Claqueuren angeführt. Ein hitziges und sachkundig geschürtes Fieber. Die Sowjets hatten keine Zeit verloren. Und was für Sowjets! Kräftige, urwüchsige Gestalten. Agitatoren, die in wer weiß wie vielen Ländern unter wer weiß wie vielen Namen geschult worden waren. Und Agitation war für sie gleichbedeutend mit Ordnung, mit Durchstrukturierung. Sie hatten sofort begriffen, daß sie nicht nur mit der Kommunistischen Partei Chinas arbeiten durften, die erst vor kurzem gegründet worden war und sich aus alten Intellektuellen zusammensetzte, sondern vor allem mit der Kuomintang, mit dem linken Flügel der Kuomintang und seinen sogenannten *returned students*, Bürgersöhnen, die in Amerika und vor allem in Europa zu Extremisten wurden. Wir Franzosen haben übrigens in Paris die besten und extremsten ausgebildet, die rote Elite, junge Männer zwischen zwanzig und fünfundzwanzig Jahren, wie Tschou En-lai, Sohn eines Mandarins, der Arbeiter bei Renault hatte werden wollen und nun Polit-Kommissar der Militärakademie von Whampoa war, wo die Kadetten der neuen nationalen und revolutionären Armee herangebildet wurden. Kadetten, die im übrigen Bürgersöhne waren... Dieser Tschou En-lai zusammen mit Tschiang Kai-schek, das machte ihm arg zu schaffen, meinem Herrn Vater... Und die Russen wandten, um ihre Ziele zu erreichen, eine einzige Methode an: sie schmeichelten, sie schmeichelten Sun Yat-sen, der nicht mehr alle Tassen im Schrank zu haben schien.

»Stellen Sie sich vor, sie haben jetzt sogar ihre Polit-Kommissare in den Armeen der Kriegsherren, die ja immer noch da sind und bester Hoffnung, daß sie im Namen des Proletariats fette Beute machen können. Denn die Gerüchte über eine große militärische Expedition in den Norden verdichten sich von Tag zu Tag.«

Wieder verfällt Albert in düstere Betrachtungen. Wieder legen sich gedankenschwere Schatten über seine Züge. Anne Marie schweigt, denn Albert hat ihr diesmal ausnahmsweise etwas Neues mitgeteilt, etwas, wovon bisher in ihren Yamen nur ein fernes Echo gedrungen ist. Sie entdeckte, daß die Chinesen nicht länger unter dem Fluch leiden wollen, Chinesen zu sein. Albert fährt kopfschüttelnd fort:

»Darf man den Gouverneur unter diesen Umständen reisen lassen? Es herrscht ja bereits Krieg. Ein Krieg zwischen dem Hongkong der Engländer und dem Kanton Sun Yat-sens und Borodins. Einmal besuchten Sie mit mir Hongkong, wissen Sie noch? Erinnern Sie sich an diese Pracht, diesen Reichtum, an die vielen Banken, an alle die Bauten aus handgeschlagenen Steinen? An die Standbilder der Königin Victoria?...«

»Ja, es war einer der großartigsten Eindrücke meines Lebens«, sagt Anne Marie. »Dieser zauberische Hügel mit den tausend Lichtern der Bungalows, in denen wir zu kaltem Imbiß *à l'anglaise* eingeladen waren. Und die schmale Hafeneinfahrt mit ihren dunklen Wassern, wo neben den Panzerkreuzern und Kanonenbooten der Navy zahllose Frachter und Passagierdampfer ankerten, die unter den Flaggen aller Herren Länder fuhren. Und auch die steilen chinesischen Gassen in unmittelbarer Nachbarschaft der britischen Prachtentfaltung, und in der Ferne die Segel der Dschunken auf dem opalfarbenen, von roten Felsriffen starrenden Meer.«

»Die Engländer haben schwer geschuftet«, fährt Albert fort. »Wenn ich denke, daß es dort ursprünglich nur schroffe, wilde Berge gab, mit magerem Gestrüpp bewachsen und einzig von Tigern und Kobras bewohnt, und in den kleinen Buchten nur ein paar Piratenboote. Phantastisch, was die Engländer hier an Terrassierungsarbeiten durch Kulis ausführen ließen. Wie viele mögen gestorben sein? Nun haben die Abkömmlinge dieser Kulis, die inzwischen zu Dockarbeitern aufrückten, in Massen Hongkong verlassen und sind nach Kanton gegangen. Und Hongkong ist in seiner ganzen Herrlichkeit heute nur noch ein blutleerer Leichnam. Chinas neue Waffe ist der Streik, dieser Streik, der jetzt drauf und dran ist, Hongkong zu ruinieren. Und aus der gleichen Schicht ist in Kanton jenes Proletariat geworden, das durchdrungen ist von Haß gegen die Engländer. Ja, Sun Yat-sen will Hongkong den Garaus machen. Die Engländer fühlen sich zum erstenmal in ihrer Kolonialgeschichte machtlos, sie wissen nicht, was sie tun sollen, scheinen Angst zu haben. Wohl schicken sie ihre Kanonenboote nach Kanton, die mit Beschießung drohen, aber nicht schießen. Hongkong war die Zapfstelle für Kanton. Daher hatten die Engländer es nicht nötig, sich in Kanton selbst eine große Konzession anzueignen. Sie begnügten sich mit der kleinen Insel Scha-mien, auf der ich zwei Jahre lebte. Ein paradiesisches Fleckchen Erde! Wer hätte gedacht, daß dieses gleiche Scha-mien zu einer Eiterbeule Asiens werden sollte!«

Auch ich habe Scha-mien besucht, im Jahr 1949, ein paar Wochen vor der Ankunft der Kommunisten. Man konnte noch ahnen, wie es einst dort gewesen war, in glücklichen Zeiten, den Zeiten, die Albert erlebt hatte. Ringsum alle Wunder Chinas, alles Traumhafte Chinas, das China Kantons, und hier die Insel, vom Perlfluß umspült, auf der einen Seite ein ganzes schwimmendes Stadtviertel aus riesigen Dschunken, das allen Freuden und allen Lastern diente; auf der anderen Seite eine Art schmaler Wassergraben, über den winzige gewölbte Brückchen in das phantastische Labyrinth führten, das Kanton war, das Kanton der großen himmlischen Handelsherren. Scha-mien selbst war kaum größer als der Parc Monceau, ein ebener Garten mit betonierten Wegen und ein paar plumpen europäischen Bungalows, den Konsulaten und Banken. Inmitten des lärmenden China diese verträumte Ruhe. Welcher Friede! Welche Einsamkeit! Nur britische Gentlemen und einige wenige vornehme Chinesen. Eine andere Welt, eine Welt in Miniatur. Man konnte dort nur zu Fuß gehen, Kaleschen und Wagen waren verboten. Aber ringsum brandete der Lärm Chinas.

Albert erwacht aus seiner Schwärmerei und sagt:

»Heute wird Scha-mien praktisch belagert. Man geht systematisch vor. Die Menschenmenge, die zum organisierten Proletariat wurde, demonstriert tagtäglich auf der anderen Seite des nur vier bis fünf Meter breiten Wassergrabens ihren Haß. Wildes Geschrei! Plakate und Spruchbänder! Flankiert werden diese Massen von ihren Polit-Kommissaren und, was weit gefährlicher ist, von Milizsoldaten und Kadetten der Militärakademie von Whampoa, die manchmal sogar die Maschinenpistolen in Anschlag bringen. Andererseits wurde die Insel mit Stacheldrahtverhauen umzogen, britische und sogar französische Truppenkontingente stehen Gewehr bei Fuß, und die Kanonenboote kreuzen auf dem Perlfluß, während die Spannung noch immer steigt. Es kann jeden Augenblick zur Explosion kommen. Und deshalb frage ich mich, ob Scha-mien der geeignete Ort für einen Besuch des Generalgouverneurs ist.«

Anne Marie zischt:

»Kurz, Sie kneifen, Albert. Sie lassen Ihre Pläne fallen. Es sieht aus, als hätten Sie sich meiner Meinung angeschlossen.«

Albert, mit seiner martialischsten Miene und gesträubtem Schnurrbart:

»Ich gebe gar nichts auf, mir geht es hier nur um Gouverneur Merlin.«

Und Albert begibt sich zum Gouverneur zu einer Besprechung

unter vier Augen. Er kehrt strahlend zurück. Anne Marie errät sogleich, was diesen Stimmungsumschwung beim Herrn Konsul bewirkt hat, der doch in den ganzen letzten Tagen seine Leidensmiene zur Schau trug.

»Bestimmt hat *monsieur le gouverneur* Ihnen ein Versprechen gegeben, und ich kann mir auch denken, welches. Er wird alles tun, damit Sie zum Generalkonsul aufsteigen.«

Albert ist verdutzt.

»Ja, der Gouverneur ließ durchblicken, die Wichtigkeit meines Postens in Yünnanfu erfordere dort einen Diplomaten im Rang wenigstens eines Generalkonsuls, und da er meine Arbeit sehr zu schätzen wisse, halte er es für die nächstliegende Lösung, mich in meinem derzeitigen Amt zu befördern. Die Sache ist so gut wie entschieden. Das Außenministerium hat bereits dem Kolonialministerium grünes Licht gegeben.«

An diesem Abend gehen wir alle drei zum Diner ins Hotel Métropole, das feinste von Hanoi. Natürlich gibt es Champagner. Die Familie Bodard, die hier von einer Festlichkeit zur anderen eilt, tut damit kund, daß sie sich als glückliche Familie auch einmal im kleinsten Kreis eine Fete leistet. Wir kennen alle Anwesenden. Die Hautevolee begrüßt sich gegenseitig, was zu einem ganzen Ritual von Händedrücken führt, aber auch zu ernsten Protokollfragen, zum Beispiel: Wer hat sich an wessen Tisch einzufinden? Endlich ist das erlesene und von den unvermeidlichen kolonialen Herzensergüssen unterbrochene Mahl zu Ende, mein Vater prüft die Rechnung, und wir verlassen das Hotel durch die Drehtür, die erste und berühmteste Indochinas.

Ein paar Tage später erblicke ich durch das Zugfenster den See von Yünnanfu. Yünnanfu ist unverändert ruhig in diesem China, das überall sonst von Zuckungen geschüttelt wird. Im Konsulat schreitet Albert zur Generalinspektion, wie er es bei jeder Rückkehr zu tun pflegt. Er stellt fest, daß alles tadellos ist, von der Miene seines Vizekonsuls bis zu dem Karree der Boys, die angetreten sind wie auf dem Kasernenhof. Er herrscht den Vizekonsul an:

»Ich hoffe, Sie enthielten sich eigener Initiativen.«

Er inspiziert die Kochtöpfe. Er inspiziert den Garten. Jeder geknickte Zweig und jeder Staubfleck entlockt ihm einen zornigen Aufschrei. Am meisten aber liegen ihm zwei Dinge am Herzen: seine Garderobe und seine Post. Ah! welche Lust, die Siegel der offiziellen Schreiben zu erbrechen, die Privatbriefe zu öffnen. Jedes Schriftstück versieht er mit Anmerkungen in seiner kleinen spitzen Handschrift: »Schnorrer«, »Unverschämtheit!«, »ist abzulehnen«, »Erklärungen anfordern«, »sofort zu beantworten«. Seine Feder kratzt übers Papier, er ist völlig in die Aufgabe vertieft, jeden auf seinen Platz zu verweisen wie ein Lehrer, der Schularbeiten benotet. Das nimmt zwei Tage in Anspruch, an denen er um drei Uhr morgens zu Bett geht. Am dritten Tag trifft ein kleiner Privatbrief ohne jedes Amtssiegel ein; Albert reißt ihn sofort mit bebender Hand an sich, denn er hat Monsieur Merlins Schrift erkannt. Er öffnet den Brief, als hinge von ihm sein Leben ab, und liest folgende, gleichfalls von der Hand des Gouverneurs geschriebene Zeilen:

Mein lieber Bodard, soeben erhielt ich die Bestätigung, daß Ihre Beförderung zum Generalkonsul in den nächsten Tagen im »Journal officiel« veröffentlicht werden soll. Ich freue mich für Sie. Herzlichen Glückwunsch. Meine Verehrung an Madame Bodard.

gezeichnet: Merlin

Dieses Mal kann Albert sich nicht beherrschen. Er rennt, den Brief in der Hand, in den Garten, wo Anne Marie in einer Hängematte liegt, und schwenkt das Stück Papier vor ihrer Nase. Sie richtet sich lässig ein wenig auf und überfliegt das Schreiben.

»Bravo, *mon ami*. Aber ich gebe Ihnen den Rat: Wappnen Sie sich mit Geduld, denn wie Sie wissen, sind die Herren vom Quai d'Orsay Meister in der Kunst, Dinge, die ihnen nicht recht zupaß kommen, hinauszuschieben. Sie können sogar das ›Journal officiel‹ warten lassen . . . Schließlich kennen Sie Ihre Firma . . .«

Und in der Tat vergeht Woche um Woche, und die Ernennungsurkunde trifft nicht ein. Albert drückt sich in seinem Büro herum, in seinem Zimmer, in den Höfen des Yamen, in der Stadt. Die Folter des Wartens. Des Wartens worauf? Wird Monsieur Merlin nach Kanton reisen? Auf der Insel Scha-mien hat sich die Lage noch mehr zugespitzt. Ein Franzose, Monsieur Pasquier, seines Zeichens Seidenhändler, ist ermordet worden. Worauf die

Konsuln beschlossen, allen Chinesen, die keinen Passierschein besitzen, während der Nacht den Zutritt zur Insel zu verbieten. Am nächsten Morgen sind die Mündungen von zwanzig Maschinengewehren auf die Konzession gerichtet, und eine riesige, aufgebrachte Menschenmenge belagert die Wohnungen der Ausländer. Ein Wald von brüllenden Mündern, gereckten Fäusten und unheildrohenden Gebärden. Studenten in weißen chinesischen Gewändern tragen Spruchbänder, deren Ideogramme besagen: »Gebt uns Scha-mien zurück!« Von Zeit zu Zeit macht das Volk Miene, die Sandsackbarrikaden auf den Brücken über den Wassergraben zu stürmen. Die englischen Zivilisten haben nach britischer Tradition ihre Offiziersuniformen der Hilfspolizei angelegt, und die Franzosen, in Hemdsärmeln, ebenfalls bis an die Zähne bewaffnet, schließen sich ihnen an. Die von den Konsulaten angemusterten *policemen* chinesischer Rasse sind auf wunderbare Weise wie vom Erdboden verschwunden, desgleichen die Dienstboten. Während die Herren die Verteidigung übernehmen, greifen die britischen Ladies und die französischen Damen, die von dem Verschwinden ihrer Boys schwer betroffen sind, beherzt zu Kochlöffel und Besen. Die zahllosen Chinesen, die von weitem beobachten, wie die Herrinnen zu Dienerinnen werden, lachen mit der gleichen Fröhlichkeit, mit der sie den Hinrichtungen beiwohnen. Ja, die Stimmung in Kanton ist miserabel. Doch eines Tages, niemand weiß, wieso und warum, kommen alle chinesischen Domestiken zurück, und die Horde der Belagerer ist verschwunden.

Die Lektüre dieser Berichte beunruhigt Albert zutiefst, und er sagt zu Anne Marie:

»Hoffentlich kommt meine Ernennung bald! Denn wenn Monsieur Merlin in Kanton etwas zustoßen sollte, dann habe ich das Nachsehen.«

Der dritte Grund für Alberts Beunruhigung ist das Schweigen der szetschuanesischen Kriegsherren. Sie schicken ihm nur immer blumenreichere Komplimente, die sich um sibyllinische Äußerungen ranken.

Der Konsul von England kommt nach wie vor zu uns und betrinkt sich in aller Freundschaft. Er schlägt Albert auf die Schulter und meint:

»Nun, mein Lieber, mit Ihren Plänen für Szetschuan scheint es nicht recht voranzugehen.«

Albert wagt nicht, seinem Ärger Luft zu machen. Er erwidert mit schlecht gespielter Lustigkeit:

»Wetten, daß Sie daran ganz unschuldig sind.«

»Ganz und gar. Bei meiner Franzosenehre!«

»Aber Sie sind Engländer, und was für einer!«

»Ich liebe Frankreich so sehr, daß ich nur auf französisch lüge.«

Nachdem der perfide Engländer wieder weg ist, zieht Albert während des ganzen Essens über ihn her. Aber schon bei der nächsten Mahlzeit gilt seine Erbitterung dem französischen Botschafter in Peking.

»Er ist derjenige, der alles hintertreibt, davon bin ich überzeugt. Ich bin ihm im Wege. Für diesen Menschen ist das alles nichts, was sich in China tut, in Kanton oder in Schanghai oder in den Provinzen, die er kaum dem Namen nach kennt, Szetschuan oder Yünnan. Für ihn besteht ganz China ausschließlich aus Peking, dieser Hochburg der Diplomatie. Der absoluten Diplomatie. Der Diplomatie an sich.«

Anne Marie hört Albert ohne Langeweile zu, denn nun beschreibt er ihr eine neue Eleganz. Eine Eleganz, die sie nicht kennt, die jedoch große Anziehung auf sie ausübt und die sie, nach ihrer eigenen Überzeugung, an der Seite ihres Mannes wohl nie kennenlernen wird, selbst wenn er den Weg bis zur Spitze seiner Karriere schaffen sollte. Albert erzählt vom Gesandtschaftsviertel, wo sich die moosbewachsenen Botschaftsgebäude befinden, jedes von einem Park umgeben, alle Eingänge von steinernen Löwen bewacht. Eine dösende Schildwache. Friedliche Verträumtheit. Unter dem schattenspendenden Laubwerk die Yamen Seiner Exzellenz des Herrn Siegelbewahrers nebst Gattin, Seiner Exzellenz des Herrn Ersten Sekretärs nebst Gattin . . . und so weiter, bis zum Palais des Botschafters. Tagsüber Pianoklänge und abends Tennis- und Bridgepartien wie in einem Kurort für wohlhabende Ausländer. Botschaften der ganzen Welt, von der ewigen Weisheit Chinas geprägt. Die Verbotene Stadt ist ganz in der Nähe, sie ist verlassen, aber ihre Seele scheint sich den Seelen der Diplomaten mitgeteilt zu haben. Sie verkehren ausschließlich untereinander. Die Jahrhunderte scheinen auf sie abgefärbt zu haben, Konfuzius, die Schönheit des Himmels, die wunderbare Harmonie der für das Göttliche geschaffenen Landschaft. Was sie nicht hinderte, die Tempelvorplätze ein wenig anzuknabbern, um ihr Polofeld zu vergrößern. Was sie von China wissen, erfuhren sie von den ältesten, den edelsten, den weisesten, den höflichsten Gelehrten des ganzen Landes, die sie sich zu Tisch laden.

Allerdings wechselt Peking in der Folge schrecklicher Gemetzel und Verrätereien, die sich weit im Hinterland abspielen, häufig den Besitzer. Doch jeder siegreiche Kriegsherr, auch die blutrünstigste Bestie, achtet darauf, bei der Besetzung der kaiserlichen Stadt mit unendlichem Takt vorzugehen, ohne jede Gewalttätigkeit, um die Herren Diplomaten nicht zu schockieren. Und diese schrecklichen *war lords* holen sich als Würdenträger und Minister immer die gleichen alten Ladenhüter aus der Kaiserzeit, die ältesten und salbungsvollsten Rauschebärte, wodurch in den Augen der fremden Exzellenzen die Unvergänglichkeit der himmlischen Harmonie gewahrt bleibt. Hier der Himmel Pekings, die Denkmäler Pekings, die Weisen Pekings, dort die Botschafter unter sich, die ihr Amt mit vollendeter Geschicklichkeit erfüllen, nämlich mit Nichtstun. Wie angenehm ist doch das Leben! Unmerklich überwiegt die englische Zivilisation, die sich seltsamerweise mit dem chinesischen Raffinement gut verträgt. Nichts von der Brutalität jener *merchants* von Schanghai, die für die Himmlischen nur Haß und Verachtung übrighaben und sie dabei tüchtig ausbeuten. Hier, im Schatten Tse-his, hat sich eine Art Wahlbündnis zwischen den Zivilisationen vollzogen. Wie herrlich, Golf zu spielen vor den Hügeln im Westen, vor den Pagoden, den Türmen, den Tempeln der Dynastien, während sich über unsichtbare Pfade ein schwarzer Fries von mongolischen Kamelen zieht. Und außerdem werden hier wie nirgendwo anders die Ausländer vom alten, so fremdenfeindlichen China des Drachens akzeptiert. Auf dem Dach des Hotels von Peking sieht man an Sommerabenden im Mondlicht neben den weißen Smokings der Herren die gestickten, seitlich hochgeschlitzten Tuniken der Chinesinnen aus guter Familie. Man hört eine Art chinesischen Jazz, das heißt, schmachtendes, sehr langsames

Saxophongedudel, von orientalischem Klingeling untermalt. Einige moderne Chinesinnen tragen sogar Männerkleidung, Anzüge aus Paris, rotbraune Stiefel, Militäruniformen, am Abend Smokings. Eine von ihnen hat offiziell den Rang eines Obersten inne. Sie tanzt mit ekstatischem Zucken einen Charleston und ist die graue Eminenz Tschang Tso-lings, des einflußreichsten, gefürchtetsten, grausamsten alten Mannes in China. Ihm ist es zu verdanken, daß in Peking jene Lebenskunst herrscht, die Orient und Okzident auf einen so erfreulichen gemeinsamen Nenner bringt. Die einzige Ausnahme von dieser einmaligen Symbiose bildet der Peking Club, zu dem Chinesen keinen Zutritt haben, Frauen aber auch nicht, was den konsequent britisch gebliebenen Gentlemen, den Geschäftsleuten, die für Philosophie und Poesie unempfänglich sind, erlaubt, zu dreißig Mann dreißig Flaschen zu leeren, wie es die alte britische Besäufnis-Etikette erfordert.

Ja, in Peking wird der Snobismus auf die Spitze getrieben. Sowohl bei den Herren de Norpois wie bei ihren ausländischen Ebenbildern. Fein lächeln die Franzosen, die Engländer pflegen die Kunst der Hochnäsigkeit, ganz Europa ist in seiner schönsten Blüte vertreten. Albert erklärt:

»Der Botschafter, jeder Botschafter hat mir immer die kalte Schulter gezeigt. Er hält treu zum Herrn von Peking. Außer ihm kennt er niemanden.«

Unter den *war lords* von Peking sind drei oder vier besonders berühmt: Wu Pei-fe, der Bluthund, der später zum Yangtse zog. Feng, der »christliche Marschall«, der seine Truppen *en masse* in einem See taufen ließ, ehe sie unter Absingen des Liedes »Näher, mein Gott zu Dir« in Peking einzogen. Feng, die schöne Seele, veröffentlichte folgendes Manifest: »Ich weinte so viel und so bitterlich, daß ich keine Tränen mehr habe«, um anschließend zu verkünden, daß er die Konzessionäre, also die alten, von den Diplomaten so sehr geliebten Mandarine, die als Aushängeschilder dienten, aburteilen werde. Er wollte sich ihre Schätze aneignen. Die Exzellenzen haben durch ihr Dazwischentreten viele von ihnen gerettet, weil sie sonst ihre Tischgäste verloren hätten. Weit größeren Tadel seitens des diplomatischen Korps erntete Feng jedoch, als er den jungen P'u-i, den Sohn des Himmels, aus der Kaiserlichen Stadt vertrieb. Dieser letzte Mandschukaiser hatte zwar im Alter von drei Jahren abdanken müssen, die chinesische Republik hatte ihm jedoch das Wohnrecht im schönsten »Logis« der Welt zugesichert: in der Verbotenen Stadt. Schließlich kam Tschang Tso-ling an die Reihe: ein verhutzelter Greis mit einem Katzenkopf und hängendem Schnurrbart, die verkniffenen Augen vom Opium verschleiert. Ein Räuspern, ein Wink seiner Hand genügte, und irgendwo in China, nah oder fern, fiel der Kopf einer Konkubine, eines Bankiers in Schanghai, eines feindlichen Kriegsherrn. Als Adjutanten dienten diesem Mann, der auf seine Rechtschaffenheit pochte, die denkbar übelsten Subjekte, aber er hatte auch tausend Kanonen, fünfhunderttausend Mann und das verschlagenste Hirn in ganz China, dem bestenfalls Feng den Rang ablaufen konnte. Alle diese Wu, diese Feng, diese Tschang verbündeten und entzweiten sich, verrieten einander ständig, doch Peking blieb unter seiner ehrwürdigen Staubschicht der Garten der Glückseligkeiten.

Albert Bodard schließt seine Ausführungen:

»Kurz, der letzte Sieg des alten China, die postume Rache der Kaiserin Tse-hi wird darin bestehen, die Diplomaten untergebuttert zu haben. Und ich bin zwar noch da, aber ich werde vielleicht niemals befördert.«

Anne Marie, in ihrer unerfüllten Sehnsucht nach einer höheren Welt, legt sich eine Leidenschaft zu. Die Ausziehspitzen. Ist es die Erinnerung an Ancenis und an die alten Schränke voll reich bestickten Linnens und Lavendeldufts? Es muß noch mehr dahinter sein, ohne daß mir ganz klar würde, was sie in dieser neuen Liebhaberei so ausdauernd und hart macht. Scharf überwacht sie die kleinen gelben Hände, die ihre Instrumente sind. Sie ist völlig gefühllos, sie interessiert sich nur für die Menge der geleisteten Arbeit.

Woher stammt diese kalte Wut? Aus einer sonderbaren Quelle. Seit meiner Kindheit in Tschengtu waren mir die Nonnen ein vertrauter Anblick, wie sie, Haube hinter Haube, angeführt von der mumiengleichen Äbtissin, demütig im französischen Konsulat auftauchten. Die Haube der Äbtissin ist schon vierzig oder fünfzig Jahre alt und breitet die vergilbten Flügel um das ehrwürdige Haupt. Diese armen Nonnen, die ihr Leben den Plagen Chinas widmen, sind reinlicher als die Patres, auf jeden Fall was die Kleidung angeht. Die Lederhaut der Gesichter bedarf keiner Seife, und im übrigen waschen sie sich nie, aus Furcht vor der Sünde, aber sie halten ihre armseligen Lumpen sauber, die so geflickt sind wie die Segel der Dschunken. Immer versuchen sie, für die Tausende hungriger Münder, die sie zu ernähren haben, die Greise und die Waisen, etwas herauszuholen. Wenn sie auftauchen, weiß Albert sofort, daß er angepumpt werden soll, was er gar nicht schätzt, aber er hat nicht das Herz, vor dem stummen Flehen die Ohren zu verschließen und ist jedesmal um ein paar Geldscheine ärmer. Anne Marie sieht die heiligen Jungfrauen weniger ungern, denn die Oberin zieht aus ihrer großen Tasche immer ein besticktes Wäschestück, das ihr Anne Marie für ein paar Sous abkauft, nicht weil sie geizig wäre, sondern weil das der Preis ist.

Manchmal besuche ich mit Anne Marie die Werkstatt der Nonnen, wo christliche Waisenmädchen an rohen Holztischen sitzen. Hunderte von Waisenmädchen, von Tagesanbruch bis in die Nacht beugen sie sich über den Stoff, besticken ihn mit ihren Fingern, ihren Nägeln, wie Nadeln, die Nadeln halten. Sklavenarbeit. Entweder diese Arbeit oder der Hungertod. Nur zum Beten wird eine kurze Pause eingelegt, zum Tischgebet vor der Schale Reis, die ihre einzige Nahrung und ihre einzige Entlohnung ist.

Wie kam Anne Marie auf die Idee mit der Ausziehspitze? Es ist eine sehr alte, sehr archaische Handarbeitstechnik italienischen Ursprungs, die in Europa fast ausgestorben ist, denn sie erfordert eine Unmenge Geduld und harte Arbeit. Die beste Stickerin bringt im Monat nicht mehr als einen Meter fertig, denn es bedarf der Geschicklichkeit eines Insekts, um aus einem kostbaren Stoff ein paar Webfäden zu ziehen und daraus verschnörkelte Motive, kunstvolle Gitter, ein geheimnisvolles Spiel von Licht und Schatten zu zaubern. Einst zierten diese Arbeiten fürstliche und königliche Tafeln, auf denen Silbergeschirr und kostbare Leuchter prangten. Sobald Anne Marie den Wert der Ausziehspitze erkannte, beschloß sie, daraus ihr Wahrzeichen zu machen. Eine fixe Idee. Eine Besessenheit. In Yünnanfu widmet sie sich zu jener Zeit völlig diesem Vorhaben. Sie wünscht, ihr großes Werk unter ihren eigenen Augen entstehen zu sehen, in ihrem Konsulat, unter ihrer Aufsicht, zu ihrer Freude, nach Vorlagen, in deren Erfindung sie unerschöpflich ist.

Ganz ungeniert kauft sie den Nonnen fünfzig fromme Jungfrauen ab, und die Nonnen sind überglücklich, ihre Schützlinge so gottgefällig untergebracht zu haben. Im Garten des Konsulats, in der Nähe des Teichs, wird für die Mädchen eine große Baracke errichtet. Dort finden sie die gleichen Tische vor, an denen sie von morgens bis abends über der gleichen Arbeit sitzen. Zum Schlafen gibt es gewöhnliche Stufenbänke, auf die sie niedersinken, wie es gerade kommt; der Rest ihres Tageslaufs besteht darin, ein Ave Maria ums andere zu murmeln oder Dankesworte an *madame la consul*, die so gut zu ihnen ist. Sonntags gehen sie zur Messe, ihr einziger Ausgang. Sie kehren zurück mit der Hostie im Herzen, ihrer einzigen Nahrung außer dem Reis. Aber im Konsulat gibt es pro Mahlzeit zwei Schalen Reis anstatt nur einer einzigen. Sie scheinen glücklich zu sein, sie gleichen jungen Bambussprossen, sie sind von hinreißender Grazie und erfüllt vom himmlischen Lächeln der Dankbarkeit.

Warum erzähle ich das alles so ausführlich? Weil ich als Kind in Yünnanfu bestimmt das ganze sehr abstoßend fand. Obwohl damals nichts Empörendes daran war und ich mir sagte, daß diese von meiner Mutter organisierte Zwangsarbeit diesen Waisenkindern, die als Säuglinge aus dem Unrat aufgelesen worden waren, das Überleben, den Lebensunterhalt, das Heranwachsen zu liebenswürdigen Christinnen ermöglichte. Also alles ganz in der Ordnung. Anne Marie hatte mit Unterstützung der Mutter Oberin diese Mädchen die Technik des *punto tirato* gelehrt. Im Handumdrehen waren sie darin Meisterinnen geworden. Die Mandelaugen mit dem schwarzen Fransensaum konzentrierten sich in äußerster Aufmerksamkeit. Die spitz zulaufenden Finger erschienen mir flink wie Spinnenbeine. Gerade diese Perfektion war für mich das Erschreckendste, diese völlige Hingabe, die weit über bloße Unterwerfung hinausging, die wie der Abdruck einer Gußform war, in der man sie hergestellt hatte. Nie bedurfte es einer Ermahnung, eines Tadels. Kein einziges Mal zog Anne Maries Mund sich zusammen. Dennoch will mir scheinen, sie hätte ein wenig liebevoller, ein wenig großzügiger mit ihren Schutzbefohlenen umgehen, Mitleid mit ihnen haben sollen. Ich selbst empfand undeutliches Mitleid, aber meine Mutter hätte niemals begriffen, wie man sagen konnte, daß diese Mädchen ihre Sklavinnen seien.

Hatte China Anne Maries Herz verhärtet? Oder war sie immer schon gefühllos gewesen? Heute verstehe ich so manches. Zu Albert war sie nicht wirklich böse, aber sie war nicht gut zu ihm, und das ist vielleicht noch schlimmer. Und zu mir... Wie dem auch sei, sie interessierte sich einfach nicht für die Mädchen, nur für das, was ihre Finger herstellten. Sie war damals nur erpicht auf das Resultat. Später, als junger Mann, sah ich in ihrer Pariser Wohnung Stapel von diesen Gedecken für fünfzig Personen, Unmengen von Servietten, Dutzende von Bettlaken, alles aus kostbaren Stoffen, Seide, Batist, mit erhaben gearbeiteten Ornamenten, Kronen und Rosetten. Und wenn sie Gäste hatte, wenn die Tafel mit diesem so außerordentlich schön gearbeiteten Weißzeug gedeckt, ja überladen war, so strahlte sie vor Befriedigung über das Staunen der Damen und über die bewundernden Bemerkungen, die sogar die Herren äußerten. Besucher, die sich nachmittags bei ihr einstellten, mußten sie nicht lange drängen, damit sie ihren ganzen Schatz, sogar die Bettwäsche, Stück für Stück vorzeigte. Stumm und aufrecht stand sie dann da und entfaltete die Prachtexemplare, genoß das Konzert der Begeisterungsrufe. Schließlich sagte sie:

»Das war damals in China. Ich ließ diese Stickereien von jungen Mädchen anfertigen, denen ich damit ein schreckliches Los ersparte. Andernfalls wären sie den Besitzern übelbeleumundeter Häuser in die Hände gefallen oder hätten sich aus Verzweiflung oder vor Hunger in einen Fluß gestürzt.«

Anne Marie war aufrichtig. In Yünnanfu glaubte sie wirklich, ein gutes Werk zu tun. Und sie tat ein gutes Werk. Aber es traf sich, daß diese Mildtätigkeit dazu diente, ihren Ruf in der Pariser Gesellschaft zu mehren. Und heute frage ich mich, ob sie vielleicht schon damals, während Albert in banger Erwartung schwebte, daran dachte, allein nach Paris zurückzukehren und dort ihr großes Debüt zu geben. Sie würde die Prinzessin aus dem Morgenland sein, umschwebt vom Nimbus der himmlischen Träume, und in der *high society* als eine Art Wunderwesen umworben werden. Die kleinen Mädchen mit den zarten, aber rastlos tätigen Händen webten also in Yünnanfu die Pariser Legende der Anne Marie Bodard, der Frau des Konsuls, die man später nur noch Anne Marie nannte.

Eines Abends taucht unser *englishman* wieder einmal auf. Nachdem er sich mit einer Flasche Cognac gestärkt hat, versetzt er Albert einen brüderlichen Klaps auf die Schulter, lacht ein bißchen und sagt:

»*Old fellow*, ich hab' Sie wirklich sehr gern, wie Sie wissen. Deshalb möchte ich Ihnen einen kleinen Tip geben. Verständigen Sie den Gouverneur, daß er nicht nach Kanton reisen soll. Es wäre nicht gut für seine Gesundheit.«

»Was wollen Sie damit sagen?« erwidert Albert gereizt, als wäre der andere ihm auf die Zehen getreten.

»Keine Angst, Albert, ich habe nicht vor, in Ihrem Revier zu jagen, ich wiederhole, daß ich Sie mag und es mit meinem Rat verdammt gut meine. Gouverneur Merlin soll sich hüten, die Stadt Kanton zu betreten.«

»Und warum?«

»Weil dort ein kleines Attentat auf ihn vorbereitet ist. Ein kleines Bömbchen.«

Worauf er sich eine zweite Flasche genehmigt und sodann würdevoll von dannen schreitet.

Albert nimmt den Kopf in beide Hände, als litte er wieder einmal an seiner Migräne. Er weiß nicht mehr aus noch ein.

»Warum hat mir dieser Possenreißer das erzählt? Es sieht mir ganz nach einem schlechten Streich aus.«

Anne Marie ist anderer Meinung.

»Ich bin überzeugt, daß er die Wahrheit gesagt hat.«

»Warum sollte er das tun?«

»Vielleicht gehört diese Wahrheit zu einem Spiel, von dem

Sie nichts verstehen. Die Engländer, jedenfalls ihre Agenten, sehen weit, weiter als Sie.«

»Vielen Dank.«

Albert ist erschüttert. Übrigens, ob ihm der Engländer nur Gift ins Ohr träufeln will oder nicht, spielt im Augenblick kaum eine Rolle, denn der Herr Konsul von Frankreich ist fest entschlossen, den Gouverneur Merlin nicht zu warnen. Wie könnte er ihm gestehen, ein notorischer Säufer habe ihn informiert, ein Geheimagent, der sich englischer Konsul schilt? Ganz anders wäre die Sache, wenn ihn der Herr Konsul von England auf einem Papier mit Briefkopf und dem Siegel der britischen Krone von dem Komplott in Kenntnis gesetzt hätte. Dies wäre dann ein ernst zu nehmendes diplomatisches Schriftstück gewesen.

Anne Marie läßt nicht locker:

»Trotzdem sollten Sie die ganze Geschichte, so wie Sie Ihnen erzählt wurde, an Monsieur Merlin weitergeben. Auf diese Weise gehen Sie kein Risiko ein. Und der Gouverneur kann seine eigene Entscheidung fällen.«

Aber Albert ist unbekehrbar:

»Ich habe es Ihnen doch erklärt. Es ist gegen alle feststehenden Regeln, daß ich das Geschwätz eines Trunkenbolds zum Ausgangspunkt für eine solche Demarche mache, zumal es sich um eine höchst zweifelhafte Aussage handelt. Ich kann unmöglich dem Herrn Generalgouverneur von Indochina mit solchen haltlosen Gerüchten kommen. Wofür würde man mich halten?«

In Wahrheit glaubt Albert sehr wohl an dieses vorbereitete Attentat. Er fühlt sich, als hätte man ihm eine weißglühende Nadel in den Schädel gestoßen, und schließlich gesteht er widerwillig:

»Jetzt bleiben mir nur noch ein paar Tage für meine Ernennung zum Generalkonsul. Wenn die Beförderung noch nicht durch ist und Monsieur Merlin in Kanton tatsächlich von einer Bombe getroffen wird . . .«

Anne Marie blickt ihn an:

»Sie können also wirklich nur an sich denken.«

Wütend fährt Albert zu ihr herum:

»Ja, zuerst kommt meine Karriere, dann aber kann ich an

andere denken. Während Sie das unter gar keinen Umständen tun.«

Die Bombe ist tatsächlich explodiert. Mit Leichenbittermiene liest Albert in unserer Gegenwart die Depesche mit der Katastrophenmeldung immer wieder. Endlich hebt er den Blick zum Himmel und ruft mit vor Bewegung zitternder Stimme:

»Gott sei gedankt, Monsieur Merlin wurde nicht getroffen. Mehrere Franzosen in seiner Umgebung wurden getötet oder verletzt.«

Weitere Telegramme. Man weiß jetzt mehr über den Anschlag. Der Sprengsatz wurde während eines Galaessens geworfen, das die französischen Bewohner von Scha-mien für den Generalgouverneur im Hotel Victoria gaben, dem majestätischen Palasthotel im indisch-chinesischen Stil mit den riesigen stickigen Sälen, in denen nur die Ventilatoren atmen. Ich kann sie mir gut vorstellen, die Herren und Damen in großer Toilette, wie sie dem Gouverneur von ihren Mißgeschicken berichten und wie er sie tröstet und sie des Schutzes der französischen Republik versichert. Eine gewisse Euphorie stellt sich ein. Und plötzlich, aus heiterem Himmel, die Explosion, die Verwüstung, alles voller Scherben, die Mandarinfische schwimmen auf dem Fußboden, die Damen werden hysterisch, die Männer bemühen sich, Mut zu zeigen, aber man sieht die Getroffenen stürzen, Blutlachen breiten sich aus. Die Explosion war so gewaltig, daß eine Französin von den Messern und Gabeln durchbohrt wurde, die wie Granatsplitter herumflogen. Monsieur Merlin, der unverletzt blieb, kann sich nur noch zum Krankenhaus begeben, um die Verwundeten zu besuchen, und in die Kirche, um den Toten die letzte Ehre zu erweisen. Tote und Verwundete, mit denen er soeben noch bei Tisch gesessen hatte. Es heißt, Monsieur Merlin sei fast verstört vor Kummer und Schuldgefühlen. Hat nicht seine Anwesenheit diese Tragödie heraufbeschworen ...?

Seltsamerweise ist der Terrorist kein Chinese, sondern Annamit. Nach vollbrachter Tat – oder Untat, wenn man so will – ging er, selbst blutüberströmt, in aller Gelassenheit zum nahen Perlfluß und ertränkte sich, als müsse er aus dem Leben scheiden, um seiner Handlung erst den rechten Sinn zu verleihen. In den folgenden Tagen ließ Sun Yat-sen ihm ein Denkmal setzen, und zwar genau zwischen der Stätte des Blutbads und der Uferstelle, an der er in den Tod ging, knapp an der Grenze von Scha-mien. Eingravierte Schriftzeichen feiern den Helden. Die Laudatio beginnt so:

Der Name des Märtyrers war Hung Tai. Seine Ahnen waren Gelehrte, die ihr Land innig liebten. Nachdem die Franzosen sich Ammans bemächtigt hatten, wurde die Bevölkerung in Bedrückung und unerträgliches Leid gestürzt. Hung Tai beschließt, sich für sein Vaterland zu opfern, er folgt, mit Bomben und Revolvern ausgerüstet, Monsieur Merlin nach Japan und Hongkong, doch die Wachsamkeit der Polizei verhinderte, daß er ihn töten konnte. Er begriff, daß einzig Kanton seinem Plan günstig sei. Dieses Denkmal wurde errichtet, auf daß sein Geist weiterlebe und seine unterdrückten Landsleute in die Freiheit führe.

Im 14. Jahr der chinesischen Republik.

Nach den Berichten treffen die Gerüchte ein. So will man wissen, daß Monsieur Merlin auf allen vieren unter den Tisch gekrochen sei und den Kopf in den Armen geborgen habe. In Hanoi und bald auch in Yünnanfu macht sich die ganze französische Kolonie über ihn lustig, die Geschichte wird immer weiter ausgeschmückt und mit komischen Details versehen. Zur Stunde des Aperitifs fällen die alten Asien-Hasen ein hartes Urteil: »Er muß nicht ganz bei Trost sein. Wie, der Generalgouverneur von Indochina geht hin und macht Sun Yat-sen seine Aufwartung, diesem Narren, diesem Größenwahnsinnigen, diesem Bolschewiken, der die Weißen aus China hinausfeuern will, nachdem er so viel von ihnen profitiert und sie so gemein verraten hat! Und jetzt verschafft ihm die Naivität dieses armen Merlin noch das Vergnügen, daß er im Blut der Franzosen waten kann. Der Ärmste! Er kann nur noch so schnell wie möglich um seine Pensionierung eingeben . . .«

In der Tat wurde Monsieur Merlin einige Monate danach vom Kolonialministerium in den Ruhestand versetzt. Ich erinnere mich noch an unsere letzte Begegnung, gut ein Jahr später in Frankreich. Mein Vater und Anne Marie, die damals noch eine intakte Ehe zu führen schienen, verbrachten ihren Urlaub in Paris. Die Familie Bodard wurde von den Merlins zum Mittagessen in ihre bürgerliche Wohnung in Neuilly eingeladen. Ich weiß sogar noch, daß wir ziemlich kleinlaut waren, denn meine Eltern hatten sich im Datum geirrt und standen verdattert vor Madame Merlins wütendem Spanielgesicht, denn die Dame des Hauses schätzte diesen Irrtum keineswegs. Schließlich saß man dann doch bei Tisch, und die Merlins waren wieder fast wie früher, trotz ihres Sturzes in die Anonymität.

Wenig später schoß Monsieur Merlin sich eine Kugel durch den Kopf, um nicht vor Gericht zitiert zu werden: nach seiner Pensionierung hatte er nur noch seinen Namen und seine Titel, und beides lieh er dem Vorstand einer Firma, die er für durchaus gediegen hielt, die sich jedoch als ausgesprochenes Schwindelunternehmen entpuppte. Wieder hatte er aus Naivität gehandelt, jener Naivität der hohen Staatsbeamten, die ganze Länder regieren, ohne die Welt zu kennen. Sie kennen nur ihren Amtsschimmel. Gouverneur Merlin hatte den Tod der Schmach eines Gerichtsverfahrens vorgezogen. Was aus Madame Merlin wurde, weiß ich nicht. Sie muß wohl schon lange tot sein. André sah ich niemals wieder, fand jedoch viele Jahre hindurch seinen Namen in den Zeitungen. Er hatte die Tennisplätze Hanois mit denen Frankreichs und der ganzen Welt vertauscht und spielte weiterhin mit gleicher Leidenschaft. Er brachte es zum Champion, war schon fast Spitzenklasse, ein möglicher Nachfolger von Lacoste, Borotra, Costes und Konsorten. Und dann starb er in ganz jungen Jahren, und seltsamerweise blieb nichts von seinem Ruhm, als hätte er überhaupt nie gelebt.

Ich vergaß zu sagen, daß Albert damals, als wir in Paris das Ehepaar Merlin besuchten, bereits seit fast einem Jahr Generalkonsul war. Die Ernennung kam kurz nach dem Attentat von Kanton. Aber in den wenigen Tagen, die auf die Katastrophe folgten, war er ein gebrochener Mann, er jammerte nicht, er seufzte nicht, er duldete klaglos, wortlos. Ich sehe ihn noch heute in sein Büro gehen, bei Tisch sitzen wie ein plumpes, steifes Gespenst. Kein Ektoplasma, nur eine Anwesenheit, unbeseelte Züge, die den äußeren Habitus Albert Bodards aufweisen. Dabei beträgt er sich wie Albert Bodard, unterschreibt seine Briefe, schluckt die Bissen und schnarcht bei Nacht. Anne Marie schreckt ihn nicht aus seinen Gedanken auf. Aber denkt er überhaupt? Empfindet er irgend etwas? Stellt er Berechnungen an? Überschlägt er das Ausmaß des angerichteten Unheils? Man weiß es nicht. Jedenfalls sind die Folgen ungeheuerlich. Sie betreffen ihn zwar nicht direkt, aber sie bedeuten, daß ein Zeitalter zu Ende ging: mit dem Tag des Attentats von Kanton entwickelte sich in Indochina jener Geist des Aufstands, der 1930 zu den Meutereien von Yen Bay in Obertongking führte. Diese Meutereien wurden von der Fremdenlegion unerbittlich im Blut erstickt. Tausende fanden den Tod. Dennoch entwickelte sich der Geist des Aufstands immer weiter, verdichtete, verhärtete sich bis zu den furchtbaren Explosionen, die das Indochina meiner Kindheit hinwegfegten und mir viele Jahre später das Indochina der Revolution offenbaren sollten, als eine alteingesessene Kolonialgesellschaft fassungslos feststellen mußte, daß die Annamiten geradezu von Tugend strotzten und überdies, was noch erstaunlicher war, unschlagbare Soldaten sein konnten.

Denkt Albert in diesen Tagen des Jahres 1925 überhaupt an die Risse, die riesigen Sprünge in seinem so sehr geliebten, ihm so teuren Bauwerk China? Eine der tragenden Säulen ist soeben gestürzt: Sun Yat-sen. Nein, man weiß nicht, ob er an die verheerenden Schicksalsschläge denkt, ob er ihre Tragweite abschätzt, ob er über die notwendigen Instandsetzungsarbeiten nachdenkt. Mag sein, daß sein Hirn leer ist. Mag sein, daß sein Herz leer ist. Mag sein, daß er Gewissensbisse empfindet, aber nichts von alledem ist sicher. Vielleicht wirft er sich gewisse Ungeschicklichkeiten vor, die sein Werk und seine Karriere vernichten könnten? Es ist keineswegs sicher, daß ihm die Familie Merlin leid tut. Äußerstenfalls noch die Merlins, die Opfer von Kanton hingegen zählen kaum. Wenn er sich überhaupt einen Vorwurf macht, so den, daß er sich so gründlich irren konnte: Sun Yat-sen hat ihn aufs Kreuz gelegt! Er hat jetzt mit Sun Yat-sen ein Hühnchen zu rupfen. Wenn er so tief in seiner Eitelkeit getroffen ist, scheint er nur noch ein leerer Schatten zu sein. Aber diese Leere ist vielleicht Weltschmerz, ist die Summe von Ideen, Emotionen und Passionen, die nicht zum Ausdruck kommen, die sozusagen noch ungeboren sind. Das ist Alberts Art, Schicksalsschläge hinzunehmen, und ich werde mich später in die gleiche Haltung flüchten: in eine Art Nichtvorhandensein, das von Keimen wimmelt. Im Grunde kann er sich einfach nicht verzeihen, daß er sich verrechnet hat.

Doch diese Apathie hält bei ihm nie sehr lange an. Er ist unverwüstlich, und wenn er wieder aus seinem Schneckenhaus auftaucht, überwältigen ihn seine Gefühle wie Monsunstürme. Dann kommt alles zum Ausdruck. Wie herzzerreißend beklagt er dann das Schicksal der Familie Merlin! Mit welchem Überschwang beweint er die Toten von Kanton, die, wie er erklärt, im Dienste Frankreichs ihr Leben ließen! Auf jeden von ihnen, den er gekannt hatte – und in Asien kennt so ziemlich jeder jeden –, hält er eine ergreifende Lobrede. Seine Herzensergüsse sind übrigens bar jeder Heuchelei, er empfindet wirklich, was er sagt. Er ist im Innersten bewegt. Sein Herz ist eine schwingende Saite, und seine Stimme spricht mit tiefstem Ernst. Manchmal ist er den Tränen nahe, doch da er ein Mann ist, unterdrückt er sie. Ein markigerer Ton schleicht sich in seine Grabreden, ein trauriges Lächeln huscht über seine Züge wie ein Sonnenstrahl, der den Nebel teilt. Er fällt von einem Extrem ins andere, er läßt sich zu wahren Lobeshymnen hinreißen, zu den erhabensten Gefühlen und sogar zu privaten, vertraulichen Erinnerungen. Seine Stärke liegt dann in der Aufrichtigkeit, aber er ist nun wieder ganz bei Sinnen. Er spricht von allem, nur nicht von dem, was er sich am meisten vorwirft: von seiner Fehlkalkulation. Endlich ist es soweit: eines Tages, bei Tisch, entringt sich ihm der Aufschrei:

»Daraufhin werde ich nie mehr zum Generalkonsul befördert!«

Und ein weiterer Aufschrei:

»Jetzt habe ich nur noch Tang Kiao, und ich frage mich, Anne Marie, ob Sie nicht doch recht hatten, ob er nicht schon langsam vertrottelt.«

Seltsam, wie sich in ihm persönlicher Egoismus mit dem Glauben an seine patriotische Mission vermischt. Ja, vielleicht schmerzt es ihn aufrichtig, mitansehen zu müssen, wie Frankreich, zumindest in Asien, durch das Geschehene geschwächt, in die Defensive gedrängt wird, während er mit allen Kräften seinen Glanz und seinen Ruhm zu mehren bestrebt war.

Der Engländer macht natürlich nach wie vor seine Blitzbesuche, gerade lange genug, um eine Flasche zu leeren, und mir scheint, daß er Albert mit mehr Bedauern als Verachtung betrachtet. Weder seine Augen noch sein Bart noch sein Mund lachen ihn aus. Er sieht Albert nur ein paar Sekunden lang fast liebevoll an und hält ihm dann folgende Rede:

»Hm . . . hm . . .«

Was bedeutet dieses Hm? Schwer zu sagen. Jedenfalls bis zu dem Tag, an dem Albert ein wenig von seiner Fröhlichkeit zurückerlangt hat. Dann verpaßt der Brite ihm folgende Bemerkungen:

»Hm . . . hm . . . Sie haben einen sehr angenehmen Beruf. Wenn ein Diplomat einen Bock schießt, schadet das seiner Karriere in keiner Weise. Vorausgesetzt er verhält sich still und geht den Leuten nicht mit Rechtfertigungen auf die Nerven. Bei uns in England ist das genauso. Ich könnte so manches Beispiel aufzählen, es waren immer sagenhafte Dummköpfe. Wenn sie bei aller Dummheit ein bißchen schlau waren, taten sie überhaupt nichts und kletterten wie Affen die Leitersprossen hinauf. Nun sind Sie, Albert, keineswegs dumm, aber eine Intelligenz wie die Ihre hat den Nachteil, allzu rege zu sein, was zu den schwerwiegendsten Irrtümern führt. Allerdings hatten Sie in den letzten Tagen, wie ich weiß, genügend Verstand, nichts zu Papier zu bringen. Glückliche Diplomaten! In meinem Metier dagegen rächt jeder Schnitzer sich bitter. Manchmal kostet er sogar Kopf und Kragen, auf jeden Fall aber wird man abgesägt. Da wird kein Pardon gegeben!«

Es stimmt, Albert, der sonst so groß im Berichterstatten ist, hat dieses Mal keinen verbrochen. Wenn er nicht so angeschlagen wäre, er hätte gewiß ein unsterbliches Stück Prosa über das Attentat von Kanton und über die Konsequenzen aus Sun Yat-sens neuerdings so feindseliger Einstellung verfaßt. Er hätte bis ins kleinste alle Auswirkungen auf die französischen Interessen in Südchina dargetan, mit besonderer Berücksichtigung der Provinzen Yünnan und Szetschuan. Ja, welches Kolossalgemälde wäre unter seiner Feder entstanden!

Nach dem Weggang des Engländers stutzt Albert plötzlich:

»Wieso kann dieser Kerl wissen, daß ich keinerlei Mitteilung an den Quai d'Orsay gemacht habe?«

Anne Marie blickt ihn mit gespielter Naivität an:

»Er bezahlt einen Ihrer Sekretäre, das liegt doch auf der Hand ... So, wie Sie einen seiner Sekretäre bezahlen. Aber er weiß, wer Ihr Informant ist, Sie hingegen ...«

Alberts Miene verfinstert sich noch weiter.

»Und dieser Schnapsbruder will mir die Leviten lesen! Wie komme ich denn dazu? Glaubt der, er könnte mich an der Nase herumführen? Er soll sich bloß hüten! Ich bin schließlich nicht von gestern! Ich will Ihnen eines sagen, Anne Marie: es gibt keine anständigen Engländer!«

Anne Marie geht nicht auf diese starken Worte ein. Sie fragt nur:

»Möchten Sie noch ein Stück von der Lammkeule? Sie ist ausgezeichnet.«

In diesem Moment fällt die Botschaft vom Himmel, die das unmittelbar bevorstehende Eintreffen von Alberts Ernennungsurkunde zum Generalkonsul meldet. Sie ist vom Außenministerium unterzeichnet. Albert reicht Anne Marie das Telegramm, sie überfliegt es kurz, und er begnügt sich mit dem salbungsvollen Kommentar:

»Meine alte Mutter sagte immer zu mir: ›Arbeite, Albert, dann wirst du auch deinen Lohn bekommen‹, und ich habe immer gearbeitet. Manchmal hatte ich den Eindruck, zu wenig Verständnis, zu wenig Würdigung zu finden – aber Sie sehen, meine arme Mutter hatte doch recht. Ich muß gestehen, daß ich diese Beförderung als Bestätigung empfinde, als Ansporn, Frankreich eifriger denn je zu dienen.«

Und Albert wendet sich an mich:

»Nimm dir ein Beispiel, mein Junge. Du scheinst mir oft so gedankenlos, so verträumt, als wäre es selbstverständlich, daß es dir gutgeht, als müßtest du nicht an die Zukunft denken. Aber nur, weil ich jetzt Generalkonsul bin, werden dir die gebratenen Tauben nicht in den Mund fliegen. Mach's wie ich, sei arbeitsam und tu deine Pflicht.«

Anne Marie gibt Albert einen Kuß. Das wenigste, was sie tun kann. Er streichelt seine eigene Wange, dort, wo die Lippen seiner Frau sie gestreift haben.

»Ich sehe, Anne Marie, daß Sie meine Genugtuung teilen. Im Grunde habe ich nie an Ihnen gezweifelt. Ich möchte Ihnen sagen, daß Sie mir bei meiner Karriere viel geholfen haben. Ich weiß, man beneidet mich um eine Frau wie Sie. Manchmal bin ich gereizt, weil Sie mir allzu unverblümt die Wahrheit sagen. Ich weiß, ich habe auch meine Fehler.«

Anne Marie lächelt ihm zu, wie sie es nur selten tut.

»Ich habe Sie sehr gern, Albert.«

Ist das wahr? Das fragte ich mich schon damals. Gewiß, sie haßt ihn nicht. Zunächst muß sie ihn ertragen. Und außerdem ist es ihr nicht unlieb, die Frau eines Generalkonsuls zu sein. Die Ehefrau eines gewöhnlichen Konsuls Erster Klasse, inmitten der guten Gesellschaft von Hanoi, das war ein bißchen dürftig ...

Das Rätsel bleibt ungelöst. Wie konnte Albert nach dieser Affäre von Kanton, an der er nicht ganz schuldlos war, befördert werden? Es beweist, daß das Außenministerium über Zufälligkeiten und Tagesereignisse erhaben ist. Merlin hatte die Verwaltungsmaschinerie in Bewegung gesetzt, nur sehr schleppend, gewiß, aber nachdem sie einmal in Schwung war, lief sie, dem Gesetz der Trägheit folgend, unaufhaltsam weiter. Und so hat sich, ganz automatisch, die Ernennung vollzogen.

In Yünnanfu wird der Generalkonsul ausgiebig gefeiert. Monsieur Albert Bodard gibt ein großes Essen für die französische Kolonie. Als, kurz vor dem Dessert, die Stimmung entsprechend angeheizt ist und Jubel, Trubel, Heiterkeit herrschen, lüftet der Herr Generalkonsul die fröhliche Maske. Er ist sehr ernst. Er sagt mit erstickter Stimme:

»Meine Damen und Herren, liebe Landsleute. Ich danke Ihnen für die Beweise Ihrer Freundschaft, die ich indessen nicht ungetrübt zu genießen vermag. Ich darf Sie bitten, mit mir der Franzosen zu gedenken, die in Kanton Opfer ihrer Pflicht geworden sind.«

Stille legt sich wie ein Kreppschleier über die Runde. Dann erklingen die Gläser von neuem, die Champagnerpfropfen knallen, Glückwünsche fliegen hin und her, und die Wangen des Herrn Generalkonsul überziehen sich mit zarter Röte. Aber die größte Ehrung sollte Tang Kiao ihm bereiten. Ein Festmahl von hundert Gerichten, aber nicht die köstlichen Speisen sind die Hauptsache. Auch nicht die Ansprachen und Toasts. Der Clou ist, daß der Marschall wider jeden himmlischen Brauch seine

Erste Gattin mitgebracht hat, die Königinmutter, der höchster Respekt gebührt, die lebende Ahnfrau, die über die ganze Sippe herrscht, über die Schar der Konkubinen, der Kinder und Enkel, der Verwandten und Dienstboten, über diesen ganzen Ameisenhaufen, der Tang Kiaos Familie ist. Ihre Autorität ist absolut. Sie entscheidet über Leben und Tod aller, und alle verehren sie, wie es das unverbrüchliche Gesetz der Kindesliebe vorschreibt, das einzige Gesetz in China, das nicht übertreten werden darf. Die gute, winzig kleine Alte ist völlig kahl. Wie ein verschüchtertes, verstörtes Mäuschen sitzt sie in ihrem schwarzseidenen Matronengewand Albert an der Tafel gegenüber. Die lebhaften Augen zwinkern, aber sie bringt kein Wort heraus, sie ist viel zu erstaunt, vielleicht sogar schockiert darüber, sich in aller Öffentlichkeit, noch dazu vor diesen Barbaren, zur Schau gestellt zu sehen. Während der ganzen Mahlzeit widmet sie sich den Gästen, so gut ihre Befangenheit es zuläßt, grüßt und nickt nach allen Seiten und stochert sogar mit ihren Eßstäbchen in einer Schüssel, um für Albert die besten Bissen herauszufischen. Wie unbedeutend und sanft wirkt dieses farblose Geschöpf. Kaum zu glauben, daß sie, wie man sich erzählt, zwei ihrer Schwiegertöchter, die es ihr gegenüber am schuldigen Respekt fehlen ließen, zu Tode prügeln ließ.

Albert verlebt glückliche Tage. Denn er glaubt jetzt auch, sich an dem Geheimdienstler mit dem Feuerhaar rächen zu können. Kanton wurde von fünfzehn Bränden verwüstet, tausend schöne Häuser liegen in Schutt und Asche. Die Söldner und Soldaten Sun Yat-sens haben in ihrer Erbitterung diese Feuersbrünste gelegt. Sie haben gemordet und geschlachtet. Zwei Tage lang dauerten die Erschießungen. Die Soldaten halten die ganze Stadt besetzt. Die Frauen weinen bei den Toten. Die Sieger haben die Geldschränke auf die Straße gezerrt und mühen sich, sie aufzusprengen. Nichts als Plünderung, nichts als Grauen. Nachts liegt Mondlicht über diesem makabren Schauspiel aus Flammen und Tod.

Damals mußten die dreitausend Freiwilligen der von den Engländern unterstützten und ausgerüsteten »Kaufmanns-Miliz« über die Klinge springen, und zwar auf persönlichen Befehl Sun Yat-sens. Diese Opfer waren lange Zeit Sun Yat-sens zuverlässigste Parteigänger und Geldgeber gewesen. Sie waren kantonesische Großkaufleute im schwarzen Talar, Milliardäre, und mit sämtlichen kantonesischen Milliardären in Saigon, in Singapur, in Batavia und sogar in San Francisco versippt. Sie hatten dem bedrängten Sun, diesem ewigen Verschwörer, diesem ewigen Ränkeschmied, diesem ewigen Bittsteller geholfen, das Kaiserreich zu zerstören. Die Handelsherren von Kanton ernteten schlechten Lohn. Seit Errichtung der Republik im Jahre 1911 stürzten sich die Flußpiraten, die Meerpiraten, die sehr ehrenwerten Herren Briganten und zahlreichen Kriegsherren mit ihren Armeen auf die fette Beute. Sie ließen die Stadt unbarmherzig zur Ader, bereicherten sich an der Droge, an den Glücksspielen, an der Prostitution und an erpresserischen Abgaben. Während dieser ganzen Zeit wußten sich die Handelsherren über Wasser zu halten, denn was sie unter dem einen Kriegsherrn verloren, das holten sie sich unter dem nächsten zurück, dank der unerschöpflichen chinesischen Durchtriebenheit. Auftrat Sun Yat-sen, zunächst als armer Schlucker. Er hatte es anfangs nicht leicht, denn nachdem er das Laster in Grund und Boden verdammt hatte, versuchte er nun, den Kriegsherren die stattlichen Erträge aus eben diesem Laster abzujagen. Bekanntlich wurde er mehrmals aus der Stadt vertrieben und kam immer wieder zurück. Doch schreckliche Zeiten brachen für die Handelsherren an, als Sun schließlich durch sein Bündnis mit den Bolschewiken und den von Moskaus Agenten ausgebildeten Milizen und Armeen an die Macht gelangte. Die Gelder aus Moskau reichten nicht aus. Sun benötigte mehr, immer noch mehr, um seine Hofhaltung zu bezahlen, um seine Helfershelfer zu bezahlen, seine Kuli-Soldaten, um die Kriegsherren, die nun ihrer Einkünfte beraubt waren, zum Stillhalten zu bringen. Also säckelte er die Kaufleute aus. Phantastische Steuern, und die Auflage an die Händler, als Bezahlung für ihre Waren die von Sun ausgegebenen Banknoten anzunehmen, wertloses Papier. Also schlossen sich auf diesem von allen Leidenschaften geschüttelten Vulkan Kanton die Kaufleute mit Hilfe der Geheimagenten Seiner britannischen Majestät zu einer Schutztruppe gegen die Agitatoren Moskaus zusammen. Diesmal verloren die Engländer. Sun Yat-sen hatte sich übrigens ein reizendes Doppelspiel geleistet. Er hatte persönlich die »Kaufmanns-Miliz« besichtigt, hatte den Handelsherren erlaubt, ganze Schiffsladungen voll Waffen zu kaufen, und sobald sie eintrafen, beschlagnahmte er sie. Und dann gab er den Befehl zur Liquidierung dieser braven, dicken chinesischen Kaufherren, die die Dreistigkeit besessen hatten, ihm nicht mehr zu trauen.

Als der englische Konsul in Yünnanfu wieder einmal auf ein paar Flaschen zu uns kommt, scheint die Feuersbrunst ihn keineswegs am Boden zerstört zu haben. Er ist sogar besonders ausgelassen.

»Nun, Herr Generalkonsul . . . Macht mir wirklich Spaß, Sie Generalkonsul zu nennen. Ich hab's Ihnen ja gesagt. Es renkt sich alles ein. Ich hab's Ihnen ja gesagt, die Diplomaten sind gegen jeden Irrtum gefeit.«

Albert betrachtet ihn ein wenig dümmlich, ehe er zurückschießt:

»Aber auch für Sie, in Ihrer Zunft, renkt sich alles ein. Ich habe nichts von Sanktionen gegen die Narren aus Hongkong gehört, die den Handelsherren von Kanton so dringend nahelegten, sich abschlachten zu lassen. Man mußte kein Hellseher sein, um vorherzusagen, daß diese Geschichte mit einem Blutbad enden würde.«

Der Engländer zieht die Lefzen zurück und leckt sich wohlig die cognacgetränkten Schnurrbarthaare.

»Unterschätzen Sie uns nicht, Albert. Meine Herren Kollegen von Hongkong konnten sich natürlich über den fatalen Ausgang dieser Sache keine Illusionen machen. Sie haben sie dennoch eingefädelt, weil sie daraus Nutzen ziehen wollten, und sie haben sich nicht verrechnet. Sun ist in die Falle gegangen.«

Das geht sogar Albert ein bißchen zu weit.

»Zimperlich seid ihr nicht, ihr Engländer, alles was recht ist!«

Aber der Geheime ist vom Feuerwasser freundschaftlich entflammt:

»Daß diese ›Kaufmanns-Miliz‹ abgemurkst würde, das wußte man von Anfang an. Wichtig war, daß sie eine Botschaft hinterlassen würde, und das hat sie getan. Ehe sie sich den Garaus machen ließen, richteten alle Honoratioren der Provinz Kanton einen Appell an die Chinesen in aller Welt.

Sie befahlen ihnen, Sun Yat-sen keinen roten Heller mehr zu geben und ihn als Feind zu betrachten. Und das ist der springende Punkt. Von dieser Seite hat er nichts mehr zu erwarten. Die Toten von Kanton werden ihn teuer zu stehen kommen, sehr teuer.«

Albert, der Fachmann, ist beeindruckt.

»Warum haben Sie der Armee des General Pai Tschung-si nicht empfohlen, sich den Freiwilligen anzuschließen? Das hätte das Unheil von Kanton abwenden können. Denn Sie haben diese Armee doch weiß Gott in der Hand? Sie haben sie geschaffen, ausgebaut, schlagkräftig gemacht, um uns Franzosen eins auszuwischen. Sie wollten nicht, daß wir unseren Einfluß nach Kwangsi ausdehnten, von wo aus es uns ein leichtes gewesen wäre, Eisenbahnlinien sowohl nach Kanton wie auch nach Hankau zu bauen, zweien Ihrer ältesten Stützpunkte. Das wollten Sie um jeden Preis verhindern. Also haben Sie Kwangsi und seine Kriegsherren mit Agenten und mit Geld überschüttet. Und wir konnten nichts dagegen unternehmen. Nun haben sich aber Pai Tschung-si und seine Soldaten schon seit Jahren in Kanton eingenistet. Einmal haben sie sogar Sun verjagt, aber jetzt kuschen sie vor ihm. Warum haben Sie sie nicht fallenlassen?«

Der Engländer betrachtet Albert leicht verwundert:

»Aber das ist doch sonnenklar! Die Situation ist noch nicht weit genug gediehen. Dieser Abszeß muß erst reifen, er muß aufbrechen und seinen giftigen Eiter bis zum Unterlauf des Yangtsekiang verströmen. Im Moment glauben sich die Herren Chinesen von Schanghai, die im Schutz unserer Konzessionen reich und glücklich leben, strotzend von Gold und Hochmut, von uns übervorteilt, schlecht behandelt, verachtet. Sie hegen bitteren Groll gegen alle Weißen. Sun ist ihr Held. Sie begünstigen alle seine Machenschaften. Aber eines Tages, wenn die rote Revolution sich bis zu ihrer eigenen Tür vorgearbeitet hat, werden sie das kalte Grausen kriegen. Dann ist der Augenblick des Handelns da. Der letzte Akt wird in Schanghai spielen.«

Albert, immer noch mit fachlichem Interesse:

»Und Sie sparen sich Pai Tschung-sis Armee für diesen letzten Akt auf?«

»Ja, und ihr Franzosen werdet an unserer Seite sein. Wenn

ich nicht irre, mein lieber Albert, so kannten Sie doch eine gewisse Blaue Bande?«

Der Engländer meckert höhnisch, denn er weiß, daß diese Erinnerung Albert nicht angenehm sein kann. Die »Blaue Bande« ist die Gangsterorganisation von Schanghai. Albert runzelt die Stirn.

»Das ist alles recht und schön, aber noch lebt Sun Yat-sen, und er ist die Schlüsselfigur.«

Der Engländer läßt wieder sein mitleidiges »Hm« hören.

»Wir stellen die Bauern auf, mein lieber Albert. Wann und wie soll die Schachpartie gespielt werden? Das wissen wir noch nicht. Aber es wird eine schöne Partie werden.«

Albert faßt die Situation zusammen:

»Kurz, Sie hoffen, daß die Leichen Ihrer dreitausend Freunde von Kanton Dividende abwerfen: Zehntausende von Leichen Ihrer Feinde in Schanghai.«

Der Engländer zwinkert, als wäre das Ganze ein Riesenspaß, und feuert einen letzten Schuß ab:

»Aber Sie, Albert, oder auf jeden Fall die Franzosen, falls Sie nicht mehr hier sein sollten, Sie werden mit von der Partie sein, glauben Sie mir. Sie werden Ihren Anteil an den Dividenden einstreichen.«

Nach dem Weggang des Briten sagt Albert empört zu Anne Marie:

»Diese Engländer haben kein Herz! Welcher Zynismus! Ich weine über Kanton, denn es ist eine Stadt, die ich sehr geliebt habe ... Dort tat ich die ersten Schritte meiner Karriere ... Dort fing ich an, China zu erlernen ... Denn ich kenne keine Stadt, die chinesischer wäre, überquellender von der Weisheit und dem Wahnsinn Chinas.«

Albert hat, wie man weiß, einen Hang zum Schreiben. Nein, es ist kein Hang, es ist eine Leidenschaft. Nicht genug damit, daß er jedes Stück Papier, das er erhält oder abschickt, mit Anmerkungen versieht, daß er dem Quai d'Orsay in ausgefeilter Prosa Berichte über die chinesische Politik, dieses Schattenspiel, dieses Todesspiel, erstattet, er traktiert das Außenministerium überdies mit Schriften über die Künste, die Sitten, die Bräuche, die Sehenswürdigkeiten, die Kuriositäten all der Orte, die er besucht hat. Seine Spezialität ist die blaue Blume des Grauens, die Schönheit des Makabren. Denn dieser in vieler Hinsicht so bürgerlich gesinnte Mann schwelgt in der Darstellung des Monströsen. So hinterließ er unter anderem ein paar Seiten über Kanton aus dem Jahre 1902, bei deren Lektüre ich immer ins Träumen gerate.

Er zeigt darin auf, wie die kaiserliche Regierungsmaschinerie funktionierte: alle die Institutionen der Grausamkeit im Namen der Tugend, inmitten dieser bizarrsten Großstadt der Welt. Kanton liegt am Perlfluß, der hier aus der Vereinigung des nördlichen, westlichen und östlichen Flußarms entsteht, der Hauptläufe, die alle Wasser Chinas an sich ziehen. Der Perlfluß mündet in den Fjord, dessen Zugang Hongkong beherrscht, er gleicht einem immer breiter werdenden Abwasser und ist so voller Unrat, daß er wie eine feste Substanz erscheint. Die Verwesung fasziniert die Chinesen noch stärker als die Schönheit. Sie besitzen die Gabe, die Verwesung in einen Taumel ausgefallener Formen umzuwandeln. Ja, ich träumte von dieser phantastischen Stadt, die nicht ihresgleichen hat, die unaufhörlich auf der Suche nach Genüssen ist, von denen sie nie genug bekommt, und deren Elend entsetzlicher ist als irgendwo sonst. Ständiger Kontrast unter einem tropischen Himmel. Wie viele Millionen zählt die Bevölkerung? Niemand weiß es. Hier herrscht ein Gewimmel, das den übrigen so wohlbekannten und so oft beschriebenen Volkreichtum Chinas weit in den Schatten stellt. Um so auffallender, daß es keine breiten gepflasterten Straßen gibt, nur ein riesiges, ein unentwirrbares Labyrinth von Gäßchen, wo der Milliardenreichtum das menschliche Strandgut mit Füßen tritt. Wozu sie zählen, diese namenlosen Wracks, es gibt ihrer so viele. Diese Gäßchen werden von Millionen hin und her pendelnder scharlachroter Bretter blockiert, die senkrecht herabhängen, fast bis zum Boden, also bis in den Schlamm. Es sind Ladenschilder und Andachtstafeln, Zunftzeichen und fromme Inschriften. Im Halbdunkel der von ihnen gebildeten Schächte wird das Gedränge lebensgefährlich. Nur mit Fäusten kann man sich einen Weg bahnen. Mitten im Kot die Sterbenden, die Aussätzigen, die Kranken . . . Kernstück dieser menschlichen Flutwelle ist die ungeheuerliche, unermüdliche Emsigkeit der Horden armer Teufel, die sich totschuften, um ihr Leben zu fristen. Unzählige hochbepackte Kulis, unzählige Greise, Greisinnen, Kinder, die unter der Last auf ihren Schultern daherschwanken. Die wohlhabenden chinesischen Händler lehnen müßig an ihren Auslagen und betrachten diese apokalyptische Prozession. Für sie schleppen alle diese Elendsgestalten alle diese Schätze, alle diese kostbaren Waren. Kanton ist zugleich Ballungsgebiet unermeßlich reicher Leute, die unerbittlich jede Art von Ausbeutung betreiben, und des menschlichen Gewürms, das man mit Füßen tritt und in dem ständig der Aufstand gärt.

Das alte China der Zeit vor meiner Geburt, das noch heute seinen Zauber auf mich ausübt. In den Mauernischen Götterbilder, vor denen Weihrauchstäbchen schwelen. Über der Stadt die Pfandhäuser, Unglückstürme mit übereinandergeschichteten Dächern, die wie Raubvögel auf ihre menschliche Beute lauern. Es sind Festungen, auf allen Zinnen sind Gefäße mit Vitriol aufgestellt, die sich über einen tollkühnen Sturmtrupp ergießen würden. Drinnen Tausende sorgfältig beschrifteter Päckchen. Pfänder, die schamlosem Wucher dienen. Üppiger Aberglaube. Seltsam verformte Tempel. In einer Pagode drängt sich das Volk um einen Busch, der aus einem Altar wächst. In diesem Busch haust eine Schlange. Sie ist der Gott. Neben ihm schneiden die Priester Hähnen die Köpfe ab, während der Spender der Opfergabe den Schwur tut: »Möge in der Ewigkeit mein Kopf fallen wie der dieses Hahns, wenn ich mein Wort breche.« Am Rand der Stadt steht die Pagode der Foltern. Sie begnügt sich nicht mit Wandbildern, auf denen die Hölle dargestellt ist, wie ich sie später häufig sah. Hier sind alle Folterwerkzeuge zur Schau gestellt, und sie werden auch angewandt. Welch reiche Phantasie! Die Opfer werden aus wenige Quadratmeter großen Bambuskäfigen gezerrt, in denen sie zu Hunderten kauern. Man kann sie besichtigen, man kann ihnen durch die Bambusstäbe Nahrung zuwerfen, um die sie alle betteln. Diese todgeweihten Bündel bekommen nichts zu essen. Das seltsamste ist, daß sich um diesen Tempel der Foltern zwei Galerien ziehen, auf denen die angeblich den Verurteilten wohlgesonnenen Gottheiten thronen. Diesen grob bemalten Statuen opfern die Angehörigen, Tausende von Flehenden, Hühner und Schweine, damit ihre Verwandten, die zur gleichen Stunde unter Schlägen zusammenbrechen, sich auf Pfählen winden, an Eisenhaken zappeln, vom Tode verschont bleiben.

Mein Vater beschwört noch andere Stätten herauf, die für ihn magische Stätten waren und es auch für mich wurden. Zum Beispiel den Totentempel. Eigentlich ist es eine Stadt, in der jedes der steinernen Häuser von einer Grablaterne erleuchtet ist. Neunhundertfünfzig Einwohner. Alles Tote in ihren Särgen. Leichenfahles Licht, Weihrauch und der Qualm der Harzfackeln. Blumengebinde. Es ist die Totenstadt, in der die sterblichen Hüllen jener Chinesen aufbewahrt werden, die nicht aus Kanton stammen, aber in Kanton gestorben sind. Sie warten hier, bis ihre Angehörigen ihre Reste in die Heimat überführen lassen.

Kurz und gut, Kanton im Jahre 1902 wird völlig von der himmlischen Weisheit regiert. Es gibt eine Fabrik, in der die Weisen, die Mandarine angefertigt werden. Zu beiden Seiten einer breiten Allee befinden sich dreitausend viereckige Nischen, in denen ein Mensch kaum sitzen kann. Dort werden die Kandidaten für die großen Prüfungen, die mindestens zweiunddreißigtausend Schriftzeichen beherrschen müssen, acht Tage lang eingesperrt. Es sind Greise darunter, und es kommt häufig vor, daß die Kandidaten in diesen Kerkern des Wissens an Luftmangel oder Erschöpfung sterben, die wenigen jedoch, die das Examen bestehen, werden mit der Pfauenfeder ausgezeichnet.

Dann beschreibt Albert, wie der Vizekönig in feierlichem Zug seinen riesigen, festungsartigen Palast verläßt. Zwanzig stolze Reiter, die Pike in der einen Hand, in der anderen eine lange Pferdepeitsche schwingend, treiben die Menge auseinander. Es folgen rot gewandete Liktoren mit Stöcken, Äxten, Säbeln und Ketten: die Henker. Danach zweihundert Standartenträger, oft schmutzstarrendes und aussätziges Lumpengesindel, das in der Livree des hohen Herrn steckt, grellen Fetzen. Schließlich ein Dutzend geschlossener Sänften mit einem kleinen Guckfenster. In einer davon der Vizekönig, auf den Sun Yat-sen ein rundes Dutzend Mordanschläge verüben ließ.

Und mein Vater erzählte auch, wie er die chinesische Wollust kennenlernte. Ein Ritual. Das Freudenviertel liegt im Perlfluß. Eine schwimmende Welt. Die Schiffe liegen hier ständig vor Anker, lauter kleine grüne Brücken. Sobald der Abendnebel sinkt, ist alles erfüllt von Lichtern, Weihrauchwolken, Musikklängen, fetten Speisen, ein Märchenland über dem Wasser, über dem Unrat. Es gibt sie in allen Größen, diese Schiffsbrücken der ewigen Lust. Stundenhotels, Teehäuser, Massagehäuser, Opiumhöhlen. Sogar Paläste, wo für die reichen Chinesen alle Leckerbissen bereitgehalten werden. Denn nur die Reichen finden dort Zutritt. Wenn sie tagsüber ihren Geschäften nachgegangen sind und andere bis aufs Blut ausgebeutet haben, lassen sie Frauen und Konkubinen zu Hause und treffen sich in diesen geschlossenen Klubs. Anstatt sich, wie die Engländer von Scha-mien das tun, in Smokings zu zwängen, haben sie es eilig, sich auszuziehen bis auf die Unterhosen. Sie machen es sich in der warmen Luft behaglich, die Nabel auf den dicken Bäuchen glänzen wie Siegel ihres Reichtums. Dort wird gefressen, gefurzt, gerülpst, gespuckt, gekotzt. Und zum Essen bedienen sie sich nicht der eigenen Hände, sondern der Hände der »kleinen Blumen«, unirdischer, künstlicher Geschöpfe. Es ist, als könne das himmlische China, das die Schönheit so sehr liebt, diese Schönheit nur erlangen, indem es die Materie verformt, sei sie nun Stein, Pflanze oder lebendiges Fleisch. Die Gesichter dieser Frauen sind Masken aus Schminke, Salben, verwirrenden Schmuckstücken. Ihre Nasen müssen sein wie die tödliche Schneide eines Degens und die Augen wie die schweren schwarzen Kerne im Zentrum eines Wirbelsturms. Sie müssen poetische und laszive Sphinxe sein, die alle schwarzen Launen verscheuchen, doch ihre wichtigste Eigenschaft ist Intelligenz. Sie sind die Priesterinnen all der Raffinessen, denen die dickleibigen oder skelettdürren Milliardäre huldigen. Nicht nur, daß sie ihnen die Happen zum Munde führen, sie müssen sie auch durch eine mit sehr alten Zitaten geschmückte schelmische oder mondäne Konversation zu zerstreuen verstehen. Sie gießen den Jasmintee in die Schalen, sie gießen den Makuelo mit Rosenessenz in porzellanene Fingerhüte. Zuweilen trägt eine von ihnen eine wehmütige alte Weise vor. Wenn die Männer aus ihrer Trägheit und Stummheit erwacht sind, stoßen sie einander mit Ellbogen an und knurren ein paar Worte. Sie kommen überein, einen Mandarin zu bestechen, eine Piratenbande zu finanzieren oder eine gigantische Spekulation aufzuziehen. So schließen sie ihre enormen Geschäfte ab. Den Rest der Nacht rauchen die Weisen Opium, die anderen geben sich dem Glücksspiel hin und versuchen leidenschaftlich, sich gegenseitig zu ruinieren. Die kleinen Blumen dienen dann als Parzen, als Croupiers, die zerbrechlichen Händchen werden zu Rechen. Auch den Wonnen des Fleisches wird gefrönt, allerdings nicht oft. Die Mahlzeit besteht aus Gerichten zunehmend »stärkender« Art, will heißen potenzstärkend. Nur die Milliardäre können sich Rhinozerospulver leisten. Die Objekte der Sinnenlust, Knaben oder Mädchen, stehen nicht am höchsten im Kurs. Ungleich kostbarer sind die berühmten Sängerinnen, die Königinnen des schwimmenden nächtlichen Kanton.

Manchmal werden Europäer zu diesen Gelagen eingeladen, aber für sie ist die Nacht früh zu Ende. In ihrer Gegenwart zeigen die Chinesen sich nicht in Unterhosen. Die Speisenfolge erzielt zunächst eine gewisse anregende Wirkung, die indes durch beruhigende Desserts wieder abklingt. An solchen Abenden wechseln die Himmlischen keine geflüsterten Worte, das ausgeklügelte Karussell der Freuden setzt sich nicht in Bewegung. Es ist für diese Chinesen eine lästige Aufgabe, einen Weißen in ihrem Kreis, ihrem kleinen Clan zu empfangen. Sie tun es nur auf Anraten irgendeines Compradors, der ein Geschäft unter Dach bringen muß. Albert wurde in seiner Eigenschaft als eine Art Vizekanzler am Konsulat von Kanton mehrmals zu solchen sehr ehrenwerten Veranstaltungen geladen und mit Artigkeiten überschüttet. Woraufhin die Herren gegen Mitternacht ein Boot kommen ließen, das ihn nach Scha-mien zurückbrachte.

Fünzig Jahre später, 1949, sah ich diesen schwimmenden Jahrmarkt der himmlischen Wonnen. Er existierte noch, aber er lag in den letzten Zügen. Die kleinen Blumen gab es längst nicht mehr. Sie waren abgelöst worden von den Sing-song-Girls in schamlos enganliegenden Seidenkleidern, die zwar oben hochgeschlossen sind, aber Rockschlitze haben, die den Blick auf die Beine bis zu den Hüften freigeben. Als ich mich in Kanton aufhielt, standen die Kommunisten schon vor den Toren, und die meisten Mädchen waren nach Hongkong geflüchtet. Die Schiffe lagen noch immer da, eine tote Flotte im vollen Schmuck des gestörten Fests. Ein Fest, das Jahrhunderte angedauert hatte und jäh in Erstarrung fiel. Alle diese Lampiongirlanden, dieser ganze Flaggenputz, Verheißungen der Freude, hingen schlaff herab. Die kostbaren Hölzer, die Skulpturen und Gravüren, die Schlupfwinkel der Wollust befanden sich im Verfall. Diese Luxuskähne, die hier so dicht ankerten, daß sie eine fugenlose Decke über dem Wasser bildeten, waren zu Wracks geworden. Einst so voller Leben, und jetzt diese Einsamkeit. Wer hätte jemals gedacht, daß eines Tages die Tugend, eine neue Tugend unvorstellbarer Art, die uralte Genußfreude wegfegen würde?

Ein Stück weiter nochmals ein schwimmendes Stadtviertel mit allen Graden der Armut und Verkommenheit. An den Ufern die Pfahlhütten des Abhubs der Bevölkerung, wie eine Hautkrankheit. Vor diesem äußersten Festlandstreifen hauste das Volk der Wasserbewohner. Tausende von Booten, Bord an Bord, deren jedes einer ganzen Familie als Wohnstatt diente. Ich sehe eine alte Frau in einem Bottich sitzen, der sich voranbewegt, denn sie rudert mit ihren knotigen Greisenhänden. Ich sehe Männer, zwei oder drei, die sich auf schlecht gefügten Brettern hinauswagen, mit einem Fetzen Stoff als Segel. Primitive Wesen. Und die Flußdschunken mit ihren Ahnenaltären und ihren Räucherstäbchen, und endlich die Meerdschunken, prachtvolle schwere Fahrzeuge, fünfzig und mehr Meter lange Festungen. Sie gleiten durch dieses Labyrinth, das so von Kähnen wimmelt, daß nur noch schmale Fahrrinnen freibleiben. Die Sampans flitzen hin und her wie Wasserrikschas, gesteuert von robusten Schifferinnen mit muskulösen Körpern und flachen, immer lachenden Gesichtern. Unglaublich kräftig und geschickt manövrieren sie das Fahrzeug mit den wenigen Passagieren, die sie der Konkurrenz abjagen konnten. Diese Schifferinnen sind die letzten Freudenmädchen in Kanton. Es genügt, daß man ihnen einen Geldschein zeigt, und schon legen sie den Säugling beiseite, übergeben die Ruderstange dem Ehemann, legen sich auf den Boden des Kahns und öffnen die kaum entblößten Beine. Der Akt wird vollzogen wie irgendeine beliebige Tätigkeit. Er ist nicht einmal lästig. Er ist gar nichts. Erst nachher kommt das einzige Ritual, wenn die Frau sich auf die dicken Schenkel niederkauert, eine Bodenplanke lüftet und mit der hohlen Hand ein wenig Wasser aus dem Perlfluß, dieser Kloake, schöpft, um sich damit zu waschen. Das ist alles, was von der chinesischen Raffinesse übrigblieb.

Wenn ich heute die Aufzeichnungen lese, die mein Vater zu Beginn des Jahrhunderts verfaßt hatte, und die er mir hinterließ, so fühle ich genau, wie sehr China ihn behexte. Vor allem faszinierte ihn das Flechtwerk der unaufhörlichen Intrigen, dieses Netz, an das alle Gehirne angeschlossen sind. Das war seine große Leidenschaft. Sich einschalten in den Krieg der Köpfe, die Chinesen ausstechen, sich ihrer bedienen zum größeren Nutzen Frankreichs. Seltsamerweise hatten die chinesischen Laster überhaupt keinen Einfluß auf ihn gehabt, nicht einmal das Opium, das ihm nur als Heilmittel gegen seine Zweifel und Befürchtungen diente. Er blieb Franzose vom Scheitel bis zur Sohle und bewegte sich nur in Gesellschaft von Franzosen. Sein Temperament hatte ihn in jungen Jahren den Französinnen in die Arme geworfen, die damals nicht gerade Damen aus den ersten Kreisen waren. Vor allem wollte er heiraten und Kinder haben. Er hatte sich schon alles genau zurechtgelegt: eine Ehefrau, die ihn umschmeicheln und umsorgen würde, die eine Mitgift hätte und sich tadellos benähme. Er hatte beschlossen, sie sich aus Frankreich zu holen, aus der Provinz, denn gegen die Damen der Kolonie hegte er massive Bedenken. Ein Glücksfall hatte ihm Anne Marie beschert, die allerdings nicht sämtliche Klauseln erfüllte, die er mit sich selbst ausgehandelt hatte. Der arme Albert.

Im Grunde mochte Albert die reichen Fettsäcke von Kanton mit ihren feisten Köpfen und verschleierten Augen, die er 1902 kannte, nicht besonders. Er fühlte ihre Verachtung, die allen Weißen galt. Daher bedauert er heute, im Jahr 1924, ihr Los nicht um ihretwillen, sondern weil sie Sun Yat-sen zum Opfer fielen, diesem Sun Yat-sen, den sie so lange unterstützten und der sie so plötzlich fallenließ und um die Ecke brachte, als es ihm ins Konzept paßte. Albert Bodard haßt von Stund an Sun Yat-sen. Er besitzt eine phänomenale Fähigkeit zum Groll, zu stummem, heißem, glühendem, unversöhnlichem Groll. Sun Yat-sen hat ihm gegenüber das Verbrechen der Majestätsbeleidigung begangen. Er war nicht der Mann, den Albert sich vorgestellt hatte. Er fügte sich nicht in die Pläne, die Albert um seine Person geschmiedet hatte. Folglich findet Albert, Sun habe ihn hintergangen. Gewiß, Albert ist trotzdem Generalkonsul geworden, aber sein Rachedurst kennt keine Grenzen.

Bei Tisch knirscht er häufig:

»Ich will Sun erledigen! Ich werde Tang Kiao gegen ihn scharfmachen.«

Anne Marie lacht schallend.

»Und dabei konnten Sie sich nicht genug tun, ihm eine Annäherung an Sun zu empfehlen! Der Marschall wird ein wenig erstaunt sein.«

Albert, mit starrem Blick:

»Ich werde ihn auf Szetschuan hetzen. Er soll mit seinen Armeen dort einrücken! Ich schere mich den Teufel um die Szetschuanesen.«

»Und Sie glauben, der Herr Konsul von England würde Sie gewähren lassen! Ihr Haß verblendet Sie, *mon ami*. Sie würden Tang Kiao ins Schlachthaus schicken.«

»Ihr Engländer kann mir gestohlen werden! Seit einiger Zeit tischt er mir ständig einen Wust von Geschichten auf, von denen ich nichts verstehe, außer daß ich für dumm verkauft werden soll. Ich will nur eins, und das ist meine Eisenbahn.«

»Sie wiederholen sich, mein armer Freund. Ihre Eisenbahn werden Sie nie mehr bekommen, und das wissen Sie auch.«

Albert verschanzt sich in seinem Büro. Wie es der Zufall will, erwartet ihn dort ein langes Sendschreiben der Generale von Szetschuan. Er zappelt vor Ungeduld, während der Schriftkundige die ehrwürdigen Zeichen übersetzt. Die Katastrophe ist da, aber nie trat eine Katastrophe unter einem solchen Schwall von Versicherungen ewiger Dankbarkeit auf. Mein Vater wird mit segenspendenden Genien verglichen, die über den Lauf der Sterne gebieten. Wie von Zauberhand habe er eine Armee erscheinen lassen, die bereit gewesen sei, den Szetschuanesen zu Hilfe zu kommen. Doch nun sei diese Armee nicht mehr vonnöten. Sie möge in ihre heimatlichen Gefilde zurückkehren! Dank seines magischen und günstigen Einflusses habe Monsieur Bodard bewirkt, daß der Friede den Krieg besiegte. Das Herz des Eindringlings Wang sei angerührt worden. Zerknirschung habe sich seiner bemächtigt, und er habe seine Verbrechen ausführlich bereut. Vor den Bonzen und vor den Göttern habe er jedem Bündnis mit dem General Wu Pei-fe abgeschworen, diesem Bluthund des Krieges, der den Yangtsekiang für die Engländer bewache und die Chinesen bis auf das Mark aussauge. Nun sei zwischen dem entsühnten Wang und den szetschuanesischen Generalen das Band der Eintracht und der Freundschaft geknüpft. Gemeinsam würden sie alle nun für das Wohlergehen Szetschuans und seiner Bewohner sorgen. Gemeinsam würden sie Sun Yat-sen ein Huldigungsschreiben schicken. *Monsieur le consul de France* möge geruhen, dem Marschall Tang Kiao in ihrem Namen Dankesbezeigungen auszusprechen, die zahlreicher seien als die Sterne des Himmels. Marschall Tang Kiao werde gewiß hoch erfreut sein, nicht das Blut seiner Soldaten vergießen zu müssen. Er werde hoch erfreut sein über die Harmonie, die nun ihren Einzug gehalten habe, um die Menschen glücklich zu machen. Außerdem würden sie, die szetschuanesischen Generale, in Kürze dem Marschall Tang Kiao die Botschaft ihrer unermeßlichen Dankbarkeit nebst ein paar armseligen kleinen Geschenken zugehen lassen. Ihm, Albert Bodard, würden sie sich erlauben, einen Wandteppich zu übersenden, auf dem die illustren Streiter der drei Königreiche dargestellt seien, die Helden mit den roten Gesichtern, denen *monsieur le consul* an Tugend gleichkomme.

Albert verbringt eine schlaflose Nacht. Anderntags bei Tisch stößt er hervor:

»Dieses Kupplerstück stinkt nach Engländer.«

Und tatsächlich erscheint zum Likör der Brite mit seinen blutunterlaufenen, verschlagenen Augen. Er ist glücklich. Albert empfängt ihn mit finsterem, haßerfülltem Blick. Der andere gurgelt in echter oder gespielter Unschuld mit leicht stotternder Stimme:

»Was haben Sie denn, mein Lieber? Sie scheinen nicht sehr begeistert, mich zu sehen.«

Albert läßt seinem gerechten Zorn freien Lauf:

»Sie trinken meinen Schnaps, Sie schlagen mich ständig auf die Schulter, Sie geben mir gute Ratschläge, überhäufen mich mit geheimnisvollen Andeutungen, drängen mir Ihre Freundschaft auf, schwatzen auf mich ein, daß mir der Kopf schwirrt, und das alles, um mir einen dreckigen Streich zu spielen. Einen verflucht dreckigen Streich. Das werde ich Ihnen nie verzeihen.«

Der Engländer scheint sich hinter seinem Bart verstecken zu wollen und sucht nach einer Erklärung:

»Sollten Sie am Ende einen Anfall von Malaria haben, mein lieber Albert?«

»Nein. Was mir über die Hutschnur geht, sind Ihre Machenschaften in Szetschuan. Die Versöhnung zwischen Wang und den szetschuanesischen Generalen ist Ihr Werk. Geben Sie es zu. Auf diese Weise bleibt Tang Kiao an mir hängen. Bleiben seine Armeen an mir hängen. Und dabei war alles vorbereitet, damit sie in Szetschuan einmarschieren könnten. Jetzt ist alles im Eimer. Was soll ich Tang Kiao sagen?«

Der Engländer leckt sich die Schnauze:

»Ganz einfach, mein lieber Albert, verklatschen Sie mich bei Ihrem Tang Kiao. Wir werden ja sehen, ob er mich auffrißt.«

Albert zügelt sich ein wenig.

»Nein, das werde ich nicht tun. Aber Sie müssen doch eingestehen, daß Sie alle meine Pläne über den Haufen geworfen haben!«

Der Brite zuckt mit engelhafter Unschuld die Achseln.

»Albert, nehmen Sie doch Vernunft an. Ihre Anschuldigung ist völlig unhaltbar ... Wir Engländer sind gut Freund mit General Wu, das wissen Sie, das weiß alle Welt. Wie könnten wir ihm dann einen seiner Offiziere, diesen Wang, abspenstig machen und ihn dazu bringen, daß er Wu verrät? Das ist absurd, das ist widersinnig. Ihre Phantasie spielt Ihnen einen Streich.«

Albert ist nicht überzeugt.

»Und Sie haben das Ganze auch nicht im Einverständnis mit Wu inszeniert, der auf diese Weise die Provinz in der Hand behält und zugleich verhindert, daß die Yünnanesen losmarschieren?«

Der Brite stößt ein kurzes hartes Lachen aus, eher ein Raubtierknurren, das unter dem getigerten Schnurrbart hervorkommt.

»Die Yünnanesen werden bald losmarschieren, aber sie werden von den verdammten Bergpässen heruntermarschieren, auf die Sie sie geschickt haben und die ihnen schon zum Hals heraushängen. Außerdem halten sie diese Pässe nicht einmal besetzt. Sie sind vorsichtshalber hübsch unten geblieben und plündern die ganze Gegend aus, nur ein paar Wachen sind auf den Höhen aufgestellt. Ja, sie werden losmarschieren, aber in Richtung Yünnanfu, um Ihren Tang Kiao zu stürzen, diesen alten Schwachkopf, der langsam in Umnachtung versinkt, ohne daß es Ihnen aufgefallen wäre.«

Albert fährt in die Höhe:

»Das werden wir ja sehen!«

Sobald der Engländer weg ist, läßt Albert seinen Tragsessel und seine Eskorte kommen. Er begibt sich zu Tang Kiao. Das schwere Gesicht des Marschalls ist von Grimassen durchzuckt, der kahle Schädel feuerrot, die Augenschlitze sind wie im Wahnsinn verengt. Statt einer Begrüßung sagt Tang Kiao:

»Ich weiß. Die Yünnanesen haben mir durch einen Kurier die Botschaft gesandt. Ich ließ den Mann soeben hinrichten.«

In Albert regt sich der Verdacht, daß der Engländer doch recht haben mochte, als er von Tang Kiaos Geistesstörung sprach. Es wäre nicht der Rede wert gewesen, wenn er nur einen seiner Generale oder Obersten hätte köpfen lassen. Aber hier handelte es sich um den Sendboten der Szetschuanesen, und ein solcher Mann war grundsätzlich tabu. Dieser Mord gibt das Signal zum Ausbruch von Feindseligkeiten. Albert hat plötzlich Angst. Ist Tang Kiao noch Herr seiner Handlungen?

Der Kopf des Marschalls, der bislang stets einer abgeholzten Bergkuppe glich, ist zum Vulkan geworden. Vor allem die Augen sind erschreckend, und selbst zu Albert spricht er nicht, er brüllt:

»Den Konsul von England lasse ich noch heute abend füsilieren! Dieser stinkende Hund, dieser ewig betrunkene Spion hat mich verraten. Dafür verdiente er, zu Tode gefoltert zu werden. Ich werde ihm eigenhändig eine Kugel ins Genick jagen.«

Wahnsinn. Tang Kiao ist komplett wahnsinnig. Eine Beute des »ch'i«, wie die Chinesen sagen, dieser düsteren Stimmungen, die den Verstand umnachten. Wozu wäre ein Mensch nicht fähig unter dem Einfluß des »ch'i«? Wie viele Kaiser, Könige, berühmte Heerführer haben im Lauf der Geschichte unter der Einwirkung des »ch'i« Tausende von Menschen getötet, nur um des Tötens willen? Albert fühlt, daß es keinen Sinn hat, den Marschall umstimmen zu wollen, ihm zu sagen, daß eine solche unvorstellbare Tat ihm die Ächtung seitens der gesamten zivilisierten Gesellschaft eintragen, daß er auf die Abschußliste kommen würde, bei den Franzosen wie bei den Engländern. Mord an einem Konsul: das würde auf der Stelle alle weißen Nationen zum furchtbaren Rachebund vereinen. Albert hat eine Eingebung. Er brüllt ebensolaut wie Tang Kiao:

»Nun denn, töten Sie mich, hier, mit Ihrem Revolver, aber nicht den Konsul von England!«

Dieser Satz ernüchtert Tang Kiao, verscheucht die Wolken seines unsinnigen Zorns. Sein Gesicht nimmt die normale Kugelform wieder an, in die Augen tritt ein menschlicher Ausdruck:

»Ich kann Sie nicht töten. Zu groß ist meine Freundschaft. Gut, ich werde den Konsul von England nicht töten.«

Schweißbedeckt zieht Albert ab. Im Grunde ist er mit sich zufrieden. Er hat richtig reagiert, das einzig Richtige getan, um Tang Kiao zur Vernunft zu bringen. In China hängt oft alles von einem Reflex ab, von einem einfachen Reflex. Bei den jähen Ausbrüchen von Gewalttätigkeit oder in den nebulosen Labyrinthen bringt manchmal ein einziger Satz die Rettung, ein Satz unter Tausenden, *der* Satz. Im Konsulat ruft Albert sogleich Anne Marie, der ich wie ein Schatten folge. Er schildert die Szene. Er spielt sich nicht als Held auf. In bestimmten Fällen, dann, wenn er wirklich großartig ist, bleibt Albert bescheiden. Er ist nur stolz darauf, daß er seinen Beruf versteht. Es bestätigt ihn, denn nach der Bombe von Kanton hatten ihn leise Zweifel heimgesucht.

Anne Marie beglückwünscht ihn nicht. Er hat auch diesmal nicht berichtet, um sich beglückwünschen zu lassen. Sie ist nicht überrascht. Sie kennt Alberts Grenzen und Alberts Fähigkeiten. Doch leider können auch seine Fähigkeiten sie nicht beeindrucken. Sie sagt nur zu ihm:

»Vielleicht sollte man den Konsul von England warnen.«

»Ja. Sie haben recht.«

Der Engländer wird für fünf Uhr nachmittags zu uns gebeten. Eine ungewöhnliche Stunde. Er hat noch nicht zu trinken begonnen. Er ist soeben aus seiner Siesta erwacht und ziemlich griesgrämig. Man läßt sich im Salon nieder. Anne Marie läßt die Cognacflasche bringen. Er bemerkt:

»Ich trinke grundsätzlich nicht vor Sonnenuntergang.«

Aber Anne Marie lächelt:

»Machen Sie heute eine Ausnahme, mir zuliebe.«

Der Engländer trinkt den ersten Schluck und forscht dabei in Alberts Zügen. Seine Augen sind noch schläfrig, und seine ganze Haltung zeigt, daß diese so frühe Störung taktlos ist, es sei denn . . .

Albert weiß nicht, wie er anfangen soll. Diesem sonst so eitlen Mann ist es peinlich, von seiner edlen Tat zu berichten, es könnte sich aus seinem eigenen Mund wie Prahlerei anhören. Also spricht Anne Marie:

»Tang Kiao wollte Sie töten. Mein Mann konnte ihn beruhigen, indem er vorschlug, er solle ihn selbst an Ihrer Statt töten. Das ist alles.«

Der Brite ist endlich wach geworden. Mit ziemlich düsterer Miene sagt er zu Albert:

»Sie gehen mir schrecklich auf die Nerven. Jetzt schulde ich Ihnen Dankbarkeit. Ich weiß sehr wohl, daß mich Tang Kiao, meschugge wie er ist, ohne Ihr Dazwischentreten hätte ermorden lassen, aber andererseits ist Dankbarkeit sehr lästig.«

Anne Marie füllt sein Glas nach und schlägt ihm vor:

»Vielleicht wäre es besser, wenn Sie sich ein paar Tage lang bei uns einquartierten. Vorsichtshalber. Tang Kiao kann einen Rückfall erleiden.«

Auch Albert dringt in ihn. Aber dem Briten sträubt sich jedes Haar vor Abwehr.

»Ich schulde Ihnen ohnehin schon genügend Dank. Jetzt reicht's. Und dann, stellen Sie sich vor, ein Konsul von England, der sich zu einem Konsul von Frankreich flüchtet!«

Plötzlich leuchtet das alte sardonische Mephistolächeln wieder auf seinem Gesicht:

»Albert, wohlgemerkt, ich schulde Ihnen nichts. Gewiß, Sie sind mein Freund und mir in meinem Cottage immer willkommen. Aber dienstlich hat sich nichts geändert.«

Ein abschließendes Augenzwinkern:

»Und in meinen Gewohnheiten auch nichts ... Madame Bodard, ich werde weiterhin die Ehre und das Vergnügen haben, täglich hierherzukommen, um von Ihrem Cognac zu kosten. Und mit Ihnen, mein lieber Konsul, werde ich mich von Zeit zu Zeit, rein freundschaftlich natürlich, über die Themen unterhalten, die unsere beiden Länder interessieren ... Was auf ganz China hinausläuft!«

Ein paar Tage später kommt Albert mit langem Gesicht von Tang Kiao zurück. Mit einem müden Seufzer sagt er zu Anne Marie:

»Auch diesmal habe ich ihn umnachtet vorgefunden. Aber nicht mehr tollwütig wie neulich, sondern als sanften Irren. Jetzt träumt er davon, Sun Yat-sens Bruder zu werden.«

Albert hat einen Tang Kiao mit friedlichen, wundersam glücklichen Zügen kennengelernt. Der Kugelkopf gleicht dem Mond der großen Glückseligkeit. Im warmen Dämmerlicht spiegelt sein Blick engelhafte Inbrunst.

»Ich werde«, sagt er, »zu Sun Yat-sen hingehen und zu ihm sagen: ›Ich bin Tang Kiao, dem du alles verdankst.‹ Denn ich habe ihn einst gerettet. Als er 1911 zum erstenmal Präsident der Republik China war, scheiterte er an der Gegnerschaft des schändlichen Yüan Sche-kai, aber ich habe später diesen Yüan Sche-kai vernichtet, ich ganz allein. Dann war der Weg frei für Sun Yat-sen, und er konnte seine Republik Kanton gründen. Diese Republik, die sich über ganz China erstrecken soll, sobald Yüan Sche-kais Nachfolger, diese Banditen, in Peking zu Fall gebracht sind. Ich kann ihm viel helfen. Sun Yat-sen wird mich empfangen wie sein zweites Ich, seinen Zwillingsbruder, seinen Retter, seinen Freund. Wir werden China gemeinsam regieren.«

Wieder findet Albert das rettende Wort.

»Sie sind viel zu groß für Sun Yat-sen. Er wird tödlich eifersüchtig auf Sie sein und seine Schuld Ihnen gegenüber mit Bosheit und Tücke bezahlen. Gehen Sie nicht nach Kanton. Kommen Sie zu sich. Treten Sie an seine Stelle.«

Marschall Tang Kiao findet Alberts Idee ganz ausgezeichnet. Indessen scheint er nicht recht zu wissen, wie er es anfangen soll. Nun entsinnt Albert sich der absichtlich konfusen Orakelsprüche des Konsuls von England über den in wenigen Jahren zu erwartenden Sturz Sun Yat-sens, und er beschließt, sich ihrer zu bedienen.

»Sie wissen, Herr Marschall, daß in Kanton unter Sun Yatsens Herrschaft jeder jeden haßt. Die Roten hassen die Reaktionäre, die Reichen die Armen, die Kriegsherren die Kommunisten. Alle diese wilden, unversöhnlichen Gegensätze werden zum Ausbruch kommen, sobald die siegreichen Armeen des Südens den unteren Yangtsekiang erreichen – diese Armeen, die von Eroberung zu Eroberung eilen und ungeheure Reichtümer sammeln werden. Dann kommt es zum Krieg zwischen den Parteigängern des Volksstaats und denen des kapitalistischen China. Furchtbare Verwüstungen werden die Folge sein, und Sun Yat-sen wird nicht mehr aus noch ein wissen. Dann ist der Moment gekommen, in dem Sie ihm zu Hilfe kommen oder, noch besser, seinen Platz einnehmen können.«

Tang Kiaos Augen glänzen vor Begierde. Er hat Alberts Worte in vollen Zügen eingesogen. Schon stellt er sich seinen Triumph vor. Albert fährt fort:

»Inzwischen sind Sie mit Ihrer tüchtigen, tapferen, geeinten Armee, die Ihnen völlig ergeben ist, in Szetschuan eingerückt. Und die Szetschuanesen werden Sie, um dem Chaos und dem Massaker zu entgehen, das China von Hankau bis Schanghai zerrütten wird, mit offenen Armen empfangen. Dann werden Sie wirklich der Herr des Glücklichen China sein, der Herr Yünnans und Szetschuans, die Ihre Autorität befriedet hat, und alle Chinesen der zerrütteten Provinzen werden sich Ihrer entsinnen, Ihrer ruhmreichen Vergangenheit, und sie werden denken: Nur Tang Kiao ist der Weise, der uns das Heil bringen kann.«

Nachdem er Anne Marie dies alles berichtet hat, erwartet Albert von ihr Komplimente. Er bekommt sie auch. Anne Marie sagt zu ihm:

»Seltsam, wieviel Phantasie Sie auf manchen Gebieten aufbringen können, während es Ihnen auf so vielen anderen völlig daran mangelt.«

Aber Albert läßt diese Ironie einfach von sich abgleiten. Er jubelt.

»Der Marschall hat alles geschluckt. Jetzt wird er sich wenigstens nicht Sun in die Arme werfen. Darauf kommt es an. Das Ganze wird bloß Indochina ein paar Eisenbahnladungen Reis kosten.«

»So?« sagt Anne Marie ohne sonderliches Interesse. »Und warum?«

»Der Marschall hat mein Programm völlig gebilligt, aber er sagt, seine Truppen seien in den armen und abgelegenen Gegenden, in denen sie auf Wache stehen, dem Hungertod nahe.«

»Ganz so verrückt ist er gar nicht, Ihr Tang Kiao. Er versteht sich noch immer darauf, Sie anzupumpen.«

»Nun ja. Er verlangte Reis für seine tapferen Truppen, die in dieser unfruchtbaren Provinz Kweitschu ein hartes Leben führen. Ich werde das mit dem Generalgouverneur regeln.«

Hanoi ist einverstanden. Vierzehn Tage später treffen zehn Konvois, hochbeladen mit Reissäcken und von ich weiß nicht wie vielen keuchenden Lokomotiven gezogen, in Yünnanfu ein.

Ich gehe zum Bahnhof, der einer belagerten Festung gleicht. Die französischen Bahnbeamten sind ein bißchen durcheinander, denn ringsum hat sich der chinesische Mob gesammelt und macht Miene, die Waggons zu plündern, aber die Soldaten halten die Horden der Armen mit ihren Bajonetten in Schach. Sie bewachen die Kulis mit den riesigen Säcken auf dem Rücken vom Ausladen bis zum Verladen auf die Karren, die Proviantabteilung des Marschalls. Wohin soll dieser Reis gehen? Wird er nach Kweitschu geschickt? Oder bleibt er in Yünnanfu, in Tang Kiaos Taschen, will heißen seinen Speichern? In diesem Fall wird sich sein kleiner Schatz um ein paar weitere Goldbarren vermehren. Was schert das den Herrn Konsul von Frankreich! Es ist eben der Preis, der zu entrichten ist, damit Tang Kiao nicht nach Kanton geht. Übrigens spielt der Marschall den Hochherzigen. Er läßt in der ganzen Stadt verkünden, daß er in seiner unendlichen Güte eine Gratisverteilung von Reis an die Armen vornehmen werde. Ganz Yünnanfu ist in Aufregung.

Anderntags begebe ich mich an die Stätte der versprochenen Wohltaten. Soldaten, eine Hütte mit einem Schalter. Ein Arm schüttet in jede ausgestreckte Hand eine armselige Portion Reis. Mechanische Geste des Mannes in der Hütte, der eine winzige verrostete Konservendose mit Körnern füllt ... Die Empfänger sind die Sieger in einem erbitterten Kampf zwischen den Tausenden armer Teufel, die sich seit der Ankündigung des Marschalls hier angesammelt hatten. Es hätte Tote und Verletzte gegeben, wenn die Soldaten nicht mit groben Püffen diese Plebs zu einer Schlange geordnet hätten, die sich durch die ganze Stadt zieht. Was soll eine Schilderung. Verzweifelte Gier der Hungernden, der Verhungernden. Ich sehe diesen Menschen eine Weile zu, dem Verteiler mit seiner Wunderwaage, dieser alten Konservendose, den gleichgültigen Soldaten, die hier und dort kleine Bajonettstöße austeilen, und dieser Fauna, einer Fauna aus einem Alptraum, mit allen ihren Gebresten ...

Das Spektakel ist banal. Ich kehre nach Hause zurück. Übrigens dauerte Tang Kiaos Freigebigkeit nur einen Tag. Noch am gleichen Abend schloß sich der Schalter für immer vor den Elendsgestalten, die resigniert, mit leeren Mägen, abzogen. Die Komödie ist zu Ende.

Der Engländer ist wieder der gute Freund des Ehepaars Bodard. Sein Gesicht, das flammt wie brennender Rum, ist unentbehrlich. Er wird erwartet, und wenn er nicht erscheint, was selten vorkommt, dann ist der Abend verdorben, sogar für Albert, der seiner Unruhe Nahrung geben muß. Denn dieser Teufelsbrite bringt jedesmal überraschende Neuigkeiten mit, die er, je nach Laune, tropfenweise von sich gibt oder seinen Zuhörern ins Gesicht schleudert. Eines Abends verkündet er:

»Mein lieber Albert, Sie können sich freuen. Ihr Freund Sun Yat-sen begibt sich nach Schanghai, und wo, glauben Sie, wird er Wohnung nehmen? Natürlich in seinem prächtigen Haus in der Rue Molière, mitten in der französischen Konzession.«

Dann meckert er höhnisch:

»Sun Yat-sen weiß genau, daß die Franzosen nette Leute sind, daß sie ihm das Bömbchen, das er dem Gouverneur Merlin in Kanton als Dessert serviert hat, nicht nachtragen. Ihr Franzosen sagt immer, wir Engländer lebten mit der Bibel in der Hand. Und doch seid ihr diejenigen, die nach dem Gebot der Heiligen Schrift auch die andere Wange hinhalten, denn eins kann ich Ihnen sagen: in unsere internationale Konzession würde er sich nicht hineinwagen.«

Wie immer hat der Engländer ins Schwarze getroffen. Albert knirscht mit den Zähnen. Er, der Herr Konsul, ist genauso wütend wie die Weißen von Schanghai, Engländer oder Franzosen, die sich gebärden wie wildgewordene Flöhe. Man muß nur ihre Zeitungen lesen. Welche Symphonie von Verwünschungen! Welche Haßtiraden gegen den französischen Generalkonsul in Schanghai, den sie der Feigheit und der Schwäche bezichtigen! Albert hütet sich, hier in Yünnanfu seinen Amtskollegen zu rügen, aber er murmelt:

»Vielleicht wäre man mit Festigkeit besser gefahren!«

Jedenfalls ist bekannt, daß sie, die Europäer, hinter ihren geschlossenen Fensterläden schäumten vor Wut, während Sun Yat-sen inmitten des Freudentaumels der gelben Massen einen triumphalen Einzug in Schanghai hielt. Er ging am Französischen Quai an Land, wo Tausende von Studenten und Honoratioren fahnenschwingend den großen Meister begrüßten. In einem langen Zug schwarzer Autos fuhr er die Rue du Consulat und die Avenue Joffre entlang bis zu seinem Haus. Er hat den berühmten Kutschermantel, den er sein Leben lang trug, mit der traditionellen chinesischen Tracht vertauscht, nicht mit dem langen seidenen Gewand, sondern mit einem hüftlangen dunklen Kittel über gewaltigen Brokathosen, die mit goldenen, drachenförmigen Wolken bestickt sind. Hier, in seinem Privathaus, hält er Hof wie ein König. Hier verflucht er alle die Ausländer, die gegen seine Anwesenheit protestieren. Sun Yat-sen ist ein Souverän, er spricht als Monarch. Er verkündet mit seiner ganzen Arroganz, daß China überall sei, auch in diesen Konzessionen, diesem Diebesgut, und daß es nicht schlecht wäre, wenn man ein paar von diesen Fremdlingen, die sich in anderer Leute Angelegenheiten einmischten, erschießen würde. Triumphgeschrei nach fünfzig Jahren der Kompromisse.

Hat der Hochmut auch ihn wahnsinnig gemacht? Glaubt er, sich alles erlauben zu können, sogar einen letzten und ganz ausgefallenen Kompromiß? Der englische Konsul in Yünnanfu erzählt uns eines Abends als Witz des Jahres:

»Kennen Sie schon Suns neueste Idee? Vielleicht seine millionste Idee, bestimmt aber die unglaublichste. Er wird sich nach Peking begeben, zu seinen Todfeinden, Kerlen vom Kaliber Tschang So-lings. Tausendmal hat er geschworen, er werde sie töten, und sie träumen ihrerseits nur davon, ihn zu köpfen oder zu vergiften. In seinem maßlosen Größenwahn bildet er sich ein, diese Bande würde sich ihm unterwerfen, als wäre er der wiedererstandene Kaiser. Es ist sein Glück, daß es in Peking ein diplomatisches Korps gibt ... Andernfalls käme er nicht lebend zurück.«

»Schade«, erwidert Albert, »unsere Exzellenzen verpatzen immer alles. Ihre bloße Gegenwart genügt, um die besten Absichten unserer Eisenfresser im Keim zu ersticken. Sogar, wenn sie nichts tun, richten unsere Botschafter noch Schaden an.«

Einen Monat später strahlt unser englischer Konsul übers ganze Gesicht, nicht vor Schnapsseligkeit, sondern vor Glück. Dieses Glück ist so übermächtig, daß er es nicht unterdrücken kann, daß es selbst der besten Erziehung nicht gelingt, es zu verbergen. Und er schmettert seine Neuigkeit heraus wie ein Trinklied:

»Sun Yat-sen wird aus Peking nicht zurückkehren. Er ist dort gestorben, bei seinen Feinden.«

Albert fragt:

»Sie haben doch nicht gewagt, ihn zu töten?«

»Nein, das war gar nicht nötig. Ein Leberkrebs hat das für sie erledigt. Ausgerechnet der Säuferkrebs hat ihn umgebracht, einen Mann, der nie einen Tropfen Alkohol zu sich nahm. Wenn das nicht beweist, was für ein Erzhalunke er war!«

Der Engländer bellt wie ein fröhlicher Bluthund.

»Wissen Sie, wie sein Letzter Wille lautet? Er möchte einen gläsernen Sarg, wie Lenin. Seine Getreuen haben bereits nach Moskau telegraphiert und um einen solchen Sarg gebeten. Moskau hat zugesagt, und Ihr Freund, Albert, wurde einbalsamiert, bis der durchsichtige Sarkophag eintrifft.«

Albert hat vor Freude gleichfalls zu trinken begonnen. Er läßt sich vollaufen, aber mit gravitätischem Ernst. Anne Marie sagt:

»Mein Lieber, Sie wissen doch, daß Ihnen das Trinken nicht bekommt. Sie werden es mich durch Ihre Migränen büßen lassen. Und schon jetzt regt es Sie zu Vorträgen an, daß der Erdball gähnen möchte.«

Ja, Albert ist ins Predigen gekommen. Fast zärtlich hält er die Leichenrede auf Sun Yat-sen, den lieben Sun Yat-sen.

»Ah, dieses Schwein hat jeden hinters Licht geführt. Sogar mich!«

Der Engländer betrachtet ihn, als hätte ein Tropfen Schnaps sich in seinem Auge kristallisiert.

»Trotzdem waren Sie alte Freunde!«

»Ihnen kann man wirklich nichts verbergen, *monsieur le consul d'Angleterre*. Und ihr, ihr Engländer, wart sein Leben lang nur darauf aus, ihm den Hals umzudrehen!«

»Er hat uns gestört.«

Albert lacht.

»Ich werde dafür bezahlt, daß ich weiß, was es kostet, wenn man den britischen Löwen stört, der immer so tut, als gähnte er, aber mit einem einzigen Schlag seines edlen Schweifs alle Fliegen wegfegt. Aber nie, niemals habt ihr Sun erwischt, ihn ein für allemal verschwinden lassen können. Er tauchte immer wieder auf. Was für ein Temperament!«

Der Engländer erhebt sich und bringt feierlich einen Toast aus:

»Auf Sun Yat-sen, der uns immer wieder durch die Finger geschlüpft ist!«

Albert räuspert sich, hüstelt beipflichtend.

»Erinnern Sie sich, wie er Ihnen in den neunziger Jahren zum erstenmal entwischt ist? Der gute Sun ging nach London, um die *City* anzupumpen, und ich weiß nicht, wie es zuging, aber er ließ sich von guten chinesischen Freunden in die kaiserliche chinesische Botschaft mitschleppen. Und dort wurde er gefangengenommen. Ein paar Tage mußten sie ihn in dem stolzen Bau mit dem Wappenschild des Drachens behalten, bis ein eigens zu diesem Zweck gechartertes Schiff einlaufen, ihn an Bord nehmen und lebend in die Krallen Tse-his liefern würde. Der arme Sun. Vermutlich nahm er Zuflucht zu seiner Bibel.«

Der Engländer, grämlich:

»Ja, ja. Ich kenne diese Geschichte.«

»Und Sie finden sie nicht gut? Ich finde sie köstlich. Denn in dieser Gesandtschaft herrschte eine gewisse Nachlässigkeit, so daß Sun nicht peinlich genau durchsucht wurde. Er hatte noch ein paar Goldstücke bei sich. Damit bestach er einen Diener und übergab ihm ein SOS an die britischen Behörden. Seltsamerweise rührten diese würdigen Stützen der Krone keinen Finger. Wegen des *week-end* . . .«

Der Brite sagt mit leicht schwankender Stimme:

»Aber Sie wissen doch, daß das *week-end* bei uns geheiligt ist . . . Daß am Tag des Herrn alle Geschäfte ruhen.«

Albert läßt sich nicht beirren.

»Nach dieser Sache mit dem *week-end* kommt die Frage des internationalen Rechts ins Spiel. Erlaubt die Exterritorialität das Eindringen von *policemen* in die Räumlichkeiten der himmlischen Gesandtschaft? Endlose Diskussionen der Juristen, während Sun nur immer daran dachte, daß das verdammte Schiff jeden Augenblick anlegen und er alsdann der Kaiserin Tse-hi wie eine bratfertige Ente serviert würde. Worauf natürlich Ihre Regierung, die vorhatte, zu spät und mit unendlichem Bedauern zu reagieren, ihre Hoffnung setzte.«

Der Engländer kippt lässig seinen Cognac unter die Korkenziehernase.

»Albert, Sie wittern überall Schlechtes. Sie wissen doch, wie gewissenhaft wir in juristischen Zweifelsfällen vorzugehen pflegen.«

Albert lacht lauthals.

»Zweifelsfälle, die Ihnen Sun aufs eleganteste vom Hals geschafft hätten. Doch ach, es gelang ihm, einem Pastor, den er aus China kannte, einen Zettel zukommen zu lassen. Dieser heiligmäßige Mann hat zunächst vergebens Himmel und Hölle in Bewegung gesetzt, bis er auf die Idee kam, den Fall der Presse zu übergeben. Welche Überschriften! Welche Schlagzeilen! Was für ein Fressen für die Herren Journalisten! Was für phantastische Stories! Alle Zeitungen der Welt schlugen Krach, und Sun wurde nicht nur wieder frei, sondern überdies auch noch berühmt, und das verdankt er Ihnen.«

Der englische Konsul knirscht:

»Ja, ich weiß, die Pastoren und die Journalisten sind schlechte Patrioten.«

Alberts Augen funkeln.

»Ein toller Bursche war er trotz allem! Zum Beispiel diese Tugendmustermiene, die er stets zur Schau trug, die hat er bei den amerikanischen Pastoren in China gelernt. Diese guten Leutchen glaubten, die Chinesen seien von Natur aus gut.«

Dem Engländer kommt ein Schluck Cognac in die falsche Kehle, und fast erstickt er daran. Albert fährt fort:

»Aber Sie kennen sie ja, die amerikanischen Pastoren. Wenn die nach China kommen, achten sie vor allem darauf, nichts Chinesisches anzunehmen. Das Land lernen sie nie kennen. Mit ihren Frauen und zahlreichen Kindern, denn sie vermehren sich ungemein, verschanzen sie sich in ihren Missionen, deren jede ein Amerika im kleinen ist. Keine Yamen, sondern komfortable *homes*. Und dort warten sie auf die guten jungen Chinesen. Die Schlauesten stellten sich auch prompt ein. Wie sollten sie den Dollars widerstehen, die wie himmlisches Manna herabströmen, den Reichtümern des Wissens und der Naivität dieser Weißen mit dem gestärkten Kragen, die neben der Bibel den *american way of life* verteilen? Sun Yat-sen ist natürlich hingegangen. Er begriff, daß er sich der Großmacht Amerika bedienen mußte, die hier von diesen haarsträubend einfältigen Pastoren mit ihren reichlichen Dollars und sonstigen Geschenken repräsentiert wurde. Immer Jesus Christus im Munde führen, aber einen Jesus, der lehrt, daß die Tugend ihren Lohn auf Erden ernte, indem sie sich nach dem Gebot des Herrn bereichert.«

Der Engländer lacht.

»Ja, Sun Yat-sen, das muß man zugeben, ist das Werk unserer amerikanischen Vettern, die diesen so gefährlichen gelben Yankee fabriziert haben.«

Albert setzt seine Beweisführung fort:

»Sie können sich vorstellen, daß Sun das nötige Affentheater aufzuziehen verstand. Er ließ sich sogar taufen, so daß die Pastoren ihn wie einen Sohn bei sich aufnahmen, ihre Börse und ihre Beziehungen nicht schonten, um ihn zu fördern. Sie haben einen Doktor aus ihm gemacht. Sie hätten noch weit mehr aus ihm gemacht, wenn sie schon damals in Washington den Einfluß gehabt hätten, den sie heute haben.«

Der Brite kichert:

»Wie ernsthaft Sie sind, Albert. Sie wissen doch, was Sun den Rest gegeben hat, waren die *navy wives*.«

Albert gerät ins Schwärmen.

»Ach, diese blonden Kalifornierinnen, wer hätte nicht von ihnen geträumt! Diese munteren Vögelchen der amerikanischen Flotte in China, die nichts zu schaffen hatte mit den Pastoren, mit deren chinesischen Schützlingen und schon gar nicht mit Sun Yat-sen. Im Gegenteil, von ihren Kanonenbooten aus wurden die Chinesen reihenweise abgeknallt! Und wenn sie wieder zurück waren in Schanghai, dann warteten auf diese unchristlichen Seefahrer die hübschen jungen Mädchen, die sie sich in San Francisco für die Dauer ihres Aufenthalts im Fernen Osten angeheuert hatten. Ach, das waren noch Zeiten!«

Der Brite knurrt erbost:

»Alle unsere gegenwärtigen Kalamitäten in China kommen nur daher, daß die Church of America über die American Navy gesiegt hat. Diese Armleuchter haben den Ausdruck ›Kolonialismus‹ erfunden.«

Albert, der jetzt wirklich einen in der Krone hat, spottet:

»Natürlich sind sie keine Ehrenmänner wie Ihre englischen Pastoren, die sämtlich zum Intelligence Service gehören.«

»Halt die Klappe, dreckiger Franzmann. Dafür sind alle französischen Missionare eure Spione.«

Anne Marie legt sich ins Mittel:

»Sun ist tot. Lassen Sie ihn in Frieden ruhen, meine Herren.«

Aber dazu haben die Herren nicht die geringste Lust. Albert, der immer rührseliger wird, singt Suns Loblied weiter.

»Ein Teufelskerl, da kann man sagen, was man will. Sun hat sich an jeden verkauft, für ihn war das ganz unerheblich. Ihm war jedes Mittel recht. Sogar die ›Schwurbrüderschaft‹. Nach dem Taufwasser der Blutschwur. Und alles immer in seinem Kutschermantel. Habe ich Ihnen nicht schon erzählt, daß er, als ich ihn in Kanton treffen wollte, wo eine Prämie auf seinen

Kopf ausgesetzt war, erst eine ganze Weile mit mir Verstecken spielte, dieser Halunke? War reines Theater, denn damals hatte er die Mandarine mit seinen Bomben dermaßen verschreckt, daß sie sich wohl hüteten, ihm nachzustellen. Ich fand ihn schließlich in seinem Yamen, mit Krawatte, steifem Kragen, Maßanzug und schmalem Schnurrbärtchen. Und umgeben von einem ganzen Hofstaat, Hunderten von Leuten, vom Kuli, der in Wirklichkeit alles mögliche sein konnte, bis zum Milliardär. Stellen Sie sich vor, was er mir antwortete, als ich ihm die französischen Vorschläge überbrachte: ›Einverstanden‹... Sie müssen nämlich wissen, daß Frankreich mich zum Revolutionär gemacht hat. Als die Flotte des Admirals Courbet um das Jahr 1880 die Küsten von Kwangtung zerstörte, machten die Dockarbeiter von Hongkong den ersten Streik in der Geschichte Chinas. Damals wurde ich von Haß gegen Frankreich erfaßt, aber das war unwichtig, denn von diesem Augenblick an wußte ich, daß ich eines Tages China retten würde. Arbeiten wir zusammen!«

Der Konsul von England schlägt einen brüderlichen Ton an.

»Jetzt verstehe ich besser, daß Sie ihn mochten. Ich wußte nicht, daß Sie vor zwanzig Jahren mit ihm unter einer Decke steckten.«

Albert erwidert:

»Ja, ich habe ihn bewundert. Er ist der einzige Chinese, den ich kenne, der nicht mit Geld zu schmieren war. Sein Hochmut war so groß, daß er für sich selbst nichts wollte. Und doch hat er sein ganzes Leben lang Geld gescheffelt. Er wußte, daß es der Schlüssel zu China war. Wenn Sie ihm nur ein bißchen beigesteuert hätten...«

Der Engländer spottet:

»Wir haben ihn von Pontius zu Pilatus geschickt, den guten Sun. Wir versprachen ihm offene Bankschalter. Er hat sie immer geschlossen vorgefunden.«

Albert, streng und ein wenig schwankend:

»Sie haben ihn unterschätzt. Er hatte noch einen weiteren Trumpf in der Hand. Seinen Dünkel. Der war so groß, daß sich in ihm der Dünkel sämtlicher moderner Chinesen auszudrücken schien. Sun ging in der westlichen Welt betteln, aber zugleich verstand er es, allen Chinesen deren Fehler vor Augen zu führen: die Brutalität der Amerikaner, den Konservativismus der Franzosen, den Merkantilismus der Engländer, die Pedanterie der Deutschen. Und alle diese verwestlichten Chinesen fühlten sich erhaben über die Völker des Westens. Sun hat drei Gemeinplätze aufgestellt, und das genügte, um dem Hochmut des neuen China eine feste Form zu geben. Sun, Gott.«

Anne Marie sagt:

»Albert, hören Sie doch endlich auf. Das alles weiß ich längst. Jeder weiß es.«

»Nein, nicht jeder. Der Herr Konsul von England zum Beispiel weiß es nicht. 1911 haben Sie sich höchst ungeschickt verhalten, nicht wahr, Herr Konsul?«

»Ganz und gar nicht! Wir haben ihn erwischt!«

»Sie hätten daran denken müssen, daß er nicht umzubringen war. Er ist Ihnen zu leicht ins Garn gegangen. Er hatte wirklich etwas Geniales an sich, unser Sun. Er war in Europa, als die Revolution ausbrach, auf die er mit allen Kräften hingearbeitet hatte. Anstatt nun schnurstracks nach Nanking zu laufen und sich zum Präsidenten der Republik krönen zu lassen, ging er erst nochmals nach London, um die *City* anzupumpen. Nicht einen roten Heller. Dafür aber kassierte Yüan Sche-kai Milliarden, und Sun schien endgültig geliefert.«

Der Herr Konsul von England beißt sich auf die Lippen.

»Das war *fair-play*.«

Albert wettert:

»Ja, dieser Streich ist Ihnen gelungen, aber danach waren Sie Ihrer Sache allzu sicher und Sie wandten die gleiche Taktik an, als Sun Yat-sen in Kanton war. Geld gegen Sun! Jetzt ist Schanghai blockiert, Hongkong blockiert, und dem stolzen britannischen Löwen wird bald die Luft ausgehen. Schöne Aussichten.«

Der wackere Brite läßt sich nicht aus der Ruhe bringen. Er nimmt seine zweite Flasche Cognac in Angriff.

»Ja, wir haben einen Fehler gemacht. Auch die Besten können sich irren.«

Albert setzt seine Anklagerede fort. Die Augen werden ihm feucht bei den düsteren Bildern, die er malt.

»Ihr Engländer hattet die chinesische Zollhoheit übernommen. Und ihr führtet treu und brav diese riesigen Einkünfte an die chinesische Republik ab, aber an welche? An die Republik eurer Freunde, dieser Raubritter in Peking. Keinen roten Heller an die Republik Suns, der nicht aufhörte, seinen Anteil zu fordern. Das hat den Ausschlag gegeben, das hat Borodin und die russischen Rubel ins Land gebracht.«

Plötzlich duzt der Brite Albert.

»Na komm, Albert, reg dich nicht auf. In zwei Jahren ist Borodin verjagt. Wir haben unsere Pläne, aber ich muß zugeben, daß Suns Tod die Dinge beträchtlich erleichtert.«

Albert, der jetzt blau ist wie ein Veilchen, stammelt mühsam:

»Du bist ein ahnungsvoller Engel, altes Haus!«

Den Engländer hingegen macht der Suff luzide.

»Albert, ich habe Vertrauen zu dir, glaub mir. Borodin ist drauf und dran, den gleichen Fehler zu machen, den wir begangen haben. Zuviel Selbstvertrauen, ein zu leichter Sieg, und überdies noch das totale Unverständnis Moskaus.«

Albert verlangt ein Glas Wasser. Er weiß, daß der englische Konsul keineswegs betrunken ist und ihm sehr ernstzunehmende Eröffnungen machen will. Er läßt ihn wirklich ein bißchen in die Karten des Intelligence Service gucken.

»Albert, neulich sprach ich zu Ihnen von einem Mann, der genau das ist, was wir brauchen. Bestimmt haben Sie erraten, wen ich meine.«

Albert stammelt:

»Natürlich Sun Yat-sens Nachfolger.«

»Ja. Seine Vergangenheit kennen Sie ebensogut wie ich. Halb Gangster, halb Rauschgifthändler, und eine solche Vergangenheit läßt sich nicht verleugnen. Es kann zwar vorkommen, daß ein solcher Mensch moralisch wird, sich zum Verfechter der Ordnung aufwirft. Aber einer konfuzianischen, kapitalistischen, reaktionären Ordnung, niemals einer roten Ordnung. Ich weiß aus sicherer Quelle, daß Tschiang Kai-schek die Kommunisten und die wirklichen Revolutionäre haßt.«

Albert ist gelinde erstaunt:

»Aber für alle Weißen ist Tschiang Kai-schek die Verkörperung des fanatischen Bolschewiken.«

Der Engländer zwinkert.

»Wir lassen sie bei ihrem Glauben. Und wir lassen Borodin über seine eigene Dummheit stolpern. Er erfüllt die Befehle Moskaus, wonach die chinesische KP und die Extremisten um jeden Preis mit der Kuomintang zusammengehen sollen, nicht mit der linken Kuomintang, sondern mit der Kuomintang der Mitte und der Rechten, und Borodin unterstützt mit allen Kräften diesen Tschiang Kai-schek, der den echten Revolutionären bereits sehr zweifelhaft erscheint. So kann Tschiang sich erlauben, in Kanton selbst kleine Staatsstreiche zu inszenieren, durch die er seine Macht festigt. Wenn alles bereit ist, wird er die Kommunisten umbringen, die Arbeiter, das Proletariat, die russischen Agenten, und Borodin darf von Glück sagen, wenn er sich verkrümeln kann. Aber Ort der Handlung wird nicht mehr Kanton sein, sondern Schanghai, und ich, mein lieber Albert, werde mich dann höchstwahrscheinlich in der Gegend von Schanghai aufhalten. Es wäre gar nicht schlecht, wenn Sie dort drüben zum Generalkonsul ernannt würden. Sie sehen, wie sehr ich Sie schätze.«

Albert verschlägt es fast die Sprache.

»Aber, wie können Sie so genau über alles unterrichtet sein? Ihr Engländer habt zwar einen famosen Geheimdienst . . .«

»Ganz einfach, wir haben gute Beziehungen zu den gelben Herren mit ein wenig undurchsichtiger Vergangenheit, die heute Schanghais bestunterrichtete Milliardäre sind, die zwei und zwei zusammenzählen können. Sie sind Tschiang Kai-scheks einstige Förderer, und in China knüpfen alte Bande sich immer wieder neu.«

»Natürlich. Aber glauben Sie denn, daß Tschiang . . .«

»Wir sind überzeugt. Wenn die kantonesischen Armeen unter Tschiangs Befehl ihre große Offensive auf den Yangtsekiang starten werden, etwa in zwei Jahren, dann werden die verschiedenen Heersäulen gegen Hankau, gegen Nanking und vor allem gegen Schanghai marschieren, aber die Operationen der auf Schanghai angesetzten Heersäule wird Tschiang Kai-schek persönlich leiten. In den völlig sowjetisierten Chinesenvorstädten Schanghais wird er jubelnd empfangen. Das gefällt ihm ganz und gar nicht. Dann stellt er fest, daß sich die ausländischen

Konzessionen in uneinnehmbare Festungen verwandelt haben. Nun muß er eine Entscheidung treffen. Außerdem braucht er Geld, also unterbreiten ihm seine einstigen Freunde und alle chinesischen Milliardäre, die es beim Anblick des entfesselten Mobs mit der Angst zu tun kriegen, streng geheime Vorschläge. Lange Verhandlungen. Das Ende ist echt chinesisch und unerbittlich. Das alte Mittel des Massakers. In diesem Moment werden wir Ihrer bedürfen, Albert.«

»Und warum, zum Teufel?« fragte Albert, der plötzlich stocknüchtern ist.

»In der Armee, die Tschiang Kai-schek nach Schanghai führt, gibt es nur eine einzige zuverlässige Division. Die nämlich, deretwegen Sie mir unlängst Vorwürfe machten, weil wir sie nicht benutzten, um die ›Kaufmanns-Miliz‹ von Kanton zu retten: die Division von Kwangsi, die Leute unseres lieben getreuen Freundes Pai Tschung-si. Auf ihn kann man sich absolut verlassen. Aber er braucht Hilfestellung, und die kann ihm nur die ›Blaue Bande‹ geben, deren Hochburg die französische Konzession ist. Sehen Sie, Albert, als französischer Generalkonsul in Schanghai würden Sie der richtige Mann sein, um die zwanzigtausend Killer der ›Blauen Bande‹ genau im rechten Moment loszulassen.«

Albert bewegt sich nun wie auf rohen Eiern.

»Ich sage nicht nein, aber darüber entscheidet das Außenministerium ... Und außerdem ist bis dahin noch ein weiter Weg. Die Dinge können sich völlig anders abspielen.«

Der Engländer schlägt auf den Tisch.

»Wir haben schon unseren Draht zu den richtigen Leuten. Und wir werden die Ereignisse entsprechend dirigieren ... Nur ...«

Er fängt an zu lachen, ein lärmendes, vergnügtes, ausgelassenes Lachen.

»Nur, bis es soweit ist«, sagt er, »muß Tschiang wohl oder übel seine Rolle als Führer der Revolution spielen. Und Sie werden in Kürze erleben, daß eine Woge gelber Hysterie über uns hereinbricht und im Gegenzug eine Woge nicht minder frenetischer weißer Hysterie. Die *die hards* von Schanghai, diese zähen alten Ultrakonservativen, werden so lautstark, daß man es bis ins Londoner Parlament hört, nach der Entsendung von Truppen, nach der Entsendung von Schiffen schreien. Sie kommen auch tatsächlich, aber mit der Weisung, möglichst wenig zu schießen. Trotzdem wird es da und dort zu kleineren Massakern von Gelben oder Weißen kommen. Es wird an allen Ecken und Enden gären und brodeln. Wir gehen Scherereien entgegen, die Sie sich kaum vorstellen können. Und dennoch ist das Ganze im Grunde nicht tragisch, es ist für das Gelingen unseres Plans sogar unerläßlich.«

»Ihres Plans«, sagt Albert.

Der Engländer hat die zweite Flasche Cognac geleert. Sein Auftrag hatte eigentlich gelautet, Albert auf den Zahn zu fühlen, und das Resultat schien ihm nicht sehr überzeugend. Also verbirgt er seine amüsierte Enttäuschung unter einer Umarmung und tut eine sibyllinische Äußerung.

»Wenigstens hier in Yünnanfu werden Sie Frieden haben, auch wenn dieser Gipskopf Tang Kiao stürzt. In diesem Fall vertauschen Sie den Zweispitz einfach mit Ihrer Bahnwärtermütze, und Sie werden sehen, wie alle die wackeren rivalisierenden Kriegsherren von Yünnan nett zu Ihnen sind.«

Im Gehen wischt der Engländer sich den Schnurrbart und markiert ein Raubtiergebrüll.

»Schauen Sie her, ich habe einen Tigerschnurrbart, die gleichen Haare, die die Chinesen in kleine Stückchen schneiden und ihren Feinden ins Essen mischen, um ihnen die Eingeweide kaputtzumachen. Sie tun recht daran, mein lieber Albert, mich zu fürchten.«

Darauf empfiehlt er sich. Alberts Gesicht ist verkniffen. Er sagt zu Anne Marie:

»Dieser Mensch könnte mich das Gruseln lehren. Dabei muß man kein Zauberer sein, um solche Prophezeiungen zu machen. Ich weiß, daß überall, in Paris, in Peking, in Hanoi, Geschichten gleichen Kalibers im Umlauf sind. Indochina läßt mich sitzen. Die Franzosen haben nur eins im Kopf: Hand in Hand mit den Engländern die Roten zu spalten, indem sie Tschiang ›umdrehen‹. Es geht darum, die Substanz zu retten, indem man das Beiwerk aufgibt, alle die alten Expansionsprogramme. Meine Eisenbahn ist damit endgültig im Eimer.«

Anne Marie spielt die treue Ratgeberin:

»Aber Albert, Ihr gutes altes China ist tot. Wir leben in einem neuen, gefährlichen China, die Weißen können sich kein offensives Vorgehen mehr erlauben. Sie sind in die Defensive gedrängt, und in eine höchst unbequeme Defensive.«

Plötzlich fügt sie hinzu, als sei ihr in diesem Augenblick eine Idee gekommen:

»Warum sollten Sie diesen Posten des Generalkonsuls in Schanghai nicht annehmen? Dort würden Sie wirklich eine bedeutende Persönlichkeit sein und nicht in einer abgelegenen Provinz, sondern inmitten eines Umschwungs von weltweiter Bedeutung.«

Doch nun kommt ein neuer Albert zum Vorschein, ein unvorstellbarer Albert, ein Albert, der müde ist bis auf die Knochen. Ja, er, der so oft Müdigkeit gemimt hat, um sich besser zur Geltung zu bringen, er ist diesmal echt entmutigt.

»Nein«, sagt er, »ich habe in meinem Leben schon zu vieles gewagt und bin nur mit Mißerfolgen belohnt worden. Ich frage mich, ob ich nicht unter einem schlechten Stern geboren bin. Nein, auf Schanghai lasse ich mich nicht ein, es ist zu waghalsig. Vielleicht habe ich gar nicht das Format dazu ... und selbst, wenn es gutginge, ich mag nicht mehr im Blut waten, und Blut wird dort in Strömen fließen.«

Anne Marie ist ehrlich verblüfft.

»Ich erkenne Sie nicht wieder, Albert. Was ist aus Ihrem berühmten Ehrgeiz geworden, Ihrem berühmten Mut?«

»Ich sehne mich nach einem gewissen Maß an Ruhe. Nein, ich glaube, daß es in China nur einen Posten gibt, der mir zusagen würde, der sehr bedeutend, aber zugleich sehr friedlich und überdies frei wäre. Es ist der des Direktors des chinesischen Postwesens, der traditionellerweise immer mit einem Franzosen besetzt wird. Ich möchte mich um diesen Posten bewerben.«

»Aber, mein lieber Albert, bei dieser Bestallung haben die Chinesen immer mehr ein Wörtchen mitzureden, und ich fürchte, daß es nicht zu Ihren Gunsten ausfallen würde. In China sind Sie ein bißchen unten durch ...«

Albert reagierte nicht einmal heftig:

»Warum sollten die Chinesen mich nicht wollen? Ich habe ihnen immer nur Gutes getan.«

Anne Marie kann es nicht lassen, sich an Alberts seltsamer Passivität die Zähne zu wetzen:

»Und Tang Kiao, und Yünnan, und Szetschuan, das alles interessiert Sie nicht mehr?«

»Doch, ich werde mich nach wie vor bemühen, aber ich glaube nicht mehr an große Möglichkeiten von dieser Seite. Sie hatten recht, Anne Marie, Tang Kiao ist am Ende. Meine Rolle wird von nun an einzig darin bestehen, Frankreich in den Erbfolgekriegen, die ich vorhersehe, einen gewissen Einfluß in Yünnan zu sichern.«

Albert lächelt still in sich hinein, ein Lächeln, das duldende Bitternis, resigniertes Leiden ausdrückt, stoisch getragenen Schmerz offenbart.

»Ein Kapitel meines Lebens geht zu Ende, Anne Marie. Das Kapitel meiner Jugend, der Zeit, als ich noch glauben konnte. Ich kann es noch immer, aber ich muß mit meinen Kräften haushalten. Vielleicht ist meine Zeit in China abgelaufen.«

Ich sehe zu, wie Anne Marie Albert tröstet, ihm zuredet, er solle nicht verzagen, nicht an sich selbst zweifeln, er sei in den besten Jahren, an der Schwelle einer großen Karriere. China habe ihn in den Sattel gehoben. Er könne nun Frankreich auch anderswo in bedeutenden Stellungen dienen. Albert seufzt:

»Ah, wenn nur Berthelot wieder ins Außenministerium käme! Seit einiger Zeit ist zwar davon die Rede, seit die Mehrheit in der Kammer gewechselt hat. Ich werde ihm schreiben und ihn um seinen Rat bitten.«

Als dieses Gespräch stattfand, war ich zehn Jahre alt, und ich erinnere mich noch genau daran. Alberts seltsame Miene, die Miene des gekreuzigten Opfers. Ausnahmsweise war es mit der Kreuzigung ernst. Natürlich habe ich alles, was der Brite erzählte, weit weniger gut verstanden, aber ich fand ein Notizbuch, worin Albert die Unterhaltung aufgeschrieben hatte. Dieser Fund versetzte mich in Zeit und Raum, in die Vergangenheit zurück.

Was mich bei der Lektüre dieser Notizen frappiert, ist das Maß, in dem die Prophezeiungen des Engländers sich als zutreffend erwiesen. Als sie sich erfüllten, war ich nicht mehr in China. Auch Albert und Anne Marie nicht. Aber es stimmte, daß die reichen Chinesen sich an Tschiang Kai-schek heranmachten. Tschiang Kai-schek erließ den Mordbefehl und bediente sich der vorgesehenen Vollstrecker, des proenglischen Pai Tschung-si und des profranzösischen Herrn Tu von der »Blauen Bande«. Ja, Albert, der um ein Haar eine ganze Anzahl von Kriegen unter Chinesen angezettelt hätte, um seine Eisenbahn zu bekommen, wollte mit diesem Krieg um Schanghai, der das Goldene Kalb retten sollte, nichts zu tun haben. Im Grunde hat ihm das geschadet. Er fand sich nicht mehr zurecht in diesen neuen Ereignissen, den Vorboten eines China, dessen phantastischer Charakter von ganz neuer Art und ihm völlig unverständlich war.

Yünnan bleibt ruhig, aber von überall her treffen in diesem Jahr 1925 erschreckende Nachrichten ein. Der Fremdenhaß erreicht seinen Höhepunkt. Die Atmosphäre ist elektrisch geladen. Die kommunistische Partei, die Armee und das Volk haben sich organisiert. Die Propaganda überschlägt sich. Millionen von Versammlungen, Erklärungen, Flugschriften, Plakaten. Ein Funke genügt, um unübersehbare Folgen auszulösen. Dieser Funke flammt auf, als ein paar Chinesen Ende Mai 1925 getötet werden. Damit beginnt die eigentliche Revolution, der zwei Jahre später von Tschiang Kai-schek der Todesstoß versetzt werden sollte. Jenem Tschiang, der zunächst nur Feuer und reine Flamme gegen die Ausländer ist.

Den Anstoß gibt ein recht unbedeutender Zwischenfall. Ein riesiger Zug wälzt sich durch die breiten Straßen der britischen Konzession von Schanghai. Arm und reich ist auf den Straßen und schreit: »Nieder mit den Fremden!« Anrücken der englischen Polizei von Louza. Der weiße Chef der Polizeistreitkräfte befiehlt Feuer: neun Chinesen werden getötet. Neun Tote, was ist das schon in diesem China, wo jedes Jahr Millionen Menschen sterben, ohne daß sich jemand darum kümmert? Aber das sind Millionen normaler Todesfälle. Diese neun aber sind das Werk der Weißen. Die Wirkung ist ungeheuerlich! Als hätte man einen Stein in ruhendes Gewässer geworfen. Überall werden die Ausländer-»Kolonien« von aufgebrachten Volksmassen belagert. Die Kanonenboote greifen ein, und es gibt weitere Tote auf seiten der Chinesen. Britische Kanonen gegen die Menge in Hankau. Englische und französische Maschinengewehre gegen einen Aufmarsch in Kanton, eine Massendemonstration von Arbeitern und Studenten, angeführt von den Kadetten der Militärakademie von Whampoa. Salven, die die Kolonne genau in dem Augenblick stoppen, als sie sich auf Scha-mien stürzen will. Zweiundfünfzig Tote. Die Chinesen verfügen über eine furchtbare Waffen, den Boykott. Sie boykottieren alles, was weiß ist, Menschen und Waren. Schanghai ist tot. Hongkong ist tot. Überall Streikposten, die Volksarmeen bilden. Ein Verantwortlicher für fünfzig Arbeiter. Ein Streikgericht, das die Streikbrecher aburteilt. Disziplin auf der Basis totaler Einmütigkeit. Ein Schraubstock, um die Weißen zu erwürgen, die sich in ihren Häusern verkriechen, während die überall in den Konzessionen aufgebotenen Sikhs, annamitischen Scharfschützen, Soldaten aller Nationalitäten, Schiffe mit gefechtsbereiten Kanonen nichts nützen. Man glaubt, der Hunger werde die Kulis, die Dockarbeiter, die Streikenden besiegen. Wochen-, ja monatelang verzichten sie auf ihre Schale Reis. So geht es fast ein Jahr lang; die Chinesen bleiben hartnäckig, verschlossen, feindselig, die Massen werden sich ihrer Macht bewußt, andererseits beginnen die reichen Chinesen, der Sache müde zu werden, sich vor dem Volk zu fürchten. Der Boden ist bereitet.

Yünnanfu ist die einzige Stadt in ganz Südchina, wo, dank Marschall Tang Kiao, Friede und Harmonie herrschen. Eines Tages sehe ich in der Stadtmitte einen Menschenauflauf. Etwa ein Dutzend Studenten der von Tang Kiao gegründeten »Universität« türmen Holzbänke aufeinander, um eine Tribüne zu bilden. Wie heulende Derwische tanzen sie dort oben herum, in höchst wunderlicher abendländischer Kostümierung – rosa Hosenträger und hautenge Hosen – und kreischen ihren Haß auf das Abendland heraus. Kleine Etwasse, Würmer, die sich winden. Bebrillte Würmer, die von sich selbst hypnotisiert sind. Der große Augenblick kommt, als einer von ihnen brüllt: »Ich will mein Fleisch vor euren Augen durchbohren, auf daß mein Blut als Tinte für meinen Schwur diene: den Schwur, China zu befreien. Sollte ich im Kampfe fallen, so begrabt meinen unwürdigen Leib in sieben Fuß chinesischen Bodens zwischen Himmel und Erde. Man mag meinen Leib durchbohren, zerstückeln, sieden, köpfen, nie aber wird man ihn vor Schande erröten machen. Wer lebt, der fürchte den Tod nicht. Sterben ist nützlicher als leben.«

Als der Höhepunkt des Anfalls erreicht ist, durchbohrt sich der Redner mit einer Nadel die Wange und benutzt die Nadel zur feierlichen Niederschrift seines Schwurs.

Ganz allgemein führen in allen Städten Chinas die Studenten die Unruhen an, und seltsamerweise sind sie unantastbar, tabu. Nein, ihre Leichen werden nicht Chinas Erde furchen. Sie sind das hoffnungsvolle junge China, das ungestraft den ganzen Konfuzius verleugnet. Sie sind »militant«. Ein neues, bisher völlig unbekanntes Wort. In Yünnanfu jedoch nimmt Tang Kiao auf ihre Immunität keine Rücksicht.

Ich bin noch da, als die Soldaten kommen, hart wie ihre Bajonette. Die Menge, die den Rednern zuhörte und die in diesem abgelegenen Nest Yünnanfu noch nicht fanatisiert ist, nimmt die Beine unter den Arm. Die gleichgültigen Soldaten packen mit festem Griff die Redner, holen diese Meister der verblasenen Beredsamkeit von ihrem Podium auf die dreckige Erde. Sie haben Angst, eine Heidenangst, sie sind nur noch zitternde kleine Bündel. Diese Studenten werden wirklich bald mit ihren Leichen sieben Fuß chinesischer Erde ausmessen. Sie tragen bereits den Tod im Gesicht. Es geht alles sehr schnell. Marschall Tang Kiao bemüht sich persönlich zur Richtstätte. Die Studenten müssen die Gruben ausheben, die ihre Gräber sein werden, und als die Gewehrsalve verhallt, stürzen sie direkt hinein. Tang Kiao hat den Herrn Konsul von Frankreich zu dieser kleinen Zeremonie eingeladen, um ihm eine Freude zu machen. Albert wagte es, abzulehnen. Er antwortete dem Marschall per Telefon – denn, man stelle sich vor, in Yünnanfu gibt es jetzt Telefon –, daß seine Anwesenheit falsch ausgelegt werden könnte. Die Leute könnten auf die Idee kommen, er, der Konsul, habe diese Hinrichtungen gefordert, während sie in

Wahrheit Folge der Gerechtigkeit des Marschalls seien. Aber ich bin zu Fuß den Verurteilten gefolgt, die unter Kolbenhieben, unter Bajonettstichen, bespuckt von den Soldaten zur Exekutionsstätte geführt wurden. Mühsam schleppen die Todgeweihten sich voran. An Ort und Stelle sehe ich den Marschall in seiner ganzen Pracht, umgeben von seinem Generalstab. Er brüllt die Kommandos. Ich sehe die Studenten mit ihren Schaufeln, jede Schaufel voll ist eine Sekunde, die sie der Gewehrsalve näher bringt. Dann reihen sie sich schlecht und recht vor die Gruben. Die einen stehen aufrecht, andere, die sich nicht mehr geradehalten können, kauern auf der Erde. Zwanzig Soldaten, ein Bündel Gewehre. Die Detonation, und dann nur noch Leichen. Der Gnadenschuß, die Fußtritte, die, wenn nötig, den Toten in die Grube befördern. Heil dem Marschall Tang Kiao! So jubelt die französische Kolonie von Yünnanfu. Heil dem Marschall, dem einzigen Kriegsherrn Chinas, der es wagte, Studenten zu töten!

Was habe ich empfunden? Diese Frage stelle ich mir heute. Sonderbar, aber ich weiß keine Antwort. Mir scheint, ich empfand überhaupt nichts, nicht einmal Entsetzen. Das Kind, das ich einst war, ist für mich ein Rätsel.

Tang Kiao ließ es übrigens nicht dabei bewenden. Anderntags gab er Befehl, die Universität zu durchsuchen, alle Professoren und Studenten einem Verhör zu unterwerfen. Jeder, der aus Kanton oder Schanghai stammte, wurde ebenfalls getötet. Es waren nicht mehr als zwanzig. Die Überlebenden der Universität richteten eine Huldigungsadresse an den Marschall, rühmten seine Wachsamkeit gegenüber den Verrätern, die dort unbeschreibliche Unsitten predigten, die sich gegen die Kindesliebe empörten, den Ahnenkult, und sich sogar zu der Behauptung erdreisteten, daß die Frauen über ihren Körper frei verfügen dürften.

Alles ist ruhig in Yünnanfu. So ruhig, daß die Herren aus Indochina mit ihren Damen nach wie vor zu uns kommen. Albert scheint sich, was die holde Weiblichkeit betrifft, beruhigt zu haben.

Anne Marie interessiert sich zur Zeit vor allem für ihre *Punto-tirato*-Stickereien, die sie allen ihren Gästen zeigt. Sie besitzt bereits ungeheure Mengen von Tischtüchern und Bettlaken, die sie in einem chinesischen Schrank in ihrem Schlafzimmer verwahrt und vor den bewundernden Blicken und den pflichtschuldigen Entzückensrufen der französischen Damen ausbreitet. Unsere chinesischen Waisenmädchen werden dicker, während die übrige Bevölkerung von Yünnanfu abgemagert ist. Man muß schon sehr reich sein, wenn man auch nur das kleinste Embonpoint spazierentragen will. An sonstigen Rundungen gibt es nur die Kröpfe, die überhandzunehmen scheinen, und die Bäuche der außerordentlich zahlreichen schwangeren Frauen, die übermäßig geschwollen sind, während der übrige Körper klapperdürr ist.

Süßer Friede in Yünnan. Auch die französischen Geschäftsleute, die aus dem Hexenkessel Schanghai fliehen, kommen zu uns. Sie wollen auskundschaften, ob sich ihre Textilfabriken nicht hierher verlegen lassen. Unter ihnen sind zwei Herren, zwei alte Fernosthasen, der eine eirund, der andere dürr wie ein Zahnstocher. Der eine rotwangig und fidel, der andere braungebrannt und schweigsam. Die beiden sind sehr reiche, sehr angesehene Geschäftspartner. Mein Vater gibt ihnen zu Ehren ein Diner, zu dem auch die besseren Franzosen und ihre Damen geladen sind. Anne Marie schwebt ein wenig über der Gesellschaft. Ich auch. An dieses Essen erinnere ich mich wie an ein Konzert. Die Symphonie der Klagen und Flüche der Herren Weißen in China. Ihr heiliger Zorn steigert sich zu einer Höllenglut, in die sie am liebsten alle Chinesen werfen würden. Was für ein Haß! Hier wird nicht herumgeredet, hier kommt man gleich zur Sache. Der dicke Rotbackige legt los:

»Ah, *monsieur le consul général*, Sie haben es gut in Ihrem Yünnan, dank des unschätzbaren Marschalls Tang Kiao. Er ist für mich der lebende Beweis, daß diese Chinesen, denen wir Weiße soviel Gutes getan haben, nicht allesamt Ungeheuer sind. Wenn Sie wüßten, was wir durchgemacht haben! Wir sind zu unseren Arbeitern und Arbeiterinnen immer wie Väter gewesen. Und jetzt rotten sie sich zu kreischenden Horden zusammen, sobald man ein vernünftiges Wort mit ihnen reden will. Wir sind ruiniert.«

Gevatter Zahnstocher ergreift das Wort:

»Wenn Sie sehen könnten, wie sich die chinesischen Großkaufleute in der französischen Konzession über unsere Pleite freuen! Auch sie besitzen Fabriken, in denen sie die Leute unmenschlich behandeln, aber bei ihnen läuft der Betrieb weiter. Sie machen Profite auf unsere Kosten und lachen uns noch aus. Die Wut packt mich, wenn ich zwei von diesen feisten Burschen in seidenen Gewändern vollgefressen aus einem Restaurant kommen sehe. Mit welcher Selbstzufriedenheit warten sie auf ihren Wagen, einen riesigen Sechszylinder, der am Gehsteig vorfährt. Die Müßiggänger scharen sich um ihn und betrachten voll Bewunderung die Besitzer. Sie steigen langsam und majestätisch in ihr Automobil, dessen Chauffeur sich mit dem Anfahren nicht beeilt. Auch er hat seine kleinen Schwächen. Und dann werden Horn und Hupe strapaziert! Die Scheinwerfer am hellen Tag aufgeblendet! Kurzum, das ›Gesicht‹!«

Nun ist wieder der Rotback an der Reihe:

»Am niederträchtigsten sind diese Studenten, mit denen Tang Kiao, wie ich hörte, kurzen Prozeß gemacht hat. Was hat man nicht alles für sie getan! Wie viele Universitäten, Colleges, Schulen, mit Lehrern aus Europa, und zwar den besten, wurden ihnen geboten. Und sie spucken ihnen ins Gesicht! Welche Nichtachtung des eigenen Landes, der Regeln uralter Höflichkeit! Eine Zeitlang gefielen sie sich als Snobs, bei englischem Sport, Tees und Pferderennen. Jetzt sind sie darüber erhaben. Für alles finden sie nur ein überlegenes Lächeln. Sie haben es nicht nötig zu lernen, sie wissen alles. Sie haben die Weisheit mit Löffeln gefressen. Sie sind wahnsinnig vor Eitelkeit. Diese mageren bartlosen Bürschchen, die an Rederitis leiden, spielen Verschwörer. Sie versammeln sich in Spelunken, berauschen sich an ihrer eigenen Phrasendrescherei und an kleinen Schälchen Reisschnaps. Diese armen Geschöpfe, die keine Chinesen mehr sind, ohne deshalb Abendländer zu sein, glauben sich uns überlegen, und zwar haushoch! Diese gemütskranken Affen spielen die starken Männer. Sie hassen uns in ihrer maßlosen Arroganz mehr als alle anderen, und sie riskieren nichts dabei. Sie sind Witzfiguren, und China ist so tief gesunken, daß diese Witzfiguren in Schanghai das Heft in der Hand haben.«

Darauf wieder der Zahnstocher mit seiner hohen Stimme:

»Und zu welchen Exzessen sie sich hinreißen lassen. Es passieren unglaubliche Dinge. Mir wurde von jungen Frauen in Hankau berichtet, die es nicht damit genug sein ließen, sich das Haar abzuschneiden, sondern auch noch splitternackt durch die Stadt marschierten, um ihre Freiheit zu demonstrieren. Und das in China, wo es selbst bei einer Dirne einem Verbrechen gleichkommt, ein Stück Fleisch zu zeigen.«

Der Dicke lacht:

»Sogar die Freudenmädchen legen mit übereinandergeschlagenen Beinen die Arbeit nieder. Die von der untersten Kategorie, die einzigen, an die ein Europäer herankommt. Ich kenne einen Matrosen, der mir von seinem Pech erzählt hat. An Bord kann er sich noch mit den Boys behelfen. Die katholischen Offiziere wissen, daß sie diese Sünde dulden müssen. Aber in Schanghai schreien sowohl das Taxigirl, das für einen ›Mex‹, einen mexikanischen Dollar zu haben ist, wie die Tänzerin, die Masseuse, die ihre Kunden auf dem Marmortisch einseift und gegen einen kleinen Aufschlag noch eine *little massage* macht, Zeter und Mordio bei der Annäherung eines Weißen. Ein Glück für unsere Seefahrer, daß es die immer lächelnden Japanerinnen gibt, die auf ihren Porzellankissen ruhen, den Kimono bis zum Bauch geschürzt, das Klopapier in der Hand. Ich sage Ihnen, die Japaner werden unsere Rettung sein. In ihre Stadtviertel wagen die Studenten sich nicht.«

Schnaps, Zigarren. Die Gesichter der Herren sind von roten Äderchen durchzogen, Kontinente des Blutandrangs. Angesichts der schlüpfrigen Reden, zu denen sich die Männer im Eifer des Gefechts hinreißen lassen, sagt Anne Marie gewandt:

»Wollen wir in den Salon hinübergehen?«

Dort sammelt sie in einer Ecke die weibliche Spezies um sich und entschuldigt sich bei den Damen:

»Es widerspricht zwar den französischen Gepflogenheiten, aber ich glaube, wir bleiben heute besser unter uns und überlassen die Herren sich selbst, damit sie sich in ihren Gesprächen nicht um unserer keuschen Ohren willen gar zuviel Zwang auferlegen müssen ...«

Natürlich ist der Ausdruck »keusche Ohren« leicht ironisch

gemeint. Aber Anne Marie findet die Frivolität dieser Biedermänner doch recht peinlich. Wie immer weiß Anne Marie, sich mit Ironie und Anstand aus der Affäre zu ziehen. Die Herren lümmeln in ihrer Ecke in geräumigen Fauteuils, unter den Augen eines Buddhas, der sich dorthin verirrt hat, und brummen durcheinander wie Hornissen. Aus dem Chor erhebt sich näselnd Zahnstochers Stimme:

»Natürlich hat sich das gesamte Hauspersonal bis hin zur alten Amah aus dem Staub gemacht. Einerseits ist es mir lieber so, denn ich schloß des Nachts kein Auge mehr aus Furcht, einer der Diener könne mir meinen Revolver stehlen. Ich hatte immer eine geladene Waffe unter dem Kopfkissen. Man kann nicht vorsichtig genug sein, dieser Mob ist imstande, ohne ersichtlichen Grund jedes Haus zu stürmen. Der größte Witz ist, daß meine Frau die Dienstmagd macht, wie alle Französinnen und Engländerinnen in Schanghai, Tausende von Putz-Damen. Sie mußte ihren Schmuck ablegen, und sie erklärt: ›Als Europäerin in Schanghai kommt man sich ohne das Zeug wie nackt vor.‹ Wohlgemerkt, am Abend legt sie ihn wieder an, denn wir lassen uns nicht unterkriegen. Trotz allem veranstalten wir Cocktails und trinken darauf, daß Tschiang Kai-schek der Teufel holt.«

Es ist ein Duett zwischen dem Zahnstocher und dem Dicken. Der meint lachend:

»Dabei sind wir in der französischen Konzession immer noch besser dran als die Leute in der Internationalen Konzession. Die ›Blaue Bande‹, die uns mit ihrer Freundschaft beehrt, hält immerhin eine gewisse Ordnung aufrecht. Aber bei den Engländern ... Diese alten Säufer muß man gesehen haben, diese würdigen John Bulls, wenn sie, wie in Scha-mien, ihre blauen Hilfspolizeiuniformen aus dem Schrank geholt haben und torkelnd ihre Runde machen. Ein Augenschmaus!«

Einer der Franzosen von Yünnanfu erlaubt sich die Zwischenbemerkung:

»Noch anno 1911 haben alle Chinesen uns respektiert und nachgeahmt. Ein paar Jahre haben genügt, daß sie sich uns jetzt überlegen fühlen.«

Der Zahnstocher fällt schneidend ein:

»Unsere eigene Schuld, daß wir das Gesicht verloren haben. Was hat sich die Regierung bloß dabei gedacht, als sie China im Krieg unbedingt auf unserer Seite haben wollte? Seine Hilfe war gleich Null. Aber die Chinesen haben den Versailler Vertrag mitunterzeichnet und glauben sich seitdem zu allem berechtigt. Zuerst hat man ihnen die österreichischen und die deutschen Konzessionen zurückgegeben. Daraufhin sagten sie sich: ›Jetzt wollen wir alle anderen ausländischen Konzessionen auch noch.‹ Und sie randalieren unaufhörlich im Völkerbund und überall. Ein Beispiel für die schimpflichen Zustände: während der Boxeraufstände im Jahr 1900 wurde der deutsche Botschafter, Freiherr von Ketteler, der Doyen des belagerten diplomatischen Korps, meuchlings ermordet. Als die besiegte Tse-hi den Vertrag mit den Großmächten unterzeichnete, stimmte sie auch einer darin enthaltenen Klausel zu, wonach die Chinesen dem Toten ein Sühnedenkmal errichten sollten, ein Ehrentor. 1919 ließ man ohne ein Wort des Protestes zu, daß die Chinesen dieses Denkmal entfernten.«

Der Dicke übernimmt wieder:

»Es war eine Katastrophe, daß man während des Krieges hunderttausend chinesische Kulis nach Frankreich schickte. Bis dato waren die Weißen für sie lauter hochmütige *merchants* gewesen, Diplomaten in großer Uniform, herrische Seeleute. In Europa sahen sie zum erstenmal weiße Arbeiter, die wie Sklaven schufteten, üble Kneipen voller Trunkenbolde, und sie brachten sogar Photos von jungen weißen Frauen nach Hause, die nur mit einem Lächeln bekleidet waren.

Das ist aber nicht alles. Das Schlimmste waren, hier in China, die Weißrussen, Tausende von Männern, echte oder falsche Fürsten, bezaubernde Frauen, die nun in den Straßen Schanghais betteln oder Streichhölzer verkaufen mußten. Die Frauen hatten, ehe sie nach Schanghai kamen, auf ihrer Flucht die weiten Ebenen der Mandschurei durchquert, wo man sie in jedem chinesischen Dorf ein paar Tage festhielt, damit die Bauern sich an ihnen gütlich tun konnten. Können Sie sich das vorstellen? Und die chinesische Polizei war allmächtig ... In Schanghai verdingten sich die Männer als Leibwächter bei Chinesen, die Frauen verkauften ihre letzten Schmuckstücke. Andere Weißrussen, die Gerisseneren, haben sie aufgekauft und damit ein Vermögen gemacht.

Ja, die Chinesen waren bald überfüttert mit Weißrussinnen. Sie zu erniedrigen machte keinen Spaß mehr. Jetzt wollten sie ihr Mütchen an Engländerinnen kühlen. Und es fand sich eine Engländerin, eine Waise unbekannter Herkunft, von Japanern erzogen, die damit ihr Glück machte. Ihre Spezialität waren die reichen Chinesen. Sie versammelten sich in Schanghai zu ihren Gelagen um runde Tische. Und beim Dessert stellte sich das Mädchen nackt, auf allen vieren auf dem Tisch zur Schau, der Union Jack steckte ihr, na, Sie wissen schon wo, und jeder Chinese kam einmal dran. Sie schändeten nicht das Mädchen, sie schändeten England. Es versteht sich von selbst, daß der Stadtrat der Engländer, das *Law Council*, sobald er davon Wind bekam, das Mädchen in aller Stille abschob, damit dieser unvorstellbare Skandal nicht ruchbar wurde.«

Sein Gevatter löst ihn mit drohender Stimme ab:

»Unsere Konzessionen sollen die Chinesen niemals kriegen. Sie haben sich um kein Jota geändert, nur weil es jetzt welche gibt, die amerikanische Universitäten besucht haben. Sie würden uns ausplündern bis auf die Haut. Ich spreche nicht von den Kriegsherren, den Gangstern, den Banditen, ich spreche von den staatlichen Stellen. Im Grunde arbeiten sie mit genau den gleichen schmierigen Tricks wie die Mandarine.

Kennen Sie diese alte chinesische Geschichte? Ein Mann hatte seinem Nachbarn eine Henne gestohlen und hatte sie geschlachtet. Ehe der Bestohlene Anzeige erstattete, bestach er den Mandarin, und dieser fällte folgendes Urteil: Diese Henne hätte, wenn sie noch am Leben wäre, Eier gelegt. Aus diesen Eiern wären Hennen geschlüpft. Und so weiter und so fort. Folglich sei der Schuldige nicht für den Diebstahl einer einzigen Henne, sondern Zehntausender von Hennen zu bestrafen. Und dieses Urteil entspricht vollauf der chinesischen Logik! Hätten sie uns erst einmal unter ihrer Fuchtel, mit welcher Wonne würden sie uns aufgrund solcher Argumentationen noch das Letzte wegnehmen. Deshalb gilt es, um jeden Preis in Schanghai *law and order* und das französische Gesetz aufrechtzuerhalten. Auch mit Kanonenkugeln.«

Nun schmettert der Dicke wie eine rostige Regimentstrompete:

»Was wir in fünfzig Jahren mühsam erobert haben, das werden wir behalten, trotz der sowjetischen Agenten und vor allem trotz dieser noch viel gefährlicheren falschen Brüder, die uns hassen: die amerikanischen Pastoren. Man muß sie gesehen haben, diese Gerippe mit den goldgeränderten Brillen vor den blauen Augen, die sich einbilden, das Gute gepachtet zu haben. Welcher Formalismus! Ihre Religion ist ein Geschäft! Als Dividende fallen die Bekehrten an. Die zahllosen Glaubensgemeinschaften der Vereinigten Staaten schicken ihnen phantastische Summen und wollen dafür lediglich ansteigende Ertragskurven sehen. Colleges, Krankenhäuser, Tempel von unerhörter Aufwendigkeit. Und sie fabrizieren Chinesen, seriengefertigte Yankees, aus denen chinesische Minister, Bankiers, Botschafter werden. In Wahrheit die ausgewachsensten Schurken. Seltsam, daß jede amerikanische Präsenz, besonders jede puritanische, ein Land automatisch korrumpiert. Aber die Pastoren sind meilenweit davon entfernt, auch nur zu ahnen, was sie da anrichten. Im Gegenteil, ihr Fanatismus und ihre Selbstherrlichkeit sind unwahrscheinlich. Jeder, der an ihnen und ihrem Werk zweifelt, fällt ihrer Verachtung anheim. Ja, sie allein wissen, was China ist, ihr China, ein gottgelobtes Land, das Land ihres Glaubens und ihrer Liebe. Aber obgleich sie mittendrin sind, setzen sie keinen Fuß in das wirkliche China ... In ihrem wahnwitzigen Starrsinn spielen sie unseren Gegnern in die Hände. Aber eines Tages, das versichere ich Ihnen, werden sie eine böse Überraschung erleben. Die armen *clergymen* werden gar nicht wissen, wie ihnen geschieht, sie werden aus allen Wolken fallen, zu Salzsäulen erstarren, wenn ihnen das Haßgebrüll der Chinesen in die eigenen Ohren dröhnt. Ihnen, die sich naiverweise von den Gelben verehrt glaubten. Nie werden sie begreifen, wie das geschehen konnte, und sie werden den Rest ihres Lebens nicht über diesen Schmerz, diese unbegreifliche Enttäuschung hinwegkommen. Geschieht ihnen ganz recht!«

Albert blüht auf. Alles, was dieser fette Karpfen da sagt, hat er bereits dem englischen Konsul prophezeit. Er freut sich, seine Warnung bestätigt zu hören. Albert Bodard weiß alles, Albert Bodard versteht alles.

Der Zahnstocher nörgelt:

»Sogar die Sowjets ... sie können sich auf allerlei gefaßt machen. Die Chinesen kennen keine Dankbarkeit.«

Wieder ein Punkt, in dem Albert und der Brite übereinstimmten! Albert schnurrt geradezu vor Zufriedenheit.

Der Dicke donnert:

»Und die größte Landplage sind diese Beauftragten des Völkerbunds mit ihren blödsinnigen Berichten ...«

Albert bohrt dem Schreihals seinen Ellbogen in den Wanst, denn es ist ausgerechnet auch ein Kommissar des Völkerbunds zugegen, ein Holländer mit einem Puppengesicht und flaumbekränzter Glatze, im übrigen von hünenhaftem Wuchs.

Dieser Herr, der des Französischen einigermaßen mächtig ist, sagt mit sanfter Stimme:

»Ich zweifle nicht daran, daß die Europäer hier viel Gutes getan haben. Aber ich habe in meinem Koffer eine ganze Akte über die Arbeitsbedingungen in Textilfabriken, die Europäern gehören. Diese Arbeitsbedingungen sind nicht gut. Ich bedauere, das sagen zu müssen. Die Werkshallen sind Baracken, und die Belegschaft, die zu 70 bis 80 Prozent aus Frauen besteht, muß in Backofenhitze, vor ihren Webstühlen stehend, vierzehn Stunden täglich ohne Unterbrechung arbeiten. Keine sanitären Einrichtungen, keine Krankenstube; Schlafsäle, in denen skandalöse Zustände herrschen. Die Frauen müssen sich selbst verpflegen. Der Lohn ist miserabel, und der Vorarbeiter behält davon stets die Hälfte für sich. Jeden Tag werden Frauen ohnmächtig. Wenn sie nicht bald wieder weiterarbeiten können, werden sie hinausgeworfen. Monat für Monat gibt es Todesfälle. In einer Fabrik haben die Arbeiterinnen gestreikt, um Bänke zu bekommen. Eine englische Zeitung in Schanghai hat diese Forderung als ›grotesk und unerhört‹ gebrandmarkt.«

Der Dicke braust auf:

»Aber in den Fabriken, die Chinesen gehören, ist es noch weit schlimmer. Dort krepieren die Frauen buchstäblich, und Streik gibt es nicht.«

Der riesige Holländer mit dem dünnen Stimmchen fährt fort:

»Alle Europäer, Sie auch, geben vor, für die Entwicklung

Chinas zu arbeiten! Vielleicht sollten Sie nachahmenswertere Beispiele setzen. Außerdem ist da noch das Problem der Kinderarbeit. In Ihren Betrieben werden Sechsjährige als Lastträger verwendet. Eine Quäkerinnen-Liga in Schanghai hat vom *Law Council* gefordert, daß die untere Altersgrenze auf zwölf Jahre festgesetzt werde. Die Sache wurde verschleppt und schließlich vergessen. Desgleichen sind Ihre Fabriken noch immer voll von Scharen praktisch unbezahlter, unterernährter Sklavenkinder. Die Sterblichkeitsrate hier ist erschreckend groß.«

Der Dicke ist wütend:

»Herrgott, Sie fallen uns auf den Wecker, Monsieur! Das *Law Council* hat die Frage der Kinderarbeit sorgfältig studiert. Wenn man sie nicht beschäftigte, würden sie auf der Straße verhungern, sie würden sich nur herumtreiben und keiner Versuchung widerstehen, kurz, kleine Strolche werden . . .«

Der Holländer läßt sich nicht aus der Ruhe bringen:

»Ich glaube, Sie würden gut daran tun, diese Frage noch einmal zu überprüfen. Jedenfalls werde ich in meinen Bericht diesen Standpunkt vertreten.«

Die Entrüstung der Franzosen erreicht ihren Höhepunkt. Und der Zahnstocher konstatiert mit der Leidensmiene des Unverstandenen:

»Monsieur, Schanghai ist vielleicht die einzige Stadt in China, wo nicht allmorgendlich Leichen auf den Straßen liegen – von einigen Ausnahmen abgesehen. Die reichen Chinesen, die unsere Konzessionen abschaffen wollen, legen Wert darauf, eben dort zu wohnen, weil sie nirgends sonst vor Erpressungen aller Art sicher sein können. Der Handel blüht und gedeiht. Und wenn sie das Los der Fabrikarbeiter mit dem der Bauern vergleichen . . . Die Stadt hat bereits mehrere Millionen Einwohner, und täglich kommen weitere Menschen hinzu. Ganze Familien folgen wochenlang, monatelang zu Fuß den Schienensträngen der Eisenbahn nach Schanghai, als führten sie direkt ins Paradies. Sie fliehen vor den chinesischen Katastrophen. Zweihundert Kilometer von Schanghai entfernt herrschen Hunger und Krieg. Wir sind stolz auf Schanghai.«

Lautes Stimmengewirr, eine Woge des Zorns steigt auf.

Albert Bodard gießt Öl auf diese Woge, er richtet mit sehr sanfter, liebenswürdiger Stimme seine Worte zugleich an die Franzosen und an den eifernden Holländer:

»Meine Herren, wir haben für China bereits vieles erreicht, indessen bleibt uns so manches noch zu tun. Wir müssen weiterarbeiten, selbst angesichts der Drohungen und Gefahren der Stunde, ohne Groll gegen die Chinesen, die zwar im Moment von schlechten Hirten in die Irre geführt werden, aber gewiß bald wieder zur Einsicht kommen.«

Nachdem die ganze Gesellschaft wieder fort ist, beugt Anne Marie sich, wie von einem Schleier der Traurigkeit eingehüllt, über Albert:

»Diese Leute ... Sie wiederholen sich nur ständig. Sie sind dumm. Albert, ich langweile mich hier. Ich möchte zurück nach Frankreich.«

Albert legt Anne Marie die Hand auf die Schulter.

»Ich auch, ich bin auch am Ende. Ich hab's satt. Ich werde um meinen Urlaub eingeben, er steht mir zu, die drei Jahre Aufenthalt sind beinahe voll. Inzwischen könnte ich alles Nötige für meine Kandidatur beim chinesischen Postwesen in die Wege leiten. Dann reisen wir gemeinsam nach Frankreich.«

Gemeinsam ... Ich weiß genau, daß Anne Marie viel lieber nur mit mir gefahren wäre. Aber in Frankreich kennt sie nur Ancenis. Ein Kloster. Ihr großer Wunsch ist, in Paris Fuß zu fassen, dazu müßte Albert ihr die Türen öffnen, die großen Türen.

Anne Marie geht schlafen.

Albert begibt sich in sein Arbeitszimmer. Energisch, entschlossen schreibt er mit scharf gespitzter Feder, jedoch in äußerst gewählten Wendungen, an »Seine Exzellenz Monsieur Edouard Herriot, Ministerpräsident und Minister für Auswärtige Angelegenheiten«:

Euer Exzellenz beehre ich mich hiermit, ein Gesuch um einen sechsmonatigen Urlaub in Frankreich vorzulegen.

Anlaß für dieses Nachsuchen ist mein Gesundheitszustand, der unverzügliche Behandlung, Ruhe und einen längeren Kuraufenthalt, zuerst in Vittel und anschließend in Vichy erforderlich macht.

Euer Exzellenz finden einliegend, zur Unterstützung meines Urlaubsansuchens:

1. Ein Zeugnis des französischen Chefarztes von Yünnanfu und seines Assistenten.

2. Ein Attest der Herren Doktor Le Roy und Doktor Coppin, die mich im Auftrag der Regierung in Hanoi, wo ich mich unlängst zu Besprechungen mit dem Herrn Generalgouverneur Merlin über die Angelegenheiten Yünnans aufhielt, während einer akuten Nierenkolik behandelten.

Der Brief ist abgeschickt. Albert setzt seine Amtsgeschäfte mit unvermindertem Eifer fort.

Eines Tages, nach dem Mittagessen, kommt der gestiefelte und gespornte Pater in seiner seidenen Rüstung angeritten, der Geheimagent der ausländischen Missionsstationen, der fast so viel trinkt wie der englische Geheime, der sich übrigens seit einiger Zeit weniger häufig im Konsulat blicken läßt. Der hochwürdige Herr kommt sogleich zur Sache:

»Eigentlich hätte der Pater Prokurator diese Sache mit Ihnen regeln sollen, *monsieur le consul*, aber er hat wieder mal das Zipperlein. Komisch, dabei ernährt er sich doch ausschließlich von Geld. Übrigens dreht es sich bei dem, was ich Ihnen zu sagen habe, um Geld.«

»Ah«, sagt Albert, dem nichts Gutes schwant.

»Ja, in der Provinz wimmelt es von Deserteuren der yünnanesischen Armee, die marodierend herumziehen und denen nichts heilig ist. Kürzlich wurde eine meiner Gemeinden von ihnen heimgesucht. Der Pater hat uns seine peinlich genau errechnete Schadensaufstellung geschickt. Sie lautet:

1. Das Haus einer reichen Familie geplündert. Ich fordere nur achthundert Dollar.
2. Ein Haus niedergebrannt, nachdem die Piraten es durchstöberten, um das versteckte Geld zu finden. Die vollen Kornspeicher wurden geleert. Die Fichten wurden gefällt: ich verlange nur viertausend Dollar.
3. Zwei Strohhütten dem Erdboden gleichgemacht. Die Schweine, die Büffel und die Kleidung wurden gestohlen. Ich verlange nur tausend Dollar.

4. Die Ehefrau La Bu-hao wurde entkleidet und bis zum nächsten Morgen vergewaltigt. Ihre beiden Kinder wurden getötet. Ich verlange nur eintausendzweihundert Dollar.

Insgesamt: siebentausend Dollar.«

Albert protestiert:

»Unbescheiden ist er gar nicht, Ihr Pater!«

Der andere lacht:

»Der arme Alte, er ist ein heiligmäßiger Mann! Zum erstenmal hat er eine Chance, Geld in die Kasse zu kriegen ... Übrigens, darf ich es mir erlauben, Ihnen einen Rat zu geben, Herr Konsul: übermitteln Sie diese Forderung auf der Stelle Tang Kiao und lassen Sie sich auf Heller und Pfennig bezahlen, denn in zehn oder vierzehn Tagen wird es – ob er dann noch leben sollte oder nicht – keinen Marschall Tang Kiao mehr geben, und wenn Sie versuchen, das Geld aus seinen Nachfolgern herauszuholen, gibt es bloß ein endloses Hin und Her. Ich möchte Sie bloß warnen!«

Albert ist jetzt hellwach. Bissig fährt er den Pater an:

»Was erzählen Sie mir da?«

Der Pater erstrahlt wie in rosigem Licht.

»Wie, Sie wissen es nicht? Ich sehe, daß die kirchliche Nachrichtenübermittlung schneller funktioniert als die Ihre. Der Bischof von Kweijang ließ uns wissen, daß der Kriegsherr von Kweitschu mit einer neuen, sehr starken und nach englischem Vorbild ausgerüsteten Armee zurückgekehrt sei. Er hat seine Hauptstadt wiedererobert, ohne daß ein Schuß gefallen ist.«

»Wie!« sagt Albert und glotzt den Pater mit offenem Mund an, »und die Yünnanesen?«

»Die sind schleunigst verduftet. Wie hätten sie sich zum Kampf stellen können? Sie haben keine Waffen mehr ...«

Albert schreit:

»Und meine Kanonen! Und meine Maschinengewehre! Und meine Gewehre! Und meine Munition! Das alles konnte doch nicht einfach vom Erdboden verschwinden!«

Der geistliche Herr trieft von Milde:

»Sie wissen doch, *monsieur le consul*, daß eine chinesische Armee, besonders eine, die wie diese nur ein Haufen Gesindel ist, nur in den Krieg zieht, um Beute zu machen, und was sollte es in Kweitschu zu holen geben? Marschall Tang Kiao hat die Truppen dort ein volles Jahr bibbern lassen, ohne ihnen einen roten Heller oder ein Reiskorn zu geben. Der ganze Haufen hätte sich längst in Luft aufgelöst, wenn General Tschi nicht auf die geniale Idee gekommen wäre, die Ausrüstung zu versteigern. Natürlich haben die Obersten und die anderen Offiziere desgleichen getan, und nach entsprechendem Feilschen, das Sie sich wohl vorstellen können, ging die Ware an die Szetschuanesen, die seltsamerweise über genügend Gold verfügten. Unsere Yünnanesen haben einen ordentlichen Schnitt gemacht. Für Tschi sprang der Gegenwert von vier Kanonen dabei heraus, für jeden Obersten der von vier Maschinengewehren, die gewöhnlichen Offiziere bekamen den Preis von vier Gewehren und die Soldaten den von vier Patronen. Außerdem haben die Szetschuanesen Reis geliefert.«

»Also«, sagt Albert, »das ist doch nicht zu fassen! Französische Ausrüstungsgegenstände! Französische Waffen! Die Armee, die ich ausgerüstet habe! Sie existiert nicht mehr!«

Der Geistliche hebt die Arme zum Himmel.

»Aber ja, sie existiert noch, *monsieur le consul*, und Sie werden sie sogar in zehn, spätestens vierzehn Tagen in Yünnanfu auf dem Hals haben. Deshalb muß ja meine kleine Rechnung so schnell vorgelegt werden.«

Albert ist verstimmt:

»Ich begreife das nicht. Ich glaubte immer, China zu kennen. Aber das hier, diese Sache, die geht über meinen Verstand!«

Zuckersüß der Pater:

»Ganz einfach, *monsieur le consul*, alle yünnanesischen Truppen sind dabei, sich in Richtung Yünnanfu abzusetzen. Der reinste Marathonlauf! Es geht darum, wer von den Generalen und Obersten als erster eintrifft, um die Macht an sich zu reißen. Und auf allen Wegen und Stegen laufen die Soldaten, barfuß, in Unterhosen, einen leeren Patronengürtel um den Bauch, aber in der Hand einen Regenschirm wie die englischen Gentlemen, und sie spannen ihn auf, sobald auch nur ein Tropfen fällt, um ihre kostbaren Köpfe zu schützen. Einige tragen kleine Vogelbauer mit Nachtigallen, Amseln oder Papageien. Ein tolles

Wettrennen. Die Generale und Obersten, zu Pferd oder im Tragsessel, schließen bereits untereinander Bündnisse, lösen sie wieder und verbünden sich mit anderen, versuchen, einem Konkurrenten die Soldaten abspenstig zu machen, indem sie ihnen einträgliche Plünderungen versprechen, und das ist jetzt erst der Anfang.«

Albert macht große Augen:

»Aber dann wird es in Yünnanfu ein großes Morden und Brandschatzen geben . . .«

»Nicht unbedingt, *monsieur le consul*. Nach Angaben der Missionare ist den Yünnanesen, die früher die gefürchtetsten Haudegen waren, sogar jene Lust vergangen, einander umzubringen. Diese ungebildeten Leute haben natürlich keine Ahnung von den Schriften Schwenes, des großen chinesischen Strategen des Mittelalters, der die Kriegskunst so definiert: ›Ein guter General muß kampflos zu siegen verstehen, indem er durch Listen und Kniffe die feindlichen Truppen zur Desertion bewegt!‹ Genau das praktizieren auch diese Unbelesenen. Sie werden in Yünnanfu Ihre blauen Wunder erleben. Zumal sämtliche Armeen etwa gleichzeitig vor der Stadt ankommen dürften.«

Zum Abschied sagt der Pater noch:

»Besuchen Sie doch einmal eines unserer Waisenhäuser. Was dort im Gang ist, lohnt die Reise. Der Bischof trifft vorbeugende Maßnahmen. Er verheiratet christliche Jungfrauen dutzendweise mit jungen christlichen Bauern. Was nicht ohne Geschichten abgeht, denn die Burschen wollen die Mädchen, die keinen roten Heller haben, nicht ehelichen, aber damit werden wir schon fertig. Es ist, wie gesagt, nur eine Vorsichtsmaßnahme, aber wie Sie wissen, ist es in den Augen des Herrn viel weniger schlimm, wenn eine verheiratete Frau vergewaltigt wird, als wenn es einer Jungfrau passiert!«

Und der geistliche Geheimagent entfernt sich unter schallendem Gelächter.

Albert stürzt unverzüglich ans Telefon und ruft den englischen Konsul an. Er lädt ihn zum Abendessen ein. Punkt acht erscheint der Brite, sprühend vor Charme. Er geht soweit, zu Anne Marie zu sagen:

»Sie sind heute schöner denn je.«

Das ist für einen Engländer der Gipfel des Überschwangs, aber zugleich hart am Rande des Obszönen. Danach wendet er sich Albert zu.

»Sie sehen gut aus, mein Lieber. Die Steinzeit scheint gut überstanden.«

Während der Mahlzeit schweigt Albert. Was dem Engländer Gelegenheit gibt, in allen Ehren, versteht sich, Anne Marie die Cour zu schneiden, und Anne Marie wagt sogar, ihn zu fragen:

»Und Ihre chinesischen Boys, sind sie immer noch so liebenswürdig?«

Das Unwetter bricht beim Dessert aus. Aus heiterem Himmel donnert Albert den Engländer an:

»Hören Sie, bei dieser Sache in Kweitschu stammten Waffen und Ausrüstung von englischen Firmen. Und trotzdem möchte ich wetten, daß Sie unschuldig sind!«

Der Brite säuselt:

»Aber ja, völlig unschuldig.«

»Und meine französischen Waffen, die an die Szetschuanesen verkauft wurden? Auch hier möchte ich wetten, daß Sie völlig unbeteiligt waren, daß Sie den Szetschuanesen nicht einen roten Heller zukommen ließen, damit sie die Waffen haben kaufen können!«

Der Engländer lispelt noch süßer:

»Nicht einen roten Heller, Albert, keinen einzigen.«

Albert platzt der Kragen:

»Sie treiben ein übles Spiel mit mir. Sie zerstören alles, was ich geschaffen habe, und jetzt ist sogar die Sicherheit Yünnans bedroht.«

In Sekundenschnelle wechselt der Engländer die Pose. Er ist nicht mehr der Süßholzraspler, sondern der harte Mann mit der groben Stimme. Der Agent, der seine Karten auf den Tisch knallt.

»Sie begreifen nicht die Bohne. Wir haben einen Block von chinesischen Provinzen geschaffen, der Tibet im Rücken hat und für die Roten unangreifbar ist. Das eigentliche Ziel der kantonesischen Armeen ist, wie Sie wissen, der untere Yangtsekiang, aber wenn sie hier so mühelos durchgekommen wären wie das Messer durch die Butter, so hätten sie die Gelegenheit ergriffen. Deshalb haben wir Kwangsi, Kweitschu und Szetschuan zu einer festen Bastion zusammengeschlossen. Die Kriegsherren dieser Gebiete wollen um jeden Preis ihre Unabhängigkeit gegenüber beiden Lagern wahren, dem konservativen wie dem revolutionären, die am unteren Yangtsekiang aneinandergeraten werden. Die *war lords* wollen Herren im eigenen Haus bleiben. Nun, wir haben ihnen dabei geholfen, und Ihre französischen Waffen werden in Szetschuan von weit größerem Nutzen sein als in Yünnan.«

Albert schäumt:

»Aber das ist glatter Diebstahl! Ihr Engländer, ihr habt mich bestohlen!«

»Was hätten die Yünnanesen mit Ihren Waffen gemacht? Überhaupt nichts. Außerdem liegt Yünnan im hintersten China und ist daher keineswegs gefährdet. Natürlich wird es zu Unruhen kommen, aber damit werden Sie schon fertig. Und überdies gebe ich Ihnen, dieses Mal in meiner Eigenschaft als britischer Konsul, die Zusicherung, daß mein Land alle Mittel einsetzen wird, um den Franzosen bei der Wahrung ihres Einflusses in Yünnan behilflich zu sein.«

Daraufhin trinkt der Engländer einen gewaltigen Zug direkt aus der Flasche. Er ist von seinen eigenen Worten so hingerissen, daß er alle guten Manieren vergißt.

»Danken Sie mir nicht, Albert. Wir haben nicht aus Nettigkeit gehandelt. Die Engländer sind nicht nett, das wissen Sie sehr wohl. Es lag in unserem eigenen Interesse. Denn zufällig gelangt man von diesem verflixten Hochplateau Yünnan nicht nur hinunter in euer Indochina, sondern auch nach Siam, Birma und ganz Südostasien, das für uns von größter Bedeutung ist. Wir können nicht zulassen, daß hier irgendein Finsterling von Revoluzzer die Macht übernimmt und uns dann drunten in unseren Deltas die größten Scherereien macht. Der Kautschuk und das Zinn der malaiischen Staaten zum Beispiel sind uns heilig, und schon wimmelt es dort unten von chinesischen Kulis, die ein Oberscharfmacher aus Yünnan aufwiegeln könnte. Also, Albert, bei allen Brigantenhändeln – und deren wird es hier nicht wenige geben – können Sie auf mich zählen. Vorausgesetzt, daß es sich nur um Machtkämpfe zwischen Briganten handelt.«

Mit der Stadt Yünnanfu geht in den folgenden Tagen eine seltsame Veränderung vor. Es herrscht nicht die große Angst, vielmehr eine gewisse Beunruhigung. Die Tore sind nicht verriegelt, aber sie sind nur einen Spalt weit geöffnet. Die Waren sind rar geworden und die Menschenmengen auf den Straßen kleiner. Atmosphäre der Ungewißheit. Eine Woche später läßt Marschall Tang Kiao Monsieur Albert Bodard, Konsul von Frankreich, in seinen Palast bitten. Albert schilderte beim Abendessen die seltsame Begegnung. Er fand einen Tang Kiao im siebenten Himmel vor, der wie auf Wolken schwebte. Nie trugen die Züge des Marschalls einen solchen Ausdruck der Glückseligkeit, und mit seiner schönsten, seiner kriegerischsten Stimme, der Stimme, die wie Erz klingt, sagt er zu Albert:

»Ich habe meine Truppen zurückbeordert. Die Szetschuanesen, was sind die schon? Gewürm. Gar nichts. Ich habe eine unendlich wichtigere Mission zu erfüllen. Ich bin der einzige Ahne, der einzige Große, der einzige Weise, der aus der Revolution von 1911 noch übrig ist. Also erfordert meine Pflicht als Patriarch, nun, da unser heldenhafter Sun Yat-sen tot ist, daß ich in Kanton seine Stelle einnehme, daß ich der Vater Tschiang Kai-scheks werde, dieses vortrefflichen, aber zu jungen Mannes, der meines Rates bedarf. Ja, jetzt ist meine Zeit gekommen, ich muß der Führer dieses China werden, das den Weg zu sich selbst sucht. Man hat mir gemeldet, daß meine ersten Truppen übermorgen in Yünnanfu eintreffen werden. Ich will persönlich bei ihrem Einmarsch die Parade abnehmen. Hiermit lade ich Sie, *monsieur le consul*, sowie Ihren Sohn ein, dieser triumphalen Rückkehr beizuwohnen.«

Am übernächsten Tag ist auf dem Manövergelände eine prachtvolle Tribüne mit einem Thronsessel für Tang Kiao errichtet. Der Marschall kommt in der Sänfte an, begleitet von seinem Zivilkabinett, seinem Militärkabinett, seinen Adjutanten, einer Abteilung seiner Leibwache. Die Tribüne ist mit imponierend strengen Erscheinungen gefüllt. Monsieur Albert Bodard sitzt in einem großen Sessel zur Rechten des Marschalls. Man wartet. Eine Stunde vergeht. Der Marschall wird ungeduldig.

Er schickt eine Stafette aus. Ringsum herrscht eisiges Schweigen, jeder fürchtet Tang Kiaos Zorn. Eine weitere Stunde verstreicht, aber seltsamerweise kommt die ausgesandte Stafette nicht zurück. Der Gesichtsausdruck des Marschalls wird immer drohender. Auch Monsieur Albert Bodard schweigt.

Endlich kommt am anderen Ende des Manövergeländes eine Bewegung auf, es sieht aus, als kröchen Insektenscharen im Staub daher. Aber es sind Männer, Männer, die niedersinken, die sich hinlegen, nackte Männer. Einige kauern sich auf den Boden und zünden Feuer an. Ein paar Zelte werden aufgeschlagen. Ein paar Pferde stampfen. Auf dieses Lager zu bewegen sich Händler, die Krapfen feilbieten, gebratenen Fisch, Zuckerrohr. Eine jämmerliche Szene, Soldaten, die sich mit letzter Kraft hierhergeschleppt und dann schlappgemacht haben. Eine geschlagene Armee. Man weiß, daß es eine Armee ist, denn man sieht hier und dort ein paar zusammengestellte Gewehre und die Mündungen zweier Kanonen. Es ist die Abteilung General Tschis, der noch nicht alle seine Waffen verhökert hat, denn einige benötigt er noch für die komplizierten Spiele, die alsbald beginnen werden.

Tang Kiao schickt einen Boten zu Tschi mit dem Befehl, der General habe unverzüglich in der Haltung der äußersten Demut vor ihm zu erscheinen. Wie konnte aus seiner Armee dieser verlotterte Haufen werden? Der Marschall zieht seinen Degen und stößt wortreiche und obszöne, fast wahnsinnige Flüche aus, er schwört, Tschi eigenhändig zu enthaupten. Aber Tschi geruht nicht, zu erscheinen. Niemand erscheint. Auf der Ebene vor Yünnanfu rücken von allen Seiten weitere Truppen an, alle in der gleichen jämmerlichen Verfassung. Die gleichen zitternden Menschenbündel, die gleiche weithin sichtbare Erschöpfung ...

Wie auf ein stummes Kommando hin leert sich Tang Kiaos Tribüne: die hohen Offiziere, die Minister, die Adjutanten, sogar die Soldaten der Leibgarde, alle entfernen sich, einer nach dem anderen, auf Zehenspitzen. Albert Bodard ist dageblieben. Tang Kiao begreift plötzlich, daß er verlassen ist, allein, inexistent geworden, ein Lebender, so ohnmächtig, als wäre er tot. Äußerste Schmach: niemand kam, um ihn zu töten. Hinrichtung durch die Folter der Verachtung. Und ich sehe, wie ein seltsames Phänomen sich an ihm vollzieht. Seine Miene, seine harte, majestätische Miene scheint sich abzulösen wie eine Haut, ist verschwunden. Und darunter kommt eine zweite Haut zum Vorschein, welk und entstellt, darin ein Paar Augen, in denen Tränen stehen. Tränen, bei einem Kriegsherrn! Bisher war für mich »das Gesicht verlieren« nur eine Redensart gewesen.

Tang Kiao schwankt, und ich glaube zu sehen, wie sein Fleisch verfällt. Von seinem ganzen Gefolge sind ihm nur die Sänftenkulis geblieben, die ihn abtransportieren wie einen Packen verdorbener Ware. Mehr ist nicht mehr übrig von seinem Reich, seinem Yünnan, dessen Herrscher er war, mit seiner eigenen Fahne und eigenen Münzen, die sein Bildnis trugen.

Sechster Teil

Sirenen des Abschieds

Ich bin gerade zehn Jahre alt geworden. Wenn ich heute versuche zu ergründen, was ich in diesem Alter gefühlt habe, so bin ich dazu nicht fähig. Vielleicht war ich damals schon nur das registrierende Auge. Vielleicht war es schon damals mein einziges Vergnügen, die Welt optisch aufzunehmen. Vielleicht war das meine Bestimmung von Anfang an, denn als ich später, viel später, nach vielerlei merkwürdigen Umwegen des Schicksals Journalist wurde, begann ich erst wirklich wieder zu leben. Die Schrecken der Welt erschienen mir dann als natürliche Fortsetzung jener Schrecknisse, die mich in meinen Kinderjahren in Szetschuan und Yünnan täglich umgeben hatten. Als hätte keine Unterbrechung stattgefunden. Ein merkwürdiger Zufall führte mich wieder an alle Stätten meiner Kindheit, und alles war mir vertraut: Orte und Namen, der Dschungel und der Monsun, die Leidenschaften und die Grausamkeit dieses Kontinents.

Meine frühen Lebensjahre haben den Rahmen für meine Tätigkeit als Erwachsener gesetzt. In der Zwischenzeit begaben sich gewaltige, ungeheure Dinge. Die schreckliche japanische Invasion, China am Abgrund, der Eintritt Chinas oder dessen, was davon übrig war, in den Zweiten Weltkrieg mit Schützenhilfe der Amerikaner. Nicht nur die asiatische Erde fand ich wieder, auch ihre Menschen, die gelben und die weißen. Ja, die Beamten hatten sich nicht verändert; ja, die Geldmacher waren piastergieriger denn je. Der helle Wahnsinn. Die frommen Patres der Auslandsmissionen waren noch ebenso bärtig, die Nonnen ebenso demütig wie früher. Ich sollte sogar hohe Persönlichkeiten von einst wiederfinden, zum Beispiel Lü Han und Long Yüng, mächtig wie eh und je, immer noch Kriegsherren von Yünnan, deren erstaunliche Geschichte ich erzählen werde. Wer hätte ahnen können, daß Long Yüng und Lü Han im Jahr 1945 in einem fürchterlichen Rachefeldzug mit ihrer zerlumpten Armee Tongking überfallen würden, im Auftrag der Alliierten und folglich ganz legal, um die besiegten Japaner zu entwaffnen? Heuschreckenschwarm über Tongking. Und 1949 flog ich nach Yünnanfu, das inzwischen Kunming hieß, und Lü Han war so liebenswürdig, mir unter dramatischen Umständen eine alte Chinesin vorzuführen, die ich nicht wiedererkannte und von der er mir sagte, sie sei meine Amah gewesen. Lü Han sollte ich nicht loswerden, denn obwohl die Kommunisten ihn auf die Liste der Kriegsverbrecher gesetzt hatten, gelang es ihm im letzten Moment, Maos Verzeihung zu erwirken. Ich sollte ihn einige Jahre später in Peking wiedertreffen, in recht schäbiger Aufmachung, mit dem Titel eines stellvertretenden Sportministers und der Sprechweise eines dressierten Papageis.

Auch Pai Tschung-si sollte ich wieder begegnen. Genau gesagt hatte ich ihn in meiner Kindheit nie persönlich gesehen, aber wie oft klang sein Name mir in die Ohren! Pai Tschung-si, der zum Schlächter der Roten von Schanghai ausersehen war und sie auch tatsächlich liquidiert hat. Ich traf ihn 1949. Dreißig Jahre lang hat er Tschiang Kai-schek abwechselnd verraten und ihm gedient, immer in der Hoffnung, ihn zu verdrängen. Als nach dem Fiasko der Nationalisten das feudale und moderne China wie ein Kartenhaus zusammenbrach, schlug seine Armee sich als letzte auf dem Festland. Diese Armee, auf die ich dann unweit Schanghais in einem der großen Abenteuer meines Lebens stoßen werde. Damals war Tschiang Kai-schek bereits nach Formosa geflohen, und Pai Tschung-si rief seinen Kumpan Li Sung-jen zum Präsidenten der Republik China aus. Alles völlig legal. Die von den roten Truppen Lin Piaos verfolgte Armee trat einen geordneten Rückzug zur Grenze von Französisch-Indochina an und verlangte, man solle sie als alliierte Streitmacht des Expeditionskorps ins Land lassen, zum gemeinsamen Kampf gegen den Kommunismus. Wie stark ist sie? Zwei- bis dreihunderttausend Mann? Bei den Franzosen herrscht Panikstimmung. Sie haben Angst, von diesen chinesischen Massenaufgeboten zermahlen zu werden, von Pai Tschung-si zuerst und dann von Lin Piao, der ihm auf dem Fuße folgen würde. Ich erwartete sie mit gemischten Gefühlen an der Grenze von Tongking, inmitten der ahnungslosen Legionäre, die dieser Sturmflut nur ein paar Bataillone entgegenzusetzen hatten. Ein Glück, daß Pai Tschung-si seine Horden im letzten Moment ganz nahe an der Grenze, im Hafen von Pakhoi, einschiffte, um zur Insel Hainan überzusetzen und von dort nach Formosa. Mit einigen tausend Chinesen, die trotzdem nach Indochina eindringen wollten, wurde man mühelos fertig. Man nahm sie gefangen und feierte das Ereignis als glorreichen Sieg der französischen Armee.

Im Grunde sollte ich ausnahmslos alles wiederfinden. Heute schweife ich durch Raum und Zeit, aber alles war im Ansatz bereits in meiner Kindheit vorhanden, auch wenn damals die französischen Kolonialherren in ihrer Engstirnigkeit nicht über den Rand ihrer Tropenhelme hinaussahen. Nur eines kam mir neu vor: die rote Tugend, die unerbittliche rote Tugend. Dennoch hätte auch sie mich nicht überraschen dürfen, ich hätte mir nur gelegentlich die Worte meines Vaters über das Reich der Mitte und das Gesetz der universellen Harmonie zu vergegenwärtigen brauchen. Denn worauf es in China ankommt, ist die kontinuierliche Abfolge der Ernten und der Generationen. Einst geschah dies im Namen des Himmels. Bei Mao geschieht es im Namen des Volkes. Das Individuum existiert heute sowenig wie damals. Damals war die Weisheit die Grundlage allen Fühlens und Denkens. Heute ist es die Dialektik. Das Hirn und das Herz Maos dienen achthundert Millionen Chinesen. In Indochina sollte Ho Chi Minh der Mao der Vietnamesen werden.

Ich bin gerade zehn Jahre alt geworden ... Wie kann ich ahnen, daß sich auf der Hochebene von Yünnan mit ihren weißen Kalkfelsen, ihren blauen Seen, ihren Opiumhügeln, ihren himmelragenden Bergen die gewaltige amerikanische Weltmacht etablieren wird? Tschiang Kai-schek sollte während des Weltkriegs hierher, in die fernen Provinzen Szetschuan und Yünnan, zurückgedrängt werden. Und Yünnanfu, das dann bereits Kunming ist, wird die Hauptstadt des amerikanischen Krieges in China gegen Japan. Die modernste Technologie wird sich in diesem Marktflecken konzentrieren. Zuerst wirft man Hunderttausende von Kulis auf die tödlichen Steilhänge des Birma-Pfades, um eine befahrbare Straße nach Yünnanfu zu schaffen. Das ist die Nabelschnur, die Tschiang Kai-schek mit der Welt verbindet. Was für Trecks! Im Schnitt fällt etwa jeder zehnte Wagen in den Abgrund, aber Bauunternehmer und die Fahrer, die ihren Laster ans Ziel bringen, verdienen dickes Geld bei der Sache. Ich kannte einen Franzosen, der dabei ein Vermögen gemacht hat. Er erzählte mir von dieser Stadt, dieser fabulösen Stadt der Wellblechbaracken, der Elendsquartiere, der Milliardenverdienste, die an der birmanischen Grenze liegt und an dem Tag, als Japan den Vereinigten Staaten und England den Krieg erklärte, vollkommen zerstört, und deren Bevölkerung niedergemetzelt wurde. Amerika engagierte sich in Asien und organisierte, um China zu helfen, den »Hump«, die phantastischste Luftbrücke in der Geschichte der Menschheit. Der Flug ging über den Himalaya, dessen Bergspitzen die Maschinen nur mit großer Mühe überkletterten. Wie viele stürzten in plötzlich auftretenden Stürmen, in Nebelmeeren oder unter den unerwarteten Angriffen der japanischen »Nullen« ab? Dennoch sind in mein altes Yünnanfu nach und nach dreißigtausend amerikanische Soldaten und Techniker gekommen, die entsetzt waren über das Ungeziefer und den Dreck der mittelalterlichen Stadt. Sofort fingen sie an zu betonieren, und dort, wo ich spazierengeritten bin, sollten riesige, dröhnende Flughäfen entstehen. Yünnan, der Flugzeugträger Amerikas. Yünnan, von wo aus die Bomber starteten, um die japanischen Flotten und Armeen in der Südsee zu vernichten. (Als ich 1949 wieder nach Yünnanfu kam, hatte die Vegetation diese Flugplätze bereits wieder überwuchert, und in der Stadt war ein »Diebesmarkt« entstanden, auf dem man sogar ganze Kanonen aus amerikanischen Beständen kaufen konnte.) Und das alles für den Sieg von Tschiang Kai-schek! Zu dem die alten Pastoren, von denen mein Vater erzählte, so viel beigetragen haben. Nach Hiroshima hatte Truman Tschiang zu einem der Vier Großen der Welt ausrufen lassen. Vier Jahre später kam die schmachvolle Niederlage. Die alten *clergymen* waren tödlich gekränkt, völlig verstört. Ihre Söhne hatten es in Washington zu Generalen gebracht, zu Botschaftern, Kongreßmitgliedern, Journalisten. In Indochina konnte ich ihren Haß verspüren. Wie sie den französischen Krieg verabscheuten! Und doch haben eben diese Männer, diese Söhne der Bibel und des reinen Gewissens, Amerika in die Eskalation getrieben. Sie wollten zu Vertretern der amerikanischen Rache, der Rache des Puritanismus werden. Dazu bedienten sie sich dann eines neuen, des bewaffneten Puritanismus. Das Gute genügt sich nicht selbst. Es braucht zu seiner Unterstützung den Zynismus, die Lüge, die Grausamkeit, die Hinterlist, den Betrug, die Machenschaften der Geheimdienste, die unerbittlichen Futurologien, die Tötungsmaschinen, die Massaker. Alles ist erlaubt.

Unmoral im Namen der Moral. Und, da man Rotchinas nicht Herr werden konnte, das Engagement in dem zu Vietnam gewordenen Indochina, in einem zum Scheitern verurteilten Kreuzzug, der das puritanische Amerika schließlich den Zweifel an seinem Puritanismus lehren sollte.

Ich bin gerade zehn Jahre alt geworden, und mein ganzes Denken kreist darum, daß ich China verlassen werde, für immer. Ich ahnte ja nicht, daß ich wieder zurückkommen würde. Eine Welt geht für mich zu Ende. Die eurasische Hauslehrerin kommt aus dem Schluchzen nicht mehr heraus. Sie hat Angst vor den Chinesen, die sie, wie sie sagt, bestimmt umbringen werden. Man muß sie nach Hanoi zurückschicken. Ich habe also keine Gouvernante mehr. Da tauchen in Yünnanfu zwei charmante junge Franzosen von Adel auf, die meinen Eltern, vor allem meiner Mutter, sehr gut gefallen. Anne Marie sagt zu ihnen:

»Lucien kann nicht länger in diesem Land bleiben. Er würde sein ganzes Leben lang Anpassungsschwierigkeiten haben. Wir müssen ihn nach Frankreich auf ein Gymnasium schicken!«

Die beiden jungen Leute fangen sofort an, ein Loblied auf die Anstalt zu singen, die sie selbst absolviert haben, das Beste vom Besten, todschick, aber von echtem, solidem Schick, kein Talmi für Neureiche. Einer sagt so nebenbei:

»Sie ist nach dem Vorbild der englischen *public schools* aufgezogen, aus denen die Gentlemen hervorgehen. Übrigens hat der Gründer der Schule, Monsieur Demollens, ein fundamentales Werk geschrieben, das den Titel trägt: ›Von der Überlegenheit der angelsächsischen Rassen‹. Er verfaßte dieses Buch um das Jahr 1880, als die Sonne über dem britischen Empire nie unterging.«

Kurz, es handelt sich um ein kleines Eton für Franzosen, für die Söhne derer, die man später die »zweihundert Familien« nennen sollte. Ländliche Umgebung, Sportplätze, Blazer, Krikket, Hockey, die Schüler weitgehend sich selbst überlassen, unter der Fuchtel der Stärksten, der Gerissensten, der Ältesten. Ein Internat nach dem Prinzip der Pavillonschulen. Mein Vater zieht eine Grimasse, als er den Preis erfährt.

»Das ist nicht gerade geschenkt!« Und er fügt hinzu: »Das wird ihn hart machen.«

Meine Mutter ergänzt:

»Und ihm gute Manieren beibringen.«

Die Sache ist abgemacht. Wann soll es losgehen? Ich habe keine Angst. Ich bin auch nicht ungeduldig. Ich stehe vor einem Nichts.

Inzwischen veranstaltet China in meinen letzten Wochen einen Ball für mich, einen Abschiedsball. Von Zeit zu Zeit hüllt es nämlich seine Tragik in eine Riesenfarce, eine unübertreffliche und dabei ein wenig unheimliche Farce. Die richtige Mischung.

Seit Anne Marie weiß, daß sie das Land verlassen wird, interessiert sie sich nicht mehr für diese Umtriebe, für sie gehört das alles bereits der Vergangenheit an. Albert muß sich wohl oder übel ins Getümmel stürzen, aber er murmelt:

»Hoffentlich muß ich deswegen nicht meinen Urlaub verschieben!«

Ich genieße gierig meine letzten Chinatage. Rings um Yünnanfu ist der Drache los, aber man könnte meinen, es sei nur ein Papierdrache, ein Festzugsdrache, in den die Leute hineinkriechen, um seine Windungen und seinen Kopf tanzen zu lassen. Ein ulkiger Drache, aber dennoch ein Drache. Ich reite auf ihm, ich lache über ihn, und manchmal macht er mir auch ein wenig Angst. Er ist nicht blutrünstig, und doch werden zahllose Menschen in der Provinz an seinen Streichen sterben.

Eines kann Albert sich nicht erklären, nämlich daß die vielen Armeen, die noch immer ohne Unterlaß herbeiströmen, sich nicht auf die Stadt werfen. Noch immer hat kein einziger Soldat die Tore durchschritten, doch außerhalb der Mauern wimmeln sie nur so herum, bilden eine Art Ring. Einen Ring aus menschlichem Ungeziefer, das ich täglich inspiziere. Acht bis zehn verschiedene Truppenverbände, jeder mit seinem Kriegsherrn, Verbände, die sich in ihrer völligen Wurstigkeit alle bis aufs Haar gleichen. Das schnarcht, das ißt, das spielt Karten, das würfelt. Die Männer sehen weniger müde als schlapp aus. Hier und dort ein Wachposten, der sein Gewehr an einen Baum gelehnt hat und an einem Stummel zieht. Vor den pagodenartigen Leinwandzelten der Kriegsherren geht es ein wenig lebhafter zu. Dort herrscht eine gewisse Bewegung, die Posten sind zahlreicher, aber kaum kriegerischer in ihren zerlumpten Uniformen. Ich erkenne meine Freunde, die Generale Lü Han und Long Yüng, wieder, Tschi und andere. An einer Stelle ist die Atmosphäre düsterer, bedrückender, bedrohlicher. Hier lagert ein reines Banditen- und Terroristenheer, dessen Anführer sich rühmt, alle übrigen Anwärter auf diesen Posten, einen um den anderen, eigenhändig um die Ecke gebracht zu haben. Er selbst, ein Finsterling mit einem Mardergesicht, ist ein ehemaliger Sänftenkuli. Nur an einer einzigen Stelle geht es ziemlich gesittet zu. Eine merkwürdige Mischung. Hier hat sich die Armee niedergelassen, die aus dem Rest der vor fünfzehn Jahren von den Japanern ausgebildeten Truppen besteht. Es handelt sich um die Soldaten, die Tang Kiao nach Kanton geschickt hatte. Sie hatten sich gegen ihn empört und waren dann von Sun Yatsen dezimiert worden, weil sie sich weigerten, ihm den Hof der Spiele zurückzugeben. Die Überlebenden hatten in einer Schlucht des Sinkiang Unterschlupf gefunden, dieses großen, von Dschunken wimmelnden Flusses, der Yünnan mit Kanton verbindet. Dort erhoben sie Steuern. Ihren Chef Wang Yu-je kenne ich nicht, aber er ist ein berühmter, sehr gestrenger, eisenharter General, vor dem Tang Kiao immer Angst hatte.

Albert ruft aus:

»Auch so eine Sache, die ich einfach nicht begreife!«

Er befragt sogar seine Gewährsmänner, den Missionar und den Engländer, aber keiner von ihnen weiß ihm Rat. Schleierhaft. Welche Chinoiserien sind da im Busch? Zwei, drei Tage vergehen, dann erhält Albert ein mit Ideogrammen bedecktes und von allen Kriegsherren unterzeichnetes Pergament:

Wir laden Sie für morgen mittag in den Blumentempel ein, wo wir die Gründung der Bruderschaft der ewigen Glückseligkeit von Yünnan feiern. Die Erfahrung hat gezeigt, daß ein einziger Herr schlecht ist, und so haben wir in unserem glühenden Patriotismus beschlossen, alle gemeinsam zu regieren, auf daß die Fehler des einzelnen in der Weisheit und der Tugend aller verschwinden. Es lebe Yünnan. Es lebe China. Es lebe Frankreich.

Der Blumentempel ist eine Flucht von Pagoden inmitten von Kamelien- und Rhododendronbeeten und liegt an einem künstlichen See, aus dem köstliche Düfte aufsteigen. An diesen einladenden Ort begibt mein Vater sich also zum Festschmaus mit den Kriegsherren. Er kommt ein wenig verwirrt zurück. Alle diese alten Haudegen trugen seidene Talare. Jeder durchstach sich mit einer Nadel das rechte Ohr, um mit einem Tropfen Blut die Charta der Bruderschaft der Glückseligkeit zu unterschreiben. Und dann wurde »ex« getrunken, zwanzigmal, vierzigmal »ex«, wobei jeder Tischgenosse einen Trinkspruch auf seine Brüder in der Weisheit ausbrachte. Eine stark geschminkte Sängerin, aus deren hochgetürmten Haarknoten degenspitze Jadenadeln ragten, stimmte mit blutrot bemalten Lippen ein Loblied auf die militärische Einigkeit an:

»An jedem Morgen wird eine Pfirsichblüte aufbrechen, jeder Tag bricht an, gesegnet von Blütenkronen und Früchten. Schwer sein wird die Erde von Ernten, und wohltätiger Regen fällt auf sie wie befruchtender Tau. Immer wird die Natur ihr Festkleid tragen, und die Menschen werden ewig glücklich sein, denn die Tugend der Helden regiert das Land südlich der Wolken, unser geliebtes Yünnan.«

Auf dem Rückweg begibt mein Vater sich zum Palast Tang Kiaos. Alles ist verschlossen, kein Laut zu hören, niemand zu sehen. Er klopft lange am Tor. Endlich scheint ihm, daß ein altes trübes Auge ihn durch den Spion anlinst. Es ist die Erste Gattin. Das Tor öffnet sich einen Spalt, und mein Vater tritt in einen Raum, der schwach von ölgetränkten Dochten erhellt ist. Nicht das geringste Geräusch, keine Menschenseele, bis auf einige weibliche Gestalten, die lautlos auf ihren verstümmelten Füßen dahingleiten. Dann bricht plötzlich ein furchtbares Geheul aus:

»Tötet sie! Tötet sie alle, alle!«

Die Stimme Tang Kiaos. Mein Vater wird zu ihm geführt. Er liegt auf einer riesigen Holzpritsche, schreit und schlägt um sich wie ein Irrer. Am seltsamsten ist sein Gesicht, kohlschwarz, fettglänzender Anthrazit, in dem die riesigen Augäpfel rollen. Er erkennt Albert nicht. Chinesische Quacksalber machen sich um ihn zu schaffen, flößen ihm ekelerregende Pulver und Flüssigkeiten ein. Ein berühmter Arzt verpaßt ihm einen Arzneitrank aus seltenen, abstoßenden Substanzen, Menstruationsblut von Elefantenkühen, Rhinozeroskot, Riesenspinnen, die sich zum tödlichen Stich an einem durchsichtigen Faden vom Baum fallen lassen. Diese Spinnen wurden für Tang Kiao zerstampft. Alles, was man ihm zu schlucken gibt, ist giftig, einschließlich der aus fernen Wäldern stammenden Pflanzen und Beeren. Eine Buddhastatue ist angeleuchtet. Räucherstäbchen schwelen, Weihrauch verbrennt. Bonzen psalmodieren im Verein mit einem berühmten Teufelsaustreiber. Von Zeit zu Zeit schweigt Tang Kiao erschöpft, um dann erneut loszubrüllen. Albert ist erschüttert. Am nächsten Tag geht er wieder hin. Er hat einen französischen Arzt mitgebracht, ich glaube, es ist Mouillac. Die Alte zetert, ruft die Dienerinnen zu Hilfe, versucht, den Barbarendoktor fernzuhalten, der doch nur schaden kann. Aber an diesem Tag hat Tang Kiao einen lichten Moment und befiehlt, den Herrn gewähren zu lassen. Er lächelt meinem Vater mit seiner Kohlenschnauze zu, während der Arzt ihn untersucht, abhorcht, abklopft. Ja, es muß Mouillac sein, denn sein Spruch verrät lange Chinakenntnis.

»Tang Kiao hat nichts. Oder doch, er hat die Wut. Nicht die Tollwut, sondern die Seelenwut. Die Chinesen bringen es fertig, an Wut und Scham zu sterben, ja, langsam dahinzusiechen. Wenn die Eumeniden, die sie Höllendünste nennen, sie einmal am Wickel haben, werden sie nicht wieder gesund.«

Inzwischen hat die Stadt sich verändert. Die Kriegsherren haben sich in Yünnanfu niedergelassen, wobei sie sich als Amtssitz die schönsten Yamen wählen, die der Großkaufleute. Die wehren sich zwar, wollen ihre Häuser nicht hergeben, aber diesmal lassen die *war lords* in ihrem ganzen patriotischen Überschwang sich nicht zu Zugeständnissen und Kompromissen hinreißen. Jeder hat also mit seinen Handlangern und Würdenträgern eines dieser Häuser besetzt. Draußen immer die Leibwache. Die Elitesoldaten sehen schäbig aus, was die Menge jedoch nicht hindert, einen vorsichtigen Bogen um sie zu schlagen. Man kann nie wissen. Albert bemerkt am Abend:

»Die Herren Militärs haben ihre Konkubinen nicht mitgebracht, was beweist, daß sie einander zutiefst mißtrauen. Die

Komödie hat kaum begonnen. Der Vorhang ist eben erst aufgegangen.«

Albert fährt fort:

»Eines spricht für sie. Sie lassen Tang Kiao in seinem schönen Palast sterben, nehmen ihm nichts weg. Sie haben ihn nicht verurteilt, sie vermeiden es, seinen Namen auszusprechen, als empfänden sie eine abergläubische Furcht.«

Diese *war lords* halten nichts von Verwaltung. Sie haben weder Büros noch Beratungszimmer. Sie laden sich gegenseitig zu Gelagen ein, reden bei Speis und Trank über Geschäfte. Sie fassen Entschlüsse. Als ersten, die yünnanesische Fahne abzuschaffen. Albert kommentiert bitter:

»Die Standarte, die ich selbst mit Tang Kiao entworfen habe. Diese Saukerle wollen damit ausdrücken, daß sie auf die Unabhängigkeit Yünnans verzichten und sich, zumindest symbolisch, China anschließen wollen. Das bedeutet das Ende meines Einflusses.«

In Wahrheit sind die Kriegsherren äußerst höflich zu Albert Bodard. Einer um den anderen macht, mit kleiner Schutzgarde, Albert ehrerbietig seine Aufwartung. Ich sehe sie anrücken, die Krötengesichtigen, die Natterngesichtigen, die mit den fliehenden Stirnen und Kinnpartien, die Käuzchen, die Mäuse, die brutalen und bornierten Bestien. Nach ihrem Besuch erzählt mein Vater, daß sie merkwürdigerweise alle das gleiche Programm abrollen ließen. Zuerst eine Stunde lang Höflichkeitsfloskeln, dann Versicherungen ihrer Liebe zu Albert Bodard, zum großen und großzügigen Frankreich und zu den Wohltaten der modernen Zivilisation, die es Yünnan beschert habe. Könne Indochina nicht vielleicht ein wenig Waffen, ein bißchen Reis schicken? ... Diese Bitten sind weiter nichts als Vorwände. In Wirklichkeit sind die Herren an etwas anderem interessiert. Der Herr Konsul weiß, woran. Er läßt sie eine Weile herumtasten, um den heißen Brei herumreden, dann unterbricht er sie und sagt ohne Umschweife:

»Sie können Tag und Nacht und unter allen Umständen auf die Gastfreundschaft des französischen Konsulats zählen!«

Diesen Satz sagt er zu jedem. Er ist der Schlüssel seiner Politik. Denn endlich hat er den Sinn dessen begriffen, was der Engländer vor einiger Zeit spöttisch zu ihm gesagt hatte:

»Sie werden sich aus der Affäre ziehen, mein lieber Albert. Setzen Sie einfach Ihre Bahnwärtermütze auf!«

Leider fehlen bei diesem Huldigungsmarsch zwei wichtige Männer: Lü Hang und Long Yüng. Ihr Ausbleiben beunruhigt Albert sehr, und er sagt:

»Das ist eine Kriegserklärung an mich. Wenn sie an die Macht kommen, haben wir nichts mehr zu lachen.«

Die Versammlung der universellen Harmonie scheint jedoch weiterhin aufs glücklichste zu verlaufen. Ein neuer Entschluß wird gefaßt: alle vollen Kornspeicher, das heißt, alle Speicher Tang Kiaos sollen geleert werden. Diese rein militärische Operation verläuft reibungslos. Man findet ganze Lagerhallen, die zum Bersten mit Korn gefüllt sind. Jede Armee hat eine Abordnung von Männern und Wagen geschickt. Tonnen von Reis geraten in Bewegung, die Soldaten bilden Trägerkolonnen, die ihre Last nach chinesischer Art hüpfend abschleppen. Ein Ameisenhaufen. Bald hört man die Holzachsen der Wagen knarren, die hochbeladen wegfahren. Die Zivilbevölkerung wird weitab vom Schuß gehalten. Sie ißt nur mit den Augen. Alles ist für die Bäuche der Militärs bestimmt. Die Verteilung auf die verschiedenen Truppenteile scheint ohne Zwischenfälle verlaufen zu sein.

Eine dritte Entscheidung fällt. Sie ist sehr unpopulär. Tang Kiao wird zwar kein Haar gekrümmt, aber sein Abbild wird verflucht, und alle Bewohner der Stadt erhalten demzufolge Befehl, freiwillig, aus Patriotismus, alle Münzen abzuliefern, denen das Profil des »Tyrannen« aufgeprägt ist. Die guten Bürger bekommen dafür eine Quittung, die sie zu einer entsprechenden Entschädigung berechtigt, sobald das Geld eingeschmolzen und neue Stücke mit dem yünnanesischen Wahrzeichen, den Lilien, geprägt sein werden. Nur ein paar arme Irre rücken ihre Barschaft heraus. Sonst rührt sich nichts. Alle Chinesen sind damit beschäftigt, ihr Gold in uralten, vor vielen Generationen angelegten Verstecken zu bergen. Diesmal werden Tausende von Soldaten auf die Stadt losgelassen. Ausgepichte Fachleute im Geldaufspüren. Unter den entsetzten Blicken der Familien, die aus Furcht vor einem Bajonettstoß nicht zu jammern wagen, fördern sie eine stattliche Menge zutage. Diese wüsten Kerle führen sich geradezu unwahrscheinlich korrekt auf – sicherlich sind strenge Befehle in dieser Richtung ergangen –, aber sie lächeln bei dem Gedanken an sicher bald kommende bessere Zeiten. Im Augenblick töten sie nicht, sie vergewaltigen nicht, sie stehlen nicht, sie sammeln nur ganz legal das verfallene Geld ein.

Das Gold ist weg, dafür hat sich eine bleierne Atmosphäre über die Stadt gesenkt. Die Liebesmähler der Generalität fangen an, gifthaltig zu werden, als hätten sich bei der Verteilung der Beute doch gewisse Unstimmigkeiten ergeben. Die Bankette verlaufen weiterhin fröhlich, angeregt, aber es kommt vor, daß der eine oder der andere aus der Tischrunde plötzlich eine fliegende, ja sogar tödliche Hitze bekommt. Manchmal wird ein Gast innerhalb weniger Minuten am ganzen Körper von Tausenden kleiner grüner Flecken überzogen, die sich ausbreiten, ausdehnen, bis die Haut die Farbe seiner Uniform angenommen hat, worauf er alsbald dahinscheidet. Ein schönes Ende für einen Militär. Dann wieder nähert sich der Tod langsamer und in höchst unappetitlicher Form. Der Betroffene schwillt an, gibt Geräusche von sich, Dampfstrahlen, sein Bauch ist eine Trommel, sein Hintern eine Flöte. Er kotzt aus allen Öffnungen. Man schafft ihn nach Hause, wo er trotz aller möglichen Gegengifte nach einem oder zwei Tagen unter Qualen stirbt. Und immer ist der Gastgeber untröstlich. Er weint und greint. Gewiß wird das Haus, das er in Besitz genommen hat, von bösen Geistern heimgesucht, wegen der Missetaten des Händlers, der es vorher bewohnte und den man deshalb strafen müßte. So rafft das Gift praktisch ein gutes Drittel der Kriegsherren dahin. Das Schlimme ist, daß sie des »Gesichts« wegen diese gefährlichen Einladungen annehmen müssen, denn täten sie es nicht, so würden sie ihren Gastgeber der Mordabsichten gegen ihre Person bezichtigen.

Allmählich jedoch nehmen diese Gelage, bei denen sie sich vollzählig versammeln, ein Ende. Man trifft sich nur noch im kleinen Kreis, mit sicheren Verbündeten, und selbst dann noch segnen einige Generale vorzeitig das Zeitliche. Eines Tages begibt sich etwas Unerhörtes: alle Kriegsherren und alle Soldaten sind aus der Stadt verschwunden. Kein Zweifel, das bedeutet Krieg.

Albert Bodard ist keineswegs überrascht. Er wußte von Anfang an, daß diese Bruderschaft der Glückseligkeit nur ein Vorspiel zum Streit um die Nachfolge Tang Kiaos sein würde. Der Ausgang dieses Streites ist ungewiß, der Sieger jedoch würde auf alle Fälle ein Gangster sein. Es ist bemerkenswert, ja ungewöhnlich, daß alle diese brutalen Kerle Tang Kiao respektierten, seinen Todeskampf nicht störten und den gedemütigten Verlierer nicht mit Schimpf und Schmähungen überschütteten. Sie haben zwar unter Berufung auf sein Bild den Yünnanesen das Geld weggenommen, dabei aber den Namen Tang Kiao nie erwähnt, nur immer vom »Tyrannen« gesprochen. Denn trotz allem, trotz des Wahnsinns, der sich seiner bemächtigt hatte, war er der große Mann Yünnans gewesen, den ganz China kannte. Alle wissen, daß mit seinem Tod die Provinz wieder in ihre mittelalterliche Finsternis und Roheit zurückfallen wird. Diese Bauernlümmel empfinden widerwillig einen Rest von Achtung für den sterbenden Tang Kiao. Albert Bodard weiß, daß er sich nichts vergibt, wenn er dem Marschall in seinen letzten Tagen beisteht. Im Gegenteil, er wird den Chinesen als Musterbeispiel der echten Freundschaft erscheinen. Merkwürdige, unverständliche Chinesen, die den Verrat ebenso bewundern wie die Treue. Trotz seiner diplomatischen Vielgleisigkeit, auf die er sich nicht wenig einbildete, empfand Albert aufrichtige Zuneigung für Tang Kiao, diesen furchteinflößenden Mann, der im Vergleich zu den anderen auf seine Art zivilisiert war. Und wenn mein Vater mir nun von ihm berichtete, war ich nicht enttäuscht. Tang Kiao war, wie schon gesagt, immer mein Held gewesen, ich fand dieses Sterben an der verzehrenden Demütigung schön und wollte instinktiv dabei sein. Ich sagte zu meinem Vater:

»Tang Kiao hat mich immer gern gehabt. Nimm mich das nächste Mal zu ihm mit.«

Einige Tage später begleite ich meinen Vater zum Palast. Das gelbliche, verhornte Auge linst mich durch den Spion an, und das mächtige rotlackierte Tor tut sich für mich auf. Ich bin beeindruckt von dem Halbdunkel, der Stille, dem gewaltigen Buddha mit dem Lächeln und den Augen der Ewigkeit, vor dem Räucherstäbchen brennen. Auch ein feierlicher, ganz aus schwarzem Holz gearbeiteter Ahnenaltar ist da, mit seinen Marmortäfelchen, in die die Namen der Vorfahren gemeißelt sind. Auf einem langen Sims sehe ich die traditionellen Opfergaben und die Statuen der glückbringenden Tiere. Diener und Konkubinen huschen im Sterbezimmer herum, machen sich da und dort zu schaffen. Die Alte verjagt sie. Tang Kiao liegt auf der Holzpritsche und raucht Opium. Der Pfeifenkopf besteht aus einer Elfenbeinhand, und das Mundstück ist aus Jade. Die Alte bereitet die Kügelchen selbst zu, ihre verkrümmten Hände scheinen sie mit Nadeln und anderen kleinen Instrumenten zu stricken. Tang Kiao erkennt mich und winkt mir zu:

»Mein Freund, der kleine Herr«, sagt er väterlich.

Aber ich schrecke vor diesem Gesicht zurück, das ich so gut aus seinen Glanztagen kenne. Es ist immer noch riesig und nackt. Es sieht aus, als hätte sich unter der Haut eine Schicht aus gestocktem Blut festgesetzt. Sein Kopf ist ein verkohlter Holzklotz. Er sagt traurig:

»Ich mache meinem jungen Freund Angst.«

Der Herr Konsul verneigt sich, und Tang Kiao, dessen Kopf auf einem grünen Porzellankissen ruht, winkt ihn näher heran. Er spricht schnaubend, als hätten die Wörter Mühe, sich durch den angeschwollenen Hals zu zwängen. Manchmal hallt ein Satz, dem es gelungen ist, das Hindernis zu überwinden, heftig wider. Was Tang Kiao meinem Vater anzuvertrauen hat, ist praktisch sein Testament.

»Jeder Zorn ist von mir gewichen. Ich habe meinen inneren Frieden wiedergewonnen, und in dieser Verfassung will ich sterben. Denn ich weiß, daß ich sehr bald meinen letzten Atemzug tun werde. Vielleicht noch einen Tag, vielleicht noch einige Stunden. So bleibt mir wenigstens die Genugtuung, nicht mehr erleben zu müssen, wie die Stadt von diesen erbärmlichen Horden eingenommen wird.«

Albert spendet Zuspruch:

»Aber es geht Ihnen doch schon besser, Sie werden wieder gesund. Und vielleicht kommt sogar die Stunde, da Sie Yünnan vor dem drohenden Chaos retten werden.«

Tang Kiao lächelt:

»Nein, Herr Konsul, meine Stunde hat geschlagen. Ich werde zu den gelben Quellen gehen, und ich bin glücklich darüber.

Das Dasein wäre für mich eine Qual, aber das Rad meines Lebens wird, wie ich Ihnen schon sagte, sehr bald stillstehen.«

Albert setzt eine feierlich-andächtige Miene auf. Tang Kiao kämpft wieder mit seinem Kehlkopf.

»Mein Begräbnis soll sehr bescheiden und sehr unauffällig sein. Meine erste Gattin, die Alte, wird sich nach meinem letzten Atemzug mit einer Seidenschnur erdrosseln. Das ist nicht mein Wille, sondern der ihre. Unsere beiden Särge sollen aus Tannenholz sein, ohne jeden Schmuck. Man soll sie auf einen Karren laden, der von einem meiner treuen Diener geführt wird. Nur meine männlichen Nachkommen sollen hinter unseren Leichen hergehen – und Sie, Herr Konsul, wenn Sie uns diese Ehre erweisen wollen. Sonst niemand aus meiner Familie. Keine Klageweiber, kein Orchester, keine Knallkörper, kein Fest, keine Menschenansammlung. Auch keine Gegenstände aus Papier, die man beim Begräbnis verbrennt, damit sie die Toten ins Jenseits begleiten. Niemand soll etwas erfahren. Man soll unsere sterblichen Hüllen zur Ebene der Gräber bringen. Dort sollen meine Söhne eigenhändig ein Loch schaufeln und die Erde dann auf unsere Särge häufen, so daß ein kleiner Hügel entsteht, unter Tausenden anderer Hügel. Keine Stele, nichts soll daran erinnern, daß ich einmal gewesen bin. Bald wird Gras den nackten Lehm überwachsen, und ich werde ein unbekannter Toter unter der Schar der Toten sein.«

In dem Saal, in dem Tang Kiao seinen Letzten Willen verkündet, steht allerdings ein ungeheurer, ein monströser Sarkophag aus dem dunkelsten, dem schwersten, dem härtesten Holz. Es stammt von den riesigen Bäumen, die an den Schluchten des Saluen wachsen und in ganz China berühmt sind. Zum Transport dieser Stämme bedarf es Hunderter von Männern, ganzer Karawanen. In diesen Sarkophag sind enorme Schriftzeichen geschnitten, die sämtliche Titel und Ruhmestaten des Marschalls aufzählen. Griffe aus massivem Gold. Auf dem Deckel, in Smaragden und Rubinen eingelegt, Tang Kiaos Kopf. Sogar von der christlichen Kirche hat er sich für dieses Monument ein paar Engel ausgeliehen, die seine Tugenden preisen und mit geblähten Backen in Trompeten blasen. Das Nonplusultra an Reichtum und schlechtem Geschmack. Ein Sarg, den der Marschall seit Jahren zum

Trost und zum Ergötzen vor Augen hat. Würdig eines königlichen Leichenbegängnisses. Davon ist keine Rede mehr. Tang Kiao scheint bereits über den Fährnissen dieser Welt zu schweben.

»Ich habe die Schmach bis zur Neige gekostet, nun können meine Seelen die irdische Hülle verlassen. Ich habe Folgendes beschlossen: Meine Söhne, die Söhne eines Mannes, der das Gesicht verloren hat, sollen auf alle hochfliegenden Pläne von Krieg und Frieden verzichten. Sie sollen in ruhigen, wohlhabenden Städten zu geachteten und seriösen Kaufleuten werden, zu Händlern, deren Macht größer ist als die der Generale und Politiker. Ich hinterlasse einige Ersparnisse, Goldbarren und Aktien großer internationaler Gesellschaften, die ich in Banken in Indochina und Hongkong hinterlegt habe, da Schanghai mir nicht sicher genug schien. Alle Verfügungen für die Erbschaft sind getroffen. Zum Testamentsvollstrecker habe ich meinen ältesten Sohn bestellt, sollte er indes Schwierigkeiten mit den französischen oder englischen Gesetzen haben, dann würde ich Sie bitten, einzugreifen. Ich gebe Ihnen ein von mir unterzeichnetes und mit meinem Siegel versehenes Pergament, worin ich Ihnen mein ungeteiltes Vertrauen ausspreche und Sie bitte, meine Interessen wahrzunehmen.«

Albert hat nicht gelächelt, auch dann nicht, als Tang Kiao von seinen kleinen Ersparnissen sprach. Wie viele Millionen hat er sich wohl vom Munde abgespart? Seine Söhne werden Milliardäre sein und in Hongkong oder Saigon in modernen Jugendstilbauten residieren. Sie werden Gesellschaften gründen, deren Namen auf Kupferplatten eingraviert sind und unweigerlich auf »& Co« enden. Werden sie Seidengewänder oder Zweireiher und goldgefaßte Brillen tragen?

Albert verneigt sich mit ehrfürchtigem Ernst und verhaltener Trauer und erklärt:

»Herr Marschall, ich fühle mich dieser Aufgabe unwürdig, doch ich werde meine bescheidenen Kräfte daransetzen, sie so gut ich kann durchzuführen, auf daß kein Kummer Sie in den Gefilden des ewigen Friedens heimsuche.«

Aber Tang Kiao ist noch nicht zu Ende. Nach einer kleinen Atempause fährt er fort:

»Ich muß Sie um einen noch größeren Gefallen bitten, Herr

Konsul. Sobald ich tot bin, wird der Pöbel über diesen Palast herfallen und ihn ausplündern. Er wird alles stehlen und zerstören. Das ficht mich weiter nicht an, sowenig wie das Schicksal meiner Konkubinen oder meiner eigenen Töchter. Wahrscheinlich werden sie die Beute der Kriegsherren. Diese Kreaturen sind so schlau, daß sie es vielleicht sogar fertigbringen, Favoritinnen zu werden. Das hat keine Bedeutung. Meine Seele aber wird nur Ruhe haben, wenn mein Name auf einer Ahnentafel geschrieben steht, als Bindeglied zwischen den vergangenen und den kommenden Generationen. Ich werde die nötigen Vorkehrungen treffen, um das zu retten, woran mir am meisten liegt. Heute abend werden Kulis, die in Wirklichkeit meine Söhne und meine treuesten Diener sind, einige unbeschriftete und unbezeichnete Kisten ins Konsulat bingen. Ich flehe Sie an, diese Kisten sofort und unter größten Vorsichtsmaßnahmen per Bahn nach Hanoi schaffen zu lassen. Bitte sagen Sie dem Herrn Vorstand, daß alles schnell, geheim und sicher gehen muß. Mögen meine Feinde meinen in Yünnan verbleibenden Leichnam schänden, das ist mir gleichgültig. Dem Inhalt dieser Kisten jedoch darf um keinen Preis etwas geschehen. Ich werde erst dann in der anderen Welt Ruhe und Frieden finden, wenn mein ältester Sohn den Ahnenaltar wieder aufgestellt hat, wie es die Frömmigkeit gebietet. Mein Name wird dann auf der letzten Tafel stehen, und mein ältester Sohn wird sich jeden Tag davor niederwerfen, um vor mir zu beten, und er wird täglich die Opfergaben erneuern, aus denen sich die Glückseligkeit der Toten speist.«

Wiederum verneigt sich Albert, wiederum gibt er ein feierliches Versprechen ab. Ich schaue die Alte an, ihren dürren, welken, faltigen Hals, und stelle mir vor, wie sie bald mit ihren eigenen Händen die Seidenschnur zusammenziehen wird, bis sie erstickt und nur noch die getreue tote Gattin ist, die Tang Kiao in die Gefilde der glücklichen Seelen begleitet. Vielleicht wird sie diese Handlung vor ihren Söhnen vollziehen, die sie fromm gewähren lassen werden.

Schließlich findet Tang Kiao seine martialische Stimme wieder und erklärt:

»Auf daß alles so geschehe, wie ich gesagt habe! Sonst könnte meine Seele nicht in die Schar der wohltätigen Geister eingehen, sie würde auf der Erde umherirren, Sie verfluchen und Ihnen Unglück und Elend bringen!«

Wir gehen. Zum erstenmal wird mir die Realität des Todes bewußt, obgleich ich doch in Tschengtu und in Yünnanfu so viele Menschen umkommen sah. Aber Tang Kiao schien mir unsterblich. Und jetzt mußte ich sehen, wie mein Held die Waffen streckte, wie sein phantastischer Stolz in Scherben ging und sein Gesicht zur makabren, grotesken Fratze wurde. Der Sturz eines Gottes.

Am nächsten Abend stellt sich nach alter Gewohnheit der perfide Engländer ein, schaut Albert schräg an und brüllt schallend los:

»Ah, mein lieber Freund, Sie haben also Ihre Tätigkeit als Bahnwärter aufgenommen. Mit dem Mobiliar machten Sie den Anfang, bald werden Sie reihenweise Kriegsherren verpacken, denn die Stadt dürfte fünf- bis sechsmal erobert und zurückerobert werden, und jeder dieser Gentlemen wird, wenn er die Partie für sich verlorengeben muß, zu Ihnen kommen und Sie um eine Freifahrt mit der Eisenbahn ersuchen. Das wird schmerz- und problemlos ablaufen, nach einer stillschweigenden Absprache zwischen diesen Herren, die alle an ihrem kostbaren Leben hängen. So werden Sie sich und Ihren Franzosen die Sicherheit erkaufen. Die Lokomotive ist Ihre Rettung.«

Albert erwidert ungnädig:

»Glauben Sie, ich wüßte das nicht? Schließlich haben Ihre Gentlemen, als sie noch alle Brüder waren, mir nacheinander ihre Aufwartung gemacht. Da habe ich kapiert. Ich kenne die chinesische Logik.«

Zwei Tage später wird der Ahnenaltar auf die Reise geschickt. Sobald Tang Kiao davon erfährt, stirbt er, die Erste Gattin erdrosselt sich. Die Beerdigung findet genauso statt, wie er es gewünscht hat, ein Armenbegräbnis. Albert wohnt ihm bei. Er berichtet von dem dahinpolternden Bauernkarren, der als Leichenwagen dient. Tiefes Schweigen. Fünf weißgekleidete Söhne Tang Kiaos schreiten ernst dahin, auf ihren Gesichtern ist nicht das geringste Anzeichen von Schmerz zu sehen. Als sie mit ihren Schaufeln das Grab ausheben, fangen krätzige Hunde zu bellen an. Die Söhne schaufeln methodisch mit ihren zarten Händen, die nicht für diese Kuliarbeit geschaffen sind. Sie sehen aus wie große weiße Vögel, die in der Erde scharren. Erledigt. Keine Ansprache, kein Wort. Ganz wie Tang Kiao es wünschte, scheint kein fremdes Auge diese Bestattung beobachtet zu haben. In Wirklichkeit waren Tausende und Abertausende von Blicken auf der Lauer. Denn China ist immer auf der Lauer. Die Menge ist immer gegenwärtig, selbst wenn man sie nicht sieht.

Der Engländer kommt an diesem Tag zum Abendessen. Er schaut schurkischer drein denn je. Seine Haare sind vor Spottlust gesträubt.

»Heute haben Sie also Frondienst geleistet, mein lieber Albert. Ein großer Konsul scharrt klammheimlich einen großen Marschall ein.«

Albert ist wie versteinert in mißbilligender Würde.

»Das war kein Frondienst, sondern ein Akt der Dankbarkeit. Ich bin tief bekümmert.«

Der Engländer krümmt sich vor Lachen. Nach einem fünf geschlagene Minuten währenden Heiterkeitsanfall ändert sich plötzlich seine Haltung, das sprühende Feuer erlischt. Er sitzt so steif da wie ein *horse guard*. Dann steht er auf und bringt feierlich und nach den strengsten Regeln des Protokolls einen Toast aus. Aufrecht, mit durchgedrücktem Kreuz, die Augen starr im starren Gesicht, hebt er das Glas mit einer seit Urzeiten geübten Bewegung, die sich aus langsamem Ansatz mit einem Ruck entfaltet. Er leert das Glas in einem Zug.

»Auf den Marschall Tang Kiao.«

Die englische Kunst der Unberechenbarkeit, das höhnische Lachen, das in eine Ehrenbezeigung übergeht. Albert glotzt ihn töricht an. Er kommt nicht mehr mit.

»Sie haben ihn doch gar nicht gemocht«, sagt er.

»Ich bin fair, das ist alles. Ich habe zum erstenmal erlebt, daß ein Chinese, der nach einer schmachvollen Niederlage stirbt, nicht noch schleunigst den Bau eines triumphalen Mausoleums anordnet in der Hoffnung, die Nachwelt zu täuschen. Ich muß zugeben, Tang Kiao ist ›dezent‹ gestorben, wie ein echter Lord.«

Darauf Albert, mit tränenerstickter Stimme:

»Was Sie da sagen, lieber Freund, rührt mich sehr.«

Anne Marie wirft einen eisigen Blick auf Albert:

»Ich will gern glauben, daß Sie Tang Kiao gern mochten. Das heißt, Sie mochten Ihre Kreatur. Er hat alles getan, was Sie wollten, und nur darauf kommt es Ihnen an. Daß man Ihnen zu Willen ist.«

Albert betrachtet seine Frau mit todtrauriger und zerknirschter Miene:

»Ich bin also in Ihren Augen ein völlig gefühlloser Mensch. Ein Egoist durch und durch.«

Die Antwort läßt nicht auf sich warten.

»Manchmal, das muß ich zugeben, sind Sie sogar zu gefühlvoll.«

Anne Marie lacht laut auf, beherrscht sich aber sofort, als wäre sie zu weit gegangen.

»Aber nein, Albert, Sie sind ein braver Mann und ein vortrefflicher Gatte, ganz davon zu schweigen, was für ein wundervoller Generalkonsul Sie sind.«

Der Engländer würzt den Wortabtausch mit einer Prise Bosheit:

»Ein vortrefflicher Generalkonsul, der sich sehr intelligent getäuscht hat. Das einzige, was Tang Kiao jemals wirklich gelungen ist, war sein Tod, mein Lieber.«

Albert ist ungehalten.

»Ach, Sie belieben wohl zu scherzen – bei ihm herrschte Friede in Yünnan, das können Sie doch nicht leugnen, während jetzt...«

Der Engländer pfeift durch die Finger wie ein Gassenjunge.

»Ihre Lokomotive wird es nie bis Tschengtu schaffen. Aber danken Sie dem Weihnachtsmann, daß sie wenigstens bis Yünnanfu geht.«

Albert wird böse:

»Schluß mit den Kindereien. Lokomotive hin oder her, ich werde demnächst fünf oder sechs Armeen auf dem Buckel haben.«

Anne Marie sieht ihn mit harten Augen an:

»Und Sie werden wieder den Schlaumeier spielen und dabei wieder auf die Nase fallen! Aber ich mache nicht mehr mit. Ich will mit Lucien nach Frankreich zurückkehren.«

Albert hebt hilflos die Arme.

»Ich kann doch Yünnan nicht in voller Auflösung zurücklassen. Vor meiner Abreise muß ich noch Ordnung schaffen. Übrigens haben Sie versprochen, mir dabei zu helfen, Herr britischer Konsul.«

»*By Jove! By Jupiter!* Wir werden ausnahmsweise beide unseren Spaß daran haben.«

Anne Marie unterbricht:

»Ohne mich. Vergessen Sie nicht, Albert, Sie haben Ihr Gesuch um Beurlaubung bereits abgeschickt. Ich werde auf alle Fälle in drei Monaten mit Lucien abreisen. Lassen Sie sich das gesagt sein.«

Albert erklärt:

»Bis dahin werde ich alles geregelt haben.«

Darauf Anne Marie:

»Sie werden sich wieder in die Nesseln setzen. Ich sage es nochmals, ich möchte auf keinen Fall in eines Ihrer chinesischen Debakel hineingezogen werden.«

Der Engländer lacht und lacht . . .

Ich habe das alles schon mehrmals gehört. Dieses Gezänk geht mir allmählich auf die Nerven. Ich finde, daß Albert sich lächerlich macht, aber auch, daß es unter Anne Maries Würde ist. Den Engländer mag ich ganz entschieden nicht mehr so gern, denn auch ihn kenne ich allmählich zu genau. Schon jetzt langweilen die Menschen mich auf die Dauer.

An diesem Tag mag ich eigentlich nur noch mein Pferd. Ich werde mich mit einem langen Spazierritt trösten. Nicht zum allzu bekannten See, sondern über die öde Ebene, die sich hinter Yünnanfu erstreckt. Die Erde Chinas. Ich sage mir, daß ich sie vielleicht zum letztenmal sehe. Denn die verschwundenen Truppen werden zurückkommen, und dann sperren mich meine Eltern im Konsulat ein.

Ich erinnere mich mit Wehmut an diesen Ausritt, der wirklich mein letzter sein sollte. Der Winter geht zu Ende. In diesem Jahr ist sogar in Yünnanfu Schnee gefallen, während er sonst nur die nahen Gebirge krönt. Eine Unmenge von Menschen ist um mich. Ich sehe niemanden. In den Dörfern kauern sich die elenden Hütten aus Stroh und Schlamm aneinander. Höhlen, in denen Tiere und Menschen gemeinsam Unterschlupf finden.

Die Männer verstopfen die Risse, durch die der eisige Wind pfeift. Sie spucken eine Mischung aus Erde und Häcksel hinein. In diesen Katen geht der Tod um, der kleine Tod, der Tod der Schwachen, der Alten, der Gebrechlichen, der Kranken, der Kinder, aber man sieht nichts davon. Ich setze über die kleinen Deiche, ich reite durch die trockenen Flußbette, deren Boden sprüngig und rissig ist. Diese Nacktheit der Erde, diese Nacktheit der Dinge, die fern ist von allem menschlichen Leid, ist schön. Der Himmel gleicht bläulicher Seide, in einer Ecke ist eine bleiche, ausgewaschene Sonne aufgemalt. In dieser schwerelosen Luft nehmen die vor mir liegenden Gebirge eine noch unerhörtere Plastizität und Realität an, Mauern, an denen die Welt endet.

Welcher Friede! Ich gelange in eine etwas höher gelegene Gegend, wo die Weiler wie Herbstblätter in der Weite der leeren Felder liegen. Nur hier und dort glänzen wie Lebenszeichen die geschwungenen Firste von Pagoden und die Lackdächer von Yamen. Wohnstätten der Götter und der Reichen. In der Nähe sind Hügel, Wälder und Teiche. Hier ist die Natur nicht sanft entschlummert, sondern in einer langen, qualvollen Agonie gestorben, das tropische Wachstum, die Blumen, die Früchte, die Palmen scheinen sich unter dem Nahen der Kälte vor Schmerz gekrümmt zu haben. Einer zwar milden und nur wenige Wochen anhaltenden Kälte, die jedoch für diese empfindlichen Wesen eine tödliche Überraschung bedeutet. Die Wäldchen und Lichtungen kommen mir vor wie eine Welt gemarterter Pflanzen. Ein heftiger, jedoch staubloser Wind, ein Geisterwind streicht durch die Bambushaine, die sich unter Knacken und Pfeifen niederbeugen, sich jedoch dank ihrer hartnäckigen Nachgiebigkeit immer wieder aufzurichten vermögen. Die stolzen Zypressen hingegen knicken oft mit einem Schlag und stürzen um. Und sofort ist, wie aus dem Boden gezaubert, eine Schar alter zahnloser Weiber auf dem Plan, die sich um diese hölzernen Leichen streiten, prügeln, balgen. Sie kämpfen noch um den kleinsten Zweig. Bäume, die zu Skeletten geworden sind, recken verstümmelte Äste, dürres Holz bricht Stück um Stück ab und erregt ebenfalls die Gier der lauernden Alten. Bäume, deren Stämme in obszöner Nacktheit die bizarren abgeschundenen Stummel zeigen. Es sind Talgbäume, denen Frauen, in diesem Fall junge und kräftige, die Rinde abgerissen haben, um sie zur Ader zu lassen, um aus ihren Wunden das Wachs zu gewinnen, aus dem sie Kerzen herstellen. Diese Kerzen verkaufen sie an fromme reiche Leute, die sie in einem Tempel anzünden werden, um himmlischer Gnaden teilhaftig zu werden. Ein jämmerlicher Anblick sind auch die mageren, verkrümmten Baumwollstauden, die wie verlassene unterernährte Kinder mit ihren kümmerlichen Gliedmaßen zittern.

Eine ernste, süße Traurigkeit erfaßt mich. Die Erde ist schwarz, wie mit einem Bahrtuch bedeckt. Schwarz sind auch die Teiche, auf deren Oberfläche die großen Seerosenblätter faulen. Wie Floßwracks, die bald im sumpfigen Wasser versinken werden, inmitten dieser klebrigen Masse, der Algen, der stinkenden Wasserpflanzen. Nackte Männer fischen mit bloßen Händen oder mit Krabbennetzen in diesem Brei herum. Sie ziehen Pflanzen heraus, winzige Krebse oder einen schlangenförmigen, einen krötenköpfigen Fisch, irgend etwas, und sei es noch so unappetitlich, wenn es nur eßbar ist. Tagelang waten sie auf der Suche nach Nahrung in diesem Morast herum.

Dann komme ich zu einem kleinen See vor einer Pagode. Sein Wasser ist klar, die Felsen und Grotten sind Wallfahrtsstätten. Ein Bonze kommt des Wegs, und ich werfe ein paar Sapeken in seine Holzschale, während er seine Danksagung murmelt. Über mir ziehen Wildenten und Wildgänse in V-förmigem Verband. An diesem Ort ist alles Leben heilig, aber ich begegne dennoch einem Jäger, offenbar ein reicher Bauer oder Grundbesitzer, der gesund und wohlgenährt aussieht. Auf der Schulter trägt er als Jagdwaffe eine uralte Donnerbüchse, die ihre zwölf Kilo wiegen dürfte; in der Hand hält er eine rauchende Zündschnur zum Abfeuern der Ladung, einer riesigen Buchse, die mit primitivem Schießpulver und Eisenbrocken gefüllt ist. Er klettert auf einen kleinen Berg, dessen Flanke in der Sonne liegt. Dort ist der Frühling, dieser Frühling, der in Asien mit elementarer Gewalt ausbricht, bereits zu ahnen. Turteltauben wie bläuliche Türkise.

Süße, würzige Düfte. Erstes Grün der Büsche, das fast lackartige Grün der Tropen. Rhododendren und Azaleen tragen schon Knospen. Andere Sträucher bereiten ihr Gepränge von Orangen, Mandarinen, Pampelmusen, Kakifrüchten in Form winziger harter und noch unansehnlicher Kügelchen vor. Ja, bald wird der ganze Reichtum der Natur hervorbrechen. Alles wird sich entfalten. Dann herrscht Üppigkeit von Blüten und Ernten. Die Chinesen werden die Schrecken des Winters vergessen und einander zeremoniös blühende Kirschzweige überreichen. Kirschblüten, flüchtige Blüten, die bedeuten, daß die ersten Regengüsse fallen werden. Sie sind das symbolische Versprechen von Nahrung. Die Leute begrüßen einander mit den Worten: »Bald wirst du essen.«

Aber sie werden nur essen, wenn die Soldaten ihnen nicht alles wegnehmen, die Soldaten, die zurückkommen werden. Drunten sehe ich Yünnanfu liegen, das bei diesem Spiel den Einsatz darstellen wird. Zum letztenmal betrachte ich diese Stadt, die ich so gut kenne und die ich trotz Tschengtu nach und nach liebenlernte. Ich sehe die hohen zinnenbewehrten Ziegelmauern, ich sehe in den vier Himmelsrichtungen die vier großen Tore. Von meinem Standort aus erscheint die Stadt mir weniger chaotisch. Sie ist vielmehr harmonisch hingebreitet inmitten der von den Mauern umzogenen grünen Flächen. Der Stadtkern ist eine kompakte Masse von Dächern, die mir mit ihren Ziegelfurchen, ihren Höhlungen und Hebungen wie ein umgepflügtes Feld erscheinen. Ein flaches Meer, aus dem die barocken Firste wie kleine Wellen ragen. Ich suche mit den Blicken das französische Konsulat. Endlich glaube ich es gefunden zu haben. Wird das alles zum Schlachtfeld werden oder zur Bühnendekoration für eine Komödie? Außerhalb der Wälle herrscht die Häßlichkeit des Abendlands. Bungalows, der Bahnhof, dieser famose Bahnhof . . .

Ich kehre zur Stadt zurück. Die Tore sind geöffnet, aber das Leben läuft wie in Zeitlupe ab. Yünnanfu, das vom Hügel aus einen so schönen Anblick geboten hatte, wirkt seelenlos. Sorgenvolle Gesichter sind zu Trauben gebündelt. In den großen Pagoden wimmelt es von Gläubigen, die das Schicksal befragen, und die Bonzen antworten mit der ewig gleichen, ewig neuen Auskunft, daß man Buddha vertrauen müsse. Schon jetzt gleicht die Stadt einer fast leeren Schale. Das üppige Warenangebot ist verschwunden. Kein Kinderlachen mehr. Jeder hat seine Vorsichtsmaßnahmen getroffen. Und plötzlich ist das Zeitalter der Ratten angebrochen, nicht der mörderischen Ratten der Katastrophenzeiten, sondern der toten Ratten. Jeweils zwanzig Stück sind mit den Schwänzen an eine lange Stange gebunden, die ein Händler über der Schulter balanciert. Der Mann ist klein und pockennarbig, und die toten Tiere zeigen spitze Zähne, vor denen man schaudert. Es sieht aus, als lebten sie noch. Sie sind riesig und abstoßend mit ihrem schmutzstarrenden Fell. Sicher, auch in normalen Zeiten essen die armen Leute Ratten, wenn sie welche erwischen, aber das ist keine Ware, die man feilbietet. Diese Ratten, die da mit blutigen Schnauzen von der Stange baumeln, zeigen, daß die Bewohner von Yünnanfu bereits auf dieses eklige Fleisch angewiesen sind, auch auf das Fleisch krätziger Köter, nicht zu verwechseln mit dem der rosigen Hunde, die eigens gezüchtet und zu potenzfördernden Brühen für reiche Chinesen verkocht werden. Nein, es handelt sich um räudige Elendstiere. Schon ist Yünnanfu wie halb verhungert, wie halb ausgestorben.

Da erhält Albert den Besuch des Herrn Ting, des gewichtigsten Chinesen der Stadt, eines der gewichtigsten Chinesen der ganzen Welt. Er ist fast ebenso mächtig wie seinerzeit Tang Kiao war. Der Marschall war weise genug gewesen, diesem Gevatter nicht den Opiumkrieg zu erklären, sondern ihn stillschweigend gewähren zu lassen. Wer konnte in der Tat einen friedfertigeren Eindruck machen als Herr Ting? Und er war wirklich friedfertig. Gewiß, er verfügte über Tausende von Spionen, Tausende von Agenten, von Söldnern, von Totschlägern. Wo endeten die Verästelungen seiner Macht, seiner Organisation? Woran war er nicht beteiligt? Er kannte alles, was im dunkeln operierte, die »Schwurbrüderschaft« von Singapur und Hongkong, die »Blaue Bande« von Schanghai. Sein Wort wog Millionen, sowohl bei den großen Gangstern wie bei den Himmlischen, die in anderen Erdteilen Städte bewohnten mit villengesäumten Alleen und mit

Clubs, zu denen ihnen der Zutritt verwehrt war. Mehrmals schon hatte Herr Ting in seinem labyrinthartig angelegten Yamen Albert Bodard in Privataudienz empfangen. Er lag dabei auf seiner Holzbank, die Augen in seinem Talggesicht schienen in lauter Fisteln eingebettet. Als Bekleidung ein Trikotleibchen, das knapp bis zum Bauch reichte, dem Bauch einer schwangeren Göttin, und den Nabel freiließ, der wie ein Brunnenschacht in die Fettschicht eingelassen war. Unten ein Ungetüm von Leinenhose. Herr Ting, der bereits rauchte, bot Albert eine Opiumpfeife an und beäugte ihn dabei lange von schräg unten mit dem unbeweglichen, fast unsichtbaren glanzlosen und doch flackernden Blick eines Goldwiegers, eines Wucherers, schätzte ihn ab, drang sanft und unerbittlich bis in die geheimsten Regungen seines Denkens vor. Albert war für ihn ein offenes Buch. Manchmal erteilte er ihm in geheimnisvollen Formulierungen und konfuzianischen Sentenzen weise Ratschläge. Der Herr Konsul von Frankreich schlürfte sie wie Honig, und oft waren sie auch wirklich wertvoll. Wer also war Herr Ting? Der König des Opiums von Yünnan, jenes Opiums, das als das beste Chinas galt. Er verkaufte es in ganz Asien in Form getrockneter Briketts, die sein Zeichen trugen. Albert ist von Herrn Ting wie behext. Manchmal bleibt er stundenlang an seiner Seite. Herr Ting ist ein lebender Buddha, ein Dutzend Diener sind immer in der Nähe, dauernd auf dem Sprung, den geringsten seiner Wünsche zu erfüllen, ohne daß er ihn erst aussprechen muß. Er ruht glückselig, weltentrückt, jeder Anstrengung so abhold, daß er nicht einmal zu atmen scheint. Und doch lebt er. Eine Frau fächelt ihm Kühlung zu. Ein alter Diener überwacht einen wattierten Behälter mit der Teekanne aus getriebenem Silber, deren Wasser stets kochend heiß sein muß. Auch ein paar junge Chinesen umschweben ihn, schlank, stumm, mit gleitenden Bewegungen und übertrieben westlich, wie Dandies des *big business* gekleidet. Manchmal wacht Ting auf und bellt bösartig und guttural einen Befehl. Dann nicken sie »Ja« und schusseln wie aufgeschreckte Käfer davon, um nach Singapur oder London zu telefonieren oder zu telegraphieren. Ting war oft im Gefolge Tang Kiaos im Konsulat, heute morgen aber kommt er zum erstenmal allein. Er steigt aus seinem Tragsessel, sein Schwabbelkörper scheint aus eingedickter Weisheit zu bestehen. Seine Augen sind geschlossener denn je. Mit kleinen Schritten gleitet er langsam und doch behende auf Seidenpantoffeln zum Schreibtisch meines Vaters. Der Herr Konsul stürzt ihm entgegen. Ting, dem es gelingt, sich in einen Sessel zu zwängen, sagt ächzend:

»Ich habe in allen Tempeln der Provinz für Marschall Tang Kiao zu Buddha beten lassen, damit er dort oben die zehntausend Glückseligkeiten finden möge, die den guten Menschen verheißen sind.«

Plötzlich kommt dem Konsul eine Idee.

»Ich werde den Bischof bitten, eine große Messe zu Tang Kiaos Angedenken lesen zu lassen. Und man soll mir bloß nicht sagen, er sei kein Katholik gewesen. Der Bischof ist ihm das wohl schuldig. Den christlichen Gemeinden in der Provinz ist es niemals besser gegangen.«

Herr Ting läßt einen langen Seufzer aufrichtigen Bedauerns los.

»Ja, der Marschall hatte das Land fest in der Hand; Yünnan ist nicht eine Provinz wie alle anderen, die nur in Notzeiten von Unruhen heimgesucht werden. Ohne eiserne Autorität gibt es hier immerzu Wirren, Plünderungen, Kriege. Hier, am äußersten Rand Chinas, herrscht der Wilde Westen. Jede Bande, jeder Feudalherr hat hier ein Revier, und jeder träumt nur davon, die anderen aus dem Feld zu schlagen. Tang Kiao war es gelungen, diese großen Verbände aus der Provinz zu vertreiben. Jetzt sind sie wieder zurückgekommen, und bis ein neuer Herrscher sich durchsetzt, werden wir schwere Zeiten durchmachen.«

Albert richtet einen verzweifelten Blick gen Himmel.

»Leider Gottes, ich weiß, Herr Ting.«

Herr Ting lächelt maliziös.

»*Monsieur le consul*, Ihre Erfahrung ist grenzenlos, und Ihnen einen Rat geben zu wollen, ist eine Vermessenheit meinerseits, die mir die Schamröte ins Gesicht treibt. Zu meiner Entschuldigung kann ich nur mein Alter anführen. Sie wissen, daß sämtliche Banditen und Feudalherren sich nacheinander der Stadt bemächtigen werden. Herr Konsul, ich möchte Ihnen in aller Bescheidenheit zu einer kleinen Vorsichtsmaßnahme raten. Schenken Sie Ihr Vertrauen nicht dem Sieger des Tages, sondern dem Verlierer.«

»Wie das?« sagt Albert.

»Stellen wir uns vor, dies wäre ein Spiel: viele Male werden die Karten gemischt und neu verteilt. Jeder Sieger wird alle anderen Mitspieler gegen sich aufbringen. Er muß gehen. Seine Truppen verschwinden durch ein Tor, während andere Truppen durch ein anderes Tor einziehen. Der zum Rückzug gezwungene Kriegsherr selbst dürfte lieber bequem in Ihrer Eisenbahn das Weite suchen, als mit seinen Soldaten per pedes, und wer immer es auch sei, verweigern Sie ihm Ihre Hilfe nicht, denn die Trümpfe wechseln dauernd, und das Spiel geht weiter.«

Albert lächelt überlegen:

»Genau das war meine Absicht, Herr Ting.«

Der Chinese bringt das Kunststück fertig, seinen Fettwanst zu einem tiefen bußfertigen Bückling zu bewegen.

»Herr Konsul, haben Sie die Güte, meine Nichtswürdigkeit zu vergeben. Das Alter verwirrt meinen Geist. Wie konnte ich mich anheischig machen, gleich einem Glühwürmchen das Dunkel für Sie aufzuhellen. Sie sind das Licht, Sie wissen alles.«

Albert fühlt sehr wohl, daß Herr Ting sich über ihn lustig macht. Er weiß auch genau, daß der Chinese ihm schließlich ein wichtiges Geheimnis entdecken wird. Herr Ting schüttelt den Kopf und fährt im Ton eines bestraften Schülers fort:

»Wie könnte ich Sie belehren, da Sie die Gelehrsamkeit in Person sind? Dennoch will ich es wagen, mein Scherflein zum Schatz Ihres Wissens beizutragen.«

»Herr Ting, ich bin ganz Ohr.«

»Am Ende eines jeden Kartenspiels kommt der Augenblick, in dem der Haupttrumpf ausgespielt wird. Nach all den lächerlichen Stichen der anderen zeigen sich die wahren Sieger, die wirklich die Trümpfe in Händen halten, die seriösen Leute. Sie können warten ...«

Albert kann seine Nervosität nicht mehr verbergen.

»Und wer sind diese Sieger?«

»Lü Han und Long Yüng.«

Albert verzieht das Gesicht. Der Chinese setzt sein schönstes Lächeln auf.

»Leider muß ich nun sagen, daß diese beiden Ihnen nicht sehr gewogen sind ... Mich mögen sie übrigens auch nicht besonders. Dann, Herr Konsul, wird eine recht schwierige Zeit anbrechen.«

Albert murmelt:

»Warum sollten sie etwas gegen mich haben?«

»Die beiden werden sich patriotisch geben. Sie werden Ihnen vorwerfen, Sie hätten Tang Kiao in die französische Fahne eingewickelt. Lassen Sie sich durch ihre Drohungen nicht erschrekken. Das Schicksal wird dafür sorgen, daß sie eines Besseren belehrt werden.«

»Und Sie, Herr Ting, werden dieses Schicksal sein?«

Herr Ting verneigt sich abermals.

»Ich bin nur ein Unwürdiger ohne jede Macht. Dennoch fürchte ich, daß sie an mir Anstoß nehmen werden. Sicher wollen sie das Opiumgeschäft selbst machen. Dazu müssen sie aber ihre Soldaten gegen die Miaos ansetzen. Wie schwer diesen Bergbewohnern in ihren Schlupfwinkeln beizukommen ist, wissen Sie selbst, Herr Konsul. Sie verkehren nur mit einigen achtbaren Händlern, die Jahre gebraucht haben, um ihr Vertrauen zu gewinnen. Von allen diesen Händlern bin ich der einzige, der sie nie betrogen, der sie immer in guten Silberbarren oder Salzblökken bezahlt hat. Darum nennen sie mich ihren Vater. Ich erröte darob vor Scham.«

Alberts Denkapparat hat sich in Bewegung gesetzt. Herr Ting ist gekommen, um ihm ein Bündnis vorzuschlagen. Die Beweisführung ist klar. Sie sind beide bedroht und daher aufeinander angewiesen. Albert stellt sich mit wonnevoller Erleichterung vor, welches Gewicht Herr Ting bei den kommenden Ereignissen in die Waagschale zu werfen hat, zunächst während der Tage des Chaos und vor allem danach, wenn es gilt, die maßlose Gier Lü Hans und Long Yüngs zu brechen.

Am Abend verraten Alberts immer gespanntere Züge sein wachsendes Bedürfnis, sich Anne Marie mitzuteilen, die übrigens seit einiger Zeit eine ganz neue Milde gegen ihren Mann an den Tag legt, ganz mitfühlende Gattin ist. Albert triumphiert:

»Wissen Sie, wer gewinnen wird? Nein? Nun, Lü Han und Long Yüng.«

»Woher haben Sie das?«

»Das ist doch völlig einleuchtend ... Und Herr Ting hat mir beigepflichtet, als ich ihm meine Ansicht auseinandersetzte.«

»Ist Lü Han nicht franzosenfeindlich?«

»Herr Ting wird mit Hilfe der Miaos schon mit ihm fertig werden. Wie Sie wissen, habe ich ihn einmal in eines ihrer Dörfer begleitet, fünf Tagesmärsche von hier.«

Alberts Worte künden ganz offensichtlich einen längeren Bericht an. Anne Marie ergibt sich in ihr Schicksal. Zum x-ten Male hört sie sich die wohlbekannte Geschichte an. Albert erzählt also von den Miaos, den Drogenbauern und Herren des Gebirges. Mit einer Art Leidenschaft züchten sie auf ihren Bergkuppen den Schlafmohn. Mohnfelder über den Wolken, über den Menschen, über den irdischen Zwistigkeiten. Nie steigen die Miaos von ihren Höhen herab. Sie verspüren kein Verlangen nach den Niederungen, die ohnehin tödlich für sie wären, da ihre Atmungsorgane nicht darauf eingestellt sind. Sie leben grüppchenweise in niedrigen Hütten inmitten von blühenden Feldern, ihr höchstes Gut ist die Freiheit, die schrankenlose Freiheit. In diesem Asien der Riten und Vorschriften kennen sie nur die Sinnenfreude. Die Liebe, die Freuden der Liebe, die wilden Tänze und die peitschenden Rhythmen. Sie lieben die Schönheit. Sie schmieden sich schweren Silberschmuck und weben Stoffe, die so glühend leuchten wie ihr Mohn. Sie veranstalten rauschende Feste. Orgien, wüste Ausschweifungen, Freßgelage, saftige Lustbarkeiten, das Ganze untermalt von den Zaubergesängen der Hexen. Keinerlei Zwänge. Keine Religion. Nur Geisterbeschwörungen. Eine wunderbar organisierte Anarchie. Nach der Ernte aber folgt die Tragödie. Die Natur wird zum Verhängnis, es kommt zu Scharmützeln, Fallen, Morden, auch Handelschaften. Armeen, Banditen, Truppen aller Art setzen zum Sturm an. Aber die Miaos sind auch furchtbare Krieger, die mit dem Gebirge eins zu werden scheinen. Man kann sie kaum ausmachen inmitten des Gestrüpps und Gerölls, wo sie Tag und Nacht, Augen und Muskeln angespannt, auf der Lauer liegen. Mit einfachen und schrecklich wirksamen Mitteln haben sie jede Felsspitze in eine Festung verwandelt. Die Hänge sind mit allen Erfindungen gespickt, deren die wilde Phantasie der Primitiven fähig ist. Nur ein einziger, schwindelerregender Pfad führt in die Höhe, auf der sie Felsmassen in kunstvoll labilem Gleichgewicht getürmt haben. Ein Stoß, und die Lawine stürzt auf die Angreifer. Sollten diese trotz allem bis zum Gipfel gelangen, so greifen die Miaos sie mit Blasrohr, Bogen und Armbrust an. Sie warnen einander durch Rauchsignale, Tamtam-Getrommel, Hornrufe.

Albert ist mit Ting dorthin gereist. Beide in Tragbetten, gefolgt von Hunderten mit Silber und Salz beladenen Kulis. Als Geleitschutz zweihundert bewaffnete Männer, zum großen Teil Piraten. Die Erlaubnis zum Aufstieg muß eingeholt werden. Wird sie gewährt, so leiten die Führer den Zug über den mit Kurarepfeilen besteckten Pfad senkrecht in die Höhe. Lange Palaver zwischen Ting und den Ältesten, den Weisen mit den morschen Knochen, den zahnlosen Mündern und kahlen Schädeln. Dann beginnt der Tausch des schwarzen Schlamms gegen das, was die Kulis mit vor Anstrengung fast berstenden Lungen zu Berg geschleppt haben. Und nun bricht die heidnische Nacht an. Fackeln knistern funkensprühend über schwarzen Abgründen. Die Zauberer und Hexen bannen die bösen Geister aus dem Jenseits. Über und über mit Metallplatten und Ringen behängt, wirken sie wie tragische Puppen. Vier abgrundhäßliche Greisinnen leisten grotesk stapfend Ministrantendienste. Danach wird gefressen: Berge von blutigem Fleisch, und gesoffen, *chum*, ihr Schnaps, den sie in Tonkrügen in der Erde vergraben, auf daß er gut durchstunken werde. Fetttriefende, unersättliche Münder, Gewälze im Erbrochenen. Dann beginnen die Mädchen mit sinnlicher, träger Melancholie wie trunkene Schmetterlinge zu tanzen. Die jungen Männer treten mit angespannten Gesichtern in ihren Kreis. Niedergekauert dreht jeder sich um sich selbst und spielt dabei auf der *ken*, der Dschungelgeige, bis er schließlich mit einem gewaltigen Sprung in die Höhe schnellt und zu Boden stürzt: das ist der Höhepunkt. Jetzt setzt ein wildes, mit Schreien vermischtes Gewirbel ein, Dolche und Armbänder blitzen, ein berauschtes Wüten. Männer und Weiber wie wilde Tiere. Allmählich wird es ruhiger, dann Stille. Die Morgendämmerung zieht herauf. Die Feuer verblassen im anbrechenden Tag. Die Körper liegen in allen Stellungen auf der blanken Erde herum.

Mit verschobenen Röcken schlafen die schnarchenden alten Weiber, die Greise liegen leblos wie elfenbeingelbe Steckenbündel. Dazwischen heftige Paarungen unter Atemstößen, die nicht von menschlichen Wesen zu stammen scheinen, vielmehr aus Haufen von Turbanen, Massen von Nippes und Krimskrams, von denen die Miaos sich nie trennen. Ein Zucken und Winden von blättrigen, gefiederten und bepelzten Tieren.

Endlich die Ruhe des Schlafs. Ein Feld von Scheintoten, unter die sich jetzt auch die Knirpse und die Schweine mischen. Die Sonne trifft die Augen, die sich öffnen, das Leben beginnt wieder.

Herr Ting und Albert scheinen gute Figur gemacht zu haben. Die Weisen füllten sie unermüdlich mit Fleischbrocken und *chum*, so lange, bis der Herr Konsul schließlich gekotzt hat. Am Morgen ist er schamerfüllt in seinem Auswurf erwacht. Noch ganz benommen von den Visionen des Wahns, von so viel Bestialität gepaart mit so viel Grazie, und vor allem von dieser Pechschwärze, diesem unendlichen Nichts, aus dem die roten Feuer auftauchen, in denen sich gewaltige Baumstämme verzehrten. Die Weisen haben Albert sogar ein junges Mädchen zugeschoben . . .

»Was haben Sie getan?« fragt Anne Marie.

»Nichts. Sie strahlte eine verführerische Animalität aus. Aber ich sah trotzdem, wie schmutzig sie war, und zudem hatte ich meine Migräne. Die Alten lachten und verspotteten mich. Schließlich schlief ich ein. Anderntags war ich sehr müde. Der dicke Ting war frisch und munter. Er nahm Ströme von Melasse mit, die hundertmal, tausendmal mehr wert waren als sein Silber und Salz, aber es war ein ehrlicher Handel gewesen. Den ganzen Rückweg verschlief ich in meinem Tragbett. Dabei war es gefährlich, denn jeden Augenblick konnte eine Bande unsere Eskorte überfallen. Allerdings war Herr Ting so vorsichtig gewesen, den großen Piraten der Gegend eine Beteiligung anzubieten.«

Anne Marie lächelt:

»Gratuliere, mein lieber Albert. Einmal wenigstens sind Sie mir treu gewesen.«

»Hm!« macht Albert verlegen und läßt schleunigst das Thema Miaos und Miaosinnen fallen.

Seit der Unterhaltung mit Herrn Ting kommt er nicht mehr von der Idee los, für Marschall Tang Kiao eine Messe lesen zu lassen. Das ist eine von Alberts wunderlichen Seiten: in manchen Fällen kann er von einer geradezu verbissenen blinden Dankbarkeit erfüllt sein. Wie Anne Marie ganz richtig diagnostiziert hat, handelt es sich um Fälle, in denen jemand seiner Eitelkeit zu schmeicheln wußte. Fürwahr, das wäre eine schöne Tat. Er bespricht sich mit dem geistlichen Geheimagenten, denn er sieht gewisse Schwierigkeiten von seiten des Bischofs voraus, eines netten alten Herrn mit bodenlangem Bart, dieses Bischofs, dessen Ernennung er selbst durchgesetzt hat. Die heilige Messe für einen Heiden, das darf nicht wahr sein! Der Geheimagent lacht Albert ins Gesicht.

»Lassen Sie Monsignore in Ruhe. Gott hat in seiner unendlichen Güte vielleicht schon die schurkische Seele Ihres ungläubigen Tang Kiao ins Paradies eingelassen. Aber denken Sie lieber nicht mehr an diesen Kerl. Allein seinen Namen auszusprechen ist schon gefährlich. Man wird ihn für alle Übeltaten verantwortlich machen, die in nächster Zeit begangen werden. Die Christengemeinden leben in Angst. Überall Räuber, überall Soldaten, bei denen sie verhaßt sind ... Die Patres halten ihre Schäfchen an, Trost und Stärke in immerwährender Andacht zu suchen. Die Kirchen sind voll betender Menschen.«

Und der Schlawiner in der Missionarskutte setzt hinzu:

»Ich kann nur hoffen, daß Gott nicht mit Taubheit geschlagen ist.«

Die Missionare im Hinterland der Provinz sind zutiefst besorgt. Sie ahnen, daß es zu Massakern kommen wird. In Yünnanfu hingegen, im Villenviertel und um den Bahnhof, genießt man weiterhin das Leben, gibt es Saufereien, Bettgeschichten, Schenkelklatschen. Allerdings seufzen die Herren über die wirtschaftliche Flaute. Albert hält es für seine Pflicht, seine Schützlinge im Konsulat zu versammeln und ihnen eine zündende patriotische Ansprache zu halten:

»In diesen Tagen, vielleicht sogar zu eben dieser Stunde werden viele unserer Landsleute vom Haß der bolschewisierten chinesischen Massen verfolgt. Was müssen sie nicht alles erdulden vom entfesselten Fremdenhaß der Roten in Schanghai, in Kanton, in Hankau! In Yünnan hingegen sind wir dank ...«

Um ein Haar hätte Albert sich hinreißen lassen, von Tang Kiao zu sprechen. Aber er faßte sich gerade noch:

»... dank unseres zivilisatorischen Wirkens, das in der Eisenbahn seinen symbolischen Ausdruck findet, nicht diesen Schmähungen ausgesetzt. Es könnte jedoch sein, daß innerhalb der nächsten Tage gewisse Reibereien zwischen Chinesen entstehen. Nichts weiter Ernstliches, davon bin ich überzeugt. Nichts, woraus sich für uns schwerwiegende Folgen ergeben könnten. Ich möchte Ihnen aber trotzdem sagen, daß ich immer in vorderster Linie für Sie eintreten werde, wenn es nötig sein sollte. Lassen Sie uns, meine Herren, des Vaterlands gedenken.«

Diese Ansprache bewirkt das Gegenteil dessen, was Albert erreichen wollte. Sie hat den Kolonialfranzosen einen Floh ins Ohr gesetzt. Die Diners und Bridgeabende gehen weiter, aber ein gewisser Monsieur Bucher hat sich selbst zum Generalstabschef ernannt. Dieser rotgesichtige Riese versammelt die kleinen Schnurrbartträger um sich und arbeitet mit ihnen einen strategischen Verteidigungsplan für das Europäerviertel aus. Zu den traditionellen Vergnügungen kommen nun noch geheime Zusammenkünfte, bei denen diese Stammtisch-Napoleons sich in Feuer reden. Vor allem kein Wort gegenüber dem Konsul, lautet ihre Parole ... bis eines Tages der Direktor der Eisenbahngesellschaft, ein äußerst seriöser Mann, Albert warnt:

»Da gibt es ein paar Angeber, die sich für kaiserliche Marschalle halten. Es sind Dummköpfe, aber auch wir von der Eisenbahngesellschaft halten die Lage für besorgniserregend. Wenn Sie einverstanden sind, lassen wir aus Hanoi Waffen und Munition für uns und unser Personal kommen. Würden Sie, Herr Konsul, falls wir belagert werden sollten, Hanoi um die Entsendung einiger Bataillone ersuchen?«

Albert antwortet:

»Das würde eine Verletzung der chinesischen Souveränität bedeuten ... Es käme nur für den äußersten Notfall in Frage, aber ich bin optimistisch.«

Und immer noch keine Armee vor den Toren der Stadt. Ich streife durch die Straßen, und ich spüre, wie die Leere dieser Stadt, die in der heißen Sonne stinkt, sich allmählich mit Spannung füllt. Fiebrige Augen, geschwungene Fäuste, die Hefe des Volkes, die Horden, die aus dem Schatten treten, die kleinen Diebe, die kleinen Totschläger, die Ganoven. Aber auch die Bettler und die Aussätzigen, die fühlen, daß das verlassene Yünnanfu jetzt ihnen gehört. Ihre Stunde ist gekommen. Die Stunde der Plebs. Eines Tages rottet sich dieser Mob zusammen, ballt sich, gruppiert sich und führt die Bettleroper auf. Einige hundert menschlicher Wracks rücken auf den Palast des Kriegsherrn zu, auf Tang Kiaos Palast. Mit welcher Haßfreude sie die Tore sprengen! Wie eine Lavaflut strömen sie durch die Säulengänge, durch das Halbdunkel der Säle, durch die Pavillone und Miniaturpagoden, sie zertrümmern den Thron, zertrümmern die Räucherschalen, zertrümmern die Bildnisse der großen Krieger und der großen Weisen, zertrümmern auch die Zinnspiegel und die Lackschatullen, aus denen die Konkubinen sich eine unwirkliche Schönheit anschminkten. Sie zerstören und plündern. Mit welcher Wut sie sich um die Seidenstoffe prügeln, um die Jadefiguren, um die kostbaren Schalen! Vor allem aber suchen sie Gold, und da sie keines finden, wollen sie wenigstens morden. Im Yamen sind nur einige Konkubinen und Diener geblieben. Sie werden allesamt in Stücke gerissen, die Konkubinen, die auf ihren verstümmelten Füßen zu fliehen versuchen, brechen zur großen Erheiterung ihrer Mörder nach wenigen Schrittchen zusammen.

Ich habe diese Szenen aus der Ferne verfolgt und es zum erstenmal mit der Angst zu tun gekriegt, so daß ich schleunigst ins Konsulat zurückkehre. Mein Vater legt seine sämtlichen nervösen Ticks an den Tag. Er weiß, daß nichts gefährlicher ist als eine Stadt, die dem Mirakelhof ausgeliefert ist, dem Abschaum des Abschaums. Bald werden diese Leute in ihrer Raserei auch die Kirchen und die Konsulate angreifen. Und wirklich versammeln sich vor den Zufahrten gespenstische Gestalten, johlende Kreaturen, haßglühende Fratzen. Albert stellt am Tor seine Konsulatsgarde aus französischen Feldwebeln und annamitischen Schützen in Schlachtordnung auf. Wird dieser Wall standhalten? Albert sagt zu Anne Marie:

»Ich lasse Sie und Lucien vor die Stadt, zu den Franzosen im Bahnhofsviertel, bringen. Noch ist es Zeit.«

Anne Marie erwidert:

»Nein, mein Platz ist hier, und außerdem langweilen diese Franzosen mich zu sehr.«

Eine Stunde später werden zwanzig dieser Elenden, die vor den Zufahrten herumlungerten, an einer Mauer erschossen. Es ist also endlich doch eine Armee angekommen. Sie ist durch ein weit geöffnetes Tor nach Yünnanfu einmarschiert. Und da ist er, der ewig strahlende wackere General Tschi. Das Strahlen gehört zu seiner Taktik. Unverzüglich begibt er sich zum Herrn Konsul und zerfließt förmlich in Entschuldigungen. Seine Soldaten sind nicht sehr zahlreich und sehen kaum besser aus als die Jammerfiguren, auf die sie Jagd machen. Ja, sie sehen wie arrogante Bettler aus. Tschi ist der Mann, der in der ganzen Provinz Kweitschu die Bürger erpreßt hat. In Yünnanfu muß er aber seine Politik ein wenig ändern. Sofort nach der Erschießung des Gesindels erläßt er einen Aufruf. Sein Herz sei beim Anblick des leidenden Volkes von tiefem Schmerz ergriffen worden. Die Reichen mögen sich also großzügig erweisen und ihm freiwillig und spontan Spenden zugehen lassen, die er eigenhändig an die Ärmsten der Armen verteilen werde. Widrigenfalls die Köpfe der knickerigen Reichen ebenso spontan fallen würden. Doch wen sieht er an der Spitze der Honoratiorenabordnung? Herrn Ting höchstpersönlich. Anstatt loszudonnern, wird Tschi von Panik erfaßt. Er bedenkt Herrn Ting mit einer ins Unendliche gesteigerten Ausgabe seines berühmten ewigen Lächelns. Freundschaftsbeteuerungen. Herr Ting und seine Gevattern lassen sich zu einigen milden Gaben herbei. Feilschen. Feilschen, das so lange dauert, bis eine andere Armee im Norden der Stadt auftaucht und die Soldaten Tschis nach Süden abziehen, ganz langsam, ganz gemächlich, ohne ihre Schirme und Vogelkäfige zu vergessen. Herr Tschi seinerseits hat sich untertänigst im Konsulat eingestellt. Man bittet ihn zu einem europäischen Abendessen. Ich sehe ihn noch vor mir, wie ihm angesichts dieser exotischen Speisen fast die Augen aus dem Kopf fallen. Der einzige Kampf, den Tschi in Yünnanfu ausgefochten hat, ist der Kampf mit Messer und Gabel. Dann ließ mein Vater ihn einen Galafrack anprobieren. Er hat vom Direktor der Eisenbahngesellschaft einen Posten Heizeranzüge bekommen. Herr Tschi versucht einen zu finden, der seiner Fülle angemessen ist. Diese blauen Monturen sind für die zierlichen Annamiten gedacht, aus denen das französische Ingenieurkorps Lokomotivbesatzungen zu machen gewußt hat. Am nächsten Morgen geht der als Heizer verkleidete Tschi zum Bahnhof, um auf dem 9-Uhr-Zug seinen Dienst anzutreten. Natürlich haben die Männer der gegnerischen Armee ihn erkannt, aber sie lachen nur, als er an ihnen vorbeigeht. Eine halbe Stunde später sitzt der General im Tender auf einem Kohlenhaufen. Im folgenden Monat expediert Albert auf diese Weise ein halbes Dutzend weiterer Generale, die alle aus den Nähten ihrer Blaumänner platzen. Albert hat seinen Spaß dabei, aber es gibt doch ein paar bange Augenblicke, zum Beispiel, als zwei Armeen, anstatt einander friedlich und ohne Schießerei abzulösen, plötzlich das Bedürfnis verspüren, Theater zu machen und sich ein Scheingefecht zu liefern. Es wird in die Luft geschossen, aber einige ungeschickte Soldaten ballern ausgerechnet gegen die Mauern des Konsulats. Die ganze Zeit über darf ich das Haus nicht verlassen, aber der Geheimmissionar versorgt uns täglich mit unserer Ration an himmlischen Streichen.

Für meine letzten Wochen im Lande bereitet mir China ein wahres Feuerwerk, das Absurde gewürzt mit einer Prise, oft mit einer ganzen Menge Grauen. Diese Mischung, die mir so vertraut war, sollte ich später auf allen Kontinenten und selbst im besetzten Frankreich wiederfinden. Aus dieser Perspektive werde ich fortan die Welt sehen. Die Komik ist Trumpf. In allen ihren Spielarten. So fährt zum Beispiel Monsieur Laurent, Direktor der Eisenbahngesellschaft, eines Tages in seinem Salonwagen nach Yünnanfu. Auf einem kleinen gottverlassenen Bahnhof sieht er einen distinguierten chinesischen General stehen. Gelehrtengesicht und martialische Haltung. Laurent macht sich erbötig, ihn in seinem Luxusabteil mit nach Yünnanfu zu nehmen. Der General nimmt höflich an. Er wird am Bahnhof von Yünnanfu abgesetzt, wo er alsbald verschwindet. Monsieur Laurent weiß nicht, daß es der berühmte Wang Yu-je war, der Veteran, der in Kanton lange Zeit die Armeefraktion befehligte, die sich gegen Tang Kiao aufgelehnt hatte. Seine Truppen hatten sich offensichtlich in der Umgebung der Stadt verborgen gehalten, denn zwei Tage später bemächtigte er sich an ihrer Spitze Yünnanfus. Seine Spezialität war das Spielsalon-Racket. In Kanton mit seinen Tausenden und Abertausenden von Spielhöllen hatte sein Weizen besonders üppig geblüht. Denn allem Unglück und allem Elend zum Trotz riskierten die Kantonesen nach wie vor ihren letzten Heller. In Yünnanfu wurde Wang Yu-je enttäuscht. Er wußte natürlich, daß Kanton, was die Vergnügungen betraf, himmelhoch über Yünnanfu stand, wo es kaum mehr als ein paar Etablissements für Bacquan und Taixiou gab. In primitiven Schuppen steigen die Spieler auf Hängegalerien, von denen aus sie Körbchen mit ihren Einsätzen an Schnüren herunterlassen. Drunten, auf dem festgestampften Lehmboden, steht ein Tisch mit Nummern, Würfeln, fast nackten Croupiers und einer Frau, die mit zugleich rauher und zuckersüßer Stimme singend die Gewinnzahlen verkündet. Die Körbchen steigen auf und ab, hinauf fast immer leer, manchmal aber auch randvoll mit Banknoten gefüllt. In Yünnanfu hängen die Schnüre still, wie abgestorben, in den leeren Spielhöllen. Keinen Mumm in den Knochen, diese Yünnanesen, denkt der General . . . Er ist sehr unzufrieden. Seine Truppen sind noch unzufriedener als er. Was soll man schon für Beute machen in dieser armen Stadt, die zudem schon bis aufs Mark ausgesaugt ist. Sie bekommen Heimweh nach Kanton, und eines schönen Tages machen sich zwei Drittel der Armee ohne Wissen des Generals auf den Weg zur Metropole am Perlfluß. Wang Yu-je, der in Yünnanfu nur noch über zweitausend Mann verfügt, schickt einen Hilferuf an die Armee der Banditen, deren Galgenvisagen mir damals, als sie vor der Stadt kampierten, solche Angst einjagten. Sie kommen als Verbündete nach Yünnanfu. Ihr Anführer, der ehemalige Sänftenkuli, heißt Tscha. Seine Spezialität ist »die Entführung fetter Schweine«, das heißt das Kidnapping von reichen Leuten. Zu normalen Zeiten handelt es sich hierbei um eine Kunst mit kompliziertem Protokoll, wobei zwischen den Banditen und der Verwandtschaft der Geiseln ebenso viele Vermittler eingesetzt werden wie bei einer Heirat. Hier jedoch entschließt Tscha sich zu energischeren und rascheren Methoden. Er greift sich vierzig Mäßig- bis Mittelreiche – bei den ganz

Reichen könnte es Komplikationen geben. Er bringt sie in eine Sargfabrik und legt jeden lebend in einen Sarg, in dessen Decke vor dem Zuschrauben ein Dutzend Löcher gebohrt wurden. An jedem Tag, der vergeht, wird ein Loch zugestopft. Das Opfer hält maximal sechs bis sieben Tage aus. Das Geld muß also schnell eintrudeln, da sonst das Heulen und Zähneklappern verstummt und in den Särgen wirklich Leichen liegen, die man aus ihren Kisten zerrt und auf die Straße wirft. Es wird kein Geschäft, denn kaum ein Viertel der Familien hat termingerecht bezahlt. Die übrigen drei Viertel sind purer Gewinnausfall. Sogar in Yünnanfu, wo die Chinesen allerhand gewohnt sind, verkörpert Tscha für alle den Geist des Bösen.

Eine weitere Armee, die Armee, von der Albert Bodard so viel hält, bemächtigt sich der Stadt. Alles geht vor sich wie gehabt, der Spielhöllengeneral und der Kidnappinggeneral flüchten sich ins Konsulat und werden in Heizermonturen gesteckt. Anne Marie wird übel beim Anblick von Tschas Gesicht, dieser kleinen dreieckigen Schnauze mit den roten Rattenaugen. Mein Vater hält sich trotz allem an die Spielregeln. Am nächsten Tag werden die beiden quer durch die Stadt zum Bahnhof gebracht. Plötzlich bemächtigen sich Soldaten unter Mißachtung des neuen Höflichkeitskodex des verkleideten Tscha und schleppen ihn zum Hinrichtungsplatz. Am nächsten Tag erfahre ich von einem Geistlichen, daß er als heiliger Märtyrer gestorben sei. Dieser Priester ist ein enger Mitarbeiter des Bischofs. Trotz seiner langen Chinajahre ist er naiv geblieben, seine großen Augen mit dem kindlichen Lächeln sind dauernd vor Staunen weit aufgerissen. Arm im Geiste, wie die Bibel sagt, mit einer Fahrkarte fürs Himmelreich in der Soutane. Zunächst jedoch geht der arme Tscha heim ins Reich Gottes. Der Geistliche spricht von ihm mit vor Ekstase bebender Stimme:

»Tscha hat ein Leben voller Greuel geführt. Als er vor dem Richtblock zur Enthauptung niederkniete, da wußte er, daß seine Erdentage gezählt waren, und er erinnerte sich an die Zeit, da er als Knabe in eine katholische Schule ging. Aber der Böse hatte ihn versucht. Tscha ließ sich nicht taufen, er verschrieb seine Seele dem Teufel. Erst im Angesicht des Todes erschien der Herr ihm wieder, erleuchtete ihn und spendete ihm Trost. Zufällig war der Henker ein Christ. Im Augenblick der Hinrichtung sagte Tscha zu ihm:

›Ich gehöre nicht eigentlich der Kirche an, aber ich möchte im Glauben Christi sterben. Laß mich taufen.‹

Der Vollstrecker erwidert:

›Wer soll dir das Sakrament spenden? Wir haben keine Zeit mehr, den Pater zu holen.‹

›Du selbst‹, sagte Tscha.

›Ich weiß nicht, wie man das macht.‹

›Paß auf, ich sag dir's. Du gießt mir Wasser auf die Stirn und sagst dabei: Ich taufe dich im Namen des Vaters, des Sohnes und des Heiligen Geistes.‹

Also geschah es. Eine Kürbisflasche voll Wasser wurde über seinen Kopf geschüttet. Die geheiligten Worte wurden gesprochen, und dann schoß ein Blutstrahl hoch.«

Der naive Priester berichtet, daß die Christen der Stadt von diesem Ereignis wundersam berührt gewesen seien. Er schickte die Katechumenen aus mit dem Auftrag, Tschas sterbliche Hülle, Kopf und Rumpf, zu holen. Sie wurden in der Kathedrale aufgebahrt. Die ganze Christengemeinde lag auf den Knien vor dem gekreuzigten Leib Christi, der über dem zerstückelten Leib Tschas aufragte. Am Morgen läutete die Totenglocke, und der Priester las das Seelenamt. Beim Indulgentiam sagte er:

»Gepriesen sei der Herr, der dem reuigen Sünder vergibt.«

Dann wurden die Bußpsalmen gesungen.

Der naive Geistliche ist jedoch auch schlau. Er sagt zu meinem Vater:

»Die Chinesen erzählen immer, die Christen ehrten ihre Toten nicht, sie bereiteten ihnen armselige und freudlose Begräbnisse. Ich habe daher beschlossen, zu Tschas Beerdigung ein großes chinesisch-katholisches Fest zu veranstalten.«

Ich durfte an diesem Tag in die Stadt, in ein verwüstetes, fast menschenleeres Yünnanfu, um dem Ereignisse beizuwohnen: dem Begräbnis erster Klasse für Tscha. Der ganze Pomp der Kirche. Die Leiche des widerlichen Kidnappers in einem superben Sarg aus schwarzem, reichgeschnitztem Holz, getragen von zwölf Männern. Kreuze und Fahnen, dahinter der Priester im Ornat, Gott den Herrn lobend und umgeben von rauchfaßschwingenden Ministranten; dann die Nonnen, die Waisenkinder, die Küster, die Masse der Gläubigen. Alle singen Hymnen. Banner, Marienstatuen, Jesuskindfiguren. Schließlich die Blumenkränze. Was von der heidnischen Bevölkerung noch vorhanden war, stand da und sah sich die Prozession an. Ein nicht gekidnappter reicher Chinese soll erklärt haben:

»Die Religion der Christen muß sehr mächtig sein, wenn ein so durchtriebener Kerl wie Tscha sich an der Schwelle des Unbekannten Reichs für sie entschlossen hat. Wahrscheinlich hat er günstige Bedingungen herausgeschlagen.«

Nach meiner Rückkehr berichtete ich meinem Vater von der Zeremonie und dem ganzen Pomp. Er rief spöttisch:

»Diese Pfaffen haben wirklich Nerven! Einfach unvorstellbar! Schnappen sich diesen Gauner und fabrizieren daraus einen Heiligen. Einen Köder, um Bekehrungen zu angeln. Und dies in einem Yünnanfu, das in die Binsen geht . . .«

Aber Albert ist eigentlich ganz zufrieden. Die neue Armee, die Yünnanfu besetzt hält, scheint zum Ruhme des Herrn Konsul maßgeschneidert zu sein. Ist es übrigens auch. Das Rezept ist ganz einfach. An der Grenze zu Indochina saß ein Feudalherr, ein Großgrundbesitzer, dessen Felder von dreihunderttausend Leibeigenen bestellt wurden. Dieser Mann hieß Tschu, immens reich, gute Manieren, rosiges Porzellangesicht, Ansatz eines Spitzbäuchleins. Er war angenehm im Umgang, wohlgesittet, gemäßigt tugendhaft und Konfuzianer. Er hatte schon vor längerer Zeit eine mächtige Miliz aufgestellt, um seine Ländereien gegen die Banditen zu verteidigen. Er hatte sich loyal gegen Tang Kiao verhalten, der ihm dafür den Generalstitel verlieh. Als an dem Marschall die ersten Verfallszeichen sichtbar wurden, stellten echte oder falsche Deserteure der Fremdenlegion für Herrn Tschu eine Armee zusammen, mit seinen leibeigenen Bauern als Fußvolk und seinen Vorarbeitern als Offizieren. Auch Waffen waren plötzlich da, und zufällig waren sie französischer Herkunft. Albert Bodard wußte davon. Ganz offensichtlich hatten die Handlanger der Zivilregierung sich mit Unterstützung einiger Geheimagenten daran gemacht, für Tang Kiao einen Nachfolger aufzubauen.

Tschu, der Gentleman-Farmer in Uniform, schröpft niemanden

in Yünnanfu. Das ist so ungewöhnlich, daß die Bevölkerung aus dem Staunen nicht herauskommt. Er ist der Gerechte, und seinem Gerechtigkeitssinn war es unerträglich, Tscha den Schurkischen frei ausgehen zu lassen, womit er der Kirche, ohne es zu wissen, einen großen Dienst erwies. Seine Leute sind abnorm zahm. Gutmütige Hinterwäldler, die zum erstenmal im Leben eine Stadt sehen und davon ganz weg sind, obwohl diese Stadt sich in einem mehr als traurigen Zustand befindet. Sie halten Disziplin und denken gar nicht daran, die Leute zu bestehlen. Die guten Kulleraugen fallen ihnen vor Staunen fast aus den Höhlen ... Aber werden diese aus Feld und Flur zusammengeholten und in aller Eile ausgebildeten Soldaten fähig sein, Lü Han und Long Yüng standzuhalten, diesen »Tigern«, die sicher bald zum Sprung auf die Stadt ansetzen werden?

Yünnanfu, in dem ein wundersamer Friede herrscht, leckt seine Wunden. Plötzlich verdunkelt sich der Horizont. Aber was da anrückt, das sind noch nicht Lü Han und Long Yüng. Der Bischof kommt ins Konsulat gestürzt, alles an ihm zittert, seine alten Glieder, seine zahnlosen Kiefer und seine Hirtenstimme. Er stöhnt wie der Wind in einem Kirchhof:

»Die Hunis sind auf dem Marsch nach Yünnanfu.«

Die Hunis, das sind die Mitglieder einer mystischen Sekte, die Albert Bodard zu Beginn seines Aufenthalts in Yünnanfu durch den Mord an einem Pater so sehr zu schaffen machte. Sie hatten auch schon früher ein paar Gottesmänner abgemurkst. Es sind prächtige Gestalten mit rotgefärbten Zähnen und langen Haarmähnen, verwegene Reiter, die die Reisenden mit ihren Lanzen durchbohren. Sie haben ihre eigenen Priester, die ein langes lila Gewand und am Hals das Kreuz Christi tragen. Und dennoch hassen sie die Christen. Denn ihr Anführer, der angebliche Enkel Hongs, ist, wie Hong der Taiping, ein Todfeind der Katholiken, die ihn nicht als Reinkarnation Christi anerkennen wollten.

In der ganzen Stadt, in den Klöstern und Kirchen, unter den Mönchen und Nonnen herrscht Heidenangst. Als stünde die Ankunft des Antichrist bevor. Der Bischof fleht Albert an, er solle Truppen aus Indochina zur Verstärkung anfordern, aber der Telegraph funktioniert nicht, ebensowenig die Post, und die Bahnlinie ist mitten im Dschungel durch gewaltige Felsbrocken blockiert. »Weißer Wolf«, ein berühmter Pirat, hat sie auf die Schienen wälzen lassen, um die Züge anzuhalten und sie in aller Seelenruhe ausplündern zu können. Der französische Garnisonchef von Laokai zieht mit seinen annamitischen Schützen los, um »Weißen Wolf« zu töten. Nach einer zwei Wochen währenden erschöpfenden Jagd auf den Waldpfaden bringt er im Triumph die bluttriefenden Köpfe des Piraten und seines Adjutanten nach Laokai zurück, wo er sie auf Lanzen spießen und ausstellen läßt. Inzwischen verhallen jedoch die SOS-Rufe meines Vaters ungehört – Hanoi antwortet nicht.

Da knöpft Albert sich Tschu vor. Er erinnert den braven Mann an all das, was Frankreich für ihn getan hat. Er fordert ihn auf, seine Truppen in eine zweihundert Kilometer entfernte Schlucht zu entsenden, einen Engpaß, durch den die Hunis unbedingt hindurch müssen.

»Aber wenn man mir inzwischen Yünnanfu wegnimmt?« gibt Tschu zu bedenken.

»Man wird es Ihnen nicht wegnehmen«, erklärt Albert barsch. »Sie können sich nicht einfach in der Stadt verschanzen und zulassen, daß die ganze Umgebung gebrandschatzt und entvölkert wird. Gehen Sie schon hin!«

Der arme Tschu gehorcht. Seine Truppen ziehen in Richtung Berge ab. Sie nisten sich in der Schlucht ein. Die Hunis umgehen diese Stellungen, gleiten über die steilen, schwindelerregenden Hänge, an die sie sich wie Schatten klammern, herab. Sie sind wie wahnsinnig. Sie greifen in Wellen an, die von den Franzosen an Tschu gelieferten Kanonen und Maschinengewehre scheinen nicht schnell genug schießen zu können, um mit dieser Brandung aus Menschenleibern fertig zu werden. Wälle von Toten, über denen immer wieder neue rotbemalte Angreifer auftauchen. Es ist eine glückliche Fügung, daß der Betrüger, der angebliche Enkel Hongs, der angebliche neue Christus, ganz ordinär, ganz wie ein gewöhnlicher Sterblicher von einer Kugel getötet wird. Was von den Hunis noch übrig ist, ergreift die Flucht. Tschu wird schwer verwundet. Unendlich langsam und mühsam wird er auf einer Bahre zum Bahnhof transportiert. Von dort kehrt er auf seine Ländereien zurück, und seine Soldaten verwandeln sich wieder in Bauern. Denn Lü Han und Long Yüng haben selbstverständlich Yünnanfu eingenommen, während Tschu der Heide für den wahren Christus kämpfte. Der sehr ehrenwerte Herr Ting ist während all dieser Wirren spurlos verschwunden.

Long Yüng und Lü Han ziehen an der Spitze ihrer Truppen in die Stadt ein, beide hoch zu Roß, der eine mit hartem ausdruckslosem Gesicht, der andere mit blasser, schlauer Visage. Sie flößen Angst ein. Ihnen folgen die Regimenter, angeführt von ihren furchtlosen Offizieren. Diese fast allzu perfekte Ordnung flößt ein Gefühl des Grauens ein. Selbst die beinah zu Lumpen abgetragenen Uniformen verleihen diesen Marionetten kein menschliches Aussehen. In China ist eine solche Leblosigkeit, die Ausdruckslosigkeit der angespannten Gesichter ein schlimmes Zeichen. Diese Leute sind, wie ihre Bajonette, aus Stahl.

Lü Han erteilt Befehle. In wenigen Minuten sind alle strategischen Punkte der Stadt besetzt, die Tore, die Wälle, und auch das französische Konsulat ist umzingelt. Vierzig Mann bilden ein stummes, unpersönliches und drohendes Karree im ersten Hof unseres Yamen. Sie verstellen den Zugang. Niemand kann das Konsulat betreten oder verlassen. Albert fordert die Soldaten auf, sich zurückzuziehen. Sie antworten nicht einmal. Eine Mauer aus leeren Blicken. Anne Marie und ich sind zu Albert gegangen, und er sagt zu uns:

»Ihr könnt euch nicht vorstellen, wie satt ich das alles habe. Diesmal will ich wirklich weg von China und den Chinesen. Es ist immer die alte Leier mit ihnen.«

Zu meiner großen Überraschung versucht Anne Marie, die ihm wieder und wieder gesagt hatte, sie werde beim ersten unliebsamen Vorfall abreisen, Albert zu trösten:

»Ich bin in der Bedrängnis an Ihrer Seite, Albert, das wissen Sie.«

Albert seufzt:

»Ich glaube nicht, daß es gefährlich wird. Nur wieder eine Erpressung. Nur wieder Theater. Aber diesmal die ganz große Inszenierung. Lü Han wird mir gegenüber das komplette Ritual des großen Zorns aufführen. Nein, ich habe wirklich genug ...«

Anne Marie streift seine Wange mit der ihren.

»Albert, fassen Sie sich. Bald werden wir in Frankreich sein.«

Albert zuckt die Achseln.

»Mir ist alles schiefgegangen. Nicht einmal mein bescheidenstes Ziel, den Anschluß Yünnans an Indochina, habe ich erreicht. Es wird sich alles wieder einrenken, aber mehr schlecht als recht . . .«

Das Verhalten meiner Eltern überrascht mich ein wenig. Zum erstenmal erlebe ich, wie Albert, dieser glorreiche Konsul, der über den chinesischen Fußangeln Sackhüpfen spielte, den Kopf hängen läßt. Zum erstenmal sehe ich ihn mutlos. Auch Anne Maries plötzliche Zärtlichkeit gegenüber ihrem Mann erstaunt mich. Vielleicht hat sie jetzt, nachdem er seine aufreizende Selbstsicherheit und Arroganz eingebüßt hat, Mitleid mit ihm. Vielleicht hofft sie aber auch insgeheim, Albert werde wegen all dieser Schwierigkeiten in Yünnan zurückgehalten, so daß sie mit mir allein nach Frankreich abreisen könnte. Heute sage ich mir, daß ich entgegen allem äußeren Anschein das typische Bild eines Ehepaares vor mir hatte, mit allen unergründlichen und geheimnisvollen Zügen, die ihm innewohnen.

Soll ich von mir sprechen? Es gibt nichts zu sagen . . . Ich habe keine Angst. Ich bin im Theater. Ich warte, daß der Vorhang aufgeht. Das Stück beginnt mit einer komischen Szene. Zwei großmäulige Kolonialbeamte, die sich ins Konsulat begeben wollten, sehen Lü Hans Söldner und geben schleunigst Fersengeld. Später sollte ich erfahren, daß die französische Kolonie von Yünnanfu, die sich in völliger Sicherheit gewiegt hatte, ganz gewaltigen Schiß bekam. Sofort rufen in den Bungalows alle Angeber, alle Biertischkrieger ihren Gattinnen zu:

»Los, Koffer packen! Wir müssen jederzeit innerhalb einer Viertelstunde im Zug sitzen können!«

In den Haushaltungen hebt ein gewaltiges Hin- und Hergerenne an. Die Kinder plärren. Manche Damen fallen in Ohnmacht. Andere Damen hinwiederum, die von der spitznasigen und scharfäugigen Sorte, passen auf, daß die Domestiken nichts vergessen und die Gelegenheit nicht zum Klauen benutzen. Sie zählen ihre Silberlöffel nach. Inzwischen wird ein Zug zusammengestellt mit einer abfahrbereiten unter Dampf stehenden Lokomotive. Aber nichts passiert, und niemand reist ab. Die Herren vertreiben sich die Wartezeit mit Bridge und wettern gegen die Gelben:

»Die Yünnanesen sind um keinen Deut besser als die kantonesischen Bolschewiken. Alles Verräter, Schurken, Saukerle!«

Am Abend lassen die Wachposten am Konsulat einen Rothaarigen passieren, einen Mann mit kleinen Äuglein, in denen Lichter tanzen. Es ist unser Freund, der englische Konsul. Kaum ist er vom Pferd gesprungen, da ruft er auch schon:

»Anne Marie, hoffentlich ist von Ihrem besten Cognac noch etwas da. Ich habe einen Mordsdurst! Meine Kehle ist völlig ausgedörrt von den endlosen Palavern mit Lü Han und seinem Kumpel Long Yüng.«

Nachdem er sich installiert und ein paarmal kennerisch mit der Zunge geschnalzt hat, wendet er sich an Albert:

»Stellen Sie sich vor, Lü Han wollte Sie ins Gefängnis werfen. Oh, nur ein paar Tage, gerade lang genug, um Ihren Stolz zu brechen und Ihnen klarzumachen, wer nun Herr in Yünnan ist. Er hat Sie vor mir des Verrats bezichtigt. Mit allem, was dazugehört ... Sein Gesicht war weiß vor Wut. Ich hielt ihm einen kleinen Vortrag über internationale Beziehungen und diplomatische Immunität. Er hat nichts kapiert, aber Long Yüng hat mir zugezwinkert, um mir zu bedeuten, daß er die Sache in Ordnung bringen werde. Sie müssen also, mein lieber Albert, auf die Bekanntschaft mit dem chinesischen Gefängniswesen verzichten. Wieder eine herrliche Geschichte, die Sie Ihren Kindern und Kindeskindern nicht erzählen können ... Und dies dank der Loyalität des perfiden Albion. Tut mir entsetzlich leid ...«

Albert kennt die Gefängnisse von Yünnanfu, wohin er so manchen annamitischen Staatsangehörigen hat stecken lassen. Schwarze Löcher. Darin, auf einigen Quadratmetern, ein Dutzend Menschen, splitternackt, denn die Trabanten, die Büttel des Mandarins, haben ihnen die Kleider abgenommen. Dort vegetieren die Gefangenen im äußersten Elend. Die Türen dieser Löcher sind mit Siegeln versehen, die nur einmal im Monat auf Geheiß des Mandarins erbrochen werden, damit Exkremente und Leichen fortgeschafft werden können. Das Essen wird durch eine kleine Öffnung geschoben, aber Nahrung bekommt nur, wer genügend

Geld zu ihrem Erwerb besitzt und zuläßt, daß die Wärter zwei Drittel der Summe für sich behalten. Wer kein Geld hat, krepiert eben.

Albert bedankt sich äußerst lau bei seinem englischen Amtskollegen:

»Eine Hand wäscht die andere. Bei Tang Kiao habe ich Ihnen wahrscheinlich das Leben gerettet. Dafür ersparten Sie mir vielleicht einen Aufenthalt in einer dieser Höhlen . . .«

Der Engländer unterbricht ihn:

»Aber ich bitte Sie, das versteht sich doch von selbst, ich habe damit nur meine Dankesschuld Ihnen gegenüber um ein weniges abtragen können.«

Albert hat sich indessen wieder gefaßt:

»Ich glaube nicht«, meint er, »daß Lü Han es gewagt hätte . . .«

Der Engländer lacht scheppernd:

»Nein, er hätte Sie nicht in eines dieser Löcher gesteckt. Aber hören Sie, was in einer abgelegenen Gegend einem englischen Vizekonsul, einem Honorarkonsul glaube ich, zugestoßen ist: die Chinesen haben ihn in einen Saal gebracht, in dem die braven Wärter die Gefangenen ein bißchen folterten. Was soll ich Ihnen sagen, allein die Schreie der Gemarterten setzten unserem Mann so zu, daß er den Verstand verloren hat.«

»Kurzum«, faßt Albert ruhig zusammen, »der großmächtige Herr Lü Han ist nicht mit mir zufrieden.«

Der Engländer stellt nun das Spotten ein und sagt nüchtern:

»Albert, Sie riskieren nicht viel. Diese beiden Kumpane sind Briganten. Alles, was sie wollen, ist in Yünnan leben wie die Made im Speck. Aus der Revolution in Kanton machen sie sich einen Dreck, aber sie machen sich auch einen Dreck aus den Errungenschaften, die Frankreich dem Land gebracht hat und die Tang Kiao so sehr schätzte. Sie werden regieren wie Bandenchefs, sich die Konkurrenten vom Leib halten, mit ihnen paktieren oder sie liquidieren, je nach den Umständen. Beide beherrschen dieses Spiel meisterhaft, aber sie werden immer auf Ihre Eisenbahn angewiesen sein, Ihren Export-Import, Ihre Bank und vor allem auf Ihre Zinn- und Opiumabnehmer. Dagegen haben sie keinerlei Interesse an Ihrer Militärmission, Ihren Wirtschaftsberatern und Ihren Technikern. Yünnan wird wieder zu einem Land werden, in dem jeder weiße Abenteurer, der es versteht, die Gunst der zweiten oder dritten Konkubine eines dieser Herren zu erwerben, sein Glück machen kann. Albert, Sie verstehen, was ich meine ... Yünnan ist keinen Pfifferling mehr wert, auch nicht für Frankreich. Kommen Sie doch mit mir nach Schanghai. Dort werden einmal die ganz großen Coups gelandet.«

Albert wiederholt:

»Ich habe keine Lust, nach Schanghai zu gehen.«

Der Engländer zwinkert.

»Wissen Sie, wonach diesen staubigen Brüdern im Grunde der Sinn steht? Eines Tages von ihrer hohen Warte hinunterzusteigen nach Tongking, um sich zu rächen und sich die Taschen zu füllen. Welch herrliche Invasion! Aber zunächst wohl nur ein Traum.«

Am nächsten Morgen sind überall in der Stadt Plakate mit riesigen Schriftzeichen zu sehen:

Die Generale Lü Han und Long Yüng haben beschlossen, wie nur recht und billig alle diejenigen Chinesen exemplarisch zu bestrafen, die in ihrer Verderbtheit Yünnan an das Ausland verschachert und sich zu Handlangern des Imperialismus und Kolonialismus gemacht haben. Die Generale werden persönlich über die Staatsfeinde zu Gericht sitzen.

Ist Albert ein Staatsfeind? Auf jeden Fall wird er am frühen Nachmittag von einer Eskorte vor Lü Yan und Long Yüng geführt. Lü Hang sitzt auf einer Art Thron. Long Yüng liegt auf einer Holzbank. Beide unterlassen alle Höflichkeitsriten. Sie stehen nicht einmal auf. Eine Beleidigung, durch die der Gegner das Gesicht verlieren soll. Lü Han spielt die Hauptrolle. Er vollführt die Gesten des schwarzen Zorns. Seine Stimme donnert, und sein Gesicht ist wie flüssiger Stahl. Die Augen sind unheilvolle Nachtgestirne.

Er schreit:

»Sie haben den alternden Geist des Marschalls Tang Kiao behext, um Yünnan an Indochina auszuliefern. Sie haben sich gegen die Erde Chinas vergangen. Sie verdienen keine Gnade!«

Der erschöpfte Albert rafft sich zu einer würdevollen Entgegnung auf:

»Ich werde meine Regierung über Ihren Standpunkt unterrichten. Wenn Sie keine Politik der Freundschaft mit Frankreich wünschen, müssen wir die entsprechenden Konsequenzen ziehen.«

Daraufhin läßt Long Yüng einen Stuhl für Monsieur Bodard bringen. Ferner ein Tablett mit Tee und süßem Gebäck. Der Waffenstillstand ist geschlossen. Der Rest geht genauso vor sich, wie der Engländer prophezeit hat. Man spricht von Geschäften. Long Yüng und Lü Han geben Albert zu verstehen, daß er sozusagen ins Glied zurücktreten müsse. Keine Franzosen mehr, die zu gar nichts nütze sind, nur noch die Eisenbahn, die Geschäftsleute und die Pfarrer. Letztere sind ihnen zwar auch höchst unsympathisch, aber die Missionare haben sich nun einmal in der Erde Chinas festgesetzt.

Albert kommt zurück und sagt zu Anne Marie:

»Es war gar nicht so schlimm. Long Yüng hat sofort kapiert... Wir haben uns arrangiert. Aber Frankreich in Yünnan...«

Die Soldaten sind vom Eingang des Konsulats verschwunden. Das Leben nimmt wieder seinen gewohnten Gang. Die Kolonisten packen ihre Koffer wieder aus, nur die französischen Militärs schnüren ihr Bündel. Einzig die Konsulatsgarde bleibt noch eine Weile. Von Herrn Ting ist noch immer weit und breit nichts zu sehen.

Das hängt damit zusammen, daß Lü Han und Long Yüng beschlossen haben, sich ganz allein des Opiums der Miaos zu bemächtigen und auf die guten Dienste von Ting & Co. zu verzichten. Sie haben fast alle ihre Regimenter zur Unterwerfung der Miaos ausgeschickt. Es gilt, Hunderte von Felsmassiven zu erstürmen. Die Soldaten sollen eines um das andere erklimmen, alle Stammeshäuptlinge töten und die Felder mit den Leichen der Gefolterten übersäen, um damit Furcht und heilsamen Schrecken zu verbreiten. Die Männer und Frauen, die man nicht vierteilen würde, sollten in den Dörfern, inmitten der verbrannten Hütten zurückbleiben und als Sklaven zum Opiumanbau verwendet werden. Die Kriegsherren von Kweitschu hatten einen solchen Plan bereits einmal erfolgreich durchgeführt. Aber in Yünnan verteidigen sich die Miaos mit ihren Spitzhacken. Zur Überraschung der Angreifer bedienen sich diese Bergbewohner jedoch nicht nur primitiver Waffen, sie haben auch Winchestergewehre neuesten Modells. Diese Wilden sind die reinsten Scharfschützen. Anstatt leichte Siege davonzutragen, werden die Truppen Lü Hans in lange, blutige, demoralisierende Kämpfe verwickelt. Immer wieder werden sie zurückgeworfen. Sie probieren alle Taktiken aus, ohne jemals die richtige zu finden. Im Gegenteil, sie lassen sich immer wieder in Hinterhalte locken und tappen in die gestellten Fallen. Und die Miaos beflaggen ihre Dörfer mit den abgeschnittenen Köpfen der Feinde. Ungeheure Verluste und so gut wie keine Erfolge. Herr Ting hatte die Hand im Spiel.

Inzwischen ereignete sich in Yünnanfu ein diplomatischer Zwischenfall, der Lü Han wiederum mit dem Konsul von Frankreich konfrontiert. Bei einem Picknick in der Umgebung von Montse, der Zinnstadt, wurde ein Franzose getötet. Albert geht zu Lü Han und fordert Genugtuung. Er beschuldigt die Soldaten. Lü Han brüllt:

»Meine Soldaten trifft keine Schuld. Meine Soldaten sind diszipliniert!«

Albert weicht auf die Briganten aus. Lü Han brüllt:

»Es gibt keine Briganten mehr, seit ich Gouverneur von Yünnan bin!«

Schließlich findet Lü Han die Schuldigen: die Grubenarbeiter von Kuisui. Worauf er, unter dem Vorwand, Ordnung zu schaffen, beschließt, sich die Zinnminen anzueignen. Die chinesischen Besitzer protestieren nicht, aber auch sie verschwinden von der Bildfläche, und wie durch einen merkwürdigen Zufall rebellieren die I-Jen, die kugelköpfigen, wegen ihrer Wildheit berüchtigten Ureinwohner. Und wie es ein noch merkwürdigerer Zufall will, sind auch sie im Besitz von Winchestergewehren.

Opium und Zinn. Lü Han und Long Yüng waren zu habgierig. Dafür werden sie büßen. Die meist unauffindbaren Handelsherren intrigieren gegen sie. Und so tauchen vor Yünnanfu unsere alten Bekannten, die Generale Tschi und Wang Yu-je wieder auf, wundersam vereint und an der Spitze zahlreicher gut bewaffneter Truppen. Auch hier wieder Winchesters und sogar Kanonen und Maschinengewehre.

Diesmal ist es keine Operette. Sie belagern die Stadt, von der Lü Han und Long Yüng unvorsichtigerweise das Gros der Truppen abgezogen und auf Schatzsuche geschickt haben.

Ich darf das Konsulat nicht verlassen. Vierundzwanzig Stunden vergehen, ohne daß ein Schuß fällt. Begreife einer das Kriegführen auf chinesisch . . .

Stille. Endlich wiehert im Hof ein Pferd. Es ist der Fuchs des rothaarigen Geheimagenten. Der Engländer läßt sich in einen Sessel plumpsen. Der Cognac hat an diesem Tag die gleiche Farbe wie die Augen dieses Katers, der mit der Maus, sprich mit Albert spielt.

»Ah«, sagte er nach dem ersten Schluck. »Das reinigt. Es ist zum Kotzen. Seit ein paar Tagen sind die Straßen mit Leichen übersät. Verhungerte. Pfui Teufel! Glücklicherweise sind sie so ausgetrocknet, daß sie nicht allzusehr stinken.«

Albert gibt zu:

»Ja, in der Stadt herrscht Hungersnot.«

Der Engländer schlägt dem Konsul von Frankreich auf die Schulter:

»Ah! Mein lieber Albert, ich möchte wetten, daß Sie zufrieden sind! Endlich werden Sie Lü Han und Long Yüng loskriegen. Die Stunde der Vergeltung ist gekommen, Albert!«

Albert schmückt sich mit Würde wie mit einer Krawattennadel:

»Ich bin über diese vulgären Gefühle erhaben. Aber ich glaube, es wäre gut für die Provinz, wenn Lü Han und Long Yüng in der Versenkung verschwänden.«

Der Engländer spottet:

»Dann müßte man sie ins Jenseits befördern, sonst tauchen sie wieder auf. Die Belagerer sind so blöd, daß die beiden ihnen bestimmt durch die Lappen gehen werden. Während der zwei Tage, die sie nun mit ihren Armeen vor der Stadt liegen, haben Tschi und Wang Yu-je nicht aufgehört, sich zu zanken, und am liebsten würden sie sich gegenseitig abmurksen.«

Albert sagte nur müde:

»China – China . . .«

Der Engländer läßt sich nicht ablenken.

»Seit zwei Tagen rühren diese alten Haudegen keinen Finger.

Statt an allen vier Toren zugleich anzugreifen, um Lü Han und Long Yüng ins Stadtinnere zu drängen und zu vernichten, spielen sie chinesische Oper! Es fehlen nur noch der Wald von Bannern und die hölzernen Hellebarden! Sie sind vollauf damit beschäftigt, ihre Soldaten und ihre Waffen wie das Blumenparterre eines französischen Parks anzuordnen, vor dem Nordtor, das nach dem Spruch der Astrologen das vornehmste ist. Lü Han und Long Yüng haben Zeit, die Verteidigung zu organisieren. Sie haben nicht nur die gewaltigen Torflügel geschlossen, sondern auch den Umgang, der unter dem Festungswall verläuft, mit großen Steinen und Platten aus den Pagodenhöfen füllen lassen, um die Tore zu verstärken. Das alles haben Sie doch selbst gesehen, mein lieber Albert.«

»Nein, ich habe das Konsulat nicht verlassen.«

Aber ich möchte es mir jetzt ansehen. Es gelingt mir, mich hinauszustehlen. Das Nordtor ist ganz nahe, kaum fünfhundert Meter vom Konsulat entfernt. Ein düsteres, mächtiges und hohes Bauwerk. Zinnenbewehrt und überragt von einer Festung, einer Art Kriegstempel, mehrere Stockwerke geschwungener Dächer, die von Etage zu Etage kürzer werden bis zum First in Form eines Drachenrückens. Auf den Wällen liegen die Soldaten Lü Hans und Long Yüngs geduldig hinter den Schießscharten. In den bajonettgesäumten Straßen schleppen Scharen von Menschen, die man aus ihren Häusern gezerrt, aus ihrer Apathie gerissen hat, keuchend riesige Steine zu dem düsteren Loch, der dunklen Höhle des Torbogens. Überall errichten die Soldaten Barrikaden aus bunt zusammengewürfelten Gegenständen, aus allem, was sie in der Umgebung finden konnten: Karren, Tragstühle, Ahnenaltäre. Man sieht Perlmuttwandschirme, Tische mit Marmorplatten, Ebenholzsessel und Buddhastatuen. Und mitten in diesem Durcheinander stecken die Soldaten.

Bei meiner Rückkehr ist der englische Konsul noch immer da. Er verabschiedet sich von meinen Eltern mit einer letzten Bemerkung:

»Sie liegen direkt in der Schußlinie. Hoffentlich fällt keine Granate in Ihr Konsulat.«

Noch zwei Tage des Wartens. Dann erhebt sich frühmorgens der Kriegslärm, dieser Lärm, den ich noch so oft in meinem

Leben hören werde. Zum erstenmal vernehme ich das monotone Nacheinander der Explosionen, das schrille Pfeifen und Zischen des Stahls. Das dauert den ganzen Tag. Dumpfe Einschläge der Granaten in die Stadtmauer. Helles Knattern der Schüsse in den Straßen. Knallen, Knirschen, die Kugeln ziehen ihre unsichtbare Bahn. Ein paar Geschosse schlagen in der Nähe des Konsulats ein, aus einem Stadtviertel steigen Flammen auf. Albert versammelt seine Lieben in seinem Amtszimmer, als wären sie dort sicherer. Dabei sind die Wände aus Holz. Albert durchmißt mit großen Schritten den Raum, Anne Marie hält meine Hand. So vergeht die Zeit. Unendlich langsam. Es treffen keinerlei Nachrichten ein.

Plötzlich, um sechs Uhr abends, klingelt das Telefon. Albert hebt ab, und sein Gesicht spiegelt die ganze Skala des Erstaunens wider. Man hört ihn antworten:

»Ja, ja, am Apparat, ja, Albert Bodard selbst – ja – ja ...«

Der Rest ist unhörbar. Albert hängt wieder auf. Er ist leichenblaß und sagt zu Anne Marie:

»Das werden Sie nie erraten, wer mich soeben anrief. Long Yüng. Das Nordtor kann jeden Augenblick eingedrückt werden. Und er liegt bewegungsunfähig oben auf der Mauer mit einer Kugel im Knie. Er bittet mich, ihn dort wegzuholen. Ich habe mich dazu bereit erklärt unter der Bedingung, daß er das Feuer einstellen läßt.«

Anne Marie fragt:

»Warum ausgerechnet Sie?«

»Weil ich der einzig mögliche Schutz für ihn bin. Er ist drauf und dran, gefangengenommen zu werden, und kann sich nicht rühren. Wahrscheinlich meint er, wenn ich, der Konsul, mit der Trikolore anrücke, dann werden Tschi und Wang Yu-je nicht wagen, ihn umzulegen.«

»Also haben Sie sich bereit erklärt. Sie sind ein tapferer Mann.«

Wie banal dieser Satz ist. Es scheint, als verfügte Anne Marie über kein ausgedehntes Register, als fände sie nicht den rechten Ton, um Alberts Heldenmut zu preisen. Denn diesmal erweist Albert sich wirklich als heldenmütig. Daß er sich in dieses Inferno von Kugeln und Blut, mitten unter diese wildgewordene Soldateska wagen will, um einen Feind zu retten, einen Mann, der ihn schwer beleidigt hat, das ist wirklich eine Großtat. Albert auf der Höhe seiner selbst: sein Diplomatendegen wird zum Säbel, er dient Frankreich.

Anne Marie küßt ihn. Ich küsse ihn. Ich sehe ihm nach, wie er sich in seinem Tragsessel entfernt. Dahinter wird eine leere Sänfte für Long Yüng mitgeführt. Er wird von seiner Konsulatsgarde begleitet. Zehn Schützen und ein französischer Gendarmeriewachtmeister, der die Fahne trägt. Albert hat seine Uniform angelegt, den Zweispitz, die Orden. Auf dem Rücken der Kulis prangt das Schriftzeichen »Frankreich«. Albert hat den Tragsessel bestiegen. Der Adjutant schreit seine Befehle. Die Uniform, die Fahne und die Schriftzeichen fallen weithin auf. So zieht der Herr Generalkonsul von dannen, ganz Ruhe, ganz Würde.

Eine Stunde später ist er wieder da. Long Yüng ruht in seinem Tragbett. Es war ein richtiggehender militärischer Einsatz gewesen. Albert und sein offizieller Troß wurden an den Barrikaden von yünnanesischen Soldaten angehalten, die nicht informiert worden waren und ihm harte, feindselige Gesichter zeigten. Ein Offizier drückte ihm den Revolver auf den Bauch, während ein Soldat seine Taschen leerte. Endlich erhielt er die Erlaubnis, zu passieren, aber allein, seine Begleitung mußte er zurückschicken. An jeder Barrikade werden neue Forderungen gestellt. Er kommt nur mühsam und nach endlosen Palavern voran. An den Brettern der Barrikaden zerreißt er sich die Uniform. Endlich langt er ziemlich ramponiert an der Mauer an. Die Treppen, die zur Brustwehr führen, sind zerstört. Schließlich findet er eine Bresche, die von einer Kanonenkugel stammt und durch die er sich nach oben hangelt und strampelt. Die ganze Zeit über bildet er eine lebende Zielscheibe für die Belagerer, denen er nur seinen Rang eines Konsuls von Frankreich entgegenzusetzen hat. Aber die Magie des Zweispitzes tut ihre Wirkung. Niemand schießt auf ihn. Er findet Long Yüng, der mit fast zerschmettertem Bein auf dem Wall liegt und Befehle gibt: seine Armee soll durch das Südtor abziehen, sobald der Herr Konsul von Frankreich ihn ins Konsulat gebracht habe. Lü Han bleibt unsichtbar. Albert macht sich an den Abtransport des Verwundeten. Sie müssen durch die Bresche hinuntersteigen.

Der Konsul geht voran. Hinter ihm tragen zwei Soldaten den General, der vor Schmerz die Zähne zusammenbeißt.

Wieder das gleiche Vabanquespiel. Werden die Angreifer auf die paar Männer schießen? Nur der Anblick der Konsulsuniform könnte sie davon abhalten. Augenblicke, die sich wie Stunden dehnen. Felsbrocken stürzen unter ihren Füßen hinab. Sonst rührt sich nichts. Eine unheimliche und phantastische Pause. Sobald sie unten angekommen sind, ziehen Long Yüngs Soldaten aus einer hochaufgetürmten Barrikade ein nicht allzu lädiertes Tragbett. Darin ist Long Yüng ins französische Konsulat gekommen.

Anne Marie sagt zu Albert:

»Es ist Ihnen gelungen. Bravo.«

Wenn ich könnte, wäre ich stolz auf ihn, aber ich muß an mir eine tiefverwurzelte Unfähigkeit zur Bewunderung feststellen.

Long Yüng sagt nichts, nicht einmal ein Wort des Dankes. Er ist vor Schmerz verkrampft und zu stolz, ein Wort darüber zu verlieren. Draußen hört man gewaltiges Getöse. Die Belagerer sind in die Stadt eingedrungen. Schüsse knallen. Weitere Brände lodern auf. Schwarze Rauchwolken bilden eine dicke Dreckschicht über der Stadt. Ein Todesfest. Long Yüng wurde in einem der Pavillons des Konsulats auf ein hölzernes Lager gebettet. Er trägt noch immer die Fiebermaske mit den zusammengepreßten Zähnen. Inzwischen kommen ein Arzt mit seiner Instrumententasche und vier Schwestern mit Flügelhauben. Der Doktor – ich glaube, es ist Mouillac, aber Mouillac ist für mich so sehr mit China verbunden, daß ich ihn immer und überall sehe – operiert Long Yüng. Die Nonnen, die weißen Krähen gleichen, eilen hin und her mit Schüsseln voll kochenden Wassers, Verbandszeug, Fläschchen. Aus dem Zimmer, in dem die Kugel aus Long Yüngs Bein entfernt wird, kommt kein Laut, kein Atemgeräusch. Der General ist unempfindlich. Der Arzt ist unempfindlich. Die Schwestern sind unempfindlich. Als hätten sie schon zuviel Schmerz erlebt, um ihn noch mitfühlen zu können. In den folgenden Tagen ringt Long Yüng mit dem Tod. In der Wunde hat sich eine Sepsis gebildet. Aber er und das Viergespann, das ihn betreut, bleiben hart und sachlich. Es ist von Amputation die Rede, doch schließlich kann er sein Bein doch behalten und den Weg der Besserung beschreiten. Jetzt wagt Albert sich ins Krankenzimmer. Long Yüng tut endlich den Mund auf und sagt zu ihm in sehr höflichem Ton, aber ohne eine Spur von Bewegung:

»Ich bin Ihnen sehr dankbar, Herr Konsul.«

Die beiden siegreichen Armeen haben sich in Yünnanfu installiert, sobald die Brände erloschen sind. Ich darf wieder in die Stadt. Ich sehe nichts als Soldaten. Wo sind die Einwohner geblieben? Das Zentrum besteht nur noch aus Ruinen und verkohlten Erdflächen, dort, wo die Feuersbrunst gewütet hat. Verwüstungen, wo die Plünderer gehaust haben. Die Barrikaden stehen noch, sind aber soweit demoliert, daß ich zwischen den Trümmern hindurchschlüpfen kann. Der beizende Rauch erstickt jeden anderen Geruch. Wenn es hier irgendwo Leichen gibt, dann müssen sie unter dem Schutt begraben sein. Ich sehe keine. Aber die Geier ziehen ihre Kreise und stoßen herab. Ein sicheres Zeichen, daß Tote da sind.

Und dann, nach Ablauf einer Woche, sind die Barrikaden wieder aufgebaut. Zwei Reihen, die sich wie Fronten quer durch die Stadt ziehen, sie entzweischneiden. Die siegreichen Generale Tschi und Wang Yu-je sind vom offenen Zwist zu nicht erklärten Feindseligkeiten übergegangen. Jeder beherrscht eine Hälfte der Stadt. Auf den Barrikaden stehen sich die Soldaten der beiden Lager gegenüber. Manchmal schlafen sie, lümmeln faul herum, essen, auf den Fersen hockend, sogar saftige Scherze fliegen hinüber und herüber. Dann wieder beschimpfen sie einander, halten den Finger am Abzug. Die Kampfhandlungen beschränken sich jedoch auf ein paar vereinzelte Schüsse.

Nicht nur Yünnanfu lebt in diesem Zustand des Schreckens. Albert weiß von den Missionaren, daß ganz Yünnan ein einziges Katastrophengebiet ist. Die Bauern haben aufgehört, den Boden zu bestellen, und sind in die Wälder geflohen. Überall herrschen Piraten und desertierte Soldaten, die nichts mehr zu plündern finden. Manchmal stöbern sie ein paar versteckte

Bauern auf, die sie zu Hunderten massakrieren. Es kommt aber auch vor, daß die Bauern eine Räuberbande aufstöbern und ihre Mitglieder in wahnsinnigem Haß mit primitiven Werkzeugen zu Tode foltern. Manchmal rotten sich elende Skelette zusammen, kreisen um die verwüstete Fläche. Sie morden und töten sich gegenseitig um ein wenig Nahrung, um eines Grashalms willen. Oft haben sie einen Anführer, eine Stimme, die Prophezeiungen verkündet, die in den Wind spricht. Die Befehle der Schwäche münden in Agonie und Tod. Man reißt den Leichen Arme, Beine aus, um sie zu essen. Kannibalismus innerhalb der Familie, wo die Eltern sich von ihren toten oder sterbenden Kindern nähren. Kannibalismus als Geschäft: die ganz Gerissenen verhökern für ein paar Sapeken das Fleisch der Leute, die sie umgebracht haben. Das noch warme Fleisch der frisch Ermordeten ist unendlich gefragter als das widerliche Fleisch alter Wasserleichen. Fast alle Städte und Dörfer sind gestürmt worden. Die reinste Apokalypse.

Inzwischen ist Long Yüng auf dem Wege der Genesung. Er liegt auf seiner Pritsche, zerbrechlich, unerreichbar in Wolken von Opium. Die Nonnen haben seinen Konkubinen Platz gemacht, die aus den Träumen des schwarzen Rauchs entstiegen zu sein scheinen. Eine kleine Hofhaltung hat sich um ihn gebildet. Zwei seiner Köche versorgen ihn mit Leckerbissen. Manchmal kommen Bonzen, Händler, Reitknechte, die vielleicht echt sind, vielleicht aber auch verkleidete Offiziere. Auf alle Fälle bringen sie Botschaften und nehmen welche mit. Aus raffinierten Verstecken ziehen sie hauchdünne, mit unsichtbarer Tinte beschriebene Papierblätter. Gelegentlich kommt es vor, daß dann alle anderen das Zimmer verlassen und Long Yüng streng geheime mündliche Anweisungen erhält oder erteilt. Große Dinge bereiten sich vor. Ich besuche ihn ab und zu. Er scheint zwischen zwei Welten zu schweben. Doch sein Verstand arbeitet mit unerbittlicher Logik. Meine Mutter stattet ihm kurze Besuche ab, sie will und darf ihn nicht lange stören, denn schließlich ist sie eine Frau. Albert Bodard jedoch pflegt mit Long Yüng Besprechungen, die sich immer mehr in die Länge ziehen. Anschließend schickt er verschlüsselte Telegramme an das Außenministerium.

Eines Abends stellt sich der englische Geheimagent mit einer fast feierlichen Miene ein. Er gibt seinen bevorstehenden Abschied bekannt. Weltmännisch, würdig, gefühlsduselig, wie nur Engländer es sein können, verneigt er sich vor Anne Marie.

»Wenigstens habe ich bei meinem Aufenthalt in Yünnanfu das seltene Glück gehabt, die Bekanntschaft einer echten Lady zu machen.«

Er zieht ein Etui aus der Tasche und überreicht es meiner Mutter. Sie öffnet es langsam, graziös, und entnimmt ihm ein Halsband aus großen Jadetropfen, einer so durchsichtig wie der andere. Das Blaugrün der stofflosen Materie, das Blaugrün tiefer Bergseen, das Blaugrün des Gefieders mancher Paradiesvögel. Anne Marie läßt die Steine durch die Finger gleiten und dankt.

Der Engländer wendet sich an meinen Vater, und auf seinem Gesicht erscheint ein fröhliches und leicht überlegenes Komplicenlächeln.

»Und es war mir eine Freude, mich mit einem ebenbürtigen Agenten messen zu können.«

Er schlägt Albert auf die Schulter.

»Diesmal werden Sie endlich Ihren Coup landen. Die Eisenbahn ... aber auf ganz andere Weise ... kein Sterbenswörtchen ... In Yünnan steht England auf Ihrer Seite.«

Darauf folgt ein so deftiger Hieb auf den Rücken, daß Albert in die Knie geht.

»Aber alles, was Sie zuwege bringen werden, ist Flickwerk. Yünnan ist nicht mehr zu retten.«

Und zum x-ten Male fordert er Albert auf:

»Kommen Sie doch mit mir nach Schanghai.«

Albert ringt sich ein laues »Vielleicht« ab, das ein klares »Nein« ist. Der Engländer sagt väterlich:

»Sie haben keinen Sinn mehr für das Abenteuer, Albert. Sie altern zu schnell. Das ist schlecht, glauben Sie mir. Nur das Leben erhält uns jung.«

Zahlreiche Empfänge zu Ehren des Konsuls von England. Galadiner im britischen Konsulat mit allen übrigen akkreditierten Konsuln und vor allem mit chinesischen Würdenträgern, die ölig salbadern, als wären sie nicht allesamt vom Tode bedroht.

Da sind die Generale Tschi und Wang Yu-je, die sich im Überschwang der Gefühle ausgiebig zuprosten und bei jedem »ex« zueinander sagen:

»Auf unsere ewige Bruderschaft!«

Der Konsul von England kommt würdevoll seinen Pflichten nach. Er geht von Tisch zu Tisch und stößt mit jedem seiner Gäste an. Das macht fünfzig Gläser. Sein Blick bleibt dabei ungetrübt wie Quellwasser.

Empfang im französischen Konsulat. Haargenau die gleiche Zeremonie. Doch die trotz aller Liebesbeteuerungen einander spinnefeinden Generale Tschi und Wang Yu-je wissen, daß in ihrer nächsten Nähe, in wenigen Metern Entfernung, Long Yüng bei einer Pfeife Opium in süßen Rachegedanken schwelgt und darüber meditiert, wie er ihnen den Garaus machen kann. Vollkommenes Dreieck chinesischen Hasses. Empfänge . . . Empfänge . . . Bahnsteig, auf dem die Kapellen der verfeindet-befreundeten Armeen spielen. Ganz Yünnanfu ist vertreten. Die Generale natürlich, und die Konsuln, Albert und Anne Marie . . . Anne Marie, der der Engländer ein letztes Mal die Hand küßt. Zu mir sagt er:

»Sei nicht zu brav . . .«

Ich sah diesen Mann nie wieder, aber von den vielen englischen Geheimagenten, die ich in meinem Leben kennenlernen sollte, war und blieb er für mich das Spitzenprodukt seiner Art.

Von nun an überstürzen sich die Ereignisse. Eines Tages ist Long Yüng aus seinem Zimmer verschwunden. In Heizermontur? Ich weiß es nicht. Keine Konkubinen mehr, keine geheimnisvollen Boten. Keine Opiumschwaden. Das Leben im Konsulat geht wieder seinen normalen Gang, aber nur einen Monat lang.

Dann, eines Morgens, höre ich Züge pfeifen, keuchen, anhalten. An der Spitze ein Luxuszug mit Long Yüng und Lü Han sowie ihren Generalstäben. Dann vier Züge, denen je ein Regiment entsteigt. Schließlich ein Zug voll Frauen. Weniger tut es nicht, um die Truppe bei Stimmung zu halten. Während sonst in China das meiste langsam vor sich geht, bewegt sich hier alles in Windeseile. Zu ihrer großen Bestürzung sehen die guten französischen Bahnhofsanrainer Menschenströme wie hochwasserführende Sturzbäche dahinschießen. Vier Heersäulen stürmen zu den vier Stadttoren, die nicht einmal verschlossen sind. Die Überrumpelung ist vollkommen. Die beiden lächerlichen Armeen auf ihren Barrikaden werden kampflos gefangengenommen. Alle ergeben sich zuhauf, als fügten sie sich in ein unvermeidliches Schicksal.

Diese jämmerliche Horde wird durch die schmalen Gäßchen Yünnanfus nach draußen auf den Exerzierplatz geführt. Die Gesichter der Gefangenen sind so ausdruckslos wie die der Sieger. Ein nicht endenwollender Zug, ein Bandwurm, der sich durch das Labyrinth der Stadt wälzt, unter dem Blitzen der Bajonette. Die Männer zeigen die typische chinesische Resignation vor dem Unabwendbaren. Was dieses Unabwendbare sein wird, wissen sie noch nicht. Ich sehe Lü Han, mehr denn je schwarzer Panther, und Long Yüng, mehr denn je ungreifbarer Geist. Beide sind zu Pferd, ich reite zu ihnen hin. Auf dem kahlen Boden des Exerziergeländes drängt sich die Herde der Gefangenen. Lü Han sitzt ab. Er läßt Tschi und Wang Yu-je vorführen und schießt ihnen mit dem Revolver eine Kugel durch den Kopf. Dann läßt er die höheren Offiziere aussondern (ausgenommen einige Leute, die zweifellos für ihn arbeiteten) sowie an die hundert junge Offiziere und vier- bis fünfhundert wahllos herausgegriffene Männer. Sie wissen, was sie erwartet. Sie müssen am Rand des Platzes Aufstellung nehmen. Nach bewährtem Brauch gibt man ihnen Schaufeln und befiehlt ihnen, einen Graben auszuheben. Daraufhin müssen sie sich in Tuchfühlung entlang dieses Laufgangs aufstellen, der ihr Grab sein wird. Alle gehorchen wortlos, ohne eine Bewegung der Gegenwehr. Ihnen gegenüber, in fünfzig Meter Entfernung, steht eine zweite Reihe von Männern, die Gewehre im Anschlag. Ein Schrei Lü Hans. Eine Salve, zwei Salven, drei Salven. Das genügt. Die Kulis müssen nur noch ungelöschten Kalk auf die in den Graben gestürzten Leichen schütten und sie mit Erde bedecken. Lü Hans Augen lodern wie ein Dschungelbrand. Er gibt einen Befehl, und alle treten zurück mit Ausnahme Long Yüngs, der kaum wahrzunehmen scheint, was um ihn vorgeht. Lü Han spielt nun seine Rolle, die Rolle des Herrn über Leben und Tod. Sein Gesicht scheint mir mehr denn je unerbittliche Grausamkeit widerzuspiegeln. Seine monotone Stimme brüllt:

»Ihr seid Verbrecher und verdient die schrecklichsten Strafen. Eure Vergehen sind ungeheuerlich und keines Mitleids würdig. Es heißt, aus faulem Holz könne man keine Menschen schnitzen: ihr seid alle aus faulem Holz. Ihr habt das Volk verraten und verdient den Tod.«

Lü Han schweigt, und ein Grabtuch scheint sich über die Masse der eng aneinandergepreßten Gefangenen zu senken. Er fährt mit Donnerstimme fort:

»Die Regeln der Weisheit besagen jedoch, daß der Schuldige, wenn er Reue zeigt, mit Nachsicht behandelt werden darf. Also frage ich euch: Werdet ihr, die ihr so schlecht seid, von Gewissensbissen zerfleischt?«

Da steigt aus den leblosen Gesichtern ein schauriges Geheul auf, ein phantastischer Wettstreit setzt ein, bei dem jeder sich bemüht, die anderen mit schriller Stimme zu überschreien:

»Ja, wir sind Verbrecher. Ja, wir sind faules Holz. Ja, wir fühlen jetzt die Ungeheuerlichkeit unserer Vergehen und sind von Gewissensbissen gemartert. Wir haben den Tod verdient, und wir möchten sterben.«

Eine Handbewegung Lü Hans bringt den schauerlichen Chor zum Schweigen.

»Wenn ihr bereut, so nehmt die Haltung der Demut ein und bittet mich um Vergebung.«

In ihrem Bemühen, sich möglichst schnell zu Boden zu werfen, stoßen sie mit den Köpfen zusammen. Dann schlagen die Schädel der Kauernden siebenmal mit unerhörter Wucht auf die Erde. Und aus der Menschenstreu steigt ein Lärm oder vielmehr ein Singsang, in dem immer wieder die gleichen Wörter vorkommen, die Wörter des Rituals.

»Unsere Verfehlungen sind ungeheuerlich und verdienen nichts anderes als den Tod. Wir bereuen bitterlich. Wir bitten dich, Lü Han, den Buddha der Gerechtigkeit, zehntausendmal um Verzeihung.«

Das genügt. Lü Han macht der Szene rasch ein Ende.

»Eure Reue verdient meine Nachsicht. Ich verzeihe euch also im Namen des Volkes. Ich nehme euch alle in meine Armee auf.

Wer immer von euch sich meiner Großherzigkeit unwürdig erweist, wird mit äußerster Strenge bestraft und die Qualen der Verräter erleiden.«

Die Menge hat sich wieder erhoben, ein Durcheinander von Mündern und wild zuckenden Händen und Armen. Die Gesichter sind zu Grimassen der Dankbarkeit verzerrt. Und wieder setzt ein Wettstreit ein, jeder versucht, die Verrenkungen und Schreie zustande zu bringen, die Freude und Dankbarkeit am deutlichsten ausdrücken. Ein ziemlich gräßlicher Anblick.

Anderntags machen Long Yüng und Lü Han ehrerbietig ihre Aufwartung im französischen Konsulat. Um die Herzlichkeit ihrer Gefühle zu beweisen, verkünden sie:

»Wir wollen für Sie das Fest der großen Freundschaft feiern.«

Dieses Fest geht zwei Tage später um Mittag im Blumentempel, der schon ganz andere Dinge erlebt hat, über die Bühne. Alle chinesischen Gäste einschließlich der Generale tragen Seidengewänder. Was an Gelehrten und verehrungswürdigen Greisen noch übrig ist, wurde aufgeboten. Aber auch die wunderbarerweise wieder aufgetauchten Handelsherren sind vertreten, darunter Herr Ting in alter Frische, lächelnd, glücklich, unverändert, als sei nichts passiert. Man hat sich also arrangiert. Kleine Kompromisse hinsichtlich des Opiums und der Miaos. Wie gesittet sich jeder gibt! Sogar Lü Han scheint die Milde und die Weisheit in Person zu sein. Long Yüng ist leicht wie ein Rauchring aus seiner Opiumpfeife. Die Gelehrten rezitieren Sentenzen des Konfuzius über die Kunst des Regierens. In diesem Konzil der Tugend blüht stumm Anne Marie als einzige Frau. Schließlich, beim Nachtisch, das große Symbol. Wenn man in China die Freundschaft feiern will, dann setzt man nach altem Brauch einen lebenden Fisch in einem Teich aus. Diesmal begnügt man sich nicht mit einem kleinen Fisch von Fisch. Man setzt eine riesige Schildkröte aus, ein Ungeheuer, dessen Rückenschild wie schwärzlicher Schleim aussieht. Das Tier, das zunächst alle Gliedmaßen eingezogen hatte, fährt die stummelartigen Pfoten aus. Einen Augenblick verharrt es so, dann streckt es den Kopf hervor und äugt um sich. Einen abscheulichen Kopf, einen grünlich gestreiften Strunk mit kleinen glänzenden Augen. Dann zieht es den Kopf wieder ein, taucht ins Wasser und verschwindet. Das Symbol der glücklichen Zeiten ist vollzogen.

An den folgenden Tagen kommen die Generale häufig zu Albert, um mit ihm über Geschäfte zu sprechen. Könnte Indochina nicht ein wenig Reis für die hungernde Bevölkerung schicken? Könnte Indochina nicht ein paar Waffen schicken? Könnte ...?

Albert Bodard macht in Telegrammen und Berichten aus seinem Triumph kein Hehl. Es ist darin viel von laufenden Verhandlungen die Rede. Viel zuviel ...

Der Tag des Abschieds rückt näher. Albert ist nicht unzufrieden darüber, daß er sich einen ehrenvollen Abgang gesichert hat. Mit gewohnter Gründlichkeit trifft er die Reisevorbereitungen. Er legt sich tüchtig ins Zeug. Nichts entgeht ihm. Das Konsulat gleicht einem Möbellager. Albert, der so eifrig das Leben der großen chinesischen Maler der Vergangenheit studiert hat, hängt mit Leib und Seele an seinen zusammengetragenen Schätzen. Mindestens vierzig Arbeiter und Aufseher fertigen unter seinem wachsamen Auge Kisten an. Alles nach den Regeln der chinesischen Handwerkerkunst mit unendlicher Sorgfalt, damit keine Porzellanfigur, keine Keramik zu Schaden kommt. Albert, der ohne Feder in der Hand nicht leben kann, hat eine vorläufige Liste der »Belege über den Kauf verschiedener Materialien« angelegt. Dabei vergißt er weder die Verpackungsschnur noch die Strohbündel oder die Nägel und Naphthalinkugeln. Er notiert: »Zum Verschließen von Löchern und Ritzen 1 kg Zinn 2 Dollar; 25 Tabakblätter gegen Motten 1 Dollar 50.« Mit roter Tinte fügt er hinzu: »Diese Belege werden von dem Herrn Generalkonsul nach Frankreich mitgenommen.«

Ein weiteres Dokument gerät mir später in die Hände. Die »Reisekosten für Monsieur Bodard (nebst Familie) von Yünnanfu nach Paris«. Ein wahres Zahlenwunderwerk. Unter Absatz 2 entdecke ich: »Entlohnung der von General Lü Han für die Strecke Yünnanfu bis zur Grenze von Tongking abgestellten Begleitmannschaft, 50 Dollar.«

Alles ist berücksichtigt. Alles ist bereit. Bleibt nur noch, die Abschiedsfeierlichkeiten einzuläuten, die aller Voraussicht nach grandios sein werden.

Da erhält Albert vom Außenministerium ein ungemein schmeichelhaftes Telegramm, worin er dringend aufgefordert wird, seine ausgezeichnete Arbeit in Yünnan noch eine unbestimmte Anzahl von Monaten weiterzuführen, da er allein in der Lage sei, die guten Beziehungen zwischen Frankreich und dieser Provinz in vollem Umfang wiederherzustellen.

Albert ist darob keineswegs vergrämt. Ja, er verkündet Anne Marie mit strahlender Miene die Neuigkeit.

»Na sehen Sie. Man weiß im Außenministerium meine Dienste zu schätzen, das wird mir von höchster Instanz bestätigt, vom Minister persönlich. Wenn wir später einmal nach Frankreich zurückkehren, kann ich meine Forderungen stellen.«

Anne Marie sieht ihn ein wenig töricht an:

»Sagten Sie ›wir‹?«

»Ich hoffe doch sehr, daß Sie bei mir bleiben. Ich kann ohne Sie nicht sein. Es handelt sich ja nur um ein paar Monate.«

Anne Maries Züge sind wie gemeißelt, zeigen aber zugleich einen leicht entrückten Ausdruck. Sanft erwidert sie:

»Albert, wenn es mir möglich wäre, würde ich bei Ihnen bleiben. Aber wir müssen an unseren Sohn denken. Lucien hat in der letzten Zeit zu viele Greuel mit angesehen. Ich weiß, daß er heimlich auf dem Exerzierplatz war, um den von Lü Han befohlenen Hinrichtungen beizuwohnen. Er wird immer verschlossener. Er spricht kaum. China hat ihn gezeichnet. Wenn er noch länger hierbleibt, wird er einen Knacks fürs Leben davontragen. Er muß schleunigst nach Frankreich in die Schule. Und ich muß ihn natürlich begleiten.«

Albert brummelt:

»Ein paar Monate hin oder her . . .«

»Nein, *mon ami*, er ist jetzt zehn, vergessen Sie das nicht. In diesem Alter ist man besonders empfänglich.«

Albert schmollt. Albert sieht unglücklich drein. Anne Marie fährt freundlich fort:

»Aber wie Sie selbst sagen, wird die Trennung ja nur ein paar Monate dauern. Denken Sie an Ihren Sohn.«

Albert legt in seine Züge alle Schwermut, alle Niedergeschlagenheit, alles Leid der Welt. Ein Kind, kurz vor dem Weinen. Meine Augen sind trocken. Ich beobachte. Denn, was da so vor sich geht, ist merkwürdig, überraschend, ja sogar ungewöhnlich. Anne Marie setzt nicht wie sonst, wenn es gilt, Alberts Gefühlsanwandlungen zu bremsen, ihr schmallippiges verächtliches Lächeln auf; sie tritt zu ihm und streicht ihm über die Stirn. Mit der gleichen Bewegung, die sonst mir vorbehalten ist. Sie geht sogar noch weiter, sie küßt ihn auf die Wange. Sie tröstet ihn, als wäre er ein Kind, ihr Kind. Sofort fühlt Albert sich wieder gestärkt. Er wird wieder zum Mann, zum Ehemann, zum Konsul, und Anne Marie nimmt es hin.

Bei den folgenden Mahlzeiten läßt er dem aufgespeicherten Redestrom freien Lauf. Seit langem schon hatten meine Eltern kaum mehr miteinander gesprochen. Anne Marie brachte jeden Erguß mit einem Blick, einem einzigen Blick oder einem einzigen Wort zum Versiegen. Nur das leise Klappern des Bestecks war zu hören. Von nun an darf Albert seinem Herzen Luft machen.

Er geht dabei systematisch vor. Zuerst spricht er von seinem Beruf, von Problemen, die ihm zu schaffen machen. Etwas Großartiges ist ihm eingefallen. Long Yüng hat einen zwanzigjährigen Sohn, einen schwerfälligen Tölpel, völlig ungebildet, der nur Chinesisch spricht. Mein Vater will den General soweit bringen, daß er diesen Sohn nach Frankreich schickt, nach Saint-Cyr. Er, Albert, wird dafür sorgen, daß Long Yüngs Ältester an dieser Eliteschule aufgenommen wird. Wenn der General zustimmt, so beweist er damit, daß er mit Frankreich ausgesöhnt ist. Ein großer Sieg für den Herrn Generalkonsul. Im Augenblick sagt Long Yüng weder ja noch nein. Er überlegt. Er verlangt zunächst einmal die Lieferung von Waffen und Reis, aber der neue Generalgouverneur von Indochina, ein alter radikalsozialistischer Knacker, der keine Ahnung von China hat, läßt Albert betteln.

Vor einigen Wochen noch hätte Anne Marie diesen Enthüllungen einer Konsulsseele schroff ein Ende gesetzt, jetzt aber zeigt sie sich interessiert, stellt Fragen über die letzte Unterredung mit Long Yüng, über Alberts Briefwechsel mit Hanoi, mit Paris. Sie ergreift seine Partei. Sie möchte, daß er Erfolg hat. Sie sagt zu ihm:

»Sie werden Yünnan wieder zurückerobern, Albert, das steht für mich fest.«

Nachdenklich kommt Albert nun auf ein anderes Thema zu sprechen, auf seine Karriere. Ein ernstes Problem. Ob er wohl einen Posten in China annehmen soll? Das wäre nicht schlecht, andererseits, bei dem Zustand, in dem China sich derzeit befindet . . . Anne Marie lächelt:

»Versuchen Sie es doch, *mon ami*, und wenn es nicht klappt, dann muß das Außenministerium Sie mit etwas anderem entschädigen.«

Albert ist in Fahrt, er spricht sich aus über die Leute, mit denen er zu tun hat. Die Leute von Yünnanfu, von Hanoi, von Paris. Alle Unannehmlichkeiten, die sie ihm bereiten, registriert er mit ungeheurer Verbissenheit in seinem Gedächtnis. Das äußert sich dann so:

»Dem da, dem werde ich es noch heimzahlen. Der wird mir das büßen. Der . . .«

Und dann wieder, großmütig:

»Der Dings, der ist in Ordnung.«

Anne Marie hört zu, pflichtet bei, warnt:

»Seien Sie vorsichtig, Albert, dieser Mensch schmeichelt Ihnen, und Sie sind für Komplimente sehr empfänglich.«

Worauf Albert prompt hitzig wird:

»Aber nein, Anne Marie, Sie wissen doch, daß man mir keinen Sand in die Augen streuen kann.«

Anne Marie geht jetzt auch manchmal in Alberts Amtszimmer. Sie liest sorgfältig seinen letzten Bericht. Sie legt jeden Satz auf die Waage, ergeht sich in Komplimenten und sagt dann plötzlich, mit einer kleinen Falte auf der Stirn:

»Glauben Sie nicht, daß Sie hier ein anderes Wort wählen sollten . . . dieser Ausdruck erscheint mir zu schwach.«

Albert verteidigt seine Formulierung und gibt schließlich entzückt nach.

Die Stimmung während der Mahlzeiten verändert sich zusehends. Es herrscht fast wieder eine Art Vertraulichkeit zwischen meinen Eltern. Albert ist glücklich. Er riskiert Koseworte. Er riskiert Zärtlichkeiten. Anne Marie scheint keinen Widerwillen mehr zu empfinden oder zumindest ihren Abscheu zu verbergen. Eines Tages läßt Albert sich zu einem *»ma chérie«* hinreißen. Da zeigt sie verstohlen auf mich, Albert zuckt zusammen und fängt an, englisch zu sprechen. Anne Marie antwortet ihm:

»The boy is here, Albert, take care.«

Ich sage mir, daß die Erwachsenen ausgesprochen blöd sind. Sie wissen doch genau, daß ich Englisch verstehe.

Anne Marie ist ganz Gefälligkeit. Anne Marie ist ganz Hingabe. Anne Marie ist ganz Frau. Eines Nachts glaube ich in meinem Schlaf, eine Tür quietschen zu hören. Ich glaube, Anne Maries Stimme zu vernehmen, die leise sagt:

»Nicht durch Luciens Schlafzimmer. Gehen Sie über den Hof.«

Wird mich das Grauen packen? Ich erinnere mich an das, was ich in Hanoi gesehen habe, Alberts Penis, aber ich verscheuche die Erinnerung. Ich verbiete mir, zu lauschen und zu lugen, in schlafloser Nacht auf das Stöhnen zu horchen. Ich will nicht, daß sich ein bestimmtes Bild meinem Gedächtnis einprägt, daß der Kummer mir ins Herz dringt. Ich will nicht. Übrigens gibt es praktisch nichts zu hören. Ich habe geschlafen. Ich habe mich in den Schlaf geflüchtet. Ich habe keinen Alptraum gehabt.

Heute frage ich mich, wie ich die Kraft zu diesem Widerstand fand. Aber eigentlich war es ganz einfach gewesen. Bestimmt hat mein »Gesicht« dabei eine Rolle gespielt, mein chinesisches »Gesicht«. Vielleicht bin ich sogar noch chinesischer als der ausgepichteste Chinese. Ich weiß mit meinen zehn Jahren, daß Anne Marie sich anschickt, Albert zu hintergehen, daß sie dabei ist, sich ihre Freiheit zu erobern, ihre und die meine. Denn wir beide gehören zusammen, für immer.

Ein paar Tage später wendet Albert sich in seinem feierlichsten und rührseligsten Ton an mich.

»Mein kleiner Lucien, ich werde dir ein großes Opfer bringen. Ich lasse deine Mutter mit dir nach Frankreich gehen.«

Und er seufzt wie ein Märtyrer.

»Mein kleiner Lucien, ich habe dich sehr lieb. Zeig dich also dessen würdig, was ich deinetwegen auf mich nehme.«

Wieder ein Seufzer, diesmal ein bißchen leiser.

»Ich bin als armer Junge in triste und strenge Schulen gegangen. Ich konnte es nur durch Stipendien schaffen. Du wirst das beste und teuerste Internat Frankreichs besuchen, deine Mitschüler werden aus den Familien sein, die Frankreich regieren. Bleibe einfach, werde kein Snob, kein angeberischer Versager. Du bist intelligent, also mach etwas aus deiner Begabung. Du bist stolz, also setze dir schon jetzt ein Ziel. Du sollst es weiter bringen, als es mir jemals gelingen wird. Zu einem Bodard, der, warum nicht, das Geschick Frankreichs mit verantwortet.«

Anne Marie ist jetzt immer emsig beschäftigt. Sie beschließt, die bereits in Kisten verpackten Sammlungen der Familie Bodard mitzunehmen. Albert willigt ein. Er muß Bankvollmachten ausstellen, damit Anne Marie über ein Scheckbuch verfügen kann. Albert murmelt nur:

»Seien Sie nicht zu verschwenderisch, Anne Marie.«

Schließlich will sie auch noch einen Boy nach Paris mitnehmen. Sie sucht sich den schönsten und exotischsten aus, einen großen jungen Annamiten, dessen Gesicht wie eine Bronzemaske wirkt. Albert korrigiert mit der gleichen Gründlichkeit seine »Belegliste«, streicht sich selbst, setzt den Boy darauf. Allerdings verweist er diesen »Eingeborenen« mit den harten Plüschaugen in die vierte Klasse der Eisenbahn und in den hintersten Kielraum des Dampfers.

Die Abschiedsempfänge für Anne Marie reißen nicht ab. Ich erinnere mich nur noch an einen Redner, der für die französische Kolonie sprach und sie mit einer kleinen Fee verglich, die mit ihrem Zauberstab das rauhe und gefährliche Kolonialdasein verwandelt habe.

Vorabend der Abreise. Albert überreicht Anne Marie ein Kuvert und sagt mit seiner ernstesten Stimme:

»Hier, ein langer Brief, den ich an die Familie Berthelot geschrieben habe. Gehen Sie gleich am Tag nach Ihrer Ankunft in Paris zu ihnen und übergeben Sie das Schreiben. Ich vertraue Sie den Berthelots an. Ich bin überzeugt, Sie werden ihnen sehr gefallen. Lassen Sie sich von Philippes strenger Miene nicht einschüchtern. Er hat ein Herz aus Gold. Hélène ist nicht nur die Anmut selbst, sie ist auch überaus liebenswürdig. Ich möchte, daß Sie in den kleinen Kreis ihrer vertrauten Freunde aufgenommen werden.«

In diesem Augenblick wird mir klar, daß Albert hiermit den sehnlichsten Wunsch seiner Frau erfüllt hat: Anne Marie, die in Paris keine Menschenseele kennt, wird auf Anhieb Zugang zu den umworbensten und exklusivsten Kreisen finden. Sie muß nur den Berthelots gefallen. Aber sie weiß bereits, daß sie gefallen wird.

Ich sage Yünnanfu adieu. Adieu, mein See, mein Pferd, meine Tempel. Adieu, meine Eisenbahn, die mich ein letztes Mal über die Traumschluchten schweben läßt. Ich sollte sie bei meiner Rückkehr nach Indochina nicht mehr vorfinden. Die Chinesen hatten 1941, als die Japaner in Französisch-Indochina einfielen, die berühmte Brücke mit ihren eisernen Bindersparren in die Luft gejagt, um den Vormarsch der Angreifer aufzuhalten. Sie wurde vernichtet, zermalmt, zertrümmert.

Adieu Hanoi. Wie ruhig Indochina ist! Die französische Polizei macht jedoch eifriger denn je auf die Revolutionäre Jagd, die dank der Hilfe der Kuomintang immer zahlreicher werden. Nie war die Strafkolonie von Poulo Condor so überfüllt. In ein paar Tagen werde ich mein Schiff sehen, eine Paradiesinsel im blauen Meer, inmitten von Palmen und Korallen. Inzwischen folgt ein Empfang dem anderen. Nie war das Kolonialleben in Hanoi so fröhlich, so überschäumend. Empfänge ... Empfänge ...

Endlich erscheint in der schlammigen, bis Haiphong vorgetriebenen Fahrrinne das Schiff mit allen seinen Brücken, die wie die Stufen einer Riesentreppe zum Prunk der Ersten Klasse, zum hochfahrenden Stolz der Schornsteine hinaufsteigen. Albert begleitet uns über die Gangway bis in unsere Kabinen.

»Hier werdet ihr euch wohl fühlen«, sagt er.

Die beiden geräumigen Kabinen sind ganz in Mahagoni, das Badezimmer ist mit Fliesen ausgelegt. Bei unserem Erscheinen hebt großes Katzbuckeln an. Eine ganze Armee von buntgekleideten, unterwürfigen männlichen und weiblichen Dienstboten. Überall in den Korridoren und Salons Leute, die meinen Vater kennen und ihm die neuesten Nachrichten aus Schanghai und Tokio mitteilen. Sie begrüßen Anne Marie, und Albert sagt:

»Meine Frau bringt meinen Sohn nach Frankreich ins Internat.«

Gesichter! Lächeln! Wortkaskaden! Albert versucht, zu entwischen, aber immer wieder strecken sich ihm Hände entgegen. Er möchte mit Anne Marie allein sein. Er weint. Er küßt seine Frau, die zu ihm sagt:

»Nehmen Sie es nicht so schwer. Ich werde Ihnen oft schreiben. Wir sehen uns bald wieder.«

Ich werde von einer panischen Angst, von einer sinnlosen Furcht erfaßt bei dem Gedanken, Albert könne das Schiff nicht rechtzeitig verlassen und müßte mit uns reisen. Meine Qual steigert sich von Sekunde zu Sekunde. Man hört das dumpfe, langgezogene Heulen der Sirene. Und Albert ist immer noch da und küßt Anne Marie und mich, einmal, zehnmal. Er geht und geht nicht. Ich werde verrückt vor Angst. Wieder ertönen die Sirenen. Diesmal macht er sich endlich, langsam rückwärtsschreitend, davon. Ich sehe, wie er die Gangway hinuntergeht. Es war höchste Zeit, denn sofort wird sie eingezogen. Das Schiff beginnt mit den Ablegemanövern, und am Kai werden Hunderte von Taschentüchern geschwenkt. Das größte gehört dem Herrn Konsul von Frankreich. Anne Marie und ich winken vom Oberdeck zurück, aber mit viel gemesseneren Bewegungen. Anne Maries Gesicht ist glatt, und ihre Augen glänzen. Schließlich dreht sie sich um, und ich folge ihr. Wir sind frei.

Damals herrschte auf den Passagierdampfern der »Messageries maritimes« wirklich *high life*, ein rauschendes, einen Monat lang währendes Fest für alle Franzosen Asiens. Das Schiff ist die Vergnügungsarche der Weißen. Sicher, die Herren sprechen manchmal vom unheilverkündenden Knistern im Gebälk des Fernen Ostens. Die abgebrühten Kenner, die meinen, den Chinesen müsse ihre Arroganz ein wenig ausgetrieben werden, und zwar am besten von den Japanern, diese Kenner fragen sich nun, ob Japan seinen Rachen bei dieser Gelegenheit nicht am Ende soweit aufsperrt, daß darin nicht nur China, sondern auch alle europäischen »Wohltäter« Chinas verschwinden werden. Immer deutlicher werdende rote Flecken in Kanton und Schanghai künden eine Apokalypse an. Niemand ahnt, daß dieses Rot sich noch vertiefen werde, zum Rot des Blutes. Es ist nur eine Frage der Zeit, ein kleiner Aufschub. Die schönsten und stolzesten Kolonien werden durch tückische unterirdische Bewegungen in ihren Grundfesten erschüttert. Im Augenblick sind die Kriege der *war lords* noch einträgliche Spiele. Aber Asien geht unausweichlich verheerenden Katastrophen entgegen, bei denen die geballten Kräfte dieser Welt sich in gigantischen Konflikten entfesseln werden, zur Demütigung aller dieser Messieurs und aller dieser Gentlemen. Im Jahre 1925 hat keiner der Reisenden auf unserem Schiff je den Namen Mao gehört.

Niemand denkt daran, sich um die Zukunft Sorgen zu machen. Das Gebäude des Goldenen Kalbs, das Gebäude der Bibel, das Gebäude der westlichen Zivilisation steht noch immer fest gegründet mit seinen Waffen und Bankschaltern, seinen Konsuln und Kanonenbooten. Überall lebt man gut, aber nirgends besser als auf dem Schiff. Dreißig Tage, an denen die gewichtigsten, mit Orden übersäten Franzosen und die schönsten, mit Brillanten übersäten Französinnen ihr gutes Gewissen in ausgelassener Fröhlichkeit zelebrieren. Gefangene des Festes. Sie kommen aus Tokio, Peking, Schanghai, Hongkong, Hanoi und Saigon; sie bilden die prächtige Kruste eines raffiniert aufgeblasenen Soufflés, die auf die Spitze getriebene Verherrlichung des Koloniallebens. Der unglaubliche Luxus der Salons, der Bar und vor allem des Speisesaals mit seinen schweren, monumentalen Lüstern. Der Kapitän thront wie ein Monarch an seinem Tisch und vollzieht täglich ein hochwichtiges Ritual, nämlich die Auswahl derer, die an seiner Seite speisen dürfen. Man scheut vor keiner Intrige zurück, um in diese kleine Gruppe der Erlesenen Aufnahme zu finden.

Ein Monat voll Jubel und Trubel. Das Fieber steigt. Jeder kennt jeden, und dennoch wird in diesem Taumel die strengste Rangordnung eingehalten. Alles ist vertreten, die großen Persönlichkeiten des öffentlichen Lebens, die großen Handelsherren, die großen Finanzmagnaten, der Import-Export, und dann, eine Stufe darunter, die höheren Beamten, die fest angestellten Direktoren, die erfolgreichen Glücksritter, die Neureichen, denen in dieser Welt der Auserwählten noch immer ein gewisser Makel anhaftet. Die Tage gleichen einander. Man steht spät auf, nimmt den ersten Drink vor dem Mittagessen, räkelt sich beim Nachmittagsklatsch in den Liegestühlen auf Deck. Das ganze weiße Asien wird durchgehechelt. Am Abend erglänzt alles im Smoking und im langen Kleid. Große Auftritte. Jeder will der Beeindruckendste, jede die Begehrenswerteste sein. Schwere Zigarren, tiefe Dekolletés – eng umschlungene Paare bei schmachtenden Tangos, Wohltätigkeitsgalas, Maskenbälle, Kotillons, falsche Nasen, Luftschlangen, Konfetti, Pokerpartien, bei denen Vermögen auf dem Spiel stehen, Flirts und Ausschweifungen. Ehebrüche sind an der Tages- oder vielmehr Nachtordnung. Geheimnisvolle Schatten in den Laufgängen. Und inmitten all dessen ein wunderbar höflicher, ein wunderbar diskreter Mann, der die Vergnügungen regelt und alle Geheimnisse kennt. Diese Sphinx ist der Zahlmeister.

Anne Marie nimmt von ferne an dem Trubel teil, ihr Lächeln schafft um sie eine Zone des Respekts. Keine Prüderie, sondern die Fähigkeit, über den Dingen zu schweben. In ihren langen fließenden Kleidern gleicht sie einer durchsichtigen Lilie. Man ehrt und verehrt sie, ohne daß sie etwas dazu tun müßte. Sie speist fast immer am Kapitänstisch. Die Herren schneiden ihr diskret die Cour, sie versteht es, sich dabei eine Haltung zu geben, die weder abweisend noch aufmunternd ist. Sie hat ihre Anbeter, die sie wechselt wegen eines Nichts, eines Tonfalls, wenn einer von ihnen sich zu stürmisch zeigt. Sie ist immer sehr umschwärmt, und sie ist nie mit mir allein.

Oft betrachte ich bei Anbruch der Nacht den Ozean, dieses phosphoreszierende Gewoge, und sehe, wie die Sterne den Himmel wie Feuerspitzen durchstechen. Manchmal kommt eine Palmenküste ganz nah an das Schiff heran, wie eine Tatze, die zum Hieb ansetzt. Wir durchfahren eine Meerenge. Manchmal leuchtet ein Berg, wie um anzuzeigen, daß die Welt noch existiert. Wenn das Schiff anlegt, langweile ich mich. Ich spüre lieber die ungeheure Einsamkeit der Fluten im Indischen Ozean, der über die in ihren Festen gefangene Fauna sein Verdammungsurteil zu sprechen scheint. Durch die aus den Tiefen erleuchteten Wellen sehe ich die Haifische, die Müllräumer des Meeres, und manchmal schnellt ein fliegender Fisch an Deck und stirbt zu meinen Füßen. Plötzlich wird das Wasser schwarz, ein dunkler Abgrund, der um sich selbst strudelt, während der Himmel sich zu einer von roten Blitzen durchzuckten Masse verdichtet, zu einer Bleidecke wird, in der man kaum noch die Konturen der ineinandergeschobenen Wolken unterscheiden kann, dieser Wasserbäuche, aus denen sich Katarakte ergießen. Dann bin ich glücklich, dann fühle ich mich als König. Ich bin allein an Deck, ich klammere mich an die Reling. Wir durchqueren den Ausläufer eines Taifuns. Diese Wirbelstürme, deren Mittelpunkt das ruhige, furchtlose Auge des Todes ist. Das Schiff schlingert, stampft, die Salons leeren sich, der Kapitän ist fast allein an seinem Tisch, ein paar Tapfere halten noch stand, trinken Whisky oder pokern trotzig, als wollten sie dem Sturm Paroli bieten. Schatten taumeln an mir vorbei und übergeben sich jämmerlich. Anne Marie ruft besorgt nach mir.

»Lucien, komm herein. Du bist verrückt. Siehst du denn nicht, daß eine große Welle dich über Bord reißen kann?«

Ich bin stolz auf Anne Marie, weil sie nicht seekrank geworden ist.

Bis zu meinem Lebensende werde ich wohl kein derartiges Paradies oder, wenn man so will, keine derartige Hölle mehr erleben. Das Paradies und die Hölle des *high life.* Ja, alle, die an Bord sind, gehören einer übergeordneten Rasse an, einer übergeordneten Welt, wir sind die Herren eines Kontinents, wir sind höhere Wesen, selbst die schmerbäuchigen und rotgesichtigen Männer, selbst die häßlichen, verhutzelten Damen. Wir sind die Fürsten. Und ich bin der junge Prinz im Schatten Anne Maries.

Wie fern das alles ist! Wie tot! Und doch habe ich zu Beginn dieser Überfahrt das Gesicht verloren, die erste große Demütigung meines Lebens erlitten. Der Zahlmeister hat mir untersagt, an den Mahlzeiten der Erwachsenen an der Seite meiner Mutter teilzunehmen. Er hat sich tausendmal entschuldigt, aber das sei eben das Reglement. Die Kinder unter vierzehn haben ihren eigenen, übrigens sehr schönen Speisesaal, in dem sich reizende junge Damen ihrer annehmen. Die Knaben und Mädchen sind alle aufs reichste herausgeputzt. Aber was habe ich mit ihnen zu schaffen? Schließlich bin ich den Umgang mit Kriegsherren und Generalgouverneuren gewohnt. Nie hat man mich von einem Fest, von einer Zeremonie ausgeschlossen, denn ich war ja der Sohn Anne Maries und auch der Sohn Albert Bodards. Meine kleine Person war überall und bei jeder Gelegenheit gern gesehen. Ich begriff nicht, was mir hier widerfuhr. Ich wurde wütend. Ich setzte ein böses Gesicht auf, verkrampft, die Kinnbacken zusammengeklemmt, ein Gesicht, wie ich es bisher an mir nicht gekannt hatte. Natürlich habe ich von Anne Marie verlangt, sie solle mir wieder zu meinem Recht verhelfen. Sie antwortete, das sei ihr nicht möglich. Es gab also Grenzen für ihre Macht, für die meine. Das war unvorstellbar. Das Ganze spielte sich vor dem Zahlmeister ab, der eine respektvolle Unnachgiebigkeit an den Tag legte. Da habe ich diesem Mann, diesem ersten Boten eines widrigen Schicksals, wie ein Wahnsinniger entgegengeschleudert:

»Wissen Sie denn nicht, wer ich bin? Ich bin Lucien Bodard, der Sohn des Konsuls!«

Inhalt

SERIE PIPER

Die schönsten Seiten des Lesens

1307

1068

1391

1127

1390

686

Serie Piper

Sara Paretsky

Foto: Jerry Bauer

Die amerikanische Queen of Crime

5517

5507

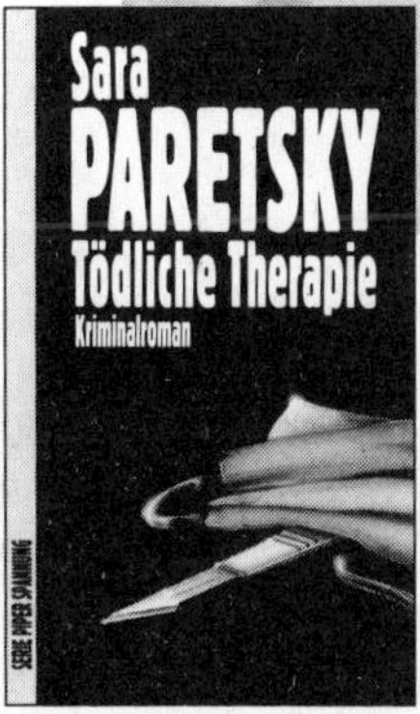

5535

5512

Serie Piper

Fruttero & Lucentini

694

»Aber in diesem brüllenden Gelächter ist etwas, bei dem Gea nicht mehr mitmachen kann, was sie nicht mehr hat, an einem geheimnisvollen Punkt dieses Tages verloren haben muß . . . «
Mit dieser Sommergeschichte hat das italienische Autorenduo eine meisterliche kleine Etüde, eine witzige und scharfzüngige Kritik an der italienischen Sommerkultur geschrieben.

1029

Je näher der Start rückt, desto mehr wächst die Spannung. In jenen 90 Sekunden des Palios, wenn die Pferde um den Platz galoppieren, wird sich nicht nur das Rennen entscheiden...
»Ein kriminalistisches Bravourstück vom Einbruch des Mythos in den banalen Alltag, vom beunruhigenden Wechselspiel zwischen Schein und Wirklichkeit.«
Welt am Sonntag

1173

»Fruttero und Lucentini integrieren die Mittel des spannenden und unterhaltenden Genres mit Delikatesse in ein serenes literarisches Erzählstück, das ebenso als romantisch-phantastische Liebesgeschichte konsumierbar ist, wie es als treffende zeitgenössische Variation einer alten Legende oder als leichthändiger Erzählessay über die Unbeständigkeit der Liebe gelesen werden kann.« *FAZ*

Piper